사회복지
실천기술론

2판

남미애
윤숙자
공저

Techniques and Skills of
Social Work Practice

[2nd ed.]

학지사

🌴 2판 머리말

사회복지실천기술론을 출판한 지 제법 시간이 흘렀다. 그동안 집필한 책을 가지고 수업을 하면서 뿌듯하기도 하였지만 아쉬운 마음이 큰 것도 사실이었다. 그중에서도 복합적 욕구를 가진 클라이언트, 동기가 낮은 비자발적 클라이언트, 공격적이거나 어려운 클라이언트에 대해 어떻게 접근해야 하는지에 대해 보다 알기 쉽고 충실하게 다루어야 한다는 생각이 많았다. 마침 2018년 한국사회복지교육협의회의 교과목 지침서에서도 이러한 내용이 추가되도록 권고하였다. 이에 2판에서는 이 책의 기본체제를 유지하면서도 2018년 한국사회복지교육협의회의 교과목 지침서에서 권고한 내용을 가능한 한 반영하고자 노력하였다. 그 내용은 다음과 같다.

첫째, 2부 '사회복지실천 개입모델'을 추가하여 전체 6부로 구성하였다.

둘째, 새롭게 세 개의 장을 추가하였다. 이것은 한국사회복지교육협의회의 교과목 지침서 권고에 따른 것이다. 8장 '동기강화모델', 9장 '복합적 욕구를 가진 클라이언트와 일하기', 10장 '어려운 클라이언트와 일하기'이다. 반면, 이전 책의 2장 '사회복지실천현장의 이해'는 전체 장을 삭제하였다. 새로 추가된 8장과 9장, 10장은 남미애 교수가 집필하였다.

셋째, 15장 '지역사회복지실천의 개입과정과 기술'은 2018년 한국사회복지교육협의회의 교과목 지침서에서는 포함되어 있지 않았지만 그대로 유지하고자 하였다. 사회복지실천은 클라이언트 내면과 더불어 클라이언트를 둘러싼 환경도 중요하게 고려해야 한다. 따라서 저자들은 클라이언트의 중요한 환경인 지역사회 부분을 사회복지실천에서 중요하게 다루어야 한다고 생각해서 기존 내용을 그대로 수록하였다.

그 외 몇 가지 내용을 추가하고 어색한 문장이나 단어들을 수정, 보완하였다. 인용한 글 중 클라이언트, 내담자, 이용자, 상담자로 되어 있는 것은 일부의 경우만 제외하고 가능한 한 클라이언트와 사회복지사로 통일해서 사용하였다.

이번 개정을 통해 실무에서 적용하기 쉽고 필요한 사회복지실천기술을 상당 부분 보강하고자 하였는데, 여전히 부끄러움이 남는다. 특히 당초 분량을 줄여 달라고 요청한 출판사의 뜻을 제대로 반영하지는 못했다. 이 책을 학부 수업에서 사용할 경우에는 각 장 중 필요한 내용을 선택해서 사용하면 좋을 것 같다.

저자 일동

🌳 1판 머리말

사회복지실천기술은 사회복지사가 클라이언트와 함께 가는 긴 여정에서 사회복지실천가치, 지식과 더불어 갖추어야 할 필수 요소다. 이 책은 사회복지사가 클라이언트 개인과 가족, 집단, 지역사회를 대상으로 사회복지실천을 행함에 있어 필요한 실제적인 기술 및 개입방법을 중점적으로 다루고 있다. 또한 2011년 한국사회복지교육협의회의 교과목 지침서를 그대로 반영하였으며, 기존의 사회복지실천기술론에서 다루지 않았던 지역사회에 대한 개입을 포함하였다.

이 책은 총 5부 15개 장으로 구성되어 있다. 1부에서는 사회복지실천기술의 적용에 앞서 사회복지사에게 실천기술이 중요한 이유와 실천기술을 적용하기 위해 먼저 이해해야 할 기본적인 내용을 다루고자 하였으며, 1장에서 4장까지로 구성하였다. 1장 '사회복지실천기술에 대한 이해'에서는 사회복지실천기술의 기본적인 개념 및 지식과 기술의 관계를 살펴보았고, 2장 '사회복지실천현장의 이해'에서는 사회복지실천기술을 적용하는 사회복지실천현장에 대한 기본적인 이해를 돕고자 하였다. 3장 '사회복지실천의 관계기술'에서는 사회복지사와 클라이언트 간의 전문적 원조관계 형성에 필요한 기본 관계기술을 살펴보았다. 이 장들은 윤숙자 교수가 집필하였다. 4장 '사회복지실천의 면담기술'에서는 사회복지실천의 초기과정에서 사회복지사가 클라이언트와 면담하는 데 필요한 기본 기술을 살펴보았다. 이 장은 남미애 교수가 집필하였다.

2부에서는 개인에 대한 사회복지실천기술을 알아보기 위해 중요하게 강조되는 실천모델들을 중심으로 개념 및 과정, 기술을 함께 알아보고자 하였으며, 5장에서 8장까지로 구성하였다. 5장에서는 전통적인 사회복지실천모델인 심리사회모델의 기본 개념, 개입 목표 및 과정, 개입기술을 살펴보았고, 6장에서는 인지행동모델과 개입기술을 살펴보았다. 7장에서는 비교적 최근에 개발된 모델로서 사회복지실천현장에서 널리 사용되고 있는 해결중심모델과 개입기술을 살펴보았고, 8장에서는 질병, 폭력, 자살, 재해 등 생활 속의 여러 가지 위기에 노출되어 있는 클라이언트에 대한 효과적인 개입으로 널리 알려진 위기개입모델의 기본 개념 및 개입기술을 살펴보았다. 2부는 남미애 교수가 집필하였다.

3부에서는 가족에 대한 사회복지실천기술을 살펴보았으며, 9장에서 10장까지로 구성하였다. 9장에서는 가족을 대상으로 하는 사회복지실천에서 중요하게 검토되어야 할 가족의 기본 개념을 설명하였으며, 10장에서는 가족을 대상으로 사회복지사가 개입하는 데 필요한 구체적인 기술을 설명하였다. 3부는 남미애 교수가 집필하였다.

4부는 집단 및 지역사회에 대한 사회복지실천기술을 살펴보았으며, 11장에서 13장까지로 구성하였다. 11장에서는 집단을 대상으로 하는 사회복지실천에서 필수적으로 알아야 할 기본 개념 및 원리를 설명하였으며, 12장에서는 집단을 대상으로 사회복지사가 개입하는 데 필요한 구체적인 기술을 설명하였다. 13장에서는 지역사회를 대상으로 하는 사회복지실천에서 알아야 할 개입기술을 설명하였다. 11장과 12장은 윤숙자 교수가, 13장은 남미애 교수가 각각 집필하였다.

5부에서는 사회복지실천에서의 기록 및 평가와 관련된 것을 다루고 있으며, 14장에서 15장까지로 구성하였다. 14장에서는 사회복지실천 기록의 중요성, 목적, 형태 등을 설명하였고, 15장에서는 사회복지실천 평가에 대해 설명하였다. 5부는 윤숙자 교수가 집필하였다.

저자들은 10년 넘게 해 온 사회복지현장에서의 실무 경험과 대학에서 사회복지실천기술을 연구·교육한 경험을 살려 보다 생생하고 실제적인 실천기술을 제시하고자 하였다. 그러나 처음 생각과는 달리 의욕만 앞서고 여러 가지 미흡한 점이 많아 부끄러운 마음이 크다. 앞으로 독자 여러분의 애정 어린 조언과 비판을 부탁드리며, 부족한 부분은 계속 보완해 나갈 것을 약속드린다. 끝으로 척박한 현실에서 사회복지실천기술론을 먼저 저술한 선배 교수들에게 감사드리며, 또한 이 책이 나오기까지 많은 도움을 주신 학지사의 김진환 사장님과 꼼꼼한 교정을 해 주신 편집부 하시나 님에게도 감사드린다.

저자 일동

차례

Part 1
사회복지실천기술에 대한 기본 이해

개인사회복지실천

가족사회복지실천

Part
1

사회복지실천기술에 대한
기본 이해

사회복지사는 사회복지실천의 목적을 달성하고 실천과정을 촉진시키기 위해 다양한 실천기술을 활용한다. 사회복지실천이 이루어지는 현장과 클라이언트가 처한 상황이 매우 다양하다는 점을 고려해 볼때 다양한 기술을 습득하고 적절하게 선택해서 사용할 수 있어야 한다. 특히 클라이언트와의 전문적인관계를 형성하기 위해 사회복지사의 자기이해는 필수적이라 할 수 있다.

사회복지실천기술과 사회복지사

사회복지사는 다양한 사회복지현장에서 다양한 사람과 일한다. 사회복지실천은 각기 다른 상황에 적용되는 다양한 실천기술을 필요로 한다. 다양한 실천모델과 기술을 습득하고 적용하기 위해서는 먼저 기본적으로 사회복지실천의 기술과 지식에 대한 이해가 선행되어야 한다. 또한 전문가로서의 정체성과 더불어 자기이해도 이루어져야 한다.

학습
목표

- 사회복지실천기술의 개념과 유형을 알아본다.
- 사회복지실천기술의 적용에 앞서 사회복지사에게 선행되어야 할 과제를 이해한다.

16 Chapter 01 사회복지실천기술과 사회복지사

1. 사회복지실천기술의 개념과 유형

1) 사회복지실천기술의 개념

　사회복지실천은 크게 사회복지 전문직의 가치, 사회복지실천에 필요한 지식과 기술이 어우러진 것이다. 그중 사회복지실천기술(skill for social work practice)은 사회복지실천 가치와 지식을 실제로 행하는 것이다. 존슨과 얀카(Johnson & Yanca, 2010)는 사회복지실천기술을 "관심과 욕구에 맞춰 지식과 가치를 행동으로 전환하는 사회복지실천의 구성요소로서 특정의 목표나 활동을 향한 복잡한 행위체계"라고 정의하였다. 바커(Barker, 1991)는 사회복지실천기술을 "대화나 클라이언트의 문제, 욕구, 능력 등에 대한 사정, 자원개발과 사회구조를 변화시키는 데 있어서의 숙련성"이라고 정의하였다. 이영호(2008)는 사회복지실천기술을 "클라이언트 체계(개인, 가족, 집단, 지역사회)와의 관계에서 사회복지실천의 가치와 지식에 기초하여 클라이언트와 관련된 특별한 상황의 변화를 위하여 심리사회적 개입(정서와 환경적 차원의 변화)을 할 수 있는 사회복지사의 능력"이라고 정의하였다.

　이상의 개념들을 정리해 보면, 사회복지실천기술은 사회복지실천 가치와 지식을 행동으로 옮기는 요소이며 클라이언트의 문제해결 및 적응을 위한 사회복지실천 과정 및 개입에 있어 사회복지사의 숙련성이나 능력을 포함한 것이라고 할 수 있다.

　사회복지사는 다양한 이론적 이해를 바탕으로 사회복지실천의 목적을 촉진시키기 위해 실천기술을 활용한다. 사회복지실천은 각기 다른 상황에 적용되는 다양한 종류의 기술을 필요로 하기 때문에 특정 상황에 적절한 기술을 선택하고 활용하는 능력이 요구된다. 이로 인해 기술은 사회복지실천의 예술적 측면으로 이해되기도 한다(김혜란, 홍선미, 공계순, 2006: 26).

　사회복지사는 사회복지실천기술의 적용에 있어 두 가지 측면을 중요하게 고려해야 한다(최해경, 2009). 첫째, 사회복지사는 다양한 가능성 가운데 지식과 가치에 기초하여 클라이언트의 특별한 상황에 적합한 최적의 기법을 선택해야 한다. 둘째, 사회복지사는 선택한 기법을 효과적으로 활용할 수 있는 능력이 있어야 하는데, 적절한 사정도구를 사용하여 클라이언트의 문제를 사정하고 효과적인 개입기술로 실천활동을 전개해 나아가야 한

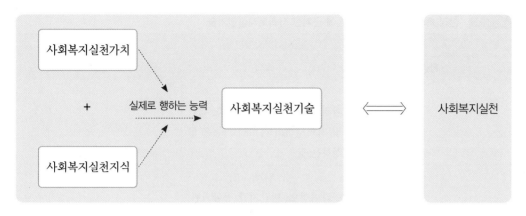

[그림 1-1] **사회복지실천과 사회복지실천기술과의 관계**

다. 사회복지사와 클라이언트는 누가 관여해야 하는지, 어떤 자원이 제공될 수 있는지, 어떠한 접근이 이루어져야 하는지 등 개입과 관련된 결정을 하고 그에 따라 실행한다.

　사회복지사의 실천기술이나 능력은 자질과 학습 경험 모두를 통해 얻어진다. 타인에 대한 배려와 존중, 이타심, 공감력, 자기통제력이나 성격적 특성은 사회복지실천에 중요한 영향을 미친다. 또한 전문가로서의 소양과 자질을 향상하는 방법으로는 교육과 훈련이 있다. 사회복지교육협의회에서는 사회복지교육을 통해 습득해야 하는 기본적인 기술을 교과과정 지침에 명시하여 학부와 석사 과정에서 교육하도록 하고 있다. 아울러 문제를 인식하고 분석하며 적절한 지식과 기법을 선택하여 활용하는 실천과정의 기술은 다양한 현장에서의 훈련과 재교육, 전문적 자문을 통해 향상될 수 있다(김혜란 외, 2006: 28-29).

2) 사회복지실천기술의 유형

　사회복지실천기술의 유형에 대해서는 학자들마다 구분이 다소 상이하다. 맥마흔(McMahon)은 통합적 관점에 근거하여 사회복지실천기술을 사회복지 목적, 가치, 지식들과 '환경 속의 인간'이라는 관점에 근거해 설명하고 있다(〈표 1-1〉 참조). 그는 사회복지실천기술을 크게 인간관계기술, 문제해결기술, 정치적 기술, 전문기술로 구분하였다. 인간관계기술(경청, 반응, 정보제공 의뢰 등) 및 문제해결기술(자료수집, 사정, 계획, 실행 등)은 클라이언트 체계에 대한 개입과 관련된 기술이다. 정치적 기술은 클라이언트 체계나 표적체계의 변화를 일으키기 위한 행동체계 또는 표적체계를 위한 개입과 관련된 것으로 옹호,

표 1-1　'환경 속의 인간'이라는 관점에 근거한 사회복지실천기술

사회복지실천		
환경	속의	인간
	목적 환경 속에 있는 개인, 가족, 집단 및 지역사회의 사회적 기능을 향상하는 것	
	인가 클라이언트, 민간기관/공공기관, 전문직, 정부(법률)	
	가치	
민주적이고 보호적인 사회	실천원리, 윤리강령	모든 인간의 존엄성과 가치
	실천지식	
조직이론 정치학 입법과정 사회정책 문화인류학 자연/지역사회 자원 공사서비스 사회복지	사회화 역할 행동이론 의사소통 스트레스/갈등 체계들 집단과정 위험집단	발달/생활주기 생리적 심리성적 심리사회적 인지적 도덕적 영적 자기실현 자기인식
	실천기술	
정치적 기술 옹호 법적 행동화 증거 제시 협상 조직 광고 의사 표시	문제해결기술 문제규명 자료수집 사정/목표설정 계획/과업규정 선택과 실행 평가 종결	인간관계기술 경청 반응 감정/감각 명확화 정보제공 의뢰
	전문기술 기록, 조사, 시간관리, 팀워크 등의 전문기술	

출처: 오창순 외(2001), p. 32에서 재인용.

법적 행동화, 협상 등이 해당된다. 전문기술에는 기관 내 전문직의 구성원으로 일할 때 필요한 기록, 조사, 시간관리, 팀워크 등이 해당된다(오창순, 윤경아, 김근식, 2001: 32).

미국사회복지사협회(NASW, 2000)는 사회복지사의 전문성을 발휘하는 데 있어 구체적인 업무수행기술의 필요성을 강조하였고, 이에 사회복지실천을 위한 필수적인 실천기술 유형을 다음과 같이 제시하였다(김혜란 외, 2006: 27).

- 전문가적인 목적과 이해를 기초로 타인의 말을 경청하는 기술
- 자료를 찾아 의미 있게 조합하는 기술
- 전문적 원조관계를 형성·발전시키며, 자신을 도구로 활용하는 기술
- 언어적·비언어적 행동을 관찰, 해석하며 성격이론이나 사정방법을 활용하는 기술
- 클라이언트와의 초기 관계를 맺고 신뢰감을 획득하는 기술
- 민감한 정서적 주제를 지지적인 방식으로 다루는 기술
- 클라이언트를 위한 창의적인 해결책을 찾는 기술
- 치료적 관계의 종결 여부를 결정하고 실행하는 기술
- 조사연구의 결과나 전문적 자료를 해석하는 기술
- 갈등적 관계에 놓인 양측을 중재하고 협상하는 기술
- 조직 간에 연계와 협조 서비스를 제공하는 기술
- 후원자, 시민 또는 입법자에게 사회적 욕구를 해석하고 전달하는 기술

셰퍼 등(2005)은 클라이언트의 유형이나 실천현장의 종류와 관계없이 모든 사회복지실천에서의 공통기술을 기본적인 의사소통과 원조 기술, 업무량과 사례량의 관리기술, 개인 및 전문가로의 발전과 관련된 기술로 구분하여 제시하였다(〈표 1-2〉 참조). 첫째, 기본적인 의사소통과 원조 기술은 효과적인 의사소통 및 관계형성과 관련된 기술이다. 둘째, 업무량과 사례량의 관리기술은 시간관리, 보고서 작성법, 기록유지방법 등과 관련된 것으로, 특히 신참 사회복지사에게 중요하다. 셋째, 개인 및 전문가로의 발전과 관련된 기술은 사회복지사가 사회복지실천을 수행하는 과정에서 부딪히게 되는 많은 갈등과 딜레마를 다루는 데 필요한 기술이다(Sheafor et al., 1998: 183).

김혜란 등(2006)은 사회복지사에게 필요한 주요 실천기술과 관련하여 클라이언트와의 관계형성이나 의사소통, 물리적 자원이나 정서적 지지를 제공하는 활동에 필요한 기술과

표 1-2 **사회복지실천의 공통기술**

기본적인 의사소통과 원조 기술	업무량과 사례량의 관리기술	개인 및 전문가로의 발전과 관련된 기술
• 기본적 의사소통기술 • 기본적 원조기술 • 비언어적 의사소통 • 나-전달법 • 정서와 감정의 이해 • 방어적 의사소통에 대응하기 • 문화적 차이가 있는 클라이언트에 대한 원조	• 업무시간 관리 • 보고서 작성 • 편지 작성 • IT 사용기술 • 업무량 조절 • 기록 관련 기술 • 법정 증언	• 기관 슈퍼비전 활용 • 전문가집단에 대한 발표 • 전문가집단에 대한 글쓰기 • 스트레스 관리 • 윤리적 결정 내리기 • 실천상의 과오로 인한 소송 피하기 • 성희롱에 대한 대처 • 조사보고서 분석 • 질적 자료 이해 • 양적 자료 이해

기관의 서비스나 자원 활용을 위한 기술 등을 포함하는 실천능력과 스트레스 관리, 업무량/시간관리, 조사, 기록, 문제 분석과 해결 능력 등의 업무수행기술이 포괄적으로 포함된다고 하였다.

3) 사회복지실천 및 지식과의 관계

사회복지실천은 예술성과 과학성이라는 양쪽 날개로 작동한다. 예술성은 관계를 형성하고, 창의적인 사고를 하며, 동정과 용기, 희망과 에너지, 건전한 판단력의 사용 그리고 적합한 가치에 헌신하는 것과 관련된 것이다. 반면, 과학성은 이론, 모델 등 실천 지식과 기법을 적용하는 것과 관련된다. 사회복지사는 전문적 지식과 과학적 기반에 자신의 예술적 능력을 혼합시켜야 한다(Sheafor, Horejsi, & Horejsi, 1998: 67). 이를 도식화하면 [그림 1-2]와 같다.

사회복지사는 다른 전문직과 마찬가지로 과학적 방법을 활용한 과학적 지식과 기술에 근거한다. 사회복지실천은 클라이언트에게 만족스러운 서비스를 제공하기 위해 필요한 지식 및 이론을 활용하고 적용하는 과정이다. 이론이 없는 실천은 체계적이지 못하고 모호하며 단조롭고, 실천에 근거하지 않은 이론은 실제적이지 못하고 무용지물이 될 수 있다. 따라서 사회복지실천과 지식의 관계는 서로 매우 밀접하고 중요한 영향을 미침을 알

예술성	사회복지실천	과학성
전문적 관계, 창의성, 동정과 용기, 희망과 에너지, 판단, 개인적 가치		실천 지식과 기법 (패러다임, 실천관점, 실천이론, 실천모델, 실천지혜)

[그림 1-2] 사회복지실천과 예술성 및 과학성의 관계

수 있다.

　사회복지실천지식(knowledge for social work practice)은 사회복지실천의 근거가 되는 지식으로서 학자에 따라 다양하게 정의·분류되고 있다. 하우(Howe, 1987; Sheafor et al., 1998에서 재인용)는 사회복지이론을 크게 사회복지의 이론과 사회복지를 위한 이론으로 구분하고 있다. 그에 따르면 사회복지의 이론은 전문직에 초점을 두고, 전문직이 무엇에 관심을 갖고 있고 누구를 위한 것이며, 그 기능을 왜 수행하는지를 설명한다. 반면에, 사회복지를 위한 이론은 클라이언트와 원조활동에 초점을 두고, 인간의 행동과 사회환경에 변화가 어떻게 일어나는지와 클라이언트에게 혜택이 돌아가기 위해서 사회복지사가 어떻게 변화를 촉진할 수 있는지를 설명한다. 한편, 김혜란 등(2006)은 기존 학자들의 내용을 차원으로 구분하는 방법과 종류로 구분하는 방법으로 나누어 정리하고 있다. 그중 지식의 차원은 패러다임, 관점, 이론, 모델로 구분하여 설명할 수 있다. 이 책에서는 셰퍼 등(Sheafor et al., 1998)의 견해와 김혜란 등(2006)이 정리한 내용에 근거하되, 필자의 생각을 일부 반영하고 수정·보완하여 제시하고자 한다.

　먼저, 사회복지실천지식은 실천에 영향을 주는 구체성의 정도에 따라 그 차원을 크게 패러다임, 실천관점, 실천이론, 실천모델 등으로 구분할 수 있다(〈표 1-3〉 참조). 이것은 세계관이나 사회문제에 관한 인식의 틀을 구성하는 것에서부터 구체적인 실천기술의 선택에 이르기까지 각기 다른 수준에서 실천에 영향을 미칠 수 있다. 그런데 이를 각기 분리된 개념으로 보기보다는 해당 관점이 갖는 흐름을 일관되게 유지하면서 이론적 맥락을 같이 하는 지식을 선택할 수 있도록 하는 것이 유용하다(김혜란 외, 2006: 17).

　첫째는 패러다임(paradigm)이다. 패러다임은 특정 시대 사람들의 생각이나 사고를 근본적으로 규정하는 테두리로서의 인식체계를 의미한다. 사회복지실천의 패러다임으로는 진

표 1-3 **사회복지실천지식의 구성수준**[1]

구분	주요 내용	예
패러다임	• 추상적인 수준의 개념적 틀로서 세계관과 현실에 대한 인식의 방향을 결정 • 역사적 흐름, 사회 분위기, 사상적 조류, 정치적 사건 등의 영향을 받음	의료적 패러다임, 생태적 개념의 패러다임, 소비자중심 패러다임
실천관점/시각	• 인간행동과 사회구조를 바라보는 개념적 렌즈 • 개입전략 선택을 안내할 수 있는 것	일반체계적 관점, 생태체계적 관점, 여성주의적 관점, 강점관점
실천이론	• 특정 유형의 변화를 초래하는 개입을 위한 안내 지도의 역할 • 관점에서 다루는 내용을 조작화하고 경험적으로 검증하는 작업을 거쳐, 지식의 주관성은 줄고 동시에 부여된 의미에 대한 사회적 이해와 보편성은 커짐	정신역동이론, 인지행동이론, 학습이론, 의사소통이론, 게슈탈트 이론, 일반체계이론 등
실천모델	• 어떤 개입을 안내하기 위해 사용되는 개념과 원리의 종합 • 특정 이론에만 근거하지 않고 다양한 이론을 적용하여 사용하며 경험, 실험에 의해 개발된 것도 포함됨	정신분석모델, 위기개입모델, 인지모델, 심리사회모델, 과제중심모델 등
실천지혜 및 직관	• 실천현장에서 개인의 가치체계와 경험으로부터 귀납적으로 만들어진 지식 • 의식적으로 표현하거나 구체적으로 명시할 수 없는 지식	

출처: 김혜란 외(2006), pp. 18-23; Sheafor et al. (1998), pp. 84-85에서 발췌하여 재구성함.

단과 치료의 개념을 중심으로 한 의료적 패러다임, 생태적 개념의 패러다임, 소비자중심 패러다임 등이 있다. 이것은 사회의 주도적인 패러다임이 학문의 인식론적 변화나 역사적 흐름, 사회 분위기, 사상적 조류, 정치적 사건 등의 영향을 받듯이 다양한 흐름을 반영한다. 의료적 패러다임은 제1차 세계대전 이후의 사회적 욕구를 반영한 것이고, 생태적 개념의 패러다임은 1960년대 이후 개인의 심리에 초점을 두는 기존 접근의 한계와 환경에 대

---

1) 김혜란 등(2006)에서는 패러다임, 관점, 이론, 모델이라는 용어를 사용하였으나, 이 장에서는 셰퍼 등(1998: 83-85)에서 제시한 것과 같이 실천관점, 실천이론, 실천모델이라는 용어를 사용하였다.

한 관심의 증가에 의해 영향을 받은 것이다. 그리고 소비자중심 패러다임은 1980년대 이후 소비자의 정치적·사회적 권리의 강조에 의해 영향을 받은 것이다(Sheafor, Horejsi, & Horejsi, 2005: 18).

둘째는 실천관점/시각(perspective)이다. 이것은 인간행동과 사회구조를 바라보는 개념적 렌즈이자 동시에 개입전략 선택을 안내할 수 있는 것이다. 실천관점은 카메라 렌즈처럼 배경이 되는 현상과 특정 현상을 확대하거나 그에 초점을 둔다(Sheafor et al., 1998: 84). 하나의 카메라 렌즈에는 세상의 모든 것을 동시에 담을 수 없다. 사진을 찍는 사람이 관심을 두는 것에만 초점을 맞추고 집중해서 보여 주는 것이다. 실천관점도 마찬가지다. 특정한 실천관점 하나만으로는 세상의 모든 일을 다 완벽하게 설명할 수 없다. 그러나 연구자나 실천가가 관심을 갖고 전달하고자 하는 것을 가장 잘 설명할 수 있도록 하기 위해 사용한다. 사회복지실천의 관점으로는 일반체계적 관점, 생태체계적 관점, 여성주의적 관점, 강점관점 등이 있다. 실천관점은 다양한 실천 이론과 모델과 관련되어 활용된다. 예를 들어, 일반체계적 관점을 가진 사회복지사는 소집단이론, 조직변화이론, 과제중심모델, 해결중심모델 등을 활용할 수 있다.

셋째는 실천이론(theory)이다. 실천이론은 어떤 행동이나 상황에 대해 설명하고 그런 행동이 어떻게 변화될 수 있는지에 관한 폭넓은 지침을 제공한다. 한마디로 특정 유형의 변화를 초래하는 개입을 위한 안내지도의 역할을 한다(Sheafor et al., 1998: 84). 이것은 상위수준의 실천관점에서 다루는 내용을 조작화하고 경험적으로 검증하는 작업을 거쳐, 지식의 주관성은 줄고 동시에 부여된 의미에 대한 사회적 이해와 보편성은 커지게 된다. 사회복지실천이론은 정신역동이론에서부터 인지행동이론, 학습이론, 의사소통이론, 실존이론, 게슈탈트 이론, 일반체계이론, 이야기이론에 이르기까지 다양하다(김혜란 외, 2006: 19).

넷째는 실천모델(model)이다. 실천모델은 어떤 개입을 안내하기 위해 사용되는 개념과 원리의 종합이다. 이것은 실천이론과는 달리 행동에 관한 특정 설명에 얽매이지 않는다. 예를 들면, 위기개입이나 과제중심 접근은 실천이론이기보다는 실천모델로 간주되는데, 이들 모델은 인간행동에 관한 특정 이론에만 얽매이지 않고 경험이나 실험에서 개발되기 때문이다. 또한 모델이란 용어는 한 분야에서 빌려 온 개념적 준거틀을 다른 분야에 적용하는 것을 언급할 때도 사용된다(Sheafor et al., 1998: 84-85). 예를 들어, 정신보건현장에서 알코올중독자 치료 및 개입을 위해 활용하는 12단계 모델(12-step model) 등이 이에 해당된다.

사회복지실천에서 활용되는 실천모델의 종류에는 특정 관점과 이론을 배경으로 기술적
과정을 도출한 것(예: 정신분석이론과 정신분석모델, 행동주의 이론과 행동수정모델, 인지이론
과 합리적·정서적 치료 등)과 단일한 이론적 배경을 갖지 않고 절충주의적 성격을 갖는 것

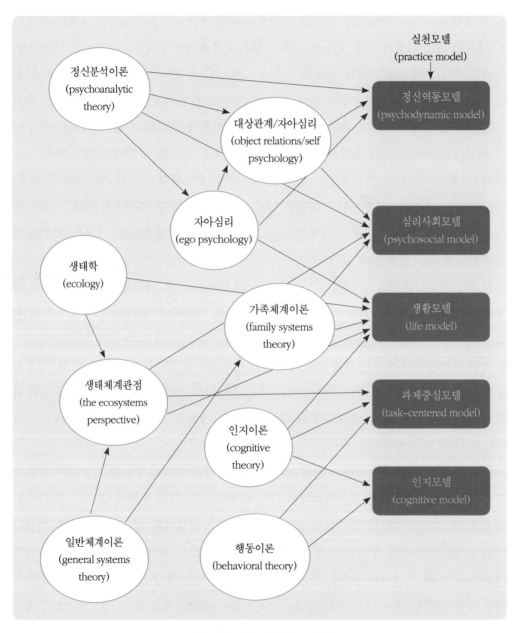

[그림 1-3] 실천모델의 이론적 관계

출처: 김혜란 외(2006), p. 21.

(예: 심리사회모델, 과제중심모델 등)이 있다. [그림 1-3]은 다양한 실천모델 간의 이론적 연결성을 나타낸 것이다(김혜란 외, 2006: 20).

다섯째는 실천지혜(practice wisdom) 및 직관(intuition)이다. 실천지혜 또는 직관은 실천현장에서 귀납적으로 만들어진 지식의 종류다. 이것은 개인의 가치체계와 경험으로부터 얻어지는 것으로, 의식적으로 표현하거나 구체적으로 명시할 수 없는 지식임에도 대부분 실제의 실천상황에서 발생하는 구체적인 문제와 관련된 것이기에 사회복지사의 사고와 행동에 절대적인 영향을 미친다(김혜란 외, 2006: 23).

여섯째는 사회복지실천지식이다. 기능, 학문적 배경, 적용범위에 따라 다양하게 분류될 수 있다. 먼저 시포린(Sipporin, 1975)은 사회복지실천지식을 실천과정에 따라 사정에 필요한 지식과 개입에 필요한 지식으로 대별하고, 학문적 배경에 따라서는 인접 분야로부터 가져온 지식과 사회복지사의 경험 및 연구에서 비롯된 지식으로 대별하였다. 또한 개인에서

표 1-4   사회복지실천지식

구분	종류	주요 내용	예
실천과정	사정에 필요한 지식	사회복지사의 실제적인 개입이 이루어지기 전에 개인의 욕구와 문제, 상황 등을 이해하기 위한 지식	생태학이론, 체계이론, 정신분석이론
	개입에 필요한 지식	사회복지사가 개인, 집단, 가족, 지역사회를 대상으로 구체적인 실천을 행함에 필요한 기술	임파워먼트 이론, 인지이론, 행동이론 등
학문적 배경	인접 분야에서 가져온 지식	사회복지실천에 유용한 지식을 인접 분야에서 가져와 적용하는 지식	사회학, 경제학, 정신의학, 심리학, 상담학, 정치학
	사회복지실천 분야에서의 지식	사회복지실천 분야에서 사회복지사의 경험과 연구로부터 비롯된 지식	과제중심모델, 해결중심모델, 실천현장에서의 사례회의, 보고서 발표 등
수준	기초적인 지식	사회복지실천에 관한 관점이나 이론적 이해를 돕는 지식	사회, 문화, 과학, 역사, 예술, 철학 관련 지식
	전문적인 실천지식	사회복지실천과정에 직접적인 도움이 되는 전문적인 지식	사회복지실천 이론과 모델에 대한 지식, 특정 분야, 대상에 대한 지식, 사회 정책과 서비스에 대한 지식 등

출처: 김혜란 외(2006), pp. 18-23에서 발췌하여 재구성함.

부터 환경에 이르는 폭넓은 삶의 문제를 다루는 학문의 특성상 사회과학 및 인접 학문을 바탕으로 하는 기초적인 지식, 그리고 사회복지 대상자에 관한 이해에서부터 실천과정, 사회정책에 이르는 다양한 내용을 포함하는 전문적인 실천지식이 있다(김혜란 외, 2006: 23).

헵워스 등(Hepworth et al., 2006), 존슨과 얀카(Johnson & Yanca, 2007), 셰퍼 등(Sheafor et al., 2005)은 전문적인 사회복지실천을 위해 필요한 지식과 관련해서 다양한 지식을 제시하고 있다. 그들은 공통적으로 인간 및 사회환경, 사회문제 등에 대한 전반적인 지식, 사회복지실천에 관한 지식, 사회복지 정책 및 서비스에 대한 지식을 강조하였다. 특히 미국사회복지사협회(NASW, 2000)에서 효과적인 사회복지실천을 위해 필요한 지식을 보다 세분화하여 구체적으로 제시하고 있는데, 그들이 제시한 지식의 내용을 정리하면 〈표 1-5〉와 같다.

표 1-5 사회복지실천 관련 지식

학자	구분
헵워스 등 (Hepworth et al., 2006)	• 인간행동과 사회환경에 관한 지식 • 조사 및 연구에 관한 지식 • 사회복지실천방법에 관한 지식 • 사회복지 정책과 서비스에 관한 지식
존슨과 얀카 (Johnson & Yanca, 2007)	• 광범위한 인문학적 지식 • 인간, 인간의 상호작용, 사회현상에 대한 기초지식 • 특정 분야나 클라이언트 집단에 대한 지식 • 사회복지실천이론에 관한 지식 • 사회 정책과 서비스에 관한 지식
셰퍼 등 (Sheafor et al., 2005)	• 사회적 조건과 사회문제에 대한 지식 • 사회적 현상에 대한 지식 • 사회복지 전문직에 대한 지식 • 사회복지실천을 위한 지식 • 사회 정책과 프로그램에 대한 지식
미국사회복지사협회 (NASW, 2000)	• 사회복지실천 이론 및 기법에 관한 지식 • 지역사회 자원과 서비스에 관한 지식 • 사회서비스 프로그램과 그 목적에 대한 지식 • 기본적인 사회경제이론과 정치이론에 관한 지식

미국사회복지사협회 (NASW, 2000)	• 인종 · 민족 등 한 사회의 문화적 특성에 관한 지식과 그 가치 및 생활방식에 관한 지식 • 실천에 적합한 전문적 · 과학적 조사에 관한 지식 • 사회계획의 개념과 기법에 대한 지식 • 사회복지실천의 슈퍼비전 및 슈퍼비전의 이론에 대한 지식 • 인력관리의 개념과 이론에 관한 지식 • 일반적인 사회통계와 심리학적 통계 방법론 및 기법, 다양한 연구 방법 및 기법에 관한 지식 • 사회복지행정의 개념과 이론에 대한 지식 • 클라이언트에게 영향을 주는 사회적 · 환경적 요소에 대한 지식 • 심리적 사정과 개입의 이론과 방법에 대한 지식 • 조직 및 사회체계 이론과 행동, 촉진적인 변화방법의 이론과 행동에 대한 지식 • 지역사회조직 이론 및 기법에 대한 지식 • 인간의 성장과 발달에 관한 이론 및 가족과 사회의 상호작용이론에 대한 지식 • 소집단이론과 행동역학에 관한 지식 • 집단 상호작용과 치료적 개입 이론에 대한 지식 • 위기개입 이론과 기법에 관한 지식 • 옹호 이론과 기법에 관한 지식 • 사회복지실천의 윤리적 기준에 관한 지식 • 사회복지 동향 및 정책에 관한 지식 • 사회서비스 및 의료서비스에 영향을 미치는 법체계에 대한 지식

2. 사회복지실천기술 적용에서의 사회복지사의 과제

1) 사회복지실천의 지식, 가치, 기술의 조화

사회복지실천은 사회복지 전문직의 가치, 전문직 활동에 필요한 지식과 기술을 얼마나 적절하고 조화롭게 행하는가에 좌우된다. 모든 전문직이 그렇듯, 사회복지 전문직은 전문적 지식과 윤리강령에 기반한다. 그러나 단순히 지식에만 근거해 클라이언트에 대한 원조를 결정하거나 클라이언트와 그 상황을 개별화하지 않은 채 지식을 기계적으로 적용해서는 안 된다. 사회복지사는 실천과정에서 전문직의 가치, 클라이언트의 가치, 사회적 가치 등을 고려해야 한다.

또한 사회복지사는 클라이언트의 긍정적인 변화와 문제해결에 도움이 되기 위해 전문적인 기술도 갖추어야 한다. 그러나 아무리 많은 기술을 사용한다고 해도 사회복지 가치에 기반하지 않거나 과학적이고 전문적인 지식에 토대를 두지 않은 기술은 제대로의 효과를 내기 어렵다. 한마디로 사회복지사는 사회복지실천과정에서 지식, 가치, 기술 간에 최선의 조합이 이루어지도록 창의성을 발휘해야 한다. 특히 개인의 예술성과 전문직의 과학성을 조화시키려는 노력은 학부 및 대학원 교육과정에서뿐 아니라 사회복지사가 일생을 통해 변화ㆍ성장하면서 지속적으로 노력해야 할 중요한 작업이다.

2) 사회복지사의 자기이해

사회복지사는 클라이언트의 바람직한 변화를 가능하도록 하기 위해 자신(self)을 중요한 도구로 활용한다. 음악가가 악기를 통해 연주하듯이 사회복지사는 사회복지의 전문지식, 자세, 기술 등을 갖춘 자신을 통해 클라이언트에게 전달해서 클라이언트로 하여금 문제해결을 하도록 돕는다. 만약 사회복지사가 자신에 대한 이해가 부족하면, 클라이언트가 문제해결을 하도록 돕거나 변화를 촉진시키는 데 제약이 따를 수 있다. 예를 들어, 사회복지사 자신의 문제를 클라이언트에게 투사할 가능성이 있다.

그러나 사회복지사가 자기이해가 있다면 자신과 클라이언트의 차이를 인식할 수 있으며, 자신의 욕구나 관심을 클라이언트의 그것과 구분할 수 있다. 이를 통해 필요 이상으로 클라이언트에게 개입하는 것을 예방할 수 있다. 또한 클라이언트와의 신뢰로운 관계 구축이 용이하게 되고 더 나아가 사회복지실천의 목표를 효과적으로 달성할 수 있다. 따라서 사회복지사는 자신의 가치관, 태도, 관심사 등에 대해 의식적으로 사고하고 성찰하는 자세가 필요하다.

클라이언트에 대한 사회복지사의 반응은 자신의 태도, 신념, 기대, 가치 그리고 편견 등에 영향을 받을 수 있다(최해경, 2009: 234-235). 항상 모든 클라이언트를 수용하고 존중해야 한다는 전문적 가치에 익숙한 사회복지사는 실제 현장에서 자신이 클라이언트를 수용하고 존중하고 있다고 생각하기 쉽다. 그러나 사회복지사도 특정 진단이나 문제, 인종, 종교, 민족 배경, 성별, 성정체성, 사회계층, 기타 다양한 특성을 가진 클라이언트에 대해 선입견을 가질 수 있다. 중요한 것은, 사회복지사는 차이를 수용하려고 늘 노력해야 한다. 자신에게 그러한 태도가 있다는 것을 부정하기보다는 자신의 고정관념과 부정적 태도를 탐색하고 인식할 필요가 있다. 사회복지사의 고정관념과 부정적 태도 자체가 나쁘다기보다, 사회복지사가 자신의 한계를 인정할 때 클라이언트를 돕는 과정에서 자신을 적절하게 조절할 수 있으며 클라이언트와 함께 차이점을 다루고 그 영향을 파악할 수 있다.

사회복지사의 자기이해는 다양한 기회를 통해 촉진될 수 있는데, 슈퍼비전이나 사례회의가 가장 중요한 경로다. 슈퍼바이저나 동료들은 사회복지사의 개인적 가치관, 태도, 관심 등이 클라이언트와의 관계형성에 어떠한 영향을 미치는지, 원조능력에 어떻게 영향을 미치는지에 대한 피드백을 줄 수 있다. 이를 위해서 사회복지사는 슈퍼바이저나 동료들의 피드백에 개방적이어야 한다. 가족이나 친구, 클라이언트와의 상호작용을 통해 자기이해가 촉진될 수 있다. 이 외에도 개인상담 및 심리검사 등을 통해 자기분석을 실시해 볼 수 있다. 〈표 1-6〉은 사회복지사의 자기이해를 돕는 데 있어 몇 가지 질문과 검토되어야 할 부분을 정리한 것이다.

| 표 1-6 | 사회복지사의 자기이해를 돕는 질문 |

영역 1(자신에 대한 가치)

1. 내가 인생에서 가장 중요하다고 생각하는 것은 _____이다.

2. 내가 원하는 것은 _____이다.

3. 나에게 영향을 준 사람 또는 사건은 _____이다.

영역 2(인간에 대한 이해)

4. 내가 기꺼이 돕고 싶은 사람은 _____이다.

5. 내가 갖는 편견과 차별적 행동은 _____이다.

6. 성폭력 범죄자를 보면 _____를 느낀다.

영역 3(직업에 대한 이해)

7. 내가 사회복지사가 되고자 하는 이유는 _____이다.

8. 사회복지사가 되는 데 영향을 준 요인은 _____이다.

9. 나의 직업목표는 _____이다.

영역 4(감정 및 관계에 대한 이해)

10. 나는 _____때, 상처를 받는다.

11. 상대방이 나에게 _____때, 기분이 좋다.

12. 가족이 나에게 미친 영향은 _____이다.

13. 내가 대하기 편한 사람의 성격 및 행동양식은 _____이다.

14. 내가 대하기 불편한 사람의 성격 및 행동양식은 _____이다.

영역 5(전반적인 자기이해)

위의 질문에 관해 작성한 내용을 종합해서 자신의 강점 및 극복해야 할 점에 대해 각각 생각해 봅시다.

〈강점〉	〈극복해야 할 점〉

Chapter 02

사회복지실천의 관계기술

사회복지사는 사회복지실천과정에서 클라이언트와 긍정적인 원조관계를 형성함으로써 클라이언트의 바람직한 변화를 가능하게 하는 중요한 변화 매개체다. 따라서 사회복지사는 클라이언트와 효과적인 관계를 형성하기 위해서 클라이언트의 기본적인 욕구를 알아차리고 그 욕구에 적절한 반응을 해야 하며, 관계형성 기술의 원리를 적절히 적용할 수 있어야 한다. 이러한 관계기술은 클라이언트의 신뢰를 얻고, 클라이언트를 적극적으로 참여하게 하며, 중도탈락을 피할 수 있는 가능성을 높여 준다.

학습목표

• 사회복지실천 대상 및 원조관계의 개념을 이해한다.
• 사회복지실천에서의 관계형성 기술을 익힌다.

1. 사회복지실천과 전문적 원조관계

사회복지실천은 사회복지사와 클라이언트의 만남에서 시작하여 문제해결단계, 종결단계와 같은 일련의 과정을 함께하는 것이다. 이러한 과정이 순조롭게 진행되고 클라이언트와 사회복지사가 공동으로 희망하는 바람직한 목표가 달성되기 위해서는 무엇보다 클라이언트와 사회복지사 간의 전문적 원조관계가 잘 형성되어야 한다.

사회복지실천에서 관계는 사회복지사와 클라이언트 간의 태도와 감정의 역동적 상호작용이며, 클라이언트가 환경에 보다 잘 적응하도록 하려는 목적을 갖는다(Biestek, 1957). 최해경(2009)은 펄먼(Perlman, 1979)이 제시한 사회복지실천에 있어 전문적 원조관계의 특성을 다섯 가지로 정리하였다.

첫째, 전문적 원조관계는 인정되고 합의된 목적을 위해 형성된다. 여기서 인정되고 합의되었다는 것은 클라이언트가 필요로 하고 기대하는 것을 사회복지사와 클라이언트가 서로 분명히 하고 다음 단계에서 무엇을 기대하며 각자 무슨 일에 관여할 것인지 이해하는 것을 의미한다. 또한 목적이란 클라이언트의 현재 기능을 방해하거나 약화시키는 것으로 규명된 문제를 보다 효과적인 방식으로 해결하거나 대처하게 하며, 바라는 방향과 관련된 것이어야 한다.

둘째, 전문적 원조관계는 시간 제한적이다. 전문적 관계는 목적이 달성되거나 클라이언트의 동기, 능력, 사회복지사의 자원이 허용하는 한도에 도달하면 종결된다. 이러한 시간 제한성은 제한된 시간 내에 클라이언트로 하여금 자신의 역량을 최대한 가동시켜 원조관계에 참여하도록 할 수 있다.

셋째, 전문적 원조관계는 클라이언트를 위한 것이다. 이는 다른 말로 사회복지실천 개입 및 관계의 목적이 클라이언트의 문제해결 및 기능에 도움이 되어야 하며 무엇보다도 클라이언트의 욕구에 초점을 두어야 함을 뜻한다.

넷째, 전문적 원조관계는 권위를 지닌다. 전문가의 권위는 지식과 전문성에 근거하며 그에 수반되는 책임이 있다. 지식의 권위에 수반되는 책임은 전문적 판단에 따른다.

다섯째, 전문적 원조관계는 통제된 관계다. 여기서 통제란 클라이언트에 대해서나 클라이언트에 의한 것이 아니라 사회복지사 자신과 원조의 방식에 대한 사회복지사의 통제를 뜻한다. 가장 효과적이고 효율적인 방식으로 원조를 하기 위해 사회복지사 자신과 원조의 내용과 방법에 대한 통제를 하는 것이다.

한마디로 전문적 원조관계란 사회복지사 주도의 일방적인 관계가 아니라 사회복지사와 클라이언트가 합의한 공동의 목표를 달성하기 위해 협력적이고 신뢰성 있는 관계를 형성하는 것을 말한다. 사회복지사와의 개방적이고 신뢰성 있는 관계에서 인격적인 대화를 촉진해 나가는 면담 분위기의 조성은 클라이언트로 하여금 불안감을 완화하고, 덜 방어적이게 하며, 자유롭게 표현할 수 있게 하고, 상담과정이나 문제해결과정에서 클라이언트의 책임과 주체성을 강조할 수 있다. 더 나아가서는 클라이언트가 자신의 문제를 이해하고 스스로 문제해결책을 찾을 수 있도록 돕는 데 유용하다.

엄명용, 노충래, 김용석(2008)은 전문적인 관계가 성공적으로 형성될 경우에 나타나는 긍정적 효과에 대한 밀러(Miller, 1976)의 주장을 다음과 같이 정리하였다. 첫째, 잘 형성된 관계는 문제해결과정에 생기와 활력을 불어넣어 준다. 둘째, 클라이언트로 하여금 임파워먼트된 느낌과 행동을 취할 능력이 있다는 느낌을 갖게 한다. 셋째, 클라이언트와 사회복지사 모두 자신 및 타인에 대한 이해의 폭이 넓어진다. 넷째, 클라이언트 자신의 가치에 대해 높이 평가하게 되어 자신감과 능력의 향상을 가져온다. 다섯째, 타인과 접촉하고 관계를 형성하려는 클라이언트의 욕구가 이전보다 강해진다. 결과적으로 클라이언트와 사회복지사 간에 원만한 원조관계가 형성되지 않으면 클라이언트에게 바람직한 변화가 발생할 수 없다는 것이다.

2. 원조관계의 기본 요소

1) 원조관계를 촉진하는 요소

인간을 대상으로 원조를 행하는 전문직에서는 전문적인 관계를 촉진하는 데 필요하고 중요한 요소들을 제시하고 있다. 그중 가장 많이 강조되는 것이 공감, 무조건적 존중, 일관된 진솔성, 전문적 구체성이다(이장호, 금명자, 2012).

(1) 공감

공감(empathy)이란 사회복지사가 클라이언트의 생각, 감정, 경험에 대하여 자신의 주관적인 입장에서가 아니라 클라이언트의 입장에서 듣고 반응하는 것이다. 공감의 방법은 크게 언어적 측면과 비언어적 측면으로 나눌 수 있다. 언어적 측면은 우선 클라이언트의 감정을 정확하게 포착하고 그 내면에 있는 성장동기를 파악한 뒤 말로써 자신이 이해한 것을 클라이언트에게 표현해 주는 것이다. 비언어적 측면은 사회복지사의 태도, 자세, 억양, 행동 등을 통해 표현된다. 사회복지사의 이러한 태도가 클라이언트에게 전달되면, 클라이언트는 자신이 이해받고 있다는 느낌을 갖게 되어 사회복지사를 더욱 신뢰하게 된다. 공감에 대한 자세한 내용은 3장 '사회복지실천의 면담기술'에서 다룰 것이다.

(2) 무조건적 존중

무조건적 존중은 클라이언트의 어떤 생각, 어떤 행동이라도 그대로 받아들이고 존중하는 것을 의미하는 것으로, 비록 클라이언트의 의견이 자신과 달라 그에 동의하지 않는다 하더라도 거부하지 않고 인격적으로 수용하는 것을 말한다. 이것은 사회복지사가 어떤 판단기준을 가지고 자신의 시각에서 클라이언트의 생각, 행동, 외모, 말투, 경험 등을 부정적으로 평가하거나 옳고 그름의 문제로 판단하지 않는 것을 의미한다.

무조건적 존중의 방법에는 사회복지사의 성실한 태도, 비밀보장, 비심판적 태도, 따뜻함 등이 있다. 특히 사회복지사는 클라이언트에 대해서 아무것도 아는 것이 없다는 생각을 하고 클라이언트의 생각, 가치관, 경험, 철학 등을 배우려 한다는 자세를 견지할 필요가 있다. 이러한 사회복지사의 긍정적인 배려는 클라이언트로 하여금 새로운 인간관계 경험을 하게 하고 진정한 자신의 모습을 탐색할 수 있는 용기를 갖게 한다. 그러나 이것은 클라이언트가 자신 또는 타인에게 위협적 또는 폭력적 행동까지도 수용하고 인정하는 것을 의미하는 것은 아니다. 무조건적 존중의 예는 다음과 같다.

예

클라이언트: 선생님, 저는 이 문제를 어떻게 해결해야 할지 정말 모르겠어요. 그냥 가슴만 답답하고 무엇을 해야 할지 막막하기만 해요.

사회복지사: 당신이 이처럼 힘들어하는 것을 보면 정말 쉽지 않은 문제인 것 같군요.

---

(3) 일관된 진솔성

사회복지사와 클라이언트는 단순한 만남이 아닌 특별한 목적을 가진 전문적 관계다. 따라서 사회복지사는 클라이언트에게 전문적이면서도 개방적이며 일관성 있고 진솔한 태도를 견지해야 한다. 진솔성(genuineness)은 사회복지사가 클라이언트와의 관계에서 나타내는 반응이 순간순간 그가 내적으로 경험하고 느끼는 바와 합치되는 상태를 의미하는 것으로, 가식적이지 않은 있는 그대로의 모습을 진솔하게 나타내는 것을 말한다.

그러나 이것은 사회복지사가 면담과정에서 클라이언트에게 느끼는 감정 모두를 표현하라는 것은 아니다. 다만, 표현한 것이 진실되고 일관성이 있어야 한다는 것이다. 또한 진솔성은 사회복지사가 느낀 모든 것을 있는 그대로 다 드러내라는 것은 아니다. 사회복지사의 감정을 솔직하게 표현하는 것이 면담목적을 달성하는 데 도움이 된다고 판단되었을 때 할 필요가 있다.

엄명용 등(2008)은 헵워스와 라슨(Hepworth & Larsen, 1993)이 제시한, 사회복지사가 클라이언트에게 진솔하게 반응하는 데 필요한 지침을 다음과 같이 설명하고 있다.

첫째, '나는' '저는' 등의 단어로 시작하여 나 자신의 생각, 느낌, 의견 등에 초점을 맞추어 서술한다. 이러한 '나−전달법(I-message)'은 상대방의 행동, 생각, 느낌 등에 초점을 맞추어 상대방을 공격, 비난, 단정, 명령하는 것과는 대비되는 어법이다. 예를 들면, "당신, 그런 식의 행동은 곤란하죠."라는 표현과 "그렇게 행동하셨다니 제 마음이 착잡하군요!"라는 표현의 차이를 탐색해 보기 바란다.

둘째, 순간적으로 떠오른 피상적인 생각이나 느낌을 바로 이야기하지 말고 좀 더 헤아려 본 후 보다 건설적이고 깊이 있고 의미 있는 감정 또는 생각을 발굴해 클라이언트와 나눈다.

셋째, 중립적이고 구체적인 묘사 용어를 사용하여 어떤 상황이나 행동을 기술·설명한다.

넷째, 클라이언트의 행동이나 결정 등이 클라이언트 자신 또는 다른 사람에게 주는 구체적인 영향을 찾아내어 클라이언트가 그것을 인식할 수 있도록 돕는다. 이때 클라이언트를 책망, 조롱, 비판, 공격, 압박하려 들지 말아야 한다.

이렇듯 자신의 감정을 솔직하게 표현하려면 무엇보다도 자신의 감정이 무엇인지를 파악해야 하며, 자신의 태도와 가치관이 상대방에게 어떠한 영향을 미치는지 명확히 이해해야 한다.

> 예

>
> (매번 상담시간에 10분씩 지각을 하는 클라이언트가 있는데, 그때마다 그는 비슷한 변명을 하였다.)
>
> 클라이언트: 오늘은 절대 안 늦으려고 했는데 또 지각을 했어요. 죄송해요, 선생님. 다시는 늦지 않도록 할게요.
>
> 사회복지사: 당신이 번번이 늦는 게 내 마음에 걸렸어요. 매번 다시는 늦지 않겠다고 약속하지만 잘 안 되는 것 같군요. 오늘은 그 점에 대해 이야기해 보는 것이 좋을 것 같습니다.

(4) 전문적 구체성

대부분의 사람은 일련의 사건들을 종합하여 일반적이고 추상적인 개념으로 요약하여 생활한다. 클라이언트는 대개 이러한 일반적이고 추상적인 용어로 자신의 고민을 호소하게 되는데, 이에 사회복지사는 클라이언트가 그것을 구체적으로 표현하도록 이끌어 주어야 한다. 정확한 의사소통을 위해서는 클라이언트의 욕구와 문제에 대한 정확한 이해가 필요하며, 또한 클라이언트도 자신의 욕구와 마음을 보다 구체적으로 이해할 필요가 있다. 이를 위해서는 클라이언트가 보다 개방적인 자세에서 자신을 탐색할 수 있도록 하며, 클라이언트가 말하지 않거나 못하고 있는 점이 무엇인지를 구체적으로 탐색할 필요가 있다.

이와 같은 공감, 무조건적 존중, 일관된 진솔성, 전문적 구체성을 보다 실제적으로 잘 이행하기 위해서는 무엇보다 클라이언트의 입장에서 이를 어떻게 인식하는지와 연결시켜 보면 더 쉽게 이해할 수 있다(〈표 2-1〉 참조).

표 2-1 전문적 원조관계에서 사회복지사의 태도와 클라이언트의 지각

사회복지사의 태도	클라이언트의 지각
공감	'사회복지사는 내가 어떻게 느끼는가를 알고 있다.'
무조건적 존중	'사회복지사는 나를 부드럽게 대하고, 내가 어떤 생각이나 행동을 하더라도 나를 있는 그대로 받아들이고 있다.'
일관된 진솔성	'사회복지사는 말과 행동이 같고, 또 나를 항상 순수하게 대할 것이다.'
전문적 구체성	'사회복지사는 복잡하게 얽힌 실타래의 매듭을 풀듯 내 문제를 하나씩 해결해 나갈 능력과 방법을 갖추고 있다.'

2) 변화를 방해하는 관계요소

클라이언트와 사회복지사는 각자 다른 성격적 특성과 관계형성 방식을 갖고 있으며, 이는 전 실천과정에서 드러난다. 이러한 측면들은 문제해결 혹은 변화를 가져오는 데 있어 촉진요인 또는 방해요인으로 작용할 수 있다. 앞서 변화를 촉진하는 관계요소를 살펴보았고, 여기서는 사회복지사와 클라이언트 간의 관계를 방해할 수 있는 요소들을 전이와 역전이를 중심으로 살펴보고자 한다.

(1) 전이

전이는 클라이언트가 그들의 부모 혹은 부모역할을 했던 사람이나 형제자매 등 다른 사람들과의 과거 경험에 근거하는 소망, 두려움, 기타 다른 감정을 사회복지사에게 전가하는 것이다. 이는 클라이언트 자신의 경험이나 성격에서 비롯되는 사회복지사에 대한 태도, 감정, 행동을 의미한다. 이러한 반응은 긍정적이거나 부정적일 수 있고, 변화를 촉진하거나 방해할 수 있으며, 클라이언트의 성격과 다른 사람과 관계 맺는 방식과 관련하여 중요한 지표가 된다.

특히 전이반응은 클라이언트와 문제해결을 위한 치료적 관계에서 성장을 위한 기회가 되기도 한다. 치료적 관계는 클라이언트의 대인관계에 대한 패턴, 조건화된 지각과 감정의 패턴이 드러나는 사회적 관계의 축소판이다. 이러한 맥락에서 클라이언트는 다른 관계에서 자신을 괴롭히고 실패하게 하는 것과 동일한 상호작용을 원조관계에서 재현할 수 있다. 치료자로서 사회복지사는 클라이언트가 자신의 과잉 일반화된 투사, 왜곡된 신념이나 태도 등과 개인이나 상황에 대한 실재를 구별하는 인식을 할 수 있도록 원조할 수 있다.

원조과정 동안 사회복지사와 관련된 전이반응이 발생하는 정도에는 편차가 있다. 시간 제한이 있는 과업 중심적인 개입에서는 현재의 관심사에 초점을 두기 때문에 전이반응이 최소화될 수 있다. 반면에, 과거에 초점을 두면서 심리내적 과정의 심층분석을 중심으로 하는 개입에서는 전이반응이 활성화될 수 있다.

헵워스 등(Hepworth et al., 2006)은 사회복지사가 클라이언트의 전이반응에 대처하는 지침을 다음과 같이 제시하였다.

- 클라이언트의 반응이 비현실적이지 않으며 그 반응이 사회복지사의 행동에서 기인할 수 있다는 가능성을 열어 놓는다. 의논과 성찰의 결과 클라이언트의 행동이 현실적인 것으로 드러나면, 사회복지사는 자신의 행동에 책임을 지고 진실하게 반응해야 한다.
- 클라이언트가 과거 자신에게 중요했던 사람들이 보였던 역기능적 방식의 반응을 사회복지사에게 기대할 경우, 사회복지사는 다른 방식으로 반응하는 것이 중요하다. 그렇게 함으로써 그 기대의 부당성을 입증한다. 클라이언트의 기대와 상반되는 반응은 일시적으로 불균형을 만들지만 클라이언트가 사회복지사를 과거 속의 인물과 구분하게 만든다.
- 비현실적 감정이 언제, 어떻게 나타나는지 탐색하여 왜곡된 지각의 원인을 클라이언트가 인식하도록 돕는다. 이를 위해서 비현실적인 감정과 관련된 선행사건들과 의미의 특성들을 주의 깊게 탐색한다. 사회복지사의 감정을 바로 드러내어 왜곡된 지각을 수정하려고 시도하지 않아야 한다. 문제가 되는 감정을 우선 탐색함으로써 클라이언트 자신이 과잉일반화하고 과거 경험에 근거한 잘못된 의미부여와 타당하지 않은 과장을 하는 것에 대해 인식하도록 돕는다. 이러한 인식이 앞으로 클라이언트로 하여금 왜곡된 지각에 기인한 감정이나 반응과 현실에 기반한 감정이나 반응을 구별할 수 있게 한다.
- 클라이언트가 자기감정의 비현실적 특성을 구분하고 이러한 감정을 유발한 왜곡에 대해 인식한 후에 비로소 사회복지사의 실제 감정을 이야기해야 한다. 이는 화가 나고 상처받았고 분노가 치밀고 거부당했다고 느끼는 클라이언트에게 재보증의 원천이 될 수도 있다.
- 사회복지사는 문제가 되는 감정을 검토한 후에 클라이언트가 다른 관계에서도 유사한 반응을 경험했는지 여부를 생각해 보도록 돕는다. 이러한 탐색을 통해 클라이언트는 다른 관계들에서 어려움을 낳았던 왜곡된 패턴을 깨달을 수 있다.

출처: 최해경(2009), pp. 236-237.

(2) 역전이

역전이는 사회복지사 자신의 정체성에서 비롯된 클라이언트에 대한 태도, 감정, 행동을 일컫는다. 클라이언트와 마찬가지로 사회복지사 역시 자신의 경험, 관계 맺는 방식, 미충족된 욕구와 소망, 내적 갈등 등을 가지고 원조과정에 임하게 된다. 클라이언트의 전이와 마찬가지로, 사회복지사의 역전이는 긍정적이거나 부정적일 수 있고 원조과정을 촉진하거나 방해할 수 있다.

사회복지사의 자아인식은 감정, 반응, 인식 그리고 행동의 원천을 발견하기 위해서 스스로 분석적으로 대화하는 것이라 할 수 있다. 자아인식은 사회복지사가 클라이언트와 관계하는 데 현실적인 관점을 취하거나 되찾도록 돕는다. 사회복지사는 자신이 한 인간으로서 클라이언트에 대해 비합리적인 감정이나 반응을 보이거나 행동을 할 수 있음을 인정해야 한다. 중요한 것은 사회복지사가 자신의 반응을 확인하고 이해하며 자제하고자 노력함으로써 자신의 반응이 원조과정에서 유해한 방식으로 클라이언트에게 전달되지 않도록 하는 것이다. 사회복지사가 자신의 역전이를 인정하고 이해하면 그것이 클라이언트에 대한 반응에 작용할 가능성은 적어진다. 또한 슈퍼비전과 자문은 역전이 반응을 확인하고 관리하도록 도울 수 있다. 클라이언트가 자기 문제에 너무 밀착되어 있어서 때때로 문제를 객관적으로 보지 못하고 사회복지사의 도움으로 그것을 보게 되는 것과 마찬가지로, 사회복지사도 동료나 자문가 또는 슈퍼바이저의 편향되지 않은 관점으로 클라이언트와의 관계를 보는 것이 도움이 될 수 있다.

3. 관계형성 기술

사회복지실천은 기본적으로 사회복지사와 클라이언트의 상호작용에 의해 이루어진다. 사회복지사와 클라이언트의 긍정적이고 신뢰성 있는 관계형성은 힘들게 사회복지기관을 방문한 클라이언트의 두려움과 저항감을 줄여 주고 자신의 욕구를 잘 표현할 수 있도록 한다. 더 나아가서는 클라이언트로 하여금 문제해결과정에 적극 참여할 수 있도록 만드는 촉진제의 역할을 한다. 비에스텍(Biestek, 1957)은 사회복지사의 관계형성 기술에 필요한 일곱 가지 원리를 제시하였다. 이를 토대로 클라이언트와의 신뢰로운 관계형성에 필요한 기술을 제시하면 다음과 같다.

1) 개별화

개별화는 각 클라이언트의 고유한 특성을 인정하고 이해하며, 그에 따라 실천 원리와 방법을 차별적으로 사용하는 것을 의미한다. 인간은 본질적으로 공통적인 특성을 지니고 있는 한편, 각 개인마다 특수성을 지니고 있어 개인의 소질, 환경, 타고난 재능 그리고 의지에 근거한 개인의 활동 등이 각기 다르며, 상이한 생활경험과 독특한 반응양식을 소유하고 있다(최해경, 2009). 즉, 똑같이 학대를 받은 아동이라고 하더라도 각각의 욕구가 다르고 대처능력과 자원이 다를 수 있다. 사회복지사는 클라이언트의 개별적 욕구 및 특성, 처한 환경, 지지체계 등을 고려해서 클라이언트에 적합한 맞춤 서비스를 제공해야 한다.

2) 의도적인 감정 표현

의도적인 감정 표현은 클라이언트의 감정, 특히 억압되거나 부정적인 감정을 표현하도록 돕는 것을 뜻한다. 있는 그대로의 감정을 표현하는 것은 억압이나 긴장에서 벗어나게 해 주기 때문에 그 자체로 치료적 효과가 있다. 뿐만 아니라 클라이언트의 감정에 주목하고 이해하려는 노력은 심리적 위안과 지지가 될 수 있고 신뢰로운 관계형성에 도움이 된다. 따라서 사회복지사는 클라이언트가 있는 그대로 자신의 감정을 드러낼 수 있도록 편안하고 안전한 분위기를 조성해야 한다. 클라이언트의 감정에 대해 민감하게 포착하고 있는 그대로의 감정을 표현하도록 촉진한다. 또한 충분히 감정 표현을 할 수 있도록 중간에서 차단시키지 않고 수용적 태도로 경청하고 지지해야 한다.

3) 통제된 정서적 관여

통제된 정서적 관여란 클라이언트 상황과 사회복지사 자신의 개인적 감정을 분리하는 것을 말한다(최해경, 2009). 이것은 클라이언트의 감정에 대한 민감성, 클라이언트의 감정의 의미에 대한 이해, 클라이언트의 감정에 대해 목적을 가지고 적절히 반응하는 것이다. 따라서 사회복지사는 면담과정에서 자신이 하고 싶은 생각이나 감정을 마음대로 표현하는 것이 아니라 전문적 관계 및 면담 목적을 인식하고 클라이언트에게 도움이 되도록 자신의 감정을 통제, 조절해서 반응하는 것이다. 이를 위해서는 사회복지사 자신의 정서, 감정, 행동에 대한 민감성과 통찰이 선행되어야 한다. 그리고 클라이언트에 대한 존중과 진정성, 수용, 공감적 이해가 수반되어야 한다.

4) 수용

수용이란 클라이언트의 강점과 한계, 긍정적 감정과 부정적 감정, 건설적 혹은 파괴적 태도와 행동을 포함해 현재 존재하는 그대로의 클라이언트를 편견 없이 지각하고 대하는 것을 의미한다(최해경, 2009). 이는 사회복지사가 클라이언트의 견해, 가치관, 현실 인식 등에 대해 전적으로 동의하거나 인정한다는 의미가 아니다. 클라이언트의 언어와 사고 체계, 즉 그의 인식세계에 기초해서 클라이언트의 말과 행동을 해석하는 것을 의미한다. 이를 통해 클라이언트는 자신의 문제를 방어하거나 회피하기보다는 자연스럽게 드러낼 수 있고 자신에게 맞는 현실적 대안들을 탐색하고 검토할 수 있다.

사회복지사가 수용적 태도를 갖기 위해서는 먼저 다양한 클라이언트에 대한 폭넓은 이해와 과학적 지식을 갖추어야 한다. 또한 클라이언트가 이제까지 다양한 문제를 해결하고 살아온 자기 삶의 전문가라는 점을 인정하고 그들이 중요하게 지키고자 하는 가치와 철학, 목표가 무엇인지 배우려고 하는 자세가 필요하다. 사회복지사는 교육 및 훈련, 슈퍼비전 등을 통해 계속적으로 자기성찰을 하고 자신의 생각과 클라이언트와의 차이에 대해 이해하는 것도 필요하다. 면담장면에서는 클라이언트의 감정과 행동에 대해 이해하기 위해 충분히 경청하고 다 듣고 난 다음에는 긍정적인 말로 공감하고 반영하는 것이 중요하다.

5) 비심판적 태도

비심판적 태도는 면담과정에서 문제에 대한 책임이 클라이언트에게 있다고 비난하거나 추궁하지 않는 것을 말한다. 사회복지사는 클라이언트에 대해 옳고 그름을 판단하는 사람이 아니다. 짧은 면담시간 속에서 다루어진 제한된 내용을 가지고 누구의 잘못이라고 예단하거나 단정짓기 어렵다. 오히려 섣부른 판단은 클라이언트에게 실망감과 좌절감을 느끼게 하고 방어적으로 만들고 심지어는 클라이언트와의 전문적 관계를 깨뜨리기 쉽다.

따라서 사회복지사는 비심판적 태도를 견지하면서 긍정적이면서도 안전한 면담분위기를 조성해야 한다. 안전한 면담분위기란 클라이언트가 어떤 생각과 감정을 표현하더라도 사회복지사에게 비난받거나 공격받지 않을 것이라는 믿음을 갖게 하는 것이다. 사회복지사는 클라이언트의 장점이나 긍정적인 면을 부각시키고 희망적인 자세를 가지면서 클라이언트와 공동의 목적을 위해 협력한다는 느낌을 갖게 해야 한다.

6) 클라이언트의 자기결정

클라이언트의 자기결정이란 사회복지실천과정에 클라이언트가 자신이 원하는 것을 스스로 선택하고 결정하도록 하는 것을 말한다. 한마디로 사회복지사 중심이 아닌 클라이언트 중심의 개입을 해야 한다는 것이다.

누구나 자신이 원하는 것을 자신의 힘으로 이루어 냈을 때 가장 만족스럽다. 이를 통해 자존감과 역량도 강화되는 것이다. 따라서 사회복지사는 클라이언트의 자기결정을 최대한 발휘할 수 있도록 돕고 이를 존중해야 한다. 클라이언트가 문제해결을 위해 희망하는 것이 무엇인지를 클라이언트의 입장에서 이해하려고 하고 클라이언트의 수준을 고려한 적합한 정보와 자원을 안내하고 클라이언트가 적합한 선택을 할 수 있도록 해야 한다.

스스로 결정 내리는 것을 두려워하거나 힘들어하는 클라이언트에게는 면담 또는 서비스 제공과정에서 의도적인 노력으로 클라이언트의 자기결정 능력을 확장시켜 나가야 한다. 또한 보호관찰 등 법원의 처분으로 프로그램에 참여하는 비자발적 클라이언트에게도 제한된 범위 내에서 자신과 관련된 결정을 가질 권한이 있음을 알리고 이를 발휘할 수 있도록 해야 한다. 그러나 클라이언트의 능력, 법적 문제 등과 같은 특별한 경우에는 클라이언트의 자기결정권이 제한될 수 있음도 염두에 두어야 하며, 이를 클라이언트에게 미리 고지하는 것이 필요하다.

7) 비밀보장

사회복지실천에서 비밀보장이란 사회복지실천과정에서 획득된 클라이언트에 대한 정보를 클라이언트의 동의 없이 타인에게 노출되지 않도록 한다는 것이다. 이것은 사회복지사의 윤리에 해당되는 중요한 부분이다.

대부분의 클라이언트는 자신의 이야기가 자신의 동의 없이 다른 사람에게 알려지지 않을까 걱정스러운 마음을 갖는다. 따라서 사회복지사가 먼저 면담 초기에 비밀보장의 의무와 한계를 설명할 필요가 있다. 특히 타인의 권리와 충돌되거나 법적 요구, 기관의 방침에 따라 제한될 수 있음을 클라이언트에게 미리 고지되어야 한다. 이런 믿음이 생길 때 클라이언트는 덜 방어적이고 솔직하게 도움을 요청할 수 있다.

Chapter 03

사회복지실천의 면담기술

사회복지실천은 사회복지사와 클라이언트가 전문적 원조관계를 형성하여 문제해결과 관련된 부분을 협력해 나가는 과정이다. 이 중 면담은 기본적이고도 중요한 개입 절차이자 방법으로서, 사회복지사는 원조과정에 필요한 여러 가지 언어적·비언어적 의사소통기술, 면담기술, 관찰기술 등을 잘 익혀야 한다.

학습목표

- 사회복지실천에서 필요한 기본적인 의사소통기술을 이해한다.
- 사회복지실천에서 필요한 상담 및 관찰 기술을 이해하고 적용해 본다.

1. 의사소통기술

사회복지사가 사회복지실천에서 개인, 가족, 집단, 지역사회 등 어떤 클라이언트와 상호 작용을 하든 간에 의사소통은 가장 기본적이며 필수적인 요소다. 의사소통은 크게 언어적 의사소통과 비언어적 의사소통으로 대별될 수 있다.

1) 언어적 의사소통

(1) 사회복지실천에서 언어적 의사소통의 의의 및 내용

사회복지사는 클라이언트에 대한 직접적인 개입은 물론 환경개입과 같은 간접개입을 위해 클라이언트 및 클라이언트를 둘러싼 다양한 환경체계와 언어적 의사소통과정을 통해 메시지를 받기도 하고 전달하기도 한다. 이때 모든 사람이 동일한 방법 및 수준에서 의사소통을 하는 것이 아니라는 것을 이해해야 하며, 원조과정에서 원활한 의사소통이 이루어지고 있는지에 대해 주의 깊게 검토해야 한다.

사회복지사가 의사소통을 위해 메시지를 받거나 전달할 때 갖추어야 할 기본 사항을 정리하면 다음과 같다(Sheafor, Horejsi, & Horejsi, 1997).

상대방의 이야기를 들을 때의 규칙

- 하던 말을 멈춘다. 말하는 동안에는 상대방의 말을 들을 수가 없다.
- 메시지 전달자가 불안하지 않도록 편안한 분위기를 유지한다. 문을 닫는 등 산만하게 만드는 요인을 없앤다.
- 말이나 행동 등 온몸으로 당신이 상대방의 이야기를 듣고 싶어 한다는 것을 보여 준다.
- 상대방의 말을 끊지 않고 인내를 갖고 잘 듣는다.
- 더 잘 이해하기 위해서 혹은 메시지를 명확히 하기 위해서 질문을 한다.
- 감정을 통제하고 비판하거나 논쟁하지 않는다.

상대방에게 이야기할 때의 규칙

- 명확하고 단순한 말을 사용하며, 천천히 말한다.
- 자신의 몸짓에 주의한다. 메시지 내용과 몸짓은 일치해야 한다.
- 너무 많은 정보를 한번에 말해 상대방을 압도하지 않는다. 길고 복잡한 메시지는 몇 개의 부분으로 나누어 보다 쉽게 이해되고 다루어질 수 있게 한다.
- 상대방이 잘 이해했는가를 알기 위해 질문을 받는다.

(2) 효과적인 언어적 의사소통의 기술

사회복지실천과정에서 사회복지사가 보다 효과적으로 의사소통을 하기 위해서는 이와 관련된 세부적인 기술을 익힐 필요가 있다. 이를 위해 셰퍼 등(Sheafor et al., 1997)이 제시한 내용을 중심으로 면담과정에서 필요한 언어적 의사소통기술을 살펴보고자 한다.

① 메시지를 계획하는 기술

사회복지사는 의사소통을 하기 전에 의사소통에서 다룰 내용을 미리 검토·계획해야 한다. 이를 위해서는 면담 소요시간, 전달할 핵심내용, 오해의 소지가 있고 혼란스러운 부분의 유무, 효과적으로 메시지 내용을 전달하는 방법, 장소, 시기 등을 미리 검토한다.

② 자신을 밝히는 기술

클라이언트와의 면담에 있어 먼저 사회복지사는 자신이 누구이고, 기관에서 어떤 역할을 맡고 있으며, 오늘 면담에서 자신의 역할이나 책임이 무엇인지를 간단히 설명한다.

예

"제 소개부터 하겠습니다. 저의 이름은 윤봉길입니다. 지금 가출청소년들을 일시 보호하고 있는 청소년쉼터에서 실장을 맡고 있으며, 선생님 학급의 엄친아를 돌보고 있습니다."

③ 의사소통의 목적을 설명하는 기술

면담목적을 간단히 설명함으로써 상대방으로 하여금 메시지를 적절한 맥락 안에서 파악할 수 있도록 한다.

예

"오늘 제가 이렇게 찾아오게 된 것은 다름이 아니라 엄친아의 학업유지와 관련해서 선생님과 상의 드리고 싶어서입니다. 선생님께서도 아시겠지만 엄친아 학생이 학교를 결석한 지 이주일이 지나고 있습니다. 학생은 집에서의 갈등이 어느 정도 해소되면 학교는 계속 다니고 싶다고 합니다. 이 부분에 대해 선생님 및 학교는 어떤 생각을 갖고 계시는지 알고 싶습니다."

④ 비언어적 의사소통을 염두에 두는 기술

대화 도중 클라이언트가 혼란스럽거나 이해되지 않는다는 표정이나 태도를 보인다면, 사회복지사는 이러한 상대방의 비언어적 의사소통에 대해 적절한 반응을 보이는 것이 필요하다.

예

"제가 엄친아가 이 학교를 계속 다니고 싶어 한다는 이야기를 했을 때 선생님의 표정이 조금 당황스러워 보였어요. 혹시 지금 제가 말씀드린 내용과 관련하여 의문이 생기시거나 질문하고 싶으신 것이 있으면 말씀해 주세요."

⑤ 메시지 수신 및 전달을 검토하는 기술

사회복지사는 대화 도중 자신의 이야기가 원래 자신이 생각한 대로 상대방에게 잘 전달되고 있는지를 검토해야 하며, 더불어 상대방의 이야기도 자신이 정확하게 전달받고 잘 이해하고 있는지를 확인할 필요가 있다.

예

"제가 지금까지 엄친아를 돌보게 된 상황과 엄친아가 가출하게 된 이유, 현재 학교에 희망하는 점 등을 말씀드렸습니다. 짧은 시간에 여러 가지 말씀을 드린 것 같아 제 이야기가 잘 전달되었는지 궁금하고 엄친아가 학교에 바라는 내용이 잘 이해되셨는지 알고 싶습니다. 선생님이 들은 것을 간략하게 저에게 다시 말씀해 주시면 고맙겠습니다."

⑥ 초점화된 질문하기

명확하게 의사소통을 하기 위해서는 명확하고 간결한 방식으로 답변이 나올 수 있도록 초점화된 질문(asking a focused question)을 하는 것이 중요하다.

예

"기관에서 20○○년에 발행한 프로그램 설명서에 대해 궁금한 것이 있습니다. 20페이지의 이용자격에 청소년이라고 명시하였는데, 여기서 청소년이란 몇 세까지 해당되나요?"

⑦ 난어의 의미를 확인하는 기술

사람들은 똑같은 말이나 단어도 조금씩 다르게 받아들이기도 하고 실제 자신이 전달하고자 하는 내용과 적합하지 않은 말이나 단어로 설명하기도 하기 때문에 단어의 의미를 확인하는 것이 필요하다. 이 기술은 대화하는 사람들이 사용하는 주요 단어를 실제 같은 의미로 생각하고 대화하고 있는지를 확인하기 위한 질문이다.

예

"조금 전에 학교폭력 문제가 심각하다고 하셨어요. 선생님이 말씀하시는 학교폭력이란 학교 내에서 일어나는 학생들 간의 폭력만을 의미하나요, 아니면 교사와 학생 간의 폭력도 포함하는 의미인가요?"

2) 비언어적 의사소통

직접 얼굴을 보고 의사소통을 하는 경우 의사소통의 약 90%는 비언어적 의사소통이 차지한다고 해도 과언이 아니다. 따라서 사회복지실천과정에서는 언어적 의사소통도 중요하지만 비언어적 의사소통에도 많은 관심과 비중을 두어야 한다. 특히 비언어적 측면은 클라이언트의 말과 감정, 행동이 서로 일치하는지를 알 수 있게 하고, 말로 표현하는 것이 원활하지 않는 클라이언트의 경우에는 그의 마음을 행동관찰을 통해 엿볼 수 있게 해 준다.

비언어적 의사소통과 관련하여 중요하게 관찰해야 할 것은 시선 접촉, 목소리 톤, 얼굴 표정, 팔과 손의 동작, 자세 및 태도, 옷차림 등이다. 사회복지사는 클라이언트의 비언어적 의사소통에 주목하면서 말로 표현하지는 않고 있지만 드러나는 클라이언트의 마음이나 행동을 고려해 통합적으로 이해하는 것이 필요하다. 또한 이러한 클라이언트의 비언어적 측면은 그의 사정에서도 중요하게 고려되어야 할 부분이다(〈표 3-1〉 참조).

이러한 비언어적 측면은 클라이언트에게만 중요한 것이 아니라 클라이언트를 대면하는 사회복지사에게도 매우 중요하다. 사회복지사는 〈표 3-2〉와 같이 평소 클라이언트와의 의사소통 시 자신의 표정, 행동, 자세, 목소리 등이 어떠한지를 파악할 필요가 있다.

또한 사회복지사는 효과적인 의사소통을 방해하는 요소들을 잘 알고 있어야 한다. 특히 자신 및 클라이언트의 언어습관에 대해서도 파악하는 것이 필요하다. 예를 들어, 세 명이 한 팀을 이룬 간단한 역할극을 통해서 의사소통장애들을 사정해 볼 수 있다. 한 명은 클라이언트의 역할을, 한 명은 사회복지사의 역할을, 나머지 한 명은 관찰자의 역할을 한다. 클라이언트 역할을 맡은 사람은 일상생활에서 고민하던 걱정거리를 먼저 생각한 다음 사회

표 3-1 클라이언트의 비언어적 측면의 사정

	0	1	2	3	4
1. 직접적 시선 접촉					
2. 따뜻함과 관심을 얼굴 표정에 반영한 정도					
3. 클라이언트와 같은 높이의 시선					
4. 적당하게 다양하고 활기찬 얼굴 표정					
5. 팔과 손을 적절하게 표현: 적당한 몸짓					
6. 몸을 가볍게 앞으로 숙이는 것: 주의를 기울이지만 편안한 자세					
7. 분명하게 들리지만 크지 않은 목소리					
8. 온화한 어조					
9. 클라이언트 감정의 미묘한 차이와 정서적 기분을 반영하여 목소리를 조절하는 정도					
10. 적당한 말의 속도					
11. 혼란스럽게 하는 행동(초조함, 하품, 창문을 응시하는 것, 시계를 보는 것)을 하지 않는 횟수					

* 0=서툼, 주의 깊은 개선이 필요. 1=부족함, 상당한 개선이 필요. 2=최소한 수용할 만함, 성장의 여지가 있음. 3=전반적으로 높은 수준. 4=언제나 높은 수준.
출처: Hepworth (2007), p. 131.

표 3-2 사회복지사의 비언어적 의사소통 점검 목록

	바람직함	바람직하지 못함
얼굴 표정	• 직접적인 시선 접촉 • 얼굴 표정에 온화함과 관심 반영하기 • 클라이언트와 같은 높이의 시선 • 적당하게 다양하고 생기 있는 얼굴 표정 • 편안한 입 모양. 때로 미소 짓기	• 시선 접촉 피하기 • 사람이나 물건 응시하기 • 눈썹 치켜 올리기 • 클라이언트보다 높거나 낮은 시선 • 과도하게 고개 끄덕이기 • 하품하기 • 경직되었거나 엄한 얼굴 표정 • 부적절한 가벼운 웃음 • 입술을 씰룩거리거나 꽉 다물기
자세	• 팔과 손을 겸손하게 표현: 적절한 움직임 • 몸을 앞으로 가볍게 기대기: 주의 깊게, 그러나 편안하게	• 딱딱한 신체 자세: 팔짱 끼기 • 비스듬한 자세 • 손 만지작거리기 • 의자 흔들기 • 앞으로 숙이거나 책상에 발 올리기 • 입에 손이나 손가락 대기 • 손가락으로 가리키기
목소리	• 분명히 들을 수 있지만 크지 않게 • 따뜻한 어조의 목소리 • 클라이언트의 메시지 뉘앙스와 감정적 어조를 반영하는 목소리	• 중얼거리거나 들을 수 없게 말하기 • 단조로운 목소리 • 더듬거리는 말 • 잦은 문법적인 실수 • 긴 침묵 • 과도하게 생기발랄한 말투 • 느리거나 빠르거나 끊는 말투 • 신경질적인 웃음 • 계속해서 목을 가다듬기 • 크게 말하기
신체적 근접성	• 의사 사이의 거리는 1~1.5m	• 너무 가깝거나 먼 거리 • 책상이나 다른 방해물 너머로 이야기하기

복지사에게 자신이 걱정하는 문제를 상담한다. 사회복지사 역할을 맡은 사람은 약 10분간 상담을 이끌어 나간다. 이때 관찰자는 사회복지사의 면담과정을 관찰하면서 행동, 태도, 억양, 자세 등을 검토한다. 역할극을 마친 뒤에는 서로 느낀 점을 나눌 수 있다.

3) 나-전달법

효과적인 의사소통을 위해 유용한 의사소통방법에는 '나-전달법(I-message)'이 있다. 이것은 사회복지사가 의사소통할 때 필요한 기술인 동시에 클라이언트가 가족이나 주변 사람과 대화할 때도 효과적으로 사용할 수 있는 기술이다. 따라서 사회복지사가 나-전달법을 잘 사용하는 것은 명확한 의사소통에 도움이 될 뿐만 아니라 클라이언트에게 효과적인 의사소통을 위한 모델을 제시하기 때문에 여러 측면에서 유용하다.

나-전달법은 나를 주어로 하면서 내 감정과 느낌을 중심으로 메시지를 전달하기 때문에 상대방을 비난하지 않는 방법으로 상대방 행동의 영향을 표현할 수 있다. 일반적으로 이것은 크게 어떤 구체적인 행동에 대한 간결한 묘사, 그 행동으로 인해 느낀 감정, 그 행동으로 인해 받은 분명한 영향에 대한 설명의 세 가지 영역으로 구성된다.

예

"당신이 저와의 면담 약속시간을 지키지 않고 2시간이나 늦게 찾아왔을 때(구체적 행동 묘사) 저는 놀라고 당황했습니다(느낀 감정). 왜냐하면 저는 11시로 예정된 당신과의 면담이 끝나면 2시까지 법원에 가서 다른 분을 면담하기로 계획되어 있는데, 다음 일정에 차질이 생기게 되었거든요(분명한 영향)."

4) 클라이언트 감정에 대한 이해

인간이 서로 교류하는 방법은 크게 지식, 정보, 감정으로 나눌 수 있는데, 그중 감정을 나누는 것은 성별, 연령, 학력, 관심 분야 등에 관계없이 누구와도 교류할 수 있는 가장 쉽고 효과적인 방법이다. 즉, 사람들이 지식이나 정보에 대해서 이야기하는 것은 연령, 학력, 관심 분야 등에 따라 한계가 있을 수밖에 없지만, 감성을 나누는 것은 5세 유아와 80세 할머니 간에도 가능하고 초등학생과 대학생 간에도 가능하다.

더불어 사회복지사가 클라이언트와 얼마나 잘 의사소통하고 이해하는가 하는 것은 사회복지사가 클라이언트의 감정을 얼마나 정확하게 포착하고 클라이언트가 느낀 감정을 공감해 주는가와 관련이 깊다. 여러 가지 어려움에 노출된 클라이언트는 자기감정에 압도

되어 적절한 방법으로 감정을 표현하지 못할 뿐 아니라, 심지어는 복잡한 감정이 뒤섞여 있어 자기감정이 무엇인지도 잘 모를 수 있다. 사회복지사는 클라이언트가 이 상황에 대해 어떤 감정을 느끼며 그런 감정을 갖는 자신에 대해 어떤 감정을 갖는지를 이해할 수 있도록 도와야 한다. 더 나아가 자기감정의 본질을 이해하고 적절하게 잘 통제할 수 있도록 도와주어야 한다.

(1) 감정 자각하기

친밀한 인간관계를 위해서는 자신이 느끼고 있는 감정을 분명히 파악하고 표현하는 일이 무엇보다 중요하다. 그러나 자기감정에 대해 관심을 두지 않거나 억압하거나 혹은 외부에 지나치게 초점을 맞추면서 살아왔다면 감정을 자각하는 일은 쉽지 않다.

자기감정을 적절하게 표현하기 위해서는 느낌에 관련된 어휘들을 많이 알고 그것들을 일상생활에서 직접 사용하는 것이 도움이 된다(〈표 3-3〉 참조). 자신이 경험하고 있는 것이 어떤 감정인지를 알게 되면 그 감정을 해결하면 된다. 다음은 이러한 단계를 거치면서 자기감정을 명확하게 자각하는 예문이다.

나는 시댁 식구와 함께 시아버지 생신잔치에 필요한 음식을 준비하고 있었다. 시어머니와 두 시누이는 음식을 준비하면서 어릴 적에 만들어 먹던 음식에 대해 이런저런 이야기를 하며 연신 웃어 댔다. 그 음식들이 얼마나 맛있었는지, 시누이들이 처녀였지만 얼마나 음식을 잘 만들었는지, 시어머니의 음식 솜씨가 얼마나 훌륭했는지, 게다가 그 당시 시댁이 얼마나 잘 살았는지……. 쉴 새 없이 재미있게 이야기하는 그들 틈에서 나는 할 말이 없어 조용히 음식만 만들었다. 혼자 그렇게 가만히 있자니 묘한 기분이 들었다. 그러나 그 기분이 구체적으로 어떤 느낌인지 분명하게 파악할 수가 없었다.

집에 돌아와서 가만히 그 기분을 다시 느껴 보았다. 그 기분이 명확하게 어떤 느낌이었는지 찾아내고 싶었던 것이다. 별로 좋은 느낌은 아니었다. 갑자기 가슴이 답답해지면서 윗부분에 주먹만 한 것이 느껴졌다. 울퉁불퉁한 것이 시꺼멓게 보였다. 슬픔, 부당함 같은 언어들이 떠올랐다. 그 감정을 행동으로 표현하자면 쭈그리고 앉아서 울고 있는 것 같았다. 곰곰이 생각하니 이런 감정은 전혀 낯선 감정이 아니었다.

어린 시절, 셋째 딸인 나는 엄마가 언니들과 음식을 장만할 때 거기에 당당하게 낄 수 없었다. 음식 만드는 모습이 신기해서 어떻게든 끼어들어 하나라도 만들려고 하면, 엄마는 나에게 제대로 만들지도 못하면서 재료만 망쳐 놓은 계집애라고 호통을 치곤 하셨다. 우리 집이 가난하였기 때문에 나는 재료를 망친 데 대해 많은 죄책감을 느꼈다. 내가 정말 바보라고 생각되어 슬프고 비참했고, 소외당했다는 느낌 때문에 외롭고 우울하고 화가 났다. 그래서 나는 혼자 울곤 했다. 지금 내가 느끼는 감정은 바로 그 감정이다. 나는 시댁 식구의 대화에 낄 수 없었고 나를 배려하지 않는 그들에게서 바로 친정어머니와 언니들로부터 경험한 것과 동일한 감정을 느꼈던 것이다.

출처: 김영애(2010), pp. 209-210.

표 3-3 감정어휘 찾아내기

구분	내용
고요하고 편안한	느긋하게, 침착한, 조용한, 편안한, 마음 편한, 고요한, 부드러운, 진정된, 원숙한, 온순한, 평화로운
기쁘고 행복한	흥이 난, 유쾌한, 명랑한, 경탄할 만한, 우스운, 의기양양한, 낙관적인, 황홀한, 너무 기뻐 어쩔 줄 모르는, 흥분한, 좋은, 매혹된, 즐거운, 아주 멋진, 만족하는, 재미있는, 유머 있는, 아름다운, 뛰어난, 행복한, 굉장한, 기분 좋은, 멋있는
활기차고 활동적인	활동적인, 열렬한, 모험심 있는, 기운 있는, 발랄한, 활기찬, 두려움을 모르는, 쾌활한, 힘 있는, 몹시 흥분한
유능하고 능력 있는	권위 있는, 중요한, 대담한, 독립심이 강한, 용맹한, 영향력 있는, 위엄 있는, 유능한, 자신만만한, 강력한, 용감한, 힘 있는, 기뻐하는, 자랑스러운, 지배적인, 책임감 있는, 한결같은, 확고한, 강한, 확신하는, 슬기로운
배려하고 돌봐 주는	공손한, 돌봐 주는, 인정 있는, 자비로운, 위안이 되는, 친절한, 걱정스러운, 상냥한, 이해심 있는, 우정 있는, 관대한, 온화한, 아량 있는, 착한, 이타적인
공손하고 사랑스러운	선망의, 애정 있는, 사랑스러운, 존경할 만한, 사랑받는, 훌륭한
긴장되고 불안한	겁먹은, 초조해하는, 불안한, 겁에 질린, 안절부절못하는, 긴장한, 참을성 없는, 편치 않는, 신경질적인, 걱정스러운
슬프고 우울한	풀이 죽은, 비참한, 쓸쓸한, 애처로운, 의기소침한, 슬픈, 우울한, 침울한, 비탄에 잠긴, 울적한, 음울한, 상심하는, 불행한, 외로운, 사랑받지 못한, 기운 없는, 언짢은
화나고 적대적인	흥분한, 괴롭히는, 적대적인, 화나는, 지각 없는, 몰인정한, 비열한, 성질 나쁜, 난폭한, 호전적인, 짜증이 나 있는, 신랄한, 냉혈의, 분개한, 살벌한, 무자비한, 가학적인, 잔인한, 악의에 찬, 넌더리 나는, 노발대발하는, 성난, 미운, 무정한, 폭력적인, 앙심을 품은
피곤하고 냉담한	냉담한, 쇠약하게 하는, 지루한, 졸음이 오는, 지쳐 버린, 나태한, 지칠 대로 지친, 피곤한, 기진맥진한

혼란스럽고 당황스러운	당황스러운, 산만한, 어리둥절한, 혼란스러운, 멍해진, 의심스러운, 말문이 막힌, 주저하는, 꼼짝 못하는, 정신이 팔린, 불확실한, 난처한, 자신이 없는
비난받고 부끄러운	학대받는, 추방당한, 얕잡아 보이는, 무시하는, 질책받는, 깔보임당하는, 비난받는, 조소받는, 난처한, 경멸당하는, 굴욕감 느끼는, 부끄러운, 놀림받는, 조롱받는
불충분하고 약한	겁 많은, 무력한, 연약한, 미약한, 여린, 병약한, 허약한, 변변찮은, 어찌할 수 없는, 무기력한, 불충분한, 부적당한, 무능한, 시시한, 쓸모없는, 열등한, 상처입기 쉬운, 하찮은, 서투른, 보잘것없는, 굴종적인

출처: Hill (2001), pp. 217-222.

(2) 부정적 감정을 정확히 표현하기

감정을 정확하게 자각하는 것과 마찬가지로 감정을 적절하게 표현하는 것 역시 쉬운 일이 아니다. 확인된 감정을 좀 더 정확하게 표현하기 위해서는 다음과 같은 절차에 따라 연습하는 것이 도움이 된다(김영애, 2010: 217-220).

첫째, 부정적 감정이 발생한 사건이나 상황에 대한 객관적 서술이다. 우리는 상대방의 어떤 말이나 행동에 대해 부정적 감정을 느끼면 상대방을 비난하기 쉽다. 비난을 받으면 대부분의 사람은 방어적이 된다. 상대방을 덜 방어적이게 하려면 감정을 배제한 채 상황을 있는 그대로 서술하는 것이 필요하다. 그래야 문제해결의 가능성이 높아진다.

둘째, 부정적 감정을 느끼게 된 상황이나 사건에 대한 의미부여 및 해석이다. 어떤 상황에 부딪히면 순간적으로 그 상황에 의미를 부여하게 되고, 뒤이어 그 의미 때문에 어떤 감정이 발생한다. 그러나 곧바로 우리가 부여한 의미는 배경으로 물러가고 단지 감정만 강하게 드러난다. 따라서 이 단계에서는 자신이 느끼는 부정적 감정이 무엇인지 파악하고 그 상황이나 사건에 대해 자신이 어떤 의미를 부여하고 어떻게 해석했는지를 검토해야 한다.

셋째, 부정적 감정을 느꼈을 당시의 시간 또는 그 감정을 얼마나 오랫동안 가지고 있었는지에 대해 설명한다. 이렇게 시간적 틀 속에서 감정을 표현하는 것은 상대방이 그 감정 때문에 얼마나 힘들어했는지를 좀 더 명확하게 알아차릴 수 있도록 도와주는 하나의 지표가 된다.

넷째, 부정적 감정의 강도 표현이다. 부사나 형용사를 사용하여 감정의 강도를 표현한다. 예를 들어, 거지가 동냥하듯 비굴한 느낌, 지붕을 뚫고 하늘까지 치솟는 것 같은 분노, 바위로 짓누르는 듯한 답답함 등의 표현이 있다.

다섯째, 부정적 감정에 대한 감정의 기술이다. 상황에 대한 의미부여로 어떤 감정이 발생하면 거기서 그치지 않고 그에 대한 판단으로 자기와 관련된 또 다른 감정이 발생하는 경우가 있다. 예를 들어, 직장 상사로부터 질책을 당한 순간 '이런 질책은 나를 무시하는 부당한 처사다.'라는 의미를 부여하면 분노와 억울한 감정이 생긴다. 그러나 연이어 '윗사람한테 화를 내서는 안 된다.'라는 가족규칙이 떠오르면 곧바로 죄책감이 들게 된다. 감정을 표현할 때는 이러한 감정까지 표현하는 것이 중요하다.

여섯째, 부정적 감정과 유사한 감정을 느꼈던 과거의 경험을 진술한다. 예를 들면, "아버지가 우리를 두고 떠났을 때 이런 감정을 느꼈어요."라고 이야기하는 것이다. 이렇게 표현하는 것은 상대방이 자신의 입장에서 공감할 수 있도록 해 준다.

이와 같은 부정적 감정표현 과정을 구체적인 사례로 제시하면 다음과 같다.

부정적 감정을 발생시킨 상황을 설명하고 그 상황에서 느낀 감정을 다음 예와 같이 순서대로 정리해 본다.

- 당신이 비행기 예약을 하지 않아서 이번 여름휴가를 갈 수 없게 되었다는 사실을 알려 주었을 때(**상황에 대한 객관적 서술**)
- 나는 그 말을 듣는 순간부터 지금까지(**부정적 감정의 발생 시간과 기간**) 가슴이 답답해서 미치는 줄 알았어요(**부정적 감정의 강도 표현**).
- 당신이 나를 무시하고 사랑하지 않는 것 같아서 화가 치밀어 오르고 정말 실망이 컸어요(**부정적 감정의 적절한 정의**).
- 그리고 이런 감정을 느끼는 나 자신이 너무도 비참하게 느껴졌어요(**자기와 관련된 감정 기술**).
- 내가 어릴 적에 부모님이 어린이공원에 놀러 간다고 약속하고는 안 지켰을 때 기대가 무참히 깨져 버려서 너무 화가 났는데, 지금 바로 그 기분이에요(**유사감정을 일으킨 과거 경험 진술**).

출처: 김영애(2010), pp. 219-220.

2. 상담 및 관찰 기술

사회복지사가 클라이언트와 전문적인 원조관계를 잘 이루어 나가기 위해서는 보다 구체적인 원조기술을 갖추는 것이 필요하다. 여기에서는 셰퍼 등(Sheafor et al., 1997), 에반스 등(Evans et al., 2000), 헵워스(Hepworth, 2007), 그리고 엄명용, 노충래, 김용석(2008) 등이 제시한 내용을 토대로 하여 재정리하여 제시하고자 한다.

1) 질문하기

(1) 질문의 목적
질문은 다양한 목적을 위해 원조과정에서 사용되는데, 구체적으로 살펴보면 다음과 같다.

① 필요한 정보의 획득

예

"아버지께서 무엇을 하시지?" (아버지의 직업을 알고자 할 때)

② 클라이언트 자신에 대한 탐색
클라이언트가 자신의 마음속에 어떤 생각과 감정을 가지고 있는지를 스스로 탐색하도록 하는 것은 자신에 대해 더 잘 알게 해 준다. 클라이언트로 하여금 자기이해를 증진시키는 것은 그 자체가 치료적 효과를 가지기도 하며 변화의 토대를 만든다.

예

"그 말을 들었을 때 네 기분은 어땠니?" (감정에 대한 탐색)

③ 클라이언트의 말에 대한 정확한 이해
클라이언트가 하는 말이 무슨 내용이며 의미인지를 질문을 통해 정확하게 할 수 있다.

> **예**
>
> 클라이언트: 제 생일날 친엄마가 전화해서 만나자고 그랬는데 기분이 참 꿀꿀하더라고요.
>
> 사회복지사: 기분이 꿀꿀했다고? 그것은 구체적으로 어떤 기분이지?

④ 면담과정의 실마리를 풀기 위함

클라이언트와의 면담 중 적절한 질문은 이야기의 실마리를 풀어 보다 활발한 상담이 이루어질 수 있도록 촉진한다.

> **예**
>
> (사회복지사가 이야기를 하는 동안 클라이언트가 말없이 조용히 앉아 있다면) "제가 이야기하는 동안 말없이 듣고 계셨는데, 혹시 지금 어떤 생각을 하고 계세요?"

⑤ 치료적 개입(intervention)을 위한 방법

치료적 효과를 주는 질문은 해석(interpretation)과 직면(confrontation)을 위해 사용하는 질문이다. 클라이언트가 자신에 대한 통찰과 더 깊은 이해를 하도록 하기 위해 해석이나 직면 기법을 적용할 수 있는데, 보통 이런 경우 질문의 형태로 주어지는 경우가 많다. 질문의 형식을 통해 클라이언트가 자신의 모습을 되돌아볼 수 있도록 하는 것이다.

> **예**
>
> 클라이언트: 세상에 믿을 사람 하나 없어요.
>
> 사회복지사: 누가 누구를 믿을 수 없다는 뜻이지? (명료화 질문)
>
> 클라이언트: 저는 세상 사람들 하나도 안 믿어요.
>
> 사회복지사: 너는 열다섯 살까지 사는 동안 아무도 믿어 본 경험이 없니? (직면적 질문)
>
> 클라이언트: 예, 아니……, 믿어 본 사람이 있기는 하지만…….
>
> 사회복지사: 그러나 지금 심정은 아무도 믿을 수 없을 듯한 심정이라는 거지? (공감적 이해) 누구에게 크게 배신을 당한 경험이 있니? (탐색 질문)

(2) 효과

적절한 질문은 클라이언트로 하여금 사회복지사가 자신에 대해 진심으로 관심을 갖고 돕고자 한다는 것을 알 수 있게 한다. 또한 미처 생각하지 않은 중요한 부분에 대한 질문이나 의견을 통해 클라이언트가 자신의 의견을 정리하는 과정을 거치면서 자기결정의 기회를 갖고, 더 나아가 임파워먼트가 증진되는 계기를 가질 수 있다. 그리고 사회복지사는 질문을 통해 제한된 시간 내에 개입을 위한 적절한 정보를 얻고 나아가 클라이언트에 대한 깊은 이해를 할 수 있다.

(3) 효과적인 질문

질문은 크게 개방형 질문과 폐쇄형 질문으로 내별된다. 개방형 질문은 사회복지실천의 전 과정에서 광범위하게 적용되는 질문 형태다. 이것은 클라이언트가 중요하다고 생각하는 것을 자유롭게 이야기할 수 있다는 장점이 있지만 항상 그런 것은 아니다.

폐쇄형 질문은 사회복지사가 특정한 구체적인 정보를 확인해야 할 때, 개방형 질문이 오히려 클라이언트를 더 불안하고 당황하게 하여 구체적인 방향과 초점을 유지하는 것이 도움이 된다고 판단될 때 등 특별한 경우에 사용될 수 있다. 그러나 폐쇄형 질문을 지나치게 자주 하거나 왜(why) 질문, 유도하는 질문, 모호한 질문, 동시에 여러 질문을 한꺼번에 하는 것 등은 바람직하지 못하다.

개방형 질문의 예

"당신의 가족에 대해 말씀해 주시겠습니까?"

폐쇄형 질문의 예

"어머니가 돌아가신 때가 당신이 초등학교에 입학하고 난 뒤였나요, 아니면 입학하기 전이었나요?"

2) 적극적 경청

적극적 경청은 사회복지사가 클라이언트의 언어적·비언어적 메시지 모두에 주목하고 클라이언트가 자신의 메시지가 정확히 전달되었는지 알 수 있도록 사회복지사가 들은 것을 반영하는 것이다. 적극적 경청의 구체적인 기술로는 반영, 명료화, 바꾸어 말하기, 요약, 침묵 다루기 등이 있다.

(1) 반영

① 개념

반영(reflection)은 클라이언트의 말과 행동에서 표현된 기본적인 감정, 생각 및 태도를 사회복지사가 다른 말로 부언해 주는 것이다. 즉, 반영은 말 속에 내재되어 있는 감정과 의미를 표면으로 이끌어 내서 마치 거울처럼 클라이언트에게 보여 주고 되돌려 주는 것이다. 이것은 클라이언트의 탐색을 돕는 가장 중요한 기술 중 하나로, 클라이언트가 자신의 감정이나 생각을 파악하고 명료화하고 표현하도록 돕기 위해 사용한다. 크게 감정의 반영과 내용의 반영으로 구분된다(Evans et al., 2000).

② 효과

사람들은 어려운 문제에 부딪히면 여러 가지 감정이나 사고에 사로잡혀 자신의 감정이나 생각이 무엇인지 잘 모르기도 하고 혼란스러워하기도 한다. 이럴 경우 반영은 클라이언트로 하여금 자신의 내적 경험에 들어갈 수 있도록 한다(Hill, 2001: 210).

반영은 클라이언트의 자기이해를 도와줄 뿐만 아니라 클라이언트로 하여금 자기가 이해받고 있다는 인식을 갖게 한다. 클라이언트가 서로 일치하지 않는 감정 혹은 불분명한 느낌의 상태에 있을 때 반영을 해 주면 자신에게 그러한 면이 있음을 자각하도록 함으로써 내면적 긴장의 원인을 덜어 주게 되는 것이다. 특히 감정의 반영은 클라이언트로 하여금 정서적 카타르시스를 고무시키고, 안정감을 주고, 자기통제를 촉진시키고, 클라이언트로 하여금 표현하고 받아들이게 함으로써 희망을 심어 주고 그들의 감정에 대처하는 법을 배우게 한다(Hill, 2001: 206).

감정 반영의 예

클라이언트: (사장과의 관계를 설명하면서) 노력을 무척 하는데도 제대로 되는 것 같지 않아요. 매번 사장님이 시키는 대로 하려고 하는데 잘되지 않아요. 제 생각에 제대로 했다고 생각하면 사장님께서는 또 좋아하시지 않아요. 그냥 어떻게 해야 될지 모르겠어요.

사회복지사: 당신은 상당한 좌절감을 느끼셨군요. (사회복지사가 느끼는 클라이언트의 마음상태)

내용 반영의 예

　보험회사의 인사담당 부서에서 행해진 상담이다. 보험회사 직원으로서 결혼을 했고 딸이 하나 있는 이 클라이언트는 이 회사에서 거의 20년간 일해 왔다. 지각과 결근 문제를 상의하려고 인사담당자가 이 직원을 불렀다.

클라이언트: 제가 이번 달 몇 차례 지각한 일이 아니라면 오늘 왜 오라고 하셨는지 잘 모르겠네요.

사회복지사: 지각이 문제되고 있다고 생각하시는군요.

클라이언트: 글쎄요. 그건 제가 걱정하는 문제 중 하나인데, 회사가 직원들 출근상황과 시간엄수 문제를 걱정하는 것을 알고 있어요.

사회복지사: 현재 걱정하고 계신 몇 가지 문제가 있군요.

출처: Evans et al. (2000)에서 재인용.

(2) 명료화

① 개념
명료화는 클라이언트의 이야기 중에 모호하거나 구체적이지 않은 경우, 이해되지 않는 것이 있는 경우, 클라이언트로 하여금 보다 명확하게 이야기하도록 질문하는 것이다.

② 효과
명료화는 클라이언트가 이야기하고자 하는 내용을 보다 구체적이고 정확하게 알 수 있도록 한다. 더불어 클라이언트로 하여금 사회복지사가 자신의 이야기를 열심히 경청하고 있다고 느끼게 하며, 관심을 갖고 되묻는 과정에서 클라이언트의 이야기에 중요성을 부여하기도 한다.

예

클라이언트: 어렸을 때 아버지는 저를 매우 미워했어요. 다른 형제보다 유독 저를 싫어했어요. 저
는 늘 불행하다고 생각했죠.

사회복지사: 아버지가 당신을 미워했다는 것은 구체적으로 어떻게 하신 것을 말하나요? 구체적으
로 말씀해 주시겠어요?

(3) 바꾸어 말하기

① 개념

바꾸어 말하기(paraphrasing)는 클라이언트가 진술한 내용의 어의적 뜻을 다시 말하는 것
이다. 반영이 감정이나 메시지의 정서적 요소에 초점을 둔 것이라고 한다면, 바꾸어 말하기
는 말의 뜻에 초점을 맞추어 다시 말하는 것이다.

② 효과

바꾸어 말하기는 클라이언트가 하고자 하는 내용을 잘 듣고 이해하고 있다는 것을 표현
하며 클라이언트가 한 말을 보다 분명히 하는 데 도움이 된다.

예

클라이언트: 저는 정말 혼란스러울 때가 많아요. 도대체 시어머니가 저를 어떻게 생각하는지 모르
겠어요. 어떤 때는 딸이고 자식이고 소용없고 같이 사는 며느리가 최고라고 하시다
도, 저를 의심할 때는 제가 이 집 며느리가 맞나 하는 생각이 들어요.

사회복지사: 그 말은 시어머니가 며느님에게 일관성 없이 행동하신다는 말로 들리는군요. (바꾸어
말하기)
당신이 시어머니로 인해 마음고생을 많이 하였고 결혼생활에 대한 회의와 좌절감을
많이 느끼신 것으로 들리는군요. (감정의 반영)

(4) 요약

① 개념

요약은 면담과정 중 일정 시간 동안 클라이언트가 한 말의 주된 내용, 감정, 의미를 한데 모아서 간략하게 정리하는 것을 의미한다.

② 효과

요약은 클라이언트의 진술내용을 간략하게 정리해서 보다 명확히 하는 데 유용하다. 특히 클라이언트의 이야기가 장황하거나 산만할 때 초점을 맞추도록 할 수 있다. 또한 클라이언트가 지금까지 이야기한 내용을 정리하고 다른 주제로 넘어갈 때도 도움이 된다.

> **예**
>
> "저는 지금까지 당신의 이야기를 통해 당신이 어린 시절부터 청소년기까지 얼마나 힘들게 생활해 왔는가 하는 것을 잘 알게 되었어요. 특히 당신은 아버지의 폭력에 시달리면서도 어머니와 동생을 보호하려고 무척 노력하였고, 일시적으로 가출도 하고 방황과 좌절의 시간도 보냈지만 결코 가족들을 떠나지 않은 것은 그만큼 당신이 가족을 사랑한 것으로 느껴집니다. 이것이 당신이 이야기한 내용에 대한 정확한 요약입니까?"

(5) 침묵 다루기

효과적으로 침묵을 다루는 것은 원조과정에서 매우 중요하다. 클라이언트는 다양한 이유로 면담 도중에 침묵할 수 있다. 침묵은 크게 두 가지 유형으로 대별해 볼 수 있는데, 하나는 건설적 침묵이고 다른 하나는 문제성 침묵이다. 건설적 침묵은 침묵의 이유가 면담의 목적과 관련이 있고 클라이언트의 문제해결에 도움이 되는 경우다. 예를 들면, 다음에 이야기할 내용을 생각하거나, 지금까지 한 이야기를 조용히 정리하거나, 미처 하지 못한 이야기를 생각하는 것 등이 해당된다.

반면, 문제성 침묵은 클라이언트의 문제해결에 도움이 되지 않거나 방해되는 침묵이다. 예를 들면, 클라이언트가 면담에 대해 반감을 느끼거나, 면담 도중 불안, 초조, 혼돈 상태에 빠져 있거나, 문제해결과 관련된 중요한 내용을 다루지 않고 감추려고 하는 경우 등이 해당된다. 건설적 침묵이 일어나는 경우에는 침묵을 깨뜨리지 않고 침묵을 누릴 권리를 존중해 주고 기다려 주는 것이 필요하며, 문제성 침묵에서는 적절한 시기에 적절한 방법으로 개입하는 것이 필요하다.

> **예**
>
> 클라이언트: (이야기 도중 생각에 잠겨 침묵하고 있다.)
>
> 사회복지사: 당신은 무엇인가 열심히 생각하고 계시군요. 지금 어떤 생각을 하고 있는지 저에게
> 말씀해 주실 수 있나요?

3) 신뢰형성과 관련된 기술

사회복지사는 원조과정에서 클라이언트의 감정을 공감하고, 이해하고, 진솔하게 대하고, 따스함과 온화함을 갖추는 것이 필요하다. 이와 관련된 기술로는 공감과 자기노출이 있다.

(1) 공감

① 개념

공감(empathy)은 감정이입이라는 용어로 불리기도 하는데, 클라이언트의 생각, 감정, 경험에 대하여 사회복지사 자신의 주관적인 입장에서가 아니라 클라이언트의 입장에서 듣고 반응하는 것이다. 공감은 클라이언트에게 던져 주는 단순한 하나의 언어반응이 아니라 사회복지사가 클라이언트와 '함께하는(being with)' 과정(process)이다(설기문, 1992: 140).

공감은 크게 기본적인(basic) 공감과 깊은(advanced) 공감으로 분류될 수 있다. 기본적인 공감을 표현하는 일반적인 공식은 '~때문에(특정 감정을 유발한 선행사건이나 행동) ~한 느낌이 드는군요(클라이언트의 감정).'라고 표현하는 것이다(홍봉선, 남미애, 2007: 72-73). 이에 반해, 깊은 공감은 클라이언트가 말한 내용에 초점을 두기보다는 그 이면에 숨겨진 감정이나 클라이언트가 가지고 있으면서도 인식하지 못하는 부분, 성장동기까지 포착하는 것이다.

② 효과

공감의 효과로는, 첫째, 사회복지사가 클라이언트를 잘 이해하고 있다는 사실을 말해 줌으로써 클라이언트의 자기존중감을 고양시켜 준다. 둘째, 클라이언트를 이해하고자 노력하는 사회복지사의 모습과 존중적 태도를 통해 클라이언트가 이해받는다는 느낌과 더불어 신뢰감을 형성하게 된다. 셋째, 정확한 공감을 통해 클라이언트가 자신을 더 깊이 탐색 · 이해하도록 촉진한다. 넷째, 클라이언트의 이야기에서 부정확한 부분에 대한 수정을 할 수 있게 한다(홍봉선, 남미애, 2007: 72-73).

예

클라이언트: 집에 늦지 않으려고 얼마나 애를 썼는데요. 친구들은 다 놀고 있는데 친구를 두고 집에 온다는 것이 쉽지 않잖아요. 그런데도 엄마는 저를 보자마자 화부터 내셨어요. 정말 다시 집 나가고 싶은 심정이었어요.

사회복지사: 늦지 않으려고 노력했는데 어머니가 이야기도 들어 보지 않으시고 화부터 내셔서 마음이 매우 언짢아졌구나.

클라이언트: 엄마는 저를 믿지 않아요. 가만히 두면 제가 알아서 잘할 텐데 사사건건 간섭이에요. 엄마는 제가 정말 미운가 봐요.

사회복지사: 엄마가 사사건건 간섭하기 때문에 속상하겠구나. (기본적 공감)
엄마에게 좋은 딸로 인정받고 싶구나. (깊은 공감)

---

(2) 자기노출

① 개념

자기노출(self-disclosure)이란 사회복지사가 자신의 생각, 경험, 느낌 같은 개인적인 이야기를 클라이언트에게 솔직하게 이야기하는 것을 말한다. 자기노출의 내용은 긍정적일 수도 있고 부정적일 수도 있다. 그러나 중요한 것은 적절한 시기에 적절한 수준에서 이루어져야 하며 클라이언트의 문제해결에 도움이 되는 경우에 제한적으로 사용해야 한다는 것이다.

② 효과

클라이언트가 자신의 개인적 이야기를 낯선 사람에게 꺼내 놓는다는 것은 쉬운 일이 아니다. 사회복지사가 자신의 사적 부분에 대해 노출하는 것은 자기노출 방법을 모르거나 꺼리는 클라이언트에게 좋은 모델이 될 수 있다. 자기노출을 적절하게 사용하면 클라이언트의 민감한 내용에 대한 접근이 보다 용이하고 클라이언트와 보다 편안하게 관계를 형성할 수 있다. 그러나 적절하지 못하면 클라이언트가 사회복지사의 전문성에 대해 의문을 가질 수도 있다.

> **예**
>
> "지금 당신이 얼마나 어렵고 힘든 시간인지 제가 다 알지는 못해도 어느 정도 이해할 수는 있을 것 같아요. 저도 어린 시절 아버지 없이 홀어머니에게서 자랐는데 아버지가 있는 친구들이 그렇게 부러울 수가 없었어요. 한때는 부모님에 대한 원망의 마음도 있었고요."

4) 클라이언트의 동기 유지와 관련된 기술

클라이언트가 도움이 필요하여 사회복지사를 찾아와서 원조과정이 시작되면 문제해결을 위한 강한 열망과 동기를 가지게 된다. 이러한 동기가 원조과정에서 증진되거나 적어도 유지될 수 있도록 하기 위해서는 개입의 잠재력에 관한 믿음을 표현하고, 클라이언트의 강점을 강조하여 변화의 필요성을 인식시킬 필요가 있다(Sheafor et al., 1997). 동기 유지와 관련된 보다 구체적인 기술은 8장 '동기강화모델'을 참고하기 바란다.

(1) 개입의 잠재력에 관한 믿음의 표현

이것은 전문적 개입이 도움이 될 것이라는 믿음을 클라이언트에게 전달하는 것으로, 클라이언트에게 현실적인 희망을 준다.

> **예**
>
> "당신이 말한 문제는 매우 복잡하고 심각합니다. 저는 당신이 얼마나 힘들고 어려운 상황인지 이해할 수 있습니다. 하지만 우리가 함께 노력해서 그 문제를 한 번에 하나씩 해결해 나간다면

당신은 이 문제를 성공적으로 다루어 나갈 수 있습니다. 쉽지는 않겠지만, 저는 다음 몇 주간 우리가 진전해 갈 수 있을 것이라고 생각합니다."

(2) 클라이언트 강점을 인식시키는 기술

이것은 어려운 상황에 대처하고 특정한 과제를 해결할 수 있는 클라이언트의 능력에 대한 확신을 전달하는 것이다.

예

"당신은 전에도 이 비슷한 문제에 부딪힌 적이 있고 어렵지만 잘 견뎌 왔습니다. 지금이 상황을 피하고 싶어 하는 당신의 마음은 이해하지만 전 당신이 의지가 있는 사람이고 예전처럼 해결책을 찾을 수 있다고 믿습니다."

(3) 부정적인 결과를 지적하는 기술

이는 부정적인 결과를 피하기 위해 변화가 필요하다는 것을 클라이언트에게 상기시키는 것을 의미한다.

예

"첫 상담이 있었던 날 당신은 너무 많은 신용카드 빚 때문에 매우 힘들어하셨죠. 지난달 동안 당신의 낭비벽을 조절하는 데 실제적인 진전이 있었어요. 그런데 지금 당신은 비용이 매우 많이 드는 휴가 이야기를 하고 있어요. 다시 과거의 습관으로 빠져드는 건 아닌지 걱정되는군요."

5) 문제해결과 관련된 기술

효과적인 원조는 단지 클라이언트의 문제나 상황을 이해하는 것 이상이어야 한다. 클라이언트는 원조과정을 통해 의사결정을 하고 적절한 행동을 취할 수 있도록 격려되어야 한다. 또한 새로운 행동을 시도하고 익숙지 않은 과제에 도전해야 하는데, 클라이언트에게 이것은 두려운 것일 수도 있다(Sheafor et al., 1997).

(1) 직면

① 개념

직면이란 클라이언트의 문제해결과 관련된 사항에서 말과 행동 간의 일치되지 않는 점을 클라이언트가 알 수 있도록 하는 기술이다. 직면은 클라이언트의 면담목적과 관련이 있어야 하며, 사회복지사와의 신뢰성 있는 관계가 형성되고 난 다음 적절한 시점에 사용해야 한다. 또한 직면은 모호하거나 추측성의 정보에 근거하면 안 되며, 사회복지사의 분노심의 표현이나 보복이나 앙갚음을 위해 사용해서는 안 된다. 직면의 사용 시에는 클라이언트가 명확히 알 수 있는 말과 행동과 관련된 것에 초점을 맞추고 클라이언트에 대한 존중의 마음과 따스한 분위기를 유지하는 것이 필요하다.

② 효과

클라이언트는 직면을 통해 자신이 인식하지 못하던 행동이나 사고의 불일치를 알게 될 수 있다. 이를 통해 자신의 문제를 바로 보고 명확하게 이해하여 새로운 변화를 꾀할 수 있다.

예

클라이언트: (몇 차례의 면담에서 청소년 미혼모 A는 아기를 위해서라도 이번 연도에 검정고시에 도전해서 대학을 가겠다는 말을 자주 했다. 그러나 최근 들어 A는 자주 검정고시 학원을 결석하고 인터넷 게임에 몰입하는 등 검정고시에 대한 준비를 제대로 하지 않았다.) 어제는 학원에 안 갔어요. 학원에서 나이 어린 동생들과 공부하는 것이 자존심도 상하고…… 학원에 있으면 어린이집에 있을 아기가 걱정이 되어서 공부가 잘 안 돼요.

사회복지사: A양의 이야기를 들으면서 제가 조금 혼란스러워요. 이런 면담에서 여러 번 좋은 엄마가 되기 위해서 올해 대학을 가겠다고 했는데, 지금은 학원에도 잘 가지 않고 나이 어린 학생들과 공부하는 것이 힘들다고 하니까요. 대학진학에 대한 열망과 실제 계획성 있게 준비하는 것과는 일치하지 않는 것 같다는 생각이에요.

---

2. 상담 및 관찰 기술 67

(2) 저항 다루기

① 개념

저항이란 상담과정 중에 클라이언트가 어떠한 이유에서든 불편함을 느낄 때 그것을 회피하거나 그로부터 벗어나고자 하는 행동이다. 일반적으로 저항이 일어날 수 있는 부분은 지나치게 심각한 주제, 민감하거나 논쟁적인 사안, 사적이고 개인적인 문제 등에 대한 이야기가 진행될 때 일어날 수 있다.

② 효과

저항은 꼭 부정적인 측면만 있는 것이 아니며 그 근원과 형태에 대한 이해는 상담의 효과를 높일 수 있다. 사회복지실천의 면담과정에서 저항이 생기는 이유는 다음과 같다. 첫째, 클라이언트가 면담에서 무엇을 해야 하는지를 모르는 경우다. 둘째, 클라이언트가 사회복지사의 제안을 어떻게 적절히 실행하는지를 모르는 경우다. 셋째, 클라이언트의 문제해결을 위한 동기가 부족하거나 성공적인 치료결과에 대한 기대가 낮은 경우다. 넷째, 상담과정에서 만들어진 혹은 이전의 행동에서 발생하는 불안이나 죄의식으로 인하여 일어난다.

사회복지사는 저항을 다루기 위해 다음과 같은 기법을 사용할 수 있다(홍경자 외, 1996: 195-215에서 수정·보완).

- 저항을 나타내는 구성원에게 구체적으로 질문하기: "당신은 오늘 우리의 모임에 대해 어떻게 느꼈습니까?"
- 저항을 타당화하기: "오늘 면담은 지난 면담과는 약간 다른데요. 하지만 당신이 진전을 보인 때는 지난 면담 같아요. 잠시 진행 속도를 좀 늦추어야겠어요. 그리고 그런 행동은 괜찮아요."
- 저항으로 인한 제한점을 말하기: "몇몇 해결되지 않은 감정이 있는 것 같은데요. 그리고 그 감정을 정리하는 데 어려움이 있네요. 아마 다음에 계속하는 것이 나을 것 같군요. 이 부분에 대해서는 다음에 다루기로 하죠."
- 침묵적 관찰: 사회복지사가 클라이언트의 저항행동에 대해 언급하지 않고 침묵으로 관찰한다.

• 과제 지향적인 중재: "우리가 이것을 어떻게 해결해야 할지에 대해 여러분 중 제안할 분 계신가요?"라는 질문을 집단에 던짐으로써 집단적 문제해결을 격려한다.

(3) 정보 제공

① 개념

정보 제공은 클라이언트에게 문제해결이나 의사결정에 필요한 유용한 정보를 제공하는 것을 말한다. 정보 제공 시에는 클라이언트의 지적 수준, 학력, 정서상태 등을 고려해서 적절한 수준에서 이루어져야 하며, 정보의 내용은 논리적이고 명확하고 구체적이며 단계적이어야 한다. 또한 복잡하고 내용이 많은 지시사항은 서면으로 제공하고, 마지막에는 클라이언트가 제대로 이해하고 전달받았는지를 확인하는 것이 필요하다.

② 효과

정보 제공은 클라이언트의 문제해결이나 의사결정 과정 시 다양한 정보를 제공함으로써 다양한 대안을 검토하도록 하고 클라이언트가 자신에게 맞는 정보를 취사선택하게 하는 데 도움을 준다. 더불어 문제나 상황에 대한 관점이나 생각을 전환하거나 더욱 확고히 하도록 돕고, 여러 정보를 자신의 상황에 적용하고 검토하는 과정에서 클라이언트가 자신에 대한 더 깊은 성찰과 이해를 하게끔 한다.

(4) 해석

① 개념

해석은 클라이언트가 명확하게 언급하거나 인식하고 있는 것 이상의 진술이고, 클라이언트로 하여금 새로운 시각에서 문제를 볼 수 있도록 새로운 의미와 원인, 설명을 제공하는 것이다. 이것은 분리되어 있는 것처럼 보이는 진술이나 사건 사이를 연결시키고, 클라이언트의 행동·사고·감정의 주제와 패턴을 지적하며, 방어·저항·전이를 설명하고, 행동·감정·사고 혹은 문제를 이해하기 위한 새로운 틀을 제공한다(Hill, 2001: 335).

해석에서 주의해야 할 점은 그것이 사회복지사의 욕구(클라이언트를 이용하여 자신을 좋게 보이게 하거나 과시하거나, 실망시킨 것에 대하여 클라이언트를 벌주기 위해서 등)에 의한 것이 아니어야 하며, 클라이언트와 충분한 신뢰관계가 형성되고 난 후에 제공해야 한다는 것이다(Hill, 2001: 333-353).

해석은 클라이언트의 이야기에 근거해야 하며, 문제가 철저히 탐색되기 전에 성급하게 사용해서는 안 된다. 한꺼번에 너무 많은 해석을 제공하는 것은 바람직하지 않다. 또한 해석하는 과정은 사회복지사와 클라이언트가 함께 협력적으로 통찰해 나가는 것이 필요하다. 해석 후에는 클라이언트의 반응을 살펴보며, 클라이언트가 사회복지사의 해석에 동의하지 않을 경우에는 클라이언트의 마음을 그대로 수용하는 것이 필요하다.

② 효과

해석을 하는 전형적인 목적은 크게 통찰을 촉진시키는 것, 감정을 파악하고 강렬화하는 것, 다른 사람을 비난하기보다는 자신의 행동에 책임을 지기 시작하도록 자기통제를 촉진시키는 것이다(Hill, 2001: 334-335). 따라서 적절한 해석은 클라이언트로 하여금 자신의 행동, 감정, 생각에 대한 폭넓은 이해 및 통찰을 하도록 돕는다. 또한 문제해결 및 의사결정과 관련하여 새로운 인식틀과 대안을 갖게 하고 자신에 대한 책임감을 증진시킨다.

예

클라이언트: 저는 정말 남자 친구를 사랑해요. 그리고 결혼하고 싶어요. 정말 그래요. 그러나 당신도 알다시피 최근에 저는 그를 자주 보려고 하지 않아요. 우리가 함께 있을 때마다 제 자신이 그를 비판하고 있는 것을 발견해요. 그가 저를 짜증나게 하는 어리석은 짓을 한다는 걸 당신도 알 거예요. 저는 그가 맥주를 마시며 제 아버지 앞에서 트림을 하는 모습을 쉽게 떠올릴 수가 있어요. 부모님이 지금까지 그를 만난 적이 없다는 것을 당신도 알지요. 그러나 제가 왜 그를 집에 데려가고 싶어 하지 않는지 잘 모르겠어요.

사회복지사: 당신의 부모님이 당신의 남자 친구를 좋아하지 않을까 걱정하는 것이겠지요. (의도: 통찰을 촉진하기, 감정을 파악하고 강렬화하기)

당신의 남자 친구가 당신의 아버지와 너무 다르기 때문에 그 남자 친구를 선택한 것은 아닌가 의심스럽군요. (의도: 통찰을 촉진하기)

> 당신의 부모님에게 남자 친구를 데려가는 것에 대한 두려움은 아마 그에 대한 당신의
> 감정에 대하여 당신이 확신하지 못하기 때문일 겁니다. (의도: 통찰을 촉진하기, 감정을
> 파악하고 강렬화하기
>
> 출처: Hill (2001), pp. 355-356.

(5) 지지기술

이것은 원조과정에서 폭넓게 사용하는 기술로, 클라이언트를 지지하고 격려함으로써
참여 및 변화에 대한 동기를 갖게 하고 유지할 힘을 주며 변화를 계속할 수 있도록 하는 일
련의 기술로 구성된다. 지지기술에는 격려, 인정, 재보증 기술 등이 포함된다(Sheafor et
al., 1997). 이 기술에 대해서는 '4장 심리사회모델'에서 다시 다룰 것이다.

① 격려기술

격려(encouragement)기술은 새롭고 도전적인 일이나 행동을 하고자 하는 클라이언트에
게 가능성에 대한 확신을 표현하는 것으로, 클라이언트의 강점을 인정하고 지지하는 수단
이 되기도 한다. 이러한 기술을 사용할 때, 사회복지사는 진실하여야 하며 클라이언트에
대해 확신을 갖는 이유를 설명하는 분명하고 목표화된 메시지를 보내야 한다. 반면, "나는
당신이 원하는 모든 것을 할 수 있다고 확신해요."와 같은 지나친 일반화는 클라이언트에
게 진실성 있게 인식되지 않을 수 있으므로 적절하지 않다.

예

"지난 3개월간 당신의 과제수행도에 근거해 본다면, 두려운 마음도 있겠지만 당신이 새로운 책
임을 질 수 있다고 생각합니다."

② 인정기술

인정(validation)기술은 클라이언트가 어떤 행동을 취하거나 과업을 완수한 뒤에 그것에
대해 긍정적 평가를 내려 주는 것을 말한다.

> **예**
>
> "지난 시간에 우리는 자기주장 훈련에 대해 배웠고, 오늘 지난 시간에 제가 냈던 과제를 확인해 보니 숙제를 잘해 오신 것 같아요. 특히 오늘 역할극을 할 때 상대방의 눈을 보면서 큰 소리로 분명하게 자기 의사를 밝히고자 하는 것은 매우 잘한 것 같네요."

③ 재보증기술

재보증(reassurance)기술은 위기개입에서 많이 사용하는 기술로서 사실상 합리적이고 현실적인 생각과 결정에 대해서 클라이언트가 의구심을 갖고 있을 때 사용한다. 이것은 클라이언트로 하여금 불안을 감소시기고 편인한 감정을 가질 수 있도록 하는 데 유용하다 (Sheafor et al., 1998: 543). 따라서 현실을 무시한 채 겉치레적인 편안함을 제공해서는 안 되며, 클라이언트의 감정이나 고통을 제대로 탐색하지 못한 채 사회복지사의 필요에 의해 사용해서는 안 된다(엄명용, 노충래, 김용석, 2005: 156-157).

> **예**
>
> (갑작스러운 딸의 가출로 일시적인 수면장애와 불안을 경험한 어머니가 딸이 귀가한 다음에도 그런 증상이 계속되지 않을까 걱정할 때) "지나치게 걱정하지 않으셔도 될 것 같아요. 하루 이틀 지나면 기분이 조금씩 나아지시고 지금보다 편안해지실 거예요."

(6) 재명명기술

① 개념

재명명(reframing)기술은 재부여, 재정의, 재구조화 등과 유사한 것으로, 클라이언트가 특정 사건, 행동 혹은 인생경험에 부여하는 의미를 수정하도록 돕기 위하여 사용된다. 이 것은 우리에게 문제를 일으키는 것은 사물 자체가 아니라 그에 대해 우리가 갖고 있는 견해 때문이라는 가정에 근거한다(Sheafor et al., 1998: 564). 예를 들어, 아동이 소변을 잘 가리지 못하는 것은 어머니로부터 사랑을 확인하기 위한 방법일 수 있다고 하거나, 딸이 잦은 가출로 걱정을 끼치는 것은 심리적 별거상태에 있는 부모가 이혼하지 않도록 막기 위해 관심을 자신에게 돌리려는 노력일 수 있다고 재정의할 수 있다.

② 효과

이 기법은 클라이언트가 다양하고 보다 긍정적인 조망으로 사건이나 행동을 볼 수 있도록 부드럽게 설득하는 데 목적이 있다. 특히 부부나 가족처럼 대인갈등을 갖고 있는 사람을 대상으로 할 때 유용하다. 가족 구성원이 그들의 문제 규정, 다른 사람들이 행동하는 이유에 대한 자신의 생각을 재검토하도록 격려한다. 이것은 대인 간의 이해를 촉진하고 다른 사람에 대해 호감을 갖도록 돕는다(Sheafor et al., 1998: 564).

예

클라이언트: 우리 부모님은 항상 저를 통제하려고 해요. 제 의견과는 상관없이 자기들 마음대로 해요. 폭군이에요.

사회복지사: 부모님 때문에 숨이 막힐 것처럼 느끼는구나. 내가 보기에는 부모님이 과격한 사랑을 표현하시는데도 참 잘 참았구나.

Part
2

사회복지실천
개입모델

사회복지실천 개입모델은 사회복지현장에서 활용되는 다양한 실천모델의 개념과 원리를 제시한 것이다. 그중 심리사회모델, 인지행동모델, 해결중심모델, 위기개입모델, 동기강화모델에 대해 살펴보고자한다.

Chapter 04

심리사회모델

심리사회모델은 사회복지실천의 전통적 모델로서 특정 이론에 근거하기보다는 사회복지실천과정에 영향을 미친 여러 요소가 절충되어 만들어진 모델이다. 인간의 이해에 있어 심리적인 측면과 사회적인 측면을 동시에 고려하며 '상황 속의 인간'이라는 개념을 중시한다.

학습 목표

• 심리사회모델의 기본 철학과 주요 개념을 이해한다.
• 심리사회모델의 개입 목표 및 과정을 파악한다.
• 심리사회모델의 주요 개입기술을 익히고 실제 사례에 적용해 본다.

1. 심리사회모델의 철학과 기본 개념

심리사회모델은 사회복지실천에서 가장 오랫동안 널리 사용되어 왔던 전통적인 실천모델로서 인간의 이해에 있어 개인과 환경의 상호작용을 강조한다. 이 모델은 기존 사회복지실천이 프로이트(Freud)의 영향으로 인해 지나치게 심리내적 측면만을 강조하는 데 반해, 사회 및 환경적 측면은 소홀히 다룬다는 리치먼드(Richmond)의 비판을 토대로 출발하였다. 이후 '상황 속의 인간(person-in-situation)'을 강조한 해밀턴(Hamilton)에 의해 심리사회이론으로 불렸으며, 홀리스(Holis)에 의해 이론과 기술이 구체화되었다.

심리사회모델은 특정 이론에만 근거해서 발전한 모델이 아니라 사회복지실천에 영향을 미친 여러 요소가 절충되어 만들어졌다. 구체적으로 정신분석이론, 대상관계이론, 체계이론 및 생태체계이론, 자아심리학 등의 영향을 받았다.

각 이론들이 어떤 특징을 가지며 심리사회모델과 어떤 차이가 있는지를 살펴보면, 먼저 정신분석이론은 문제의 원인을 개인의 심리내적 측면에서 찾는 대표적인 이론이다. 이 이론은 인간의 행동이나 감정이 우연히 일어나는 것이 아니라 무의식적인 공격적 충동에 의해 발생된다고 보며, 현재 문제의 통찰을 위해 과거의 경험을 강조한다. 또한 이드, 자아, 초자아로 구성된 성격구조의 균형, 방어기제의 기능을 강조하며 무의식적 소망을 표현하는 꿈을 분석하거나 자유연상(free association)을 통해 정신분석을 행한다. 심리사회모델은 기본적으로 정신분석이론의 영향을 받았지만 개인의 심리뿐만 아니라 사회적·환경적 요소를 강조한다는 점에서 차이가 있다.

대상관계이론은 클라인(Klein), 위니컷(Winicott)에 의해 발전된 것으로, 어린 시절 주양육자(어머니)와의 관계가 현재의 대인관계에 영향을 미친다고 가정한다. 이 이론은 개인 내면의 무의식적인 공격적 본능을 강조한 프로이트 이론과는 달리 아기의 주요 환경인 주 양육자와의 경험을 강조한다. 또한 인간은 다른 사람들의 실제 특성보다는 과거 경험에 의해 형성된 기대에 따라 현재의 대인관계를 맺으며, 과거 경험은 내부 대상(internal object), 즉 자기 자신과 대상, 관계에 대한 정신적 이미지로 남아 대인관계에 영향을 미친다고 본다. 특히 생애 초기에 경험한 애착대상과의 관계는 이후의 대인관계 유형을 결정짓는다고 가정한다(김혜란, 홍선미, 공계순, 2006: 63). 이 외에 체계이론 및 생태체계이론은 모두 환경을 강조한 이론들이다.

심리사회모델에서 강조하는 기본 가정 및 특징을 정리하면 다음과 같다. 첫째, 모든 인간은 선하며, 변화하고 성장해 가며, 환경에 의해 영향을 받기도 하고 영향을 주기도 한다. 둘째, 인간은 무의식에 의해 영향을 받기도 하지만 그것만이 결정적인 것은 아니다. 셋째, 인간은 과거 경험에 의해 끊임없이 영향을 받기 때문에 인간의 현재 행동을 이해하기 위해서는 과거 경험에 대한 탐색이 중요하다. 넷째, '상황 속의 인간'이라는 개념을 강조한다. 인간을 이해함에 있어 개인의 심리 내면만 보는 것이 아니라 사회적 · 환경적 측면과 그것들 간의 상호작용도 함께 고려한다. 다섯째, 클라이언트로 하여금 자신의 과거 경험 및 무의식적인 공격적 충동에 대한 통찰력을 갖고 현재의 문제를 이해할 수 있도록 돕는 것은 문제해결 능력을 향상할 수 있다.

이상의 내용을 정신분석이론과 비교해 보면, 과거 경험을 중시하고 문제에 대한 통찰력을 강조하는 것은 정신분석이론과 일치하지만, 인간을 끊임없이 변화하고 성장하는 존재로 보는 점, 무의식 이외의 다른 요소도 고려하는 점, 사회환경과의 상호작용을 강조하는 점은 다르다고 하겠다.

한마디로 심리사회모델에서는 클라이언트의 문제유형을 개인의 심리내적 문제, 환경적 문제 및 개인과 환경 간 상호작용의 문제로 간주한다. 따라서 사회복지실천의 개입에서도 개인의 내적 문제, 환경 및 개인과 환경 간 상호작용 측면 모두에 초점을 둔다. 또한 심리사회모델은 실천에 있어 클라이언트를 있는 그대로 수용하고, 클라이언트의 자기결정을 존중하며, 사회복지사와 클라이언트의 협력적 관계를 강조한다.

2. 심리사회모델의 개입 목표 및 과정

심리사회모델에서는 클라이언트의 과거 경험이 현재 클라이언트의 심리사회적 기능에 영향을 미치며, 이것을 클라이언트가 통찰하면 스스로 문제를 해결할 수 있다고 가정한다. 따라서 심리사회모델의 개입목표는 클라이언트로 하여금 현재의 당면 문제나 어려움에 영향을 미치는 과거 경험을 탐색하고 과거 혹은 현재의 경험과 관련된 내적 갈등을 이해하고 통찰할 수 있도록 돕는 데 있다.

일반적으로 심리사회모델은 초기단계, 사정단계, 개입단계, 종결단계로 구분되는데, 각

단계에서 다루어야 할 목표와 과제를 중심으로 살펴보면 다음과 같다.[1]

1) 초기단계

(1) 목표

원조관계를 어떻게 시작하는가는 이후 원조과정에 절대적인 영향을 미친다는 점에서 매우 중요하다. 특히 사회복지사를 찾아오는 클라이언트는 자신을 둘러싼 문제로 인해 매우 지치고 절망감에 빠져 있는 경우가 많다. 따라서 이러한 시기에 적합한 개입은 클라이언트로 하여금 현재 당면한 문제의 완화뿐만 아니라 문제해결 능력을 고양시켜 미래의 삶에도 긍정적인 영향을 미칠 수 있다.

초기단계에서의 주요 목표는 크게 두 가지로 대별된다. 첫째, 인테이크 및 참여 유도다. 인테이크란 사회복지사가 전문적 도움을 위해 찾아온 클라이언트의 문제와 욕구를 확인하고 그것이 기관의 정책과 서비스에 부합되는지의 여부를 판단하는 과정을 의미한다. 이를 통해 사회복지사는 클라이언트에 대한 서비스의 시작, 다른 기관에의 의뢰 등을 결정하게 된다. 다음으로 클라이언트의 참여 유도다. 비자발적인 클라이언트는 물론 자발적으로 원조를 요청하는 클라이언트도 인간의 보편적 감정인 변화에 대한 두려움으로 인해 사회복지사와 초기 관계를 맺는 것이 쉽지 않다. 따라서 이러한 초기 저항에 적절히 대응하여 참여동기를 고취시키는 것은 클라이언트로 하여금 자신을 문제해결의 주체자로 느끼게 할 뿐만 아니라 긍정적인 자아존중감을 갖게 하므로 그 자체로서 치료적 의미가 있다.

둘째, 클라이언트의 문제와 관련된 다양한 정보 및 자료를 수집하고 찾는 것이다. 즉, 클라이언트의 문제와 관련하여 클라이언트가 호소하는 문제, 문제의 원인, 문제 지속기간, 지금까지 문제해결을 위해 노력한 시도, 어린 시절의 발달과정, 가족력, 원가족과의 관계, 문제에 영향을 미치는 환경 등 다양한 자료를 수집·관찰하는 것이다.

(2) 과제

첫째, 문제확인이다. 클라이언트 문제에 대한 심층적인 분석보다는 현재 명백하게 드러나는 문제를 확인한다. 클라이언트가 생각하는 문제가 무엇인지를 파악하는 것은 사회복지

---

1) 이 부분은 홍봉선, 남미애(2007), pp. 105-110에서 부분 발췌함.

사에 대한 클라이언트의 신뢰감을 높여 주어 관계형성에 긍정적으로 기여할 뿐 아니라, 문제상황을 둘러싼 클라이언트의 느낌을 이해함으로써 문제에 대한 이해도를 높이게 된다.

둘째, 관계형성 및 클라이언트의 동기 고취다. 클라이언트를 원조관계에 참여시키기 위해서는 사회복지사와 클라이언트의 관계형성이 중요하다. 특히 클라이언트는 변화에 대한 바람과 동시에 두려움을 갖는 등 양가감정을 가지고 저항감을 보일 수도 있다. 이런 반응은 자연스러운 인간의 반응일 수 있다. 따라서 사회복지사는 수용, 무조건적 존중, 개별화, 진실성 등의 태도를 통해 신뢰성 있는 원조관계를 형성·유지하는 것이 필요하다. 원조활동의 성패는 바로 변화에 대한 클라이언트의 동기에 달려 있으므로 클라이언트의 동기유발은 초기단계에서 매우 중요하다. 특히 비자발적인 클라이언트의 경우 클라이언트의 저항적 태도의 실체를 있는 그대로 이해하고 클라이언트로 하여금 그런 감정을 표현하도록 돕는 것이 필요하다.

2) 사정단계

(1) 목표

첫째, 문제에 대한 사정이다. 이 단계에서는 이전 단계에서 수집된 사실적 자료를 해석하고 의미를 부여하여 실천적 개입을 위한 함의를 도출해 내는 활동이 이루어진다. 이러한 자료수집과 사정은 원조과정 전체를 통해 계속되는 활동이지만 이 단계에 보다 집중된다. 사회복지사는 개인과 개인을 둘러싼 환경을 통합한 전체 틀 속에서 여러 체계가 어떻게 상호작용하여 문제를 발생시켰는지 알아내야 한다. 이를 위해 사회복지사는 문제가 어떻게, 왜 발생하였나, 인간-상황(혹은 환경)의 상호작용에서 누가, 무엇이 변화를 위해 접근 가능한가, 변화를 위해 관여되어야 할 사람과 자원은 무엇인가 등을 파악해야 한다. 또한 사정은 크게 세 영역에서 이루어진다. 첫 번째는 역동적 영역으로, 클라이언트의 심리 내적 갈등과 충동들이 어떻게 상호작용하는지를 파악한다. 두 번째는 원인론적 영역으로, 문제의 원인이 현재의 상호작용 내에 있는지, 현재까지 영향을 미치는 과거의 사건에 있는지, 또한 클라이언트의 딜레마의 원인 속에 있는지 탐색한다. 세 번째는 임상적 영역으로, 클라이언트의 여러 가지 기능적 측면을 분류한다.

둘째, 계획이다. 자료수집과 클라이언트의 문제와 상황에 대한 일차적 사정이 끝나면 그다음 구체적인 개입을 위한 계획이 수립되어야 한다. 이 단계에서 사회복지사와 클라이언트는 개입목표를 설정하고 이를 달성하기 위한 계획을 수립해야 하는데, 여기서는 클라이언트의 자기결정권을 보장하도록 힘써야 한다.

(2) 과제

첫째, 문제규정이다. 이 단계는 초기단계에서의 문제확인보다는 보다 심층적으로 문제의 성격과 원인에 대한 이해가 행해진다. 문제의 규정에 있어서는 클라이언트의 해결되지 않은 욕구, 욕구 충족의 장애요인, 문제의 심각성, 지속기간, 변화의 가능성 정도 등을 고려해야 한다.

둘째, 클라이언트의 자원에 대한 사정이다. 클라이언트의 자원으로는 교육정도와 취업경험, 문제해결 능력과 의사결정 능력, 개인적 자질과 성격, 물리적·재정적 자원 소유, 문제해결에 대한 동기와 의지 등을 고려해야 한다.

셋째, 환경적 측면에 대한 사정이다. 클라이언트를 둘러싼 환경의 적절성과 부적합성, 긍정적인 면과 취약한 면 등을 사정한다.

넷째, 개입 목표 및 계획의 수립이다. 클라이언트가 당면한 여러 가지 문제를 고려하고 클라이언트와 협의하여 개입 목표 및 계획을 수립한다. 클라이언트가 말하는 것에 귀 기울이고 인간–상황에 대해 알고 있는 것을 모두 종합하여 사정의 세 가지 질문, 즉 '문제가 무엇인가?' '문제를 유발하는 것으로 보이는 요인은 무엇인가?' '변화되고 수정될 수 있는 것은 무엇인가?'에 대한 답을 찾기 위해 계속적으로 노력한다.

3) 개입단계

(1) 목표

개입단계에서 가장 중요한 것은 계획의 실행이다. 이 단계에서는 이전 단계에서 이루어진 심리사회 조사 및 사정을 바탕으로 개입의 목표 및 계획이 수립되면 그에 근거하여 구체적인 개입이 일어난다. 앞서 언급한 바와 같이, 심리사회모델에서는 클라이언트가 경험한 과거의 사건이나 경험 혹은 현재의 경험과 관련된 심리내적인 갈등과 어려움을 클라이언트가 이해하고 통찰할 수 있게끔 도와주는 데 개입의 초점이 맞추어진다. 또한 사회복지사는 개입으로 인해 야기된 변화가 지속적으로 유지될 수 있도록 도와야 한다.

(2) 과제

목표를 달성하기 위해 필요한 경우, 개인은 물론 부부체계, 가족체계, 지역사회체계 등 환경에 동시에 개입할 수 있다. 또한 클라이언트의 권익을 옹호하거나 지역사회의 자원을 공급해야 할 경우, 사회복지사는 클라이언트의 환경에 직접 개입한다.

4) 종결단계

(1) 목표

종결단계의 목표는 전문적인 원조관계를 종결하는 것이다. 당초 계획한 목표가 달성되거나 문제가 해결되어 클라이언트가 종결을 희망하는 경우 종결하게 된다. 클라이언트에게 긍정적인 성과를 얻게 한 다음에 적절한 시점에서 원조관계를 끝내는 일은 상당한 기술과 신중한 계획이 필요하다. 종결 시에는 클라이언트로 하여금 종결에 대한 반응을 긍정적으로 처리하게 하고 지금까지 변화된 부분이 지속될 수 있도록 강화해야 한다.

(2) 과제

첫째, 종결시기의 결정이다. 종결은 크게 클라이언트에 의한 일방적인 종결, 기관의 기능과 관련된 시간제약에 의해 결정된 계획적인 종결, 사회복지사가 직책이나 직장을 떠남으로써 재촉된 종결 등으로 분류해 볼 수 있다. 가장 원만한 종결시기는 문제해결 정도를 고려해 클라이언트와 합의해서 결정하는 것이다.

둘째, 종결에 대한 심리적 반응의 상호 해결이다. 사회복지사는 종결에 대한 클라이언트와 사회복지사의 부정적 감정을 해결하고 긍정적 감정을 유지한 상태에서 원조관계를 끝내야 한다. 또한 클라이언트를 도와서 그가 당면하고 있는 문제를 해결하는 것뿐만 아니라 앞으로 그를 괴롭힐 어쩔 수 없는 곤란을 극복할 수 있도록 클라이언트를 강화시켜야 한다.

셋째, 획득된 변화의 강화다. 원조과정을 통해 얻은 클라이언트의 변화가 원조관계가 끝난 다음에도 지속될 수 있도록 지지 · 강화한다.

3. 심리사회모델의 개입기술

홀리스는 심리사회모델의 개입기술을 직접적 개입과 간접적 개입으로 대별하여 설명하고 있다. 직접적 개입에는 지지하기, 직접적 영향 주기, 탐색−묘사−환기, 인간−환경에 관한 반성적 고찰, 유형−역동성 고찰, 발달적 고찰기술이 포함되며, 간접적 개입에는 환경을 수정, 조정하고 변화시키는 것이 포함된다. 여기에서는 엄명용 등(2005), 김혜란 등(2006), 그리고 김기태(1984)가 소개한 내용을 일부 발췌하고 수정·보완하여 제시하였다.

1) 직접적 개입

(1) 지지하기

지지하기(sustainment)는 클라이언트의 불안을 감소시키고 원조과정에의 참여동기를 촉진하기 위한 것으로, 원조과정 전반에 걸쳐 사용되는 중요한 기법이다. 이것은 재보증, 격려와 같은 언어적 의사소통과 선물 주기, 따뜻한 표정 및 인사 등 비언어적 의사소통을 모두 포함한다.

격려(encouragement)는 클라이언트가 한 행동이나 생각에 대해 성과를 인정하고 성공에 대한 기쁨을 표현하며 힘을 북돋는 것이다. 이것은 한마디로 클라이언트의 능력에 대해 신뢰를 표현하고 인정하는 것이다. 이 외에도 경청, 따뜻한 표정, 가볍게 어깨를 두드리는 비언어적 표현방법 등을 행할 수 있다.

재보증(reassurance)은 클라이언트가 가진 죄의식, 불안, 분노의 감정에 대해 이해를 표현하여 클라이언트를 안심시키는 것이다. 그러나 근거 없는 확신을 주어 클라이언트를 너무 안심시키면 문제의 본질을 탐색할 기회가 상실될 수 있다.

격려의 예

"방금 전에 저의 눈을 바라보시고 말씀하셨죠. 저를 바라보지 않고 이야기할 때보다 훨씬 더 ○○ 씨의 마음이 잘 전달됩니다. 계속 그렇게 해 보세요."

(갑작스러운 남편과의 사별로 인해 무력감과 불면증을 호소하는 부인에게) "너무 걱정하지 마세요. 시간이 지나면 조금씩 몸과 마음이 나아질 거예요. 그러나 견디기 어려우시면 또 말씀하세요."

"그 점에 대해서는 지나치게 신경 쓰지 않으셔도 될 것 같아요. 시간이 지나면 조금씩 나아질 테니까요."

(2) 직접적 영향 주기

직접적 영향 주기(direct influence)는 사회복지사가 클라이언트에게 자신의 의견을 제안하거나 조언·충고함으로써 클라이언트가 특정 행동을 촉진할 수 있도록 돕는 것이다. 이것은 단순히 사회복지사의 의견을 제시하는 차원부터 강도 깊게 주장하거나 충고하거나 촉구하는 것까지를 포함한다.

이 기술의 적용에서 명심해야 할 것은 사회복지사가 자신의 의견이나 생각을 클라이언트에게 표현할 수는 있지만, 조언이나 충고를 받아들일지 여부의 선택권은 클라이언트에게 있으며 그에 따른 책임도 클라이언트에게 있음을 분명히 하는 것이다. 또한 클라이언트와 사회복지사 간의 충분한 신뢰관계가 형성되어 있고, 사회복지사가 클라이언트에 대해 충분히 이해하였을 때 사용해야 한다. 직접적 영향을 미치기 위해 사회복지사는 의견 진술 → 제안 → 촉구 → 주장의 순서로 지시를 해 줄 수 있다(엄명용 외, 2005: 214).

"지금까지의 방법이 효과적이지 않다면 다른 방법을 시도해 보면 어떨까요? 지금쯤 변화를 시도해 보는 것도 좋을 것 같아요. 제 생각에는 가족상담에 참여해 보시면 어떨까 해요."

(3) 탐색-묘사-환기

탐색-묘사-환기(exploration-description-ventilation)는 면담과정에 탐색, 묘사, 환기의 기술을 동시에 사용하는 것이다. 탐색은 자신의 주변에 어떤 일이 일어나고 있는지 상황을 둘러보는 것이고, 묘사는 자신이 알고 있는 대로 사실을 말로 설명하는 것이며, 환기는 사실과 관련된 부정적인 감정을 이끌어 냄으로써 카타르시스(감정의 정화)를 경험하도록 하는 것이다.

한마디로 이 기술은 클라이언트로 하여금 자신의 생각이나 감정에 대해 탐색할 수 있도록 사회복지사가 적절하게 질문하고 그에 대한 생각이나 느낌을 말로 기술·묘사하도록 하며, 그런 면담과정을 통해 부정적인 감정을 표출하도록 하는 것이다. 일반적으로 이 기술은 부정적인 감정이 억압되어 있거나 복합적인 생각이나 감정이 얽혀 있어 클라이언트가 자신의 감정을 잘 파악하지 못할 경우 사용하는 데 유용하다. 그러나 정신장애가 있는 클라이언트, 감정이 격화되거나 불안감이 높아질 가능성이 있는 클라이언트의 경우는 조심스럽게 사용해야 한다.

탐색-묘사-환기의 예 ----------

사회복지사: 처음 시골에서 도시로 전학 온 날 어떤 느낌이었나요? 그때의 생각과 느낌을 보다 구체적으로 말해 보세요. 교실 분위기와 학생들의 표정은 어땠나요? (탐색을 이끌어 내는 질문)

클라이언트: 아이들은 낯설었고, 저는 혼자서 벤치에 앉아 점심을 먹었어요. 슬펐지요. (묘사)

사회복지사: 구체적으로 어떤 슬픔이었죠?

클라이언트: 막막하고 세상에 버려진 느낌, 나 혼자라는 느낌을 가졌어요. (환기)

---

(4) 인간-환경에 관한 반성적 고찰

인간-환경에 관한 반성적 고찰(person-situation reflection)은 클라이언트로 하여금 자신과 환경의 상호작용과 관련된 인식, 사고와 감정을 잘 알 수 있도록 하기 위해 사용하는 것이다. 이것은 클라이언트의 주관적인 내부 상황과 외부 환경을 동시에 검토할 수 있도록 한다. 구체적으로는 크게 여섯 가지 측면이 있다.

첫째, 타인, 상황 혹은 신체적 건강 등에 관한 고찰이다. 이것은 클라이언트로 하여금 자신을 둘러싼 타인, 상황 등에 대하여 생각하도록 하는 것이다. 종종 사람들은 자신이 보고자 하거나 듣고자 하는 것에만 관심을 두기 때문에 자신이 처한 상황의 또 다른 중요한 측면을 보지 못하고 현실을 왜곡하거나 전체를 보지 못할 수 있다. 예를 들어, 평소 부부생활이 원만하지 못하고 남편에 대한 적개심이 많은 부인에게는 남편과의 연애 시절, 결혼 초기, 자녀들의 아버지로서의 남편, 직장인으로의 남편, 시어머니의 아들로서의 남편 등을 생각해 보도록 질문할 수 있다.

둘째, 결정, 효과 및 선택에 관한 자신의 행동 고찰이다. 이것은 클라이언트와 생활하고 있거나 관련되어 있는 사람과의 상호작용 영향 및 클라이언트의 의사결정과 활동에 대해 생각하도록 하는 것이다. 예를 들어, 현재 시점에서 다른 곳으로 이사하는 것이 유리한지, 불리한지, 이사가 꼭 필요한지 등을 검토할 수 있다. 또한 부인의 비만을 걱정하는 남편이 부인이 음식 먹을 때 먹지 말라고 꾸짖는 것이 오히려 부인에게 스트레스가 되어 음식을 더 먹게 한다는 것을 모를 때, 사회복지사는 "아내가 식사할 때 당신이 잔소리를 하면 아내는 음식을 더 적게 먹게 되나요?"라고 질문할 수 있다.

셋째, 클라이언트의 행동, 사고 및 감정의 본질에 관한 고찰이다. 이것은 클라이언트로 하여금 자신의 반응, 사고 및 감정의 본질에 관한 자각을 증가시키도록 하는 것이다. 어떤 경우 클라이언트는 실제 자신의 사고 및 감정에 대해 완전히 알고 있지만 사회복지사의 반응을 부끄럽게 생각하거나 비판을 두려워하기 때문에 표현하지 않을 수 있다. 또 어떤 경우에는 어디까지 이야기해야 하는지를 고민할 수도 있다. 이런 경우 사회복지사는 "생각하고 있는 것을 말하는 것은 쉬운 일이 아니죠. 그러나 더욱 안정이 되면 말하실 수 있을 거예요."라고 지지할 수 있다.

넷째, 상황적 자극에 대한 반응이다. 이것은 클라이언트로 하여금 어떤 상황에서 보인 반응에 대해 반성적 고찰을 하도록 하는 것이다. 예를 들어, 맞벌이 부부인데도 전혀 집안일을 거들어 주지 않는 남편의 경우, 집안일을 돕게 되면 가장으로서 자신의 위치가 낮아지지 않을까 하는 두려운 마음이 강하여 그런 행동을 취할 수도 있다. 결과적으로 어떤 상황에서 왜 그런 반응을 하였는지를 생각해 보도록 하는 것이 필요하다.

다섯째, 자기평가와 관련된 것이다. 이것은 클라이언트로 하여금 자신에 대한 평가, 즉 옳고 그름에 대한 초자아 혹은 가치관, 자기상, 선호에 대해 생각할 수 있도록 하는 것이다. 예를 들어, 평소 자신에 대한 기대가 너무 커서 열심히 노력하고 난 다음에도 좌절감을 많이 느끼는 클라이언트에 대해 사회복지사는 "당신 자신에 대하여 지나치게 기대가 높다고 생각하지 않습니까?"라고 질문할 수 있다.

여섯째, 사회복지사 및 개입과정 등에 관한 고찰이다. 이것은 사회복지사, 사회복지사의 개입 혹은 기관의 규정과 요건에 대한 클라이언트의 반응을 살펴보는 것이다. 클라이언트는 사회복지사나 기관에 대해 오해하거나 왜곡할 수 있다. 만약 클라이언트가 사회복지사의 개입에 대해 불만이 있으면 불만족의 이유를 함께 이야기하는 것이 필요하다.

인간-환경에 관한 반성적 고찰의 예

딸의 가출을 모두 딸의 책임으로 전가하는 어머니의 경우, 딸과의 관계는 더욱 악화될 수밖에 없다. 그러나 딸의 문제로 오랫동안 힘들었고 해결방법을 몰라 많은 어려움을 겪었던 어머니의 입장에서는 자신의 입장 외에 다른 입장을 살펴볼 수가 없을 수 있다. 이런 경우 사회복지사는 어머니에게 딸과 자신이 속한 가정, 친구, 학교, 지역사회 등 환경과 관련된 질문을 함으로써 자신의 행동이 자신 또는 딸에게 어떤 영향을 주는지를 탐색할 수 있게 한다. "딸이 달라진 이유에는 어울려 다니던 친구들의 유혹 말고 또 다른 이유는 없었을까요? 딸이 집에 있을 때 무엇을 가장 힘들어했나요? 당신의 어떤 생각이 딸과 마주 대하는 것을 어렵게 했을까요?"

(5) 유형-역동성 고찰

유형-역동성 고찰(pattern-dynamic reflection)은 클라이언트로 하여금 사건들에 대한 특정한 행동이나 사고방식을 이끄는 행동 경향 혹은 사고와 감정 유형을 규명하는 기술이다. 사회복지사는 클라이언트로 하여금 성격유형, 행동유형, 방어기제, 자아기능, 초자아 등의 심리내적 역동에 대해 이해하도록 원조한다(엄명용 외, 2005: 215).

일반적으로 클라이언트는 방어기제에 대해서 잘 모르기 때문에 필요한 경우에는 알기 쉽게 설명할 필요가 있다. 방어기제는 불안을 방어하기 위한 자기보호적인 기제이기 때문에 한꺼번에 깨뜨려서는 안 되며, 클라이언트가 어느 정도 자신의 불안을 견딜 수 있다는 것이 파악되었을 때 접근하는 것이 좋다. 또한 자기 자신에게 지나치게 엄격한 클라이언트에게는 자기 자신에 대한 엄격한 잣대가 고통의 원인임을 알도록 도울 수 있다. 또한 자아기능과 관련해서는 타인에 대한 심한 의존성이나 자기애 등과 같은 성격의 지나친 면을 자각하도록 하는 것이 필요하다(김기태, 1984: 186-187).

유형-역동성 고찰의 예

"부장님에게 업무보고를 할 때 마치 어린 시절 나를 호되게 야단치던 아버지 앞에 있다는 느낌을 갖지 않나요?"

(6) 발달적 고찰

발달적 고찰(developmental reflection)은 클라이언트로 하여금 과거 원가족과의 경험이 현재 기능에 어떻게 영향을 미쳤는지를 성찰하도록 하는 것이다. 이것은 클라이언트의 현재 성격의 어떤 특성이 초기의 생활경험에 의해 어떻게 형성되었는가를 자각케 하는 데 도움이 되며, 이와 같은 생활경험에 대한 반응을 수정하는 데 활용된다(김기태, 1984: 186-187).

단순히 과거 경험에 대해 이야기한다고 해서 항상 과거 생활에 대한 깊이 있는 이해를 하는 과정에 참여한다고 할 수는 없다. 경우에 따라 과거 사건 자체가 새롭게 고찰되고 재평가될 필요도 있다. 예를 들어, 부모가 자기를 대학에 보내지 않았다는 것으로 차별 대우를 받았다고 생각하는 여성은 대학진학에 대한 동기가 강하지 않았던 자신을 인식하면서 부모가 자기를 차별 대우하려고 한 것이 아니라는 것을 자각하게 된다(김기태, 1984: 188-191).

또한 사회복지사와의 관계는 발달과정에 대한 이해를 돕는 데 유용하다. 클라이언트가 어린 시절부터 행해 오던 태도로 사회복지사에게 반응을 보일 경우, 사회복지사는 그 요인을 고찰할 필요가 있다고 생각되면 현재 행동하고 있는 것이 어떤 것인가를 인식하도록 도울 수 있다. 즉, 사회복지사는 "당신은 당신 아버지의 비판을 두려워한 것처럼 나에게 비판받지 않을까 두려워하는 것은 아닙니까?"라고 질문할 수 있다(김기태, 1984: 191).

발달적 고찰의 예

"이런 감정을 예전에도 비슷하게 경험해 본 적이 있습니까?"

"현재 당신이 힘들어하는 문제는 어렸을 때의 경험과 어떤 관련이 있나요?"

---

2) 간접적 개입

간접적 개입은 일명 환경조정이라고 하기도 하는데, 클라이언트의 긴장과 압력을 감소시키기 위하여 사회적 상황을 바꾸거나 개선하는 것을 의미한다. 환경조정이 모든 대상마다 적용되는 것은 아니다. 그러나 클라이언트가 현재 처한 특정한 환경에 그대로 남아 있는 한 문제가 잘 해결되지 않는 경우, 클라이언트가 스스로 환경을 건설적으로 변화시키지 못하는 경우에는 특히 환경조정이 필요하다.

환경조정에는 클라이언트를 둘러싼 환경 중 중요한 영향을 미치는 사람, 기관, 조직에 개입하거나 사회환경을 바꾸거나 클라이언트에게 유용한 자원을 발굴·개발하는 활동, 더나아가서는 클라이언트에 대한 옹호 및 중재 활동도 포함된다. 이를 위해 사회복지사는 기관의 정책, 자원 및 권력구조, 타 전문직의 문화 또는 분위기에 대해 잘 이해해야 한다.

(1) 환경조정의 유형

환경조정의 유형은 크게 커뮤니케이션의 유형, 자원의 유형, 역할의 유형으로 구분된다(김기태, 1984: 193-195).

첫째, 커뮤니케이션의 유형이다. 사회복지사는 클라이언트의 환경 중 클라이언트에게 영향을 미치는 주요한 사람들(가족, 교사, 간호사, 사회복지 전담공무원 등)에게 개입하여 그들로 하여금 클라이언트에게 긍정적인 영향을 미치도록 할 수 있다. 이를 위해서 사회복지사는 클라이언트를 둘러싼 주요 관련인들과 상호작용하면서 좋은 인간관계를 확립해야 한다. 지지하기, 직접적 영향 주기, 환기법 및 인간-환경에 관한 반성적 고찰 등의 기술은 클라이언트와의 직접적 개입뿐만 아니라 환경조정에서도 유용하게 활용된다.

둘째, 자원의 유형이다. 환경조정을 적절하게 잘하기 위해 사회복지사는 지역사회 자원을 잘 알아야 한다. 사회복지사는 현재의 지역사회 자원, 소속기관, 타 전문기관 내의 사회복지 부서, 사회기관, 그리고 기타 클라이언트가 활용할 수 있는 조직체(회사, 목사, 의사, 교사 등)들을 잘 파악해야 한다.

셋째, 사회복지사 역할의 유형이다. 이것은 사회복지사의 역할과 관련된 유형을 의미하는 것으로, 환경조정을 위해 사회복지사는 공급자, 자원탐지자, 자원창출자, 해석자, 중재자의 역할을 수행할 수 있다. 공급자의 역할은 사회복지사가 소속 기관의 자원을 클라이언트에게 제공하는 경우이며, 자원창출자의 역할은 단순한 자원탐지자의 역할을 넘어 기존의 자원으로 클라이언트의 욕구를 해결하지 못할 때 새로운 자원을 만드는 것이다. 해석자의 역할은 주위 사람들이 클라이언트를 이해하도록 사회복지사가 돕는 것이다.

(2) 환경조정의 전략

사회복지사는 환경조정을 위해 가족 내적 관계 촉진, 가정환경 내 자원의 보충, 지지체계의 개발과 강화, 클라이언트를 다른 환경으로 이동시킴, 시설환경의 개선, 지역사회 환경의 활용, 새로운 자원의 개발 등의 전략을 사용할 수 있다(김기태, 1984: 196-199).

첫째, 가족 내적 관계의 증진이다. 가족 내적 관계를 증진시키는 것은 클라이언트를 위한 적절한 환경개발에 필수적인 요소다. 예를 들어, 부모가 아동을 학대하거나 방임하거나 적절한 부모역할을 수행하지 못할 때 사회복지사는 가족기능을 확대 혹은 개선시키기 위해 부모 교육 및 상담, 가족치료를 실시할 수 있다.

둘째, 가정환경 내 자원의 보충이다. 좋지 않은 가정환경 내에 자원을 보충해 주면 클라이언트의 욕구가 해결되는 경우가 많다. 예를 들어, 쇼핑, 세탁, 청소, 예산편성 등을 포함한 가사조력을 할 수 있도록 가사봉사원을 파견하거나, 고립되어 있거나 고독한 클라이언트를 위해 동식물을 활용하는 것이다.

셋째, 지지체계의 개발과 강화다. 사회복지사는 클라이언트의 환경조정을 위해 다양한 지지체계를 개발·강화할 수 있는데, 여기에는 친척, 친구, 이웃 사람, 종교단체 등 자연적 지지체계, 공동의 문제상황에 있는 자조집단, 자원봉사자, 공식적 지지체계 등이 해당될 수 있다.

넷째, 클라이언트를 다른 환경으로 이동시키는 것이다. 이 전략은 아동의 방임, 신체적·성적 학대, 노인학대, 다루기 어려운 아동, 특별한 보호가 필요한 클라이언트, 철거나 자연적 재난으로 가옥이 상실되는 경우에 적용할 수 있다. 그러나 클라이언트에게 일상적인 환경을 떠나게 하는 것은 매우 주의가 필요한 것으로, 다른 방법으로 문제해결이 잘되지 않을 때에 마지막 수단으로 행해져야 한다.

다섯째, 시설환경의 개선이다. 클라이언트가 이용하거나 생활하고 있는 시설의 환경도 매우 중요하다. 예를 들어, 직원들은 책임감 있게 돌봄서비스를 제공하며, 적합한 프로그램이 운영되고 물리적 환경도 쾌적해야 한다. 또한 가구나 공간도 클라이언트를 고려해서 적절하게 배치되어야 한다.

여섯째, 지역사회 환경의 활용이다. 기관이 아닌 지역사회 환경에 함께 있다는 것은 그 자체가 새로운 경험이 된다. 도서관, 음악회, 박물관, 동물원 등의 관람은 적응능력을 개발하는 데 도움을 준다.

일곱째, 새로운 자원의 개발이다. 사회복지사는 클라이언트의 욕구에 따라 끊임없이 새로운 자원을 개발하도록 노력해야 한다.

Chapter 05

인지행동모델

인지행동모델은 인지이론에 행동주의이론을 통합해서 적용한 것이다. 사람의 생각이나 사고가 바뀌면 부적응적 행동도 변화될 수 있다고 가정하여 비합리적 신념, 왜곡된 생각을 수정하는 데 초점을 둔다. 인간의 주관적 경험의 독특성을 강조하고, 시간 제한적이며, 구조화 및 교육적 접근방법을 강조한다. 대표적인 것으로는 합리적·정서적·행동적 치료, 인지행동치료 등이 있다.

학습 목표

- 인지행동모델의 기본 철학과 주요 개념을 이해한다.
- 인지행동모델의 개입 목표 및 과정을 파악한다.
- 인지행동모델의 주요 개입기술을 익히고 실제 사례에 적용해 본다.

1. 인지행동모델의 철학과 기본 개념

인지행동모델은 인지이론에 행동주의이론을 접목시킨 것이다. 인지이론은 부적응의 원인이 인간의 사고, 생각에 있다고 간주하여 부적응적인 생각과 사고를 바꾸는 데 집중해 왔다. 그러나 아무리 생각과 사고가 중요하다고 해도 행동이 수반되지 않으면 안 된다는 인식이 제기되면서 사고와 행동을 동시에 다루는 접근방법으로 변화되기 시작하였다.

인지행동모델에는 합리적 · 정서적 · 행동적 치료, 인지치료, 문제해결치료 등이 있다. 이 모델은 주로 1960년대부터 1970년대 사이에 탄생되었는데, 대두된 배경은 다음과 같다. 첫째, 다양한 클라이언트와 복잡한 문제에 효과적으로 적용하기 위해서는 단일 이론보다는 여러 이론의 장점을 통합해서 적용하는 개입이 필요하였다. 둘째, 개인의 심리와 환경 모두를 동시에 다루는 이론 및 접근방법이 필요하였다. 셋째, 종전까지 독보적인 위치를 차지해 온 정신분석치료의 한계 및 효과성에 대한 의문이 제기되었다.

인지행동모델은 다음과 같은 가정에 근거한다.

첫째, 인간의 신념이나 생각은 정서와 행동에 크게 영향을 미친다. 어떤 사실에 접하여 우리가 경험하게 되는 정서는 사실 자체보다는 그것에 대해 우리가 어떻게 생각하느냐에 따라 달라진다고 본다.

둘째, 인간은 본능에 의해 완전히 결정되는 존재가 아니며, 합리적인 사고뿐 아니라 비합리적이고 왜곡된 사고도 할 수 있는 존재이기도 하다(이형득 외, 1984: 268). 즉, 인간은 자기 스스로가 정서적 혼란을 일으키는 여건을 만들 수 있을 뿐 아니라 자신을 힘들게 하는 자신의 인지, 정서 그리고 행동의 과정을 바꿀 수 있는 능력도 함께 가지고 있다는 것이다.

셋째, 전통적인 정신분석적 접근에서는 과거에 일어난 어떤 사건이나 경험이 현재의 갈등과 고민의 원인이라고 보는 데 반해, 인지행동모델에서는 정서장애의 원인을 단순히 생활사건 자체에 있는 것이 아니라 사건에 대한 왜곡된 지각 때문이라고 가정한다(이장호, 1982: 86-87). 엘리스(Ellis)는 이를 '비합리적 신념'이라고 표현하고, 벡(Beck)은 '인지오류'라고 표현하고 있다.

넷째, 인간은 개인적 · 환경적 · 인지적 영향력 사이에서 끊임없이 상호작용하면서 행동하는 존재다. 즉, 이 모델은 환경조건이 개인의 행동에 영향을 미칠 뿐 아니라 개인의 조건이 다시 환경에 영향을 미친다는 상호결정론적 입장에 근거한다.

인지행동모델의 특징을 정리하면 다음과 같다.

첫째, 클라이언트의 주관적 경험의 독특성을 중요시한다. 클라이언트의 경험이나 의미를 사회복지사의 관점에서 해석하고 이해하는 것이 아니라, 클라이언트가 경험하고 느끼며 해석하는 방식, 신념체계에 근거하여 주관적인 경험을 존중하여 이해한다.

둘째, 클라이언트와 사회복지사의 협력을 강조한다. 클라이언트는 자기 자신 및 다른 사람들에 대한 생각, 세상을 바라보는 관점 등을 사회복지사에게 제공한다. 사회복지사는 문제와 개입, 사정, 전략 등에 대한 정보를 클라이언트에게 제공한다. 긍정적 변화에 중요한 요소인 '신뢰'는 사회복지사와 클라이언트 간의 협조적인 노력 및 관계를 통해서 성립될 수 있다.

셋째, 구조화된 접근이다. 개입은 구조화된 절차를 거치면서 이루어지며 일정한 방향성을 가지고 문제해결과정이 수행된다. 개입에 있어 두 사람 간 협력이 중요하지만 궁극적 책임은 사회복지사에게 있다.

넷째, 클라이언트의 능동적인 참여를 촉진한다. 클라이언트는 사회복지사에 의해서 '치료되는' 수동적인 존재가 아니라 스스로가 능동적으로 문제해결에 참여해야 한다. 개입전략 형성 이후에 클라이언트는 면담상황에서뿐 아니라 일상생활에서도 변화를 위해 노력해야 하며, 이를 위해 여러 가지 과업을 수행한다. 문제의 재발을 방지하고 스스로 해결할 수 있는 능력이 형성되기 위해 적극적인 참여는 중요하게 다루어야 한다.

다섯째, 교육적 접근이다. 클라이언트가 문제에 대해 파악하고 인지행동치료의 개념을 이해하는 것은 효과적인 개입에 중요하다. 인지행동치료에 대해 클라이언트가 이해하고 협조할 수 있도록 충분히 설명하고 교육한다. 즉, 인지, 정서, 행동, 신체생리학적, 사회환경적인 요인 간의 상호작용적 속성과 이들이 정서적 혼란과 부적응적 행동에 미치는 영향, 사회복지사와 클라이언트 간에 기대되는 협력, 문제와 개입에 대한 클라이언트의 잘못된 시각 등에 대해 바르게 이해할 수 있도록 한다. 이를 위해 독서요법, 오디오테이프나 비디오테이프의 사용, 강의와 세미나 참가와 같은 교육적인 방법을 활용한다.

여섯째, 소크라테스식 문답법이다. 소크라테스식 문답법은 상대방에게 계속 질문을 해서 결국에는 진리를 깨달을 수 있도록 도와주는 방법이다. 이것을 인지행동모델에 적용하는 것은 논박을 통해 클라이언트에게 인지적 왜곡이나 오류가 있음을 밝혀내고, 질문을 통해 자기발견과 타당화의 과정을 거치면서 사건이나 행동의 의미를 재발견하고자 함이다.

일곱째, 경험에 초점을 둔다. 클라이언트의 인지적 기능은 정서적·행동적 반응과 연관되므로 인지적 기능에 대해 경험적으로 탐색한다. 클라이언트가 자신의 개념, 사고, 신념, 태도, 기대를 탐색하는 과정을 통해 자신의 생각이 유용한지, 합리적이며 적용 가능한지를 검증한다.

여덟째, 시간 제한적인 개입이다. 목표지향적이고 구조화된 접근방식으로 인해 개입이 단기화될 수 있다. 또한 적절한 설명과 논의를 통해 클라이언트가 인지행동모델 및 개입에 대해 이해하게 되면 개입기간은 단축되고 효과성은 커진다.

아홉째, 문제재발의 방지다. 개입 이후에도 효과가 유지되어 문제가 재발되지 않아야 한다. 클라이언트의 문제해결 능력을 증진시키기 위해 다양한 방법을 시도한다.

열째, 문제중심, 목표지향, 현재중심이다. 인지행동모델은 단기적 접근이기 때문에 클라이언트가 호소하는 문제중심적, 목표지향적으로 접근한다. 또한 개입의 초점은 과거의 경험이나 무의식이 아닌 현재에 둔다.

열한째, 다양한 개입방법이다. 사고, 정서, 행동을 변화시키기 위해 인지적, 정서적, 행동적 기법 등 다양한 방법을 사용한다.

인지행동모델은 다른 모델보다 체계적이고 구조적인 특성을 보이며, 경험적인 연구를 통한 개입 효과와 평가를 밝힐 수 있어 다양한 실천영역에서 널리 활용되고 있다. 그러나 일정한 교육수준 혹은 지적 능력을 가지고 변화에 대한 동기와 의지가 어느 정도 있는 클라이언트에게 적용이 가능하다(손광훈, 2009: 199). 또한 이론적 특성상 지시적이거나 교육적인 부분의 강조는 자칫 클라이언트에 대한 공감을 상대적으로 소홀히 하고 지시하며 통제할 우려가 있어 윤리적 문제의 소지가 있다. 더욱이 인지행동모델은 서구의 상황에 맞춘 서구의 실천모델이며, 생각이나 사고, 행동 등은 문화의 영향을 받는다는 점에서 인지행동모델의 적용에서는 문화적인 측면의 고려가 필요하다(정순둘 외, 2011: 99).

2. 인지행동모델의 개입 목표 및 과정

인지행동모델의 개입목표는 클라이언트의 부적응에 영향을 미치는 역기능적 사고나 인지적 오류를 파악하여 인지 및 행동을 변화시키는 데 있다. 그러나 인지행동모델은 전술한 바와 같이 여러 모델을 총칭한 것이기 때문에 공통점도 있지만 세부 모델에 따라 다소 차이점도 있다(김혜란, 홍선미, 공계순, 2006: 83).

1) 합리적 · 정서적 · 행동적 치료[1]

(1) 기본 개념

합리적 · 정서적 · 행동적 치료(rational emotive behavior therapy: REBT)를 개발한 엘리스는 비합리적 신념을 합리적 신념으로 바꾸는 것에 초점을 둔다. 엘리스는 우리 각자의 목표가 무엇이든 그 달성에 도움이 되는 생각은 '합리적 생각'이고, 방해가 되는 생각은 '비합리적 생각'이라고 보았다.

> 비합리적 생각은, 첫째, 현실적이지 못하다. 즉, 실제 그대로 할 수 없거나 인간으로서는 불가능한 것을 이루려는 생각이다. 따라서 비합리적인 생각 중에는 '반드시 ~해야만 한다'와 같은 당위적인 것이 많다. 둘째, 비합리적 생각은 자신을 더욱 방해하고 있는 그대로의 자신을 받아들이기를 거부한다. 셋째, 비합리적 생각은 다른 사람과의 관계에서 만족을 주지 못하며 더욱 사이좋게 지내는 것을 방해한다. 넷째, 비합리적 생각은 유익하며 생산적인 일에 즐겁게 종사하는 것을 방해한다. 다섯째, 비합리적 생각은 중요한 일에 최대의 관심을 가지지 못하게 한다.
>
> 출처: 김성회(1992), p. 306.

예를 들어, 이성친구와 헤어져 괴로워하는 상황에서 모든 인간이 다 자살을 기도하거나 심각한 우울증에 빠지는 것은 아니다. 어떤 청소년은 심각한 실의와 자포자기에서 헤어나지 못하고 매일을 비관하며 소일하는가 하면, 어떤 청소년은 적절한 슬픔과 이별의 아픔을 경험하고 다시 건전한 삶의 자세를 되찾을 수 있다. 이러한 차이가 생기는 이유를 엘리스는 사고방식의 차이 때문이라고 본다.

엘리스에 의하면 대부분의 사람은 자기 자신과 세상에 대해서 있는 그대로 받아들이지 않고 너무 많은 것을 기대하거나 또는 완전주의적인 것을 추구하게 되고, 이로 인해 스스

---

1) 이 부분은 홍봉선, 남미애(2007), pp. 74-83에서 재인용함.

로를 '가치 있다'거나 '가치 없다'고 평가함으로써 죄의식, 열등의식과 불안, 분노, 적개심, 자포자기 등의 심리적 고통과 정서적 혼란을 경험하게 된다(이형득 외, 1984: 272-276).

따라서 합리적·정서적·행동적 치료의 목적은 클라이언트가 자기파괴적인 신념을 줄이고 보다 합리적이고 현실적이며 관대한 신념과 인생관을 갖게 하여, 더욱 융통성 있고 생산적인 삶을 살아가도록 돕는 것이다. 이를 위해 개인이 가지고 있는 비합리적인 신념체계를 발견하여 그것을 철저히 논박함으로써 합리적인 신념체계로 바꾸어 주도록 시도한다. 그리하여 부당한 죄책감, 불안, 적개심과 같은 부정적 정서와 자기징벌적이고 자폐적인 행동을 감소시키거나 제거하는 데에 목표를 둔다(홍경자, 1984: 5-6).

(2) 개입과정

합리적·정서적·행동적 치료(REBT) 과정은 클라이언트가 가지고 있는 비합리적 생각과 그에 근거한 자기언어를 찾아서 비합리성을 확인하고 논박하며, 합리적 생각과 자기언어로 바꾸고, 이를 토대로 적절한 정서와 행동을 할 수 있도록 하는 것이다. 이 과정을 구체적으로 살펴보면 [그림 5-1]과 같다(김성회, 1992: 312-314).

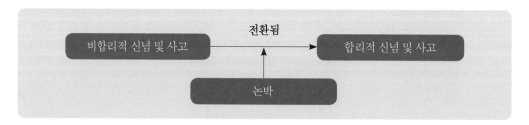

[그림 5-1] REBT 과정

① 관계 수립

초기면담에서 사회복지사는 클라이언트가 자유롭게 이야기할 수 있는 분위기를 마련해 주어야 한다.

② 부적절한 정서 및 행동 확인

클라이언트가 자신의 문제와 관련하여 자유롭게 이야기하는 가운데 사회복지사와 클라이언트는 함께 클라이언트의 문제를 분명히 밝힌다. 특히 문제와 관련하여 클라이언트가 현재 경험하는 정서와 구체적인 행동을 밝힌다(예: 여러 사람 앞에서 이야기하게 될 경우 불안해서[정서] 말을 이어가지 못한다[행동]).

③ 성격의 ABCDE 이론 확인

클라이언트가 경험하는 부적절한 정서 및 행동과 가장 관계가 있는 어떤 사실을 찾아낸다. 그리고 그 부적절한 정서와 행동은 그와 관련된 어떤 사실 때문이 아니고 비합리적 생각 때문임을 분명히 알도록 해 준다. 엘리스는 자신의 이론을 ABCDE의 원리로 간단히 도식화하고 있는데, 그 내용을 부모가 이혼한 청소년의 사례에 적용하여 설명하면 [그림 5-2]와 같다.

A는 실재하는 사실, 사건, 또는 개인의 행동이나 태도다. C는 정서적·행동적 결과나 개인의 반응이다. 이 반응은 적절할 수도 있고 부적절할 수도 있다. A(실재하는 사건)는 C(정서적·행동적 결과)의 원인이 아니다. 대신에 B는 A에 대한 개인의 신념으로서 C, 즉 정서적 반응의 원인이 된다. 예를 들어, 어떤 청소년이 부모의 이혼 후에 우울증을 겪는

A(activating event) 선행사건	B(belief system) 비합리적 신념체계	C(consequence) 결과
아버지와 어머니가 이혼을 했다.	'내가 부모로부터 버림을 받다니 이 얼마나 무가치한 인간인가. 나는 견딜 수 없다.'	극심한 우울증과 자살 경향성

D(dispute) 논박	E(emotional consequence) 정서적 결과
'부모가 이혼을 했다고 해서 내가 반드시 무가치한 인간인가?' '부모가 이혼한 사실은 반드시 참을 수 없는 것인가?'	'부모가 이혼한 것은 내게 너무 슬프고 안타까운 일이지만, 그렇다고 해서 내가 자살할 필요는 없다. 나는 부모가 이혼한 사실을 받아들여야 하며 그런대로 견딜 수 있다.'라고 느끼게 되고 행동한다.

[그림 5-2]　엘리스의 ABCDE 이론

다면 부모의 이혼(A) 자체가 우울증을 일으키는 원인이 아니고, 부모의 이혼 사실에 대해 그가 부모로부터 거부당했으며, 사랑을 잃었으며 급기야는 부모의 이혼으로 인하여 자신의 삶이 실패했다고 믿는 잘못된 신념(B)이 우울증을 일으키는 원인이라고 본다. 따라서 REBT에서는 클라이언트로 하여금 그 자신이 가지고 있는 비합리적 신념이나 사고에 직면시켜 그것이 합당한 것인지를 판단할 수 있도록 사회복지사가 논박(D)을 한다. 그 결과로 부모의 이혼에 대한 우울증으로 자신을 경멸하거나 처벌하는 대신, '부모님이 이혼하게 된 것은 매우 유감스러운 일이다. 그러나 우리 부모님은 자신과 우리를 위해 최선의 결정을 하려고 노력했을 것이다. 또한 부모의 이혼으로 내 삶이 끝나는 것은 아니다. 부모의 결혼 실패가 곧 내 삶의 실패를 의미하는 것은 아니기 때문에 나 자신을 계속 책망하고 부모의 이혼 책임을 전적으로 내가 수용하는 것은 어리석다.'라는 합리적이고 경험적인 결론(E)에 이르게 된다. 이런 상담의 결과로 우울증과 자기경멸의 감정이 제거되는 것이다.

④ 비합리적 생각 확인

클라이언트로 하여금 어떤 사실에 대해 부적절한 정서를 일으키게 하는 비합리적 생각과 그에 근거하여 자신과 대화하는 자기언어를 찾아내도록 한다. 이때 사회복지사는 클라이언트가 미처 찾아내지 못하는 비합리적 생각이나 자기언어를 찾아내도록 돕는다.

⑤ 비합리적 생각 논박

부적절한 정서와 관련된 생각이 아무런 합리적 근거가 없음을 밝히는 것을 말한다. 이 경우 비합리적 생각에 대해 의문문으로 진술한 후 그 근거를 찾아보려고 노력한다. 만약 그 근거를 찾지 못한다면 그 생각이나 자기언어는 비합리적이라고 볼 수 있다. 〈표 5-1〉은 일반적으로 사람들이 갖기 쉬운 비합리적 생각과 그에 대한 합리적 생각을 제시한 것이다.

⑥ 합리적 생각 확인

클라이언트에게 부적절한 정서와 행동을 경험하게 하는 비합리적 생각과 대치되는 합리적 생각과 그에 근거한 합리적 자기언어를 짧은 문장으로 구성하여 진술해 보도록 한다. 이때 합리적 생각과 자기언어의 합리성을 클라이언트 자신의 논리로 사회복지사에게 설명해 보도록 한다.

표 5-1 비합리적 생각과 합리적 생각

비합리적 생각	합리적 생각
우리는 주위의 모든 사람으로부터 항상 사랑과 인정을 받아야만 한다.	다른 사람에게 사랑과 인정을 받는다는 것이 바람직한 일이기는 하지만 반드시 사랑을 받아야만 하는 것은 아니고 또 그렇게 될 수 없다. 자신의 욕구나 흥미 등 자신이 하고 싶은 것을 희생해 가면서까지 다른 사람의 사랑이나 인정을 받으려고 하기보다, 남에게 자신이 먼저 사랑을 베풀고 창조적이며 생산적인 사람이 되고자 노력하는 과정에서 다른 사람들로부터 사랑과 인정을 받는 것이 중요하다.
우리는 모든 면에서 반드시 유능하고 성취적이어야 한다.	결과에 집착하기보다는 활동 자체를 즐기고, 완전하게 되기보다는 배우려고 노력한다.
어떤 사람은 악하고 나쁘며 야비하다. 그러므로 그와 같은 행위에 대하여 반드시 준엄한 저주와 처벌을 받아야만 한다.	선악의 판단에 대한 절대적인 기준이 없다는 점과 개인의 편견에 의한 판단일 경우가 많기 때문에 비합리적이다. 합리적인 사람은 타인의 실수를 이해하려고 노력하며 자기 자신을 탓하지 않고 다른 사람을 비난하지 않는다.
내가 바라는 대로 일이 되지 않는 것은 끔찍한 파멸이다.	사람이 간혹 좌절하는 것은 정상적인 일이나, 장기간에 걸쳐 심한 좌절감에 빠지는 것은 오히려 상황을 악화시키기 때문에 비합리적이다. 불쾌한 상황을 과장하지 않으며 가능한 한 그 상황을 개선하려고 하고, 그것이 불가능할 경우에는 그 상황을 있는 그대로 받아들인다.
인간의 불행은 외부 환경 때문이며 인간의 힘으로는 그것을 통제할 수 없다.	외부적 상황으로 인하여 심리적 고통을 당하더라도 이 사태에 대하여 합리적 판단을 내리고, 부정적인 자기언어의 내용을 변화시킴으로써 자신의 반응을 변화시킬 수도 있다고 생각한다.
위험하거나 두려운 일이 일어날 가능성이 언제든지 존재하므로 이것은 커다란 걱정의 원천이 된다.	앞으로 발생할 수도 있는 어떤 위험이 내가 생각하는 것만큼 파국적인 것이 아닐 수 있다. 오히려 자기가 느끼는 불안이 더 해로울 수도 있다. 차라리 위험 상황에 직접 부딪혀 확인해 보는 일이 더 중요하다.
인생에 있어서 어떤 난관이나 책임을 직면하는 것보다는 회피하는 것이 더 쉬운 일이다.	자기가 해야 할 일을 안 하고 지내는 것이 때로는 그 일을 실제로 하는 것보다 더 고통스러울 경우가 많다. 합리적인 사람은 해야 할 일은 불평 없이 해치운다. 또한 그는 도전적이며 문제해결의 즐거움을 알고 있다.

우리는 타인에게 의존해야만 하고 자신이 의존할 만한 더 강한 누군가가 있어야 한다.	사람에게 의존하게 되면 점점 더 의존적이 될 뿐 아니라 정서적으로 불안하기 쉽다. 독립적이려고 노력하지만 도움이 필요할 때는 다른 사람에게 도움을 요청할 수도 있다.
우리의 현재 행동과 운명은 과거의 경험이나 사건에 의하여 결정되며, 우리는 과거의 영향에서 벗어날 수 없다.	과거에 학습한 것을 극복하는 것이 어렵기는 하지만 불가능한 것은 아니다. 합리적인 사람은 과거의 중요성을 인식하고, 과거의 영향을 분석하며, 이미 획득한 비합리적 신념들에 대하여 의문을 제기하고, 과거와는 다르게 행동하여 현재의 자신을 변화시켜 갈 수 있다.
주변 인물에게 환난이 닥쳤을 경우에 우리 자신도 당황할 수밖에 없다.	내 주변 사람에게 뜻하지 않는 일이 생겼다면 먼저 그 일이 나에게 혼란을 일으킬 만한 것인지 아닌지 판단해 보고 그 사람을 도와주려고 노력하자. 그러나 나에게 도와줄 힘이 없다면 그것을 있는 그대로 받아들인다.
모든 문제에는 가장 적절하고도 완벽한 해결책이 반드시 있기 마련이며, 그것을 찾지 못한다면 그 결과는 파멸이다.	완벽한 해결책이란 없으며, 오히려 그러한 해결책을 찾으려고 고집할수록 더욱 나쁜 결과를 초래하게 된다. 문제에 대한 가능한 해결책을 찾으려고 노력할 뿐 아니라 최선의 혹은 가장 적절한 해결책을 받아들일 수 있어야 한다.

출처: 홍경자(1995), pp. 290-293에서 요약·재구성함.

⑦ 합리적 생각 적용

비합리적 생각과 대치된 합리적 생각과 그에 근거한 자기논리로 진술할 수 있게 되면 부적절한 정서나 행동을 유발하는 상황에서 이러한 자기언어를 적용할 수 있도록 한다. 즉, 하고자 하는 행동을 하기 전이나 도중에 합리적 생각이나 자기언어를 진술하면서 행동한다.

⑧ 합리적 인생관 확립

사회복지사는 클라이언트가 제기한 정서나 문제행동과 관련된 비합리적 생각이나 자기언어를 합리적 생각과 자기언어로 바꾸는 데 그치지 않고 이를 보다 일반화할 수 있도록 도와야 한다. 결국은 클라이언트가 합리적인 생각과 자기언어에 근거해서 자신의 삶을 살아갈 수 있도록 돕는다.

2) 인지행동치료

(1) 기본 개념

인지행동치료(cognitive-behavior therapy)에서는 생각이 감정과 행동에 영향을 미치고, 행동양식은 사고 패턴과 감정에 영향을 미친다고 가정한다. 대표적인 학자로는 벡, 마이켄바움(Meichenbaum) 등이 있다. 벡은 생활사건에 대한 왜곡된 사고 및 비현실적 인지 평가로 인해 정신장애가 발생한다고 보고, 왜곡된 인지와 부적응적인 정보처리를 파악하고 재구성하는 인지치료를 개발하였다. 그 후 인지와 행동 간에는 밀접한 관련이 있으며, 인간의 적응을 위해서는 인지적 측면에 행동적 요소를 통합해서 다루는 것이 더 효과적이라고 하여 인지행동치료로 발전시켰다(Wright, Basco, & Thase, 2009: 15-18).

[그림 5-3] 인지행동치료의 기본 개념

이 모델에서는 기본적으로 인지, 행동, 감정이 서로 밀접한 관련이 있다고 본다. 예를 들어, 평소 다른 사람들 앞에서 이야기하는 것에 대해 불안이 많은 지영은 내일 수업시간에 있을 자신의 발표를 앞두고 여러 가지 생각을 갖는다. '이번에도 사람들 앞에서 나는 무척 긴장할 것이고 머릿속은 온통 백지가 되고 눈앞이 깜깜해지겠지. 무슨 말을 해야 할지 생각도 나지 않고 더듬거리며 횡설수설할 거야. 또 숨이 막히고 다리가 떨려 제대로 서 있지도 못할 거야. 그래서 발표는 엉망이 되고 선생님이나 친구들은 이런 나의 어설픈 모습에 형편없다고 비웃겠지. 이럴 바에는 차라리 발표를 안 하는 것이 더 나을 거야.' 이런 생각이 떠오르면 땀이 나고 심박수와 호흡이 빨라지며 머리도 아프고 속도 편하지 않다. 이런 신체적·심리적 변화가 지속되면서 실제로 지영은 몸이 아프다는 이유로 다음 날 수업시간에 결석을 하게 된다. 이런 경험이 반복되면서 지영은 발표에 대한 불안감과 실패감이 더욱 강화되고 자신은 발표를 잘할 수 없는 사람이라고 단정 짓게 된다. [그림 5-4]는 이러한 과정을 그림으로 나타낸 것이다.

벡은 인간의 인지과정을 스키마(schema), 핵심신념체계(core belief system), 중간신념

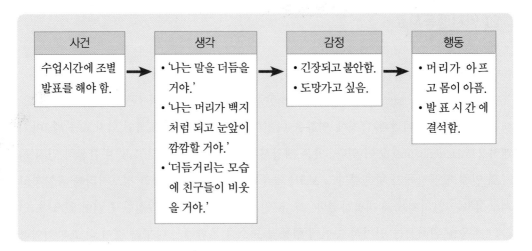

[그림 5-4] 기본적인 인지행동모델: 발표불안을 가진 지영의 예

(intermediate belief), 자동적 사고(automatic thinking)의 개념으로 설명한다(Wright et al., 2009: 24-31).

자동적 사고는 특정 순간이나 상황에서 자신도 모르게 순식간에 저절로 떠오르는 생각이나 판단이다. 이것은 전의식 수준에서 일어나는 것으로 주로 부정적인 감정과 역기능적 행동을 유발한다. 자동적 사고는 자동적이고 자발적으로 떠오르는 생각이기 때문에 사고의 타당성을 검토할 사이도 없이 그대로 받아들이게 됨으로써 인지적 왜곡이 발생될 수 있으며, 그 이후 발생되는 부정적 감정을 무비판적으로 받아들일 수 있다.

스키마는 개인의 기본 신념, 가정과 정보에 대한 지각 등 자동적 사고의 기초가 되는 기초적인 틀로서 부모님의 훈육, 친구나 가족과의 경험 등 어린 시절의 경험에 의해 형성된다. 스키마는 크게 단순 스키마, 중간신념과 가정, 핵심신념의 세 가지 범주로 구성된다. 먼저 단순 스키마는, 예를 들어 '여름에는 아랫배 부분을 차지 않게 해야 한다.' '계곡에 비가

표 5-2 자동적 사고

선행사건	자동적 사고	감정 및 행동
퇴근하신 아버지가 식사 후 잠깐 보자고 하셨다.	'내가 뭐 또 잘못했나? 왜 갑자기 나만 보자고 하시지? 이번엔 내가 또 뭘 실수한 거야? 왜 아버지는 나만 미워하시지? 나는 왜 잘하는 것이 하나도 없지!'	• 슬픔, 속상함, 억울함, 분노 • 시무룩한 표정과 짜증 섞인 태도로 아버지에게 다가감

오면 순식간에 물이 불어날 수 있으므로 조심해야 한다.'와 같이 자연의 법칙이나 일상생활에 대한 규칙 등이 해당된다. 중간신념과 가정은 '사람들로부터 인정을 받으려면 나는 실수하면 안 돼.' '내가 사람들을 즐겁게 하지 않으면 모두 나를 싫어할 거야.'와 같이 '만약 ~하면 ~할 것이다'는 조건을 가정하는 규칙이다. 자신에 대한 핵심신념은, 예를 들어 '나는 쓸모없어.' '나는 사랑스럽지 않아.' 등과 같이 자신의 존재나 실존, 자아존중감에 대한 전반적인 생각이나 규칙이다.

의식		'나는 사람들 앞에 나설 수 없어.' '나는 쉽게 발작을 해.'
전의식 ↓ ↓ ↓ ↓ ↓ ↓ ↓ ↓	자동적 사고	예) • '나는 발작을 일으킬 거야.' • '나는 기절하고 말 거야.' • '이러다 나는 죽고 말 거야.' • '사람들에게 내가 공황장애 환자라는 것이 발각될 거야.' • '불안은 나쁜 거야.'
	스키마 (단순 스키마, 중간신념, 핵심신념)	예) • '만약 내가 공황에 빠지면 나는 사람들로부터 버림받을 거야.' • '나는 나 자신을 모든 면에서 통제해야 돼.' • '공황은 나에게 일어나서는 안 돼.' • '나는 결코 약해져서는 안 돼.'

[그림 5-5] 벡의 인지과정: 공황발작과 광장공포증을 가진 경우

이와 같은 스키마는 이전에 경험했던 익숙한 상황에 빠르게 대응하게 할 수 있다는 이점도 있지만, 이미 형성되어 있는 스키마의 경우 새로운 상황에 적응하거나 적절한 판단을 함에 있어 왜곡된 지각과 판단을 가져오는 부적응적인 기능을 할 수도 있다(정순둘 외, 2011: 85).

앞에서 설명한 사고과정은 결과적으로 인지적 오류를 야기하는데, 그 구체적인 내용은 〈표 5-3〉과 같다.

표 5-3 **인지적 오류의 종류 및 내용**

구분	내용	적용의 예
이분법 사고	상황을 연속선상에서 보지 않고 두 범주로 본다. 세상은 검정색이거나 흰색이며 회색 같은 것은 없다.	"나는 공부를 잘하는 학생이거나 그렇지 않으면 실패자다."
과잉일반화	현재 상황을 여러 상황 중 하나로 보지 않고 전체 삶의 특징으로 본다.	"과학시험을 잘 보지 못했으니 나는 졸업도 못하고 대학에도 가지 못할 거야."
독심술	증거도 없으면서 다른 사람이 자신에 대해 어떻게 생각하는지 알고 있다고 믿는다.	"나는 선생님이 나한테 화가 나 있다는 걸 알고 있어."
정서적 추론	자신의 감정 또는 정서 반응이 실제 상황을 반영한다고 믿는다.	"아무도 나를 좋아하지 않는 것처럼 느껴져. 따라서 아무도 나를 좋아하지 않을 거야."
긍정축소	자신의 부정적인 생각과 일치하지 않는 긍정적인 경험의 가치를 무시한다.	"내가 쪽지시험을 잘 본 것은 선생님이 도와주셨기 때문이거나 운이 좋았기 때문이야."
재앙화	미래 상황이 부정적일 것이라 예측하며 그 상황을 참을 수 없이 끔찍한 것으로 여긴다.	"나는 그 과제를 어차피 망칠 것이고, 그렇게 되는 건 끔찍해. 그러니까 아예 시도를 하지 않는 게 나아."
개인화	자신이 부정적인 상황의 원인이라고 생각한다.	"담임선생님이 아침에 날 보고 웃지 않으셨어. 내가 시험을 잘 못 봐서 선생님 기분이 나빠진 게 틀림없어."
당위적 진술	자신이나 다른 사람이 어떻게 행동하면 좋은지를 기술할 때 '~해야만 한다'는 말을 사용한다.	"A학점을 받아야 해. 그리고 실수를 하지 않아야 해."
비교	자신의 수행을 다른 사람의 수행과 비교한다. 때로는 자기보다 더 잘하거나 나이가 많은 사람과도 비교한다.	"형과 비교할 때, 내가 한 것은 마치 유치원생이 한 것 같아."
선택적 추론	사소한 것(주로 부정적인 것)에 초점을 맞추고 관련된 다른 것들은 무시한다.	"선생님께서 지난번 과제에 나쁜 점수를 주셨어. 이건 내가 꼴찌라는 걸 의미해."
명명화	자신의 행동을 보지 않고 자신에게 일반적인 명칭을 붙인다.	"어젯밤 게임에서 졌어."라고 말하지 않고 "나는 실패자야."라고 말한다.

출처: Mennuti, Freeman, & Christner (2011), p. 26.

(2) 개입과정

인지행동치료는 클라이언트로 하여금 부정적인 자동적 사고와 그로 인해 유발된 감정, 행동과의 관련성을 자각하게 하고, 더 나아가 자신의 생각 중 역기능적이고 왜곡된 신념과 지각을 명확히 하고 수정할 수 있도록 하기 위해 새로운 생각과 기술을 학습하여 적용하도록 하는 데 초점을 둔다.

인지행동치료의 개입과정은 협력적인 관계 형성하기, 사정 및 사례개념화 하기, 구조화하기와 교육하기, 자동적 사고 다루기, 행동적 개입, 스키마 수정하기의 단계를 거친다 (Wright et al., 2009: 247-281).

① 협력적인 관계 형성하기

인지행동치료에서도 다른 모델과 마찬가지로 협력적인 관계 형성이 초기단계에서 핵심적인 부분이다. 특히 단기간에 클라이언트의 왜곡된 생각, 의미체계, 신념 등을 파악하고 적절한 인지 및 행동의 변화를 촉진하기 위해서는 첫 면담에서부터 사회복지사의 적극적인 개입, 클라이언트에 대한 존중, 협력적인 관계 형성이 중시된다.

인지행동치료에서는 클라이언트들의 의미체계가 제각기 독특하며 상이하다고 전제한다. 따라서 사회복지사는 클라이언트가 왜 그렇게 반응했는지에 대해 추측할 것이 아니라, 클라이언트의 계속되는 생각이나 이미지에 대해 물어보아야 한다. 이를 통해 클라이언트의 생각이나 이미지가 어떤 의미인지 확인하고, 개별 클라이언트의 의미체계를 이해하며, 이들이 보다 현실적으로 변화하도록 교육하는 데 역점을 둔다(김혜란 외, 2006: 92). 이런 과정이 순조롭게 잘 이루어지기 위해서는 먼저 사회복지사와 클라이언트 간의 협력적 관계 형성이 무엇보다 중요하다.

② 사정 및 사례개념화 하기

사정은 다른 모델에서와 마찬가지로 클라이언트의 문제와 관련된 다양한 자료와 정보를 수집, 분석, 통합하여 필요한 개입이나 서비스를 파악하는 과정이다. 사정에서는 클라이언트의 호소문제, 발달사, 의료적 문제, 강점 등을 검토한다. 이 단계에서 중요하게 검토해야 할 것은 인지행동치료가 클라이언트를 위한 개입으로 적합한가를 판단하는 것이다. 일반적으로 이 치료는 시간이 제한되어 있으므로 만성질환이나 복합적인 문제를 가지고 있지 않으며 자동적 사고와 그에 수반되는 감정을 찾는 등 적절한 기능을 수행하며 치료에 대한 동기부여가 되어 있는 클라이언트에게 적합하다.

사정된 내용을 바탕으로 사례개념화를 구성한다. 이것은 클라이언트의 주 호소문제, 발달적 요인, 생물학적·의료적 요인, 상황적 문제, 강점, 자동적 사고·감정·행동, 스키마 등의 영역으로 구성된다. 그러나 이것은 고정불변의 것이 아니라 원조과정이 진행되며 보다 많은 정보가 추가, 수정 및 보완되면서 보다 풍부하게 바뀔 수 있다. 사례개념화의 예는 〈표 5-4〉와 같다.

③ 구조화하기와 교육하기

사회복지사는 개입목표와 문제 설정, 증상 점검, 피드백 교환, 과제 제시와 검토 등을 통해 개입을 구조화한다. 구조화는 개입의 초기, 중기, 후기에 따라 다소 차이가 있을 수 있는데, 개입의 초기에는 구조화가 매우 강도 깊게 이루어지고 점차 갈수록 구조화가 감소된다(〈표 5-5〉 참조).

또한 이 단계에서는 인지행동치료 기술의 학습을 촉진하기 위해 자동적 사고, 스키마, 인지적 오류와 같은 인지행동치료에 대한 기본 개념 및 원리 등에 대한 교육이 이루어진다. 또한 과제가 부여되고 확인하며 수정·보완하는 계속적인 노력이 이루어지는데, 이를 위해 간단한 교육 실시하기, 회기 중 활동 기록하기, 관련 자료 및 도서 읽기, 컴퓨터 활용하기 등을 실시한다.

④ 자동적 사고 다루기

자동적 사고에 대한 인지행동적 접근은 크게 두 단계로 구성된다. 첫 번째는 클라이언트로 하여금 자동적 사고를 찾도록 돕는 단계다. 이를 위해 인지행동모델에 대한 교육을 행하고, 자동적 사고 체크리스트 사용, 사건 당시를 회상하거나 상상하여 심상을 자극하는 활동, 역할극 등을 통해 자동적 사고를 찾아보고 기록한다. 두 번째는 자동적 사고를 수정하는 단계다. 이것은 소크라테스식 질문, 역기능적 사고 일지 사용, 합리적 대안 찾기 등의 과정을 통해 이루어진다. 특히 역기능적 사고 일지는 클라이언트가 일상생활에서 불쾌한 감정을 느낄 때마다 일지처럼 작성하도록 함으로써 스스로 자신의 역기능적 자동적 사고와 감정을 알아차리고 합리적 반응으로 대체할 수 있도록 돕는 방법이다. 사회복지사는 클라이언트에게 다음 면담까지 일상생활에서 느낀 역기능적 사고를 일지에 작성해 오도록 과제를 부과하며, 일지 내용을 발표하고 함께 검토하는 시간을 갖는다. 이를 위한 구체

표 5-4　사례개념화의 예

- **클라이언트:** 21세의 여자 대학생 미선

- **주 호소문제:** 낯선 사람에 대한 불안감과 외모에 대한 열등감으로 인해 사람들이 나를 싫어하지 않을까 걱정하게 되고 사람들을 피하게 되며 눈치를 봄. 다른 사람들에게 자기표현을 잘하지 못하고 대인관계에 어려움이 있음. 학업에 대한 스트레스가 높다고 함.

- **발달적 요인:** 딸 많은 집의 막내이며 원치 않은 임신으로 인해 어쩔 수 없이 출산됨. 어려운 집안 형편에 혹시나 하고 기대하던 아들도 아니었으므로 할머니의 실망이 컸고, 미선의 출산 이후 시어머니와 어머니의 관계는 더욱 악화됨.

- **생물학적·의료적 요인:** 미선의 어머니는 5세에 친어머니가 돌아가신 후 새어머니와 함께 살면서 새어머니로부터 구박을 많이 받았고, 결혼 후에는 시어머니와의 관계가 좋지 않아 만성적인 우울을 가지고 있음.

- **상황적 문제:** 최근 아버지의 갑작스러운 실직으로 가정경제에 어려움이 크며, 대학 졸업반인 언니가 학과가 적성에 맞지 않는다고 1년간 휴학을 하겠다고 함.

- **강점:** 의지가 강하고 변화에 대한 열망이 높으며 가족에 대한 긍정적 생각을 가짐.

	사건 1	사건 2	사건 3
상황	사람들이 타고 있는 엘리베이터에 들어갔다.	사람들이 자신의 외모나 체중에 대해 농담한다.	중간고사 시험 공고가 났다.
자동적 사고	'내가 들어가면 삐 하고 소리가 날 거야.' '엘리베이터 속 사람들이 뚱뚱한 나를 보고 미련스럽다고 생각할 거야.'	'내가 화를 내면 사람들이 싫어할 거야.' '화를 내면 속 좁은 사람이 되겠지.' '감정을 드러내는 등 약한 모습을 보이면 안 돼.'	'이번 시험을 잘 못 보면 내 인생은 끝장이야.' '좋은 성적을 받아야 착한 딸이 되고, 그래야 엄마에게 인정받을 거야.' '좋은 성적을 받지 않으면 엄마가 불행해지겠지.'
감정	긴장, 불안, 땀이 남, 창피함	기분 나쁨, 빠른 호흡, 땀이 남, 답답함	걱정, 불안, 부담감이 커짐
행동	중간에 엘리베이터에서 내림, 주로 계단을 이용함	웃음으로 어색하게 무마하거나 회피함	머리가 아프고 가슴이 답답해 집중해서 책을 읽기 어려움, 시험을 망치는 악몽에 시달림

- **스키마:** '나는 매력이 없어.' '아무도 뚱뚱한 나를 사랑하지 않을 거야.' '내 공부라도 하지 않으면 나는 존재 가치가 없어.' '착한 사람은 화를 내면 안 돼.'

- **개입목표:**
① 원하는 곳까지 엘리베이터를 타고 갈 수 있음

② 적절하게 자신의 감정이나 생각을 표현할 수 있게 함

③ 공부에 대한 스트레스를 감소시킴

④ 정해진 시간 내에 계획한 분량의 공부를 할 수 있도록 함

⑤ 적절한 체중을 유지하고 자신에 대한 긍정적인 생각을 갖게 함

• 개입계획:

① 자동적 사고, 부정적 스키마를 찾아내고 왜곡된 신념과 기대를 탐색한다.

② 호흡훈련과 심상, 이완훈련을 통해 불안을 통제하게 한다.

③ 긴장 및 두려움 등 위험을 유발하는 자극에 점진적으로 노출한다.

④ 엘리베이터, 외모에 대한 대화, 시험기간 등 실제 상황에 노출한다.

⑤ 대인관계를 개선하기 위해 모델링, 코칭, 역할연습, 시연을 행한다.

⑥ 인지적 재구조화를 통해 왜곡된 생각을 바꾸고 새로운 기술과 생각을 습득한다.

⑦ 변화된 인지, 감정, 행동을 강화한다.

표 5-5 구조화하기

구분		초기단계	중기단계	종결단계
주요 내용		• 클라이언트와 인사하기 • 증상 점검하기 • 문제 설정하기 • 이전 회기의 과제 검토하기 • 문제에 대한 인지행동치료(CBT) 실시하기 • 인지모델 교육하기, CBT의 기본 개념 및 방법 가르치기 • 새로운 과제 제시하기 • 중요한 내용 검토하기, 피드백 주고받기, 회기 마무리하기	• 클라이언트와 인사하기 • 증상 점검하기 • 문제 설정하기 • 이전 회기의 과제 검토하기 • 문제에 대한 인지행동치료(CBT) 실시하기 • 인지모델 교육하기, CBT의 기본 개념 및 방법 가르치기 • 새로운 과제 제시하기 • 중요한 내용 검토하기, 피드백 주고받기, 회기 마무리하기	• 클라이언트와 인사하기 • 증상 점검하기 • 문제 설정하기 • 이전 회기의 과제 검토하기 • 문제에 대한 인지행동치료(CBT) 실시하기 • 새로운 과제 제시하기 • 중요한 내용 검토하기, 피드백 주고받기, 회기 마무리하기
특징		• 기본적인 인지모델에 대한 교육에 초점 • 구조화 정도가 강함 • 기분의 변화 찾기, 자동적 사고 찾기, 인지적 오류 찾기, 활동 계획하기, 활동 활성화 시행하기 등으로 구성	• 점차 구조화 정도가 감소됨 • 자동적 사고와 스키마 찾기, 두려운 자극에 대한 단계적인 노출 제공, 스키마 변화시키기 위한 작업 실시 등으로 구성	• 스스로 CBT 기법을 사용하도록 함 • 스키마 찾기와 수정하기, 재발을 일으킬 수 있는 잠재적 요소 확인, 예행연습에 초점 둠

출처: Wright et al. (2009), pp. 112-113을 토대로 재구성함.

표 5-6 역기능적 사고 일지

날짜		
상황	당신이 불쾌한 감정을 느꼈던 사건, 시간, 장소, 구체적인 상황은 무엇이었는가?	친구들이 뒤에서 "야! 아줌마."라고 나를 부르며 깔깔거리며 웃는다.
자동적 사고	그 순간 자신도 모르게 저절로 떠오른 생각이나 이미지는 무엇인가? 자동적 사고를 믿는 정도는 어느 수준인가? (0~100%)	1. '친구들이 뚱뚱한 내 외모를 보고 놀리는구나.'(95%) 2. '날씬하지 않은 내가 매력이 없다고 비난하는 것 같아.' (75%) 3. '이제 내가 할 수 있는 것은 아무것도 없어.'(60%) 4. '나는 실패자야.'(70%)
감정	그때 느꼈던 감정은 구체적으로 어떤 감정(두려움, 수치감, 분노 등)이었는가? 각 감정의 강도는 어느 수준인가? (0~100%)	수치감(90%) 당혹감(90%) 긴장(70%) 분노(65%)
인지적 오류	자동적 사고를 근거로 인지적 오류를 찾아보세요.	1. 긍정축소 2. 과잉일반화 3. 이분법적 사고 4. 명명
합리적 반응	자동적 사고에 대한 합리적 반응을 적어 보세요. 합리적 반응을 믿는 정도는 어느 수준인가? (0~100%)	1. 긍정축소에 대한 합리적 반응: '친구들이 반갑다고 하는구나. 아줌마라는 이미지에는 편안하고 소탈하다는 느낌도 있지.'(90%) 2. 과잉일반화에 대한 합리적 반응: '나는 너무 이분법적으로 생각해. 날씬한 여자만이 반드시 매력적인 것은 아니야. 나에게는 외모 외에도 매력적인 부분이 있어.' (75%) 3. 이분법적 사고에 대한 합리적 반응: 두렵기는 하겠지만 피할 것만은 아니지. 인사는 받아 주고 내 이름이 미선이라는 것을 알려 주어야겠지.'(70%) 4. 명명에 대한 합리적 반응: '나는 친하지 않은 친구들과 이야기하는 데 어려움이 있어.'(70%)
결과	합리적 반응을 한 후 감정, 생각, 행동의 변화를 기록하시오. (0~100%)	수치감(40%) 당혹감(30%) 긴장(50%) 분노(30%)

적인 방법은 〈표 5-6〉을 참조하기 바란다.

⑤ 행동적 개입

클라이언트가 낮은 에너지, 관심 부족, 과제수행 실패 등의 문제를 가지고 있는 경우, 다양한 행동기법은 클라이언트의 건강한 기능을 회복하는 데 도움을 줄 수 있다. 이것에는 기분이나 자아존중감을 향상할 수 있는 한두 가지 구체적인 활동하기, 활동 계획하기(활동 평가하고 활동 점검하기 포함), 단계적으로 과제 부여하기, 행동 시연(리허설) 등이 해당된다.

⑥ 스키마 수정하기

부적응적인 자동적 사고를 다루는 작업을 성공적으로 마치면 보다 심층적인 차원의 개입이 이루어지는 스키마 수정단계를 실행할 수 있다. 스키마는 내면 깊숙한 곳에 있는 사고에 관한 기본적인 규칙들로, 이러한 핵심신념을 변화시키기 위해서는 정교한 솜씨와 인내심을 가져야 한다.

스키마를 수정하기 위해서 사회복지사들이 사용할 수 있는 다양한 질문을 제시하면 〈표 5-7〉과 같다.

표 5-7 부정적 스키마의 점검과 도전: '나는 형편없는 사람이야.'

기술	적절한 질문
비용-이득 따지기	"당신을 형편없다고 보는 것에 대한 비용과 이득은 무엇일까요?" "당신이 자신을 좀 더 낫다고 생각한다면, 당신의 인생에서 무엇이 달라질까요?"
스키마를 지지하고 반박하는 증거를 검토하기	"당신이 형편없는 사람이라는 생각을 지지하고 반박하는 증거는 무엇일까요?" "당신이 한 잘한 일 중에 가장 선명한 기억이나 이미지는 무엇일까요?"(환자가 수의사이고 아이의 토끼를 구해 준 일) "만약 어떤 사람이 어린아이의 토끼를 돌봐 준다면 당신은 그 사람을 보고 무슨 생각을 할까요?"
이미지 재구조화	"아버지가 당신을 때리고 지하실에 가두어 두었던 기억을 떠올려 보세요. 지금처럼 강하기 때문에 대항해서 싸울 수 있다고 가정하고 당신이 아버지에게 대항해서 싸우는 장면을 떠올릴 수 있나요?" "당신은 아버지에게 뭐라고 주장할까요?"

근원에 대한 편지 쓰기	"아버지에게 화가 난 상태와 주장을 담아 편지를 써 보세요. 당신이 그 편지를 반드시 보낼 필요는 없지요. 아버지가 한 일이 얼마나 잘못된 것인지, 그리고 당신이 얼마나 화가 났는지 적어 보세요. 그리고 다시는 이런 일을 당신에게 할 수 없다고 말하세요."
스키마 재점검하기	"당신을 보다 긍정적이고 현실적으로 바라본다면 어떨까요?"
호의적인 타인으로부터 자신을 바라보기	"당신 주위에 당신이 형편없다고 생각하지 않는 사람이 없나요?" "당신을 좋아하는 사람들의 목록을 작성해 보세요."
생활 시나리오 다시 쓰기	"당신의 아버지가 친절하고 사랑이 가득하고 지지적이라고 상상하고, 당신을 때리거나 지하실에 가두는 일이 없다고 상상해 보세요. 오늘날 당신에 대해 무엇을 생각해 낼 수 있나요? 차이가 있나요?"

출처: Leahy & Holland (2008), pp. 68-69의 내용을 부분 발췌함.

3. 인지행동모델의 개입기술

인지행동모델은 클라이언트의 성격이나 인격을 바꾸는 장기적 개입이 아니라 제한된 시간 내에 특정 문제에 초점을 두고 집중적으로 접근한다. 따라서 개입과정은 경험과 구조화, 교육적 요소가 강조되며 인지, 정서, 행동을 변화시키기 위한 다양한 기술과 기법이 활용된다.

1) 인지적 기술

인지적 기술은 부적응적 또는 비합리적 생각을 변화시키는 데 필요한 기술로서 논박, 유인물이나 독서요법, 새로운 진술문의 사용 등의 방법을 활용한다.

(1) 논박

우선 확인된 비합리적 생각과 그에 근거한 자기언어에 대해 규정하여 재진술하도록 한다. 예를 들어, 수업시간 중 선생님의 질문에 답변을 잘하지 못한 자신에 대해 매우 속상해하고 스스로 바보라고 비하하는 청소년의 경우, [그림 5-6]과 같은 과정으로 논박을 할 수 있다.

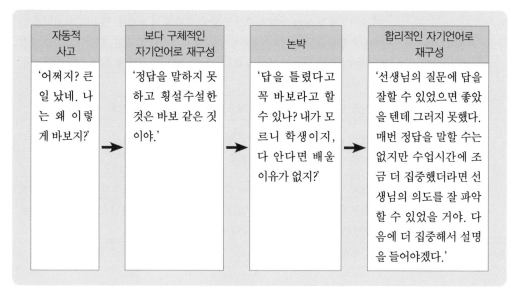

자동적 사고	보다 구체적인 자기언어로 재구성	논박	합리적인 자기언어로 재구성
'어쩌지? 큰일 났네. 나는 왜 이렇게 바보지?'	'정답을 말하지 못하고 횡설수설한 것은 바보 같은 짓이야.'	'답을 틀렸다고 꼭 바보라고 할 수 있나? 내가 모르니 학생이지, 다 안다면 배울 이유가 없지?'	'선생님의 질문에 답을 잘할 수 있었으면 좋았을 텐데 그러지 못했다. 매번 정답을 말할 수는 없지만 수업시간에 조금 더 집중했더라면 선생님의 의도를 잘 파악할 수 있었을 거야. 다음에 더 집중해서 설명을 들어야겠다.'

[그림 5-6] 논박의 과정

(2) 유인물이나 독서요법

인지적 재구성을 위해 유인물로 지도하거나 클라이언트가 스스로 문제를 해결하는 데 도움이 되는 관련 서적을 읽게 한다(이혜성 외, 1996: 134).

(3) 새로운 진술문의 사용법

이제까지 주로 사용해 오던 '해야 한다'는 문장에서 탈피하여 '하고 싶다'는 자기진술문으로 대치하도록 훈련하여 자기언어의 의미를 생각하고 행동하게 한다(이혜성 외, 1996: 134).

(4) 설명 또는 심리교육

설명(explanation)기술은 클라이언트에게 인지행동모델에서 주요한 개념이나 원리, 예를 들어 ABCDE 이론 등을 이해하기 쉽도록 알려 주는 것이다. 심리교육은 클라이언트로 하여금 인지행동모델의 기본 개념은 물론 인지를 수정하고 감정을 조절하며 행동을 생산적으로 변화시키는 등의 구체적인 기술을 배워 적용할 수 있도록 돕는 것이다. 이를 위해 셀프헬프 워크북, 자료, 평가척도, 컴퓨터 프로그램을 사용할 수 있다(Wright et al., 2009: 43).

(5) 인지 재구조화

인지 재구조화는 클라이언트가 자신의 기능에 부정적인 영향을 미치는 역기능적 사고와 관념을 인식할 수 있도록 돕고 이를 현실에 맞는 신념과 행동으로 대치하여 기능을 향상할 수 있도록 하는 기술이다. 이것은 진술한 여러 방법을 적용하는 일련의 과정을 거치면서 자기파괴적 사고에서 탈피하고 긍정적인 기능적 사고로 전환되는 것이다.

(6) 소크라테스식 질문

소크라테스식 질문은 클라이언트의 호기심을 자극하는 질문들을 던지고 클라이언트가 스스로 학습과정에 참여하도록 유도하는 것이다. 이것은 클라이언트에게 치료 개념을 가르치는 것이 아니라 다양한 질문을 통해 클라이언트 자신의 생각에 대해 생각하는 것에 익숙하도록 돕는 것이다. 클라이언트는 질문을 통해 자기 생각의 모순을 발견할 수 있으며 부적응적 사고가 자신의 감정과 행동에 어떤 영향을 미치는지를 이해해 볼 수 있다.

소크라테스식 질문의 예

불안과 강박증을 가지고 있는 윤호(10세)는 어릴 때부터 가지고 놀던 곰 인형을 항상 옆에 두어야 하며, 심지어 학교에 갈 때도 데리고 가야 한다고 주장하여 아침 등굣길마다 어머니와 실랑이를 벌인다. 이것은 5세 때 아끼던 병아리의 죽음에 대한 해결되지 않은 슬픔과 더불어 자신이 아끼는 것을 자신이 지키지 않으면 또 사라질지 모른다는 생각에 기반을 둔 것이다. 다음의 대화 내용은 이런 가정을 찾아내도록 도와준다.

사회복지사: 윤호야, 어머니로부터 네가 곰 인형에 대해 지나치게 신경 쓴다고 들었어.

윤　　　호: 예. 저는 곰 인형이 걱정돼요.

사회복지사: 언제 제일 걱정되지?

윤　　　호: 제가 학교에 있을 때예요.

사회복지사: 학교에 있을 때 곰 인형에 대해 가장 걱정되는 것은 뭐지?

윤　　　호: 학교에 다녀오면 곰 인형이 사라질 것 같아요.

사회복지사: 곰 인형이 어떻게 사라진다는 것이지?

윤　　　호: 가족이 곰 인형을 버릴 것 같아요.

사회복지사: 그런 생각을 하게 되는 이유가 있니?

윤   호: 엄마는 제가 다 컸는데도 곰 인형을 가지고 논다고 늘 못마땅하게 생각하세요. 한번은 저 몰래 곰 인형을 휴지통에 버린 적이 있어요.

사회복지사: 그런 일이 너에게 어떻게 영향을 미쳤는데?

윤   호: 제가 곰 인형을 가족으로부터 지켜야 한다고 생각해요. 엄마도 못 믿겠어요.

사회복지사: 그래서 너는 어떻게 하는데?

윤   호: 언제든지 제가 가까이 두려고 하고 학교에 못 가지고 가게 하면 방문을 잠그고 학교에 가요. 곰 인형이 가까이 없으면 걱정되고 불안하고 또 안 좋은 일이 생길 것 같아요.

사회복지사: 어떤 안 좋은 일?

윤   호: 곰 인형이 슬퍼할 것 같고 나를 원망할 것 같고. 곰 인형이 얼마나 나를 사랑하고 외로울 때 힘이 되어 주었는데…… 벌받을 것 같아요.

사회복지사: 이전에도 이런 생각을 한 적이 있니?

윤   호: 다섯 살 때 제가 기르던 병아리가 있었는데 할아버지 집에 놀러 갔다 오니 엄마가 병아리가 죽어서 갖다 버렸다고 했어요.

사회복지사: 그때 너의 마음은 어땠는데?

윤   호: 너무 슬퍼서 하루 종일 울었어요. 얼마나 내가 좋아한 병아리였는데.

사회복지사: 병아리의 갑작스러운 죽음 때문에 참 많이 힘들었겠다.

윤   호: 예. 낮 시간엔 집에 아무도 없기 때문에 늘 병아리와 함께 놀았어요. 병아리는 저에게 둘도 없는 친구였어요. 아마 제가 집에 있었으면 병아리는 죽지 않았을 거예요. 저는 지금도 병아리가 어디에선가 살아 있을 것 같고, 저를 찾아 헤매고 있을 것 같아요. 저를 매우 원망하겠죠.

사회복지사: 그래. 윤호는 병아리에 대해 네가 함께 있었다면 그런 일이 없었을 텐데 하고 병아리의 죽음이 너의 책임처럼 느껴지는구나. 그리고 그 비슷한 일이 곰 인형에게도 일어날 수 있다고 생각하고……

2) 정서적 기술

인지적 기술이 문제행동과 관련된 생각을 바꾸어 정서와 행동을 바꾸려고 한다면, 정서적 기술은 바로 정서를 바꿈으로써 문제행동을 바꾸려는 기술이다. 정서적 기술에는 합리적·정서적 구상법, 역할연기, 부끄러움 도전연습, 시범 등이 있으며, 그 내용은 다음과 같다(김성회, 1992: 315–335).

(1) 합리적·정서적 구상법

합리적·정서적 구상법(rational-emotive imagery)은 먼저 클라이언트로 하여금 습관적으로 부적절한 느낌이 드는 장면을 생생하게 상상하도록 한다. 그리고 부적절한 느낌을 적절한 느낌으로 바꾸어 상상하면서 부적절한 행동을 적절한 행동으로 바꾸어 보도록 한다.

합리적·정서적 구상법의 예

수업시간에 친구들 앞에서 발표하는 것에 대해 불안감이 큰 클라이언트의 경우, 눈을 감고 발표 순간을 생생하게 상상하도록 하면서 더불어 친구들의 격려와 응원의 모습, 박수 소리, 선생님의 흐뭇한 표정을 떠올리며 즐겁게 느껴 보도록 하는 것이다. 그리고 난 뒤 어떤 느낌을 갖는지를 함께 이야기하도록 한다. 이러한 과정에서 나타내는 느낌의 변화는 실수를 해서는 안 된다는 비합리적인 생각 때문임을 알게 한다.

---

(2) 역할연기

역할연기(role-playing)는 클라이언트가 문제행동과 관련된 장면에서 어떤 느낌이 일어나는지를 알기 위하여 그 장면에서의 행동을 시도해 보는 것이다.

역할연기의 예

엄마의 사소한 잔소리에도 예민하게 잦은 화를 내는 클라이언트의 경우, 사회복지사와 함께 역할연기를 하면서 문제상황을 다 재연해 볼 수 있다. 즉, 엄마의 역할을 맡은 사회복지사와의 갈등상황을 연기해 보면서 클라이언트는 자신이 엄마에게 얼마나 화를 내는지를 알게 되고, 이러한 분노는 '엄마에게서 잔소리를 듣는 것은 내가 오빠보다 못하다는 증거다.'라는 비합리적인 생각 때문임을 알게 된다.

(3) 부끄러움 도전연습

부끄러움 도전연습(shame-attacking exercise)은 자신의 행동에 대해 주위 사람들이 어떻게 생각할지에 대한 두려움 때문에 하고 싶은 행동을 하지 못하는 경우 실제로 행동을 해 보도록 하는 기술이다. 그럼으로써 클라이언트는 자신이 생각한 것보다는 주위 사람들이 그렇게 관심을 가지고 있지 않음을 알게 되고 자신의 생각이 비합리적임을 알게 된다.

(4) 시범

시범(modeling)은 클라이언트가 정서적 혼란을 겪고 있는 문제에 대해 자신과는 다르게 생각하고 느끼며 행동하는 사람들의 생각, 느낌, 행동을 시범 보이는 것이다.

시범의 예

일곱 살 난 아들이 때와 장소를 가리지 않고 떼를 쓰고 고함을 지르며 엄마를 때리는 등 소동을 일으킬 때 어쩔 줄 몰라 힘들어하는 어머니를 위해 사회복지사는 아동을 어떻게 훈육할 수 있는지에 대한 시범을 보일 수 있다. 놀이치료실 밖에 설치된 일방경을 통해 어머니는 관찰을 하고, 놀이치료실 안에서 사회복지사는 아동과 어떻게 상호작용할 수 있는지, 갈등상황에서 아동을 어떻게 적절하게 대화하고 훈육하는지를 보여 준다.

---

3) 행동적 기술

이 접근법은 행동치료에서 사용하는 기술과 절차를 그대로 사용하고 있으나 그 기본 가정에서는 다르다. 즉, 행동치료에서의 행동적 기술은 클라이언트의 생각이나 정서보다는 행동의 변화에만 초점을 둔다. 그러나 이 모델에서의 행동적 기술은 그 기술을 통해 행동의 변화뿐만 아니라 생각, 더 나아가 정서까지도 변화시키려는 데 더 강조점을 둔다. 대표적으로는 체계적 둔감화, 이완훈련, 역설적 의도, 시연 등이 있다.

(1) 체계적 둔감화

체계적 둔감화(systematic desensitization)는 비현실적인 불안이나 공포를 가진 사람에게 적용하는 것으로 불안을 일으키는 사건과 이완반응을 연합시켜 단계적으로 극복하도록 하는 것이다. 즉, 클라이언트에게 가장 불안한 상황에서부터 가장 덜 불안한 상황까지를 이야기하도록 해서 위계 목록을 작성한 후, 가장 덜 위협적인 상황에서 출발하여 가장 위협적인 상황까지 단계별로 상상하거나 경험하도록 함으로써 불안이나 공포를 제거한다. 이 기술은 클라이언트에게 충분한 이해와 동의를 구해 적용한다.

체계적 둔감화의 예

어린 시절 이웃집 개에게 물려 동물에 대한 공포증을 가지고 있는 클라이언트의 경우, 며칠 동안은 우리 속에서 장난치고 노는 귀엽고 예쁜 강아지들의 모습만 관찰하게 한 뒤 어느 정도 불안한지를 질문한다. 어느 정도 불안이 없어졌다고 하면 그다음 단계에는 줄에 묶여 있는 강아지의 옆에서 친구들과 함께 놀게 한다. 어느 정도 불안이 없어졌다고 하면 그다음에는 사람이 잡고 있는 강아지를 만져 보게만 하고, 그다음에는 직접 안아 보게 한다. 이와 같이 가장 불안이 낮은 단계부터 서서히 가장 불안이 높은 단계까지 반복적인 경험을 통해 위협적 상황에 둔감하도록 하는 것이다.

(2) 이완훈련

이완훈련(relaxation training)은 긴장이나 스트레스를 해소하고 안정적인 상태를 유지하도록 돕는 기술로, 불안이 높은 클라이언트, 위기상황의 클라이언트, 두통이나 편두통, 답답함, 불면증 등을 느끼는 클라이언트에게 효과적이다. 이 기술에는 특정 근육을 이완하는 기술, 호흡방법, 심상훈련 등이 포함된다.

이완훈련의 예

조용한 음악이 흐르는 실내에 편안한 자세로 클라이언트를 앉게 한 뒤 다음과 같은 근육이완훈련을 할 수 있다. 이는 어깨에 대한 이완을 하는 것으로, 이 외에도 얼굴, 목, 팔, 다리 등에 똑같은 방식으로 사용할 수 있다.

① 눈을 감고 몸과 마음을 편안하게 하세요.

② 양 어깨가 귀에 닿도록 힘껏 올려 보세요. 그리고 그 상태에서 잠시 어떤 느낌인지 집중해 보세요. (10초 정도 지속한다.) 충분히 긴장감을 느끼시기 바랍니다.

③ 이제 서서히 제자리로 돌아옵니다. 그리고 힘을 빼면서 긴장이 풀리는 것을 느껴 보세요.

④ 천천히 숨을 깊이 들이마시고 서서히 내쉬면서 '편안하다'고 속삭여 보세요.

(이런 과정을 2~3회 반복하시기 바랍니다.)

(3) 과제부여

과제부여(homework assignment)는 다음 면담시간까지 해야 할 과제를 부여하는 것으로, 클라이언트가 면담시간에 배운 것을 여러 상황에 적용해 보고 일반화하는 데 도움을 주는 데 유용하다. 다른 모델에서도 과제는 부여하지만, 인지행동모델에서 과제부여는 어떤 기술을 습득하기 위한 연습의 목적 이외에도 자신의 신념이나 생각을 실생활에서 검증해 보게 하는 목적이 있다. 과제부여는 사회복지사와 클라이언트가 협동적으로 함께 결정하는 것이 바람직하며, 과제부여에 관한 클라이언트의 생각을 자주 논의함으로써 클라이언트가 과제에 관한 왜곡된 생각을 지니고 있지 않은지 확인하고 클라이언트가 과제수행의 결과에서 의미를 발견하고 더 적응적인 새로운 생각을 지니도록 강화한다(Weishaar, 2007: 192).

(4) 역설적 의도

역설적 의도(paradoxical intention)는 클라이언트가 갖는 불안이나 공포 등 회피하고 싶은 부정적 생각이나 행동을 못하게 하는 것이 아니라 역설적으로 더 하게 하는 방법이다. 이 기법은 사람들이 갖는 불안이나 공포는 그 자체보다는 오히려 불안이나 공포 등 부정적 정서에 대한 불안이나 기대에 더 강한 영향을 받는다고 전제한다. 따라서 사회복지사는 클라이언트의 의도와 반대되는 불안을 야기하는 상황에 클라이언트를 직면하게 함으로써 문제의 악순환에서 벗어나게 한다.

예를 들어, 우울이 심한 클라이언트에게 우울하지 않도록 하기 위해 매주 친구를 만나거나 외출을 하게 하는 등 다각적인 방법을 사용했음에도 변화가 없을 경우, 사회복지사는 최후의 방법으로 종전과는 정반대되는 과제를 부여할 수 있다. 즉, 일주일 내내 어떤 사람과도 만나지 않고 외출하지도 않으며 더 우울해져서 오라고 한다. 이런 개입으로 클라이언트에게는 두 가지 상반된 결과를 초래할 수 있다. 하나는 지시 그대로 실제 더 우울해져서 오는 경우이고, 다른 하나는 우울이 개선되어 오는 경우다. 전자의 경우, 더 우울해져서왔다는 것은 클라이언트가 우울을 통제하고 조절할 수 있는 힘을 가지고 있다는 사실을 확인하는 것이다. 그리고 후자의 경우, 우울하라는 지시를 거부하는 클라이언트의 내적 힘에 의해 우울이 개선되는 것이다. 따라서 두 결과 모두 클라이언트에게 유익할 수 있는 변화를 초래한 것이다. 그러나 이 기법은 자칫 클라이언트에게 위험한 상황을 초래할 수 있으므로 제한된 경우에 한해 신중하게 사용해야 한다.

(5) 시연

시연(rehearsal)은 클라이언트가 힘들어하는 행동에 대해 실생활에서 직접 행동화하기전에 사회복지사 앞에서 반복적으로 연습하는 것이다.

시연의 예

부인에게 자신의 생각이나 감정을 표현하는 데 어려움이 있는 클라이언트의 경우, 그동안 부인에게 하고 싶은 말이나 느낌을 생각해 보고 그것을 실제 부인 앞에서 할 수 있도록 하기 위해 몇차례 예행연습을 할 수 있다. 마침 다가올 부인의 생일에 사랑의 마음을 표현하고 싶다고 한 클라이언트의 뜻에 따라, 사회복지사를 부인이라고 가정하고 생일날 저녁 부인에게 하고 싶은 말을 실제 표현하고 반복해서 연습하도록 하는 것이다.

---

(6) 자기지시

자기지시(self-instruction)는 클라이언트의 긍정적 자기진술, 즉 언어가 클라이언트의 행동뿐 아니라 인지구조에도 영향을 미친다고 가정한다. 인지구조는 사고의 청사진을 언제만들고 사고작용을 언제 억제하며 언제 변화시키고 언제 계속할 것인가를 결정하는데, 이것은 단순히 새로운 단어를 배움으로써 변화되는 것이 아니라 내적 대화를 듣는 기능과 같은 새로운 단어를 배움으로써 변화된다고 본다(이길전, 손정락, 2001: 235). 따라서 반복적인 언어적 자기지시를 통해 인지적 변화를 꾀할 수 있다고 보는 것이다.

이 기법에서는 초기단계에는 적응적이라고 생각되는 인지를 큰 소리로 말하며 바람직한 행동을 모방하게 하고, 나중에는 그러한 자기지시를 조용하게 속삭이면서 하게 하며, 마지막에는 마음속 말로 긍정적인 자기지시를 반복하게 한다. 이러한 기법은 아동 및 성인의 불안, 공격성 및 통증의 조절 그리고 사회적 기술훈련 등에 광범위하게 적용되고 있다(Weishaar, 2007: 80-81).

Chapter 06
- - - - - - - - - - - -

해결중심모델

해결중심모델은 포스트모더니즘과 사회구성주의의 영향을 받아 만들어진 것으로, 탈이론, 강점 중심, 현재 및 미래 초점을 강조하며 클라이언트가 자기 문제의 전문가라고 전제한다. 단기적 개입 이고, 문제가 아닌 해결에 초점을 두며, 클라이언트로 하여금 문제중심적 대화에서 해결중심적 대 화로 바꿀 수 있도록 하는 것이다.

학습 목표
- 해결중심모델의 기본 철학과 주요 개념을 이해한다.
- 해결중심모델의 개입 목표 및 과정을 파악한다.
- 해결중심모델의 주요 개입기술을 익히고 실제 사례에 적용해 본다.

1. 해결중심모델의 철학과 기본 개념

해결중심모델에서는 인간이면 누구나 문제해결 능력을 이미 가지고 있다고 전제한다. 그러나 어려운 문제에 직면하면 평상시의 문제해결 능력도 잘 작동되지 못하는데, 그 이유는 문제를 너무 크게 느끼고 그에 짓눌려 자신의 능력이나 장점을 제대로 인식하지 못하기 때문이다. 따라서 해결중심모델에서는 잘되지 않는 것이 아니라 이미 잘하고 있는 것에 초점을 맞춘 간단한 변화가 클라이언트로 하여금 자신의 자원을 상기시키고 자원의 사용을 확장시킨다고 본다. 그런 과정을 통해 클라이언트는 지금까지 발휘하지 않던 능력을 발휘하여 문제해결에 사용할 수도 있다는 것이다.

또한 이 모델에서는 클라이언트가 자기 삶의 전문가라고 전제한다. 이는 과거 사회복지사들이 자신들을 클라이언트의 문제를 과학적으로 사정하고 개입하는 전문가로 인식해 왔던 것과는 정면으로 대치되는 생각이다. 오히려 이 모델에서는 전문가로서의 사회복지사가 인식하는 것보다는 클라이언트가 인식하는 것에 더 큰 가치를 부여한다. 사회복지사는 자신에 대해 클라이언트의 문제를 전문지식을 통해 객관적으로 알 수 있는 존재라고 가정하기보다는 오히려 클라이언트로부터 정보를 알아내는 학습자이며, 클라이언트의 삶에 대해 배우는 자라고 생각한다(De Jong & Berg, 2004; 김윤주 외, 2006에서 재인용).

이 모델은 문제에 초점을 두지 않고 해결에 초점을 두며, 클라이언트에게 효과적이었던 해결책을 찾아보도록 한다. 또한 효과가 없는 것은 적게 하고 효과가 있는 것을 많이 하며, 문제가 발생되지 않았던 때와 같은 예외(exception) 상황에 초점을 둔다. 사회복지사는 클라이언트의 생각이 부정적인 것에서 긍정적인 것으로 전환될 수 있도록 대화과정을 진행하며, 클라이언트가 새로운 관점과 행동을 하도록 돕는다.

이 모델은 드세이저(de Shazer), 인수 버그(Insoo Berg), 밀워키에 있는 단기가족치료센터(Brief Family Therapy Center)의 연구원 등 주로 가족치료사들에 의해 발전하였다. 이것은 포스터모더니즘, 사회구성주의자들의 영향을 받았다. 해결중심모델에서는 언어가 인간의 세계를 구성하며 인간의 세계는 전 세계를 구성한다고 보았다. 따라서 사람들이 그들의 문제에 대해 말하는 방식을 바꾸면 문제도 해결된다고 본다. 그 결과, 해결중심모델은 클라이언트가 문제중심적 대화에서 해결중심적 대화로 바꾸도록 돕는 데 목적을 둔다

(Nichols & Schwartz, 2008: 315-319).

> 　사회구성주의자들에 의하면, 클라이언트의 인식과 경험은 그의 삶 속에서 경험하는 다른 사람들과의 상호작용을 통해서 구성된다. 즉, 사람들은 다른 사람과의 상호작용을 통해 의미를 만들어 낸다는 것이다. 따라서 어떤 사람이 부여한 의미란 고정불변의 것이 아니라 중요한 사람과의 상호작용을 통해 변화할 수 있으며, 특히 언어가 실제를 만들어 낸다고 가정한다.

　해결중심모델은 단기적인 접근으로서 이론이 간단하고, 클라이언트의 인식을 바꾸는 데 초점을 두며, 기술을 쉽게 적용할 수 있다. 또한 클라이언트가 중요하다고 생각하는 것에 초점을 두기 때문에 다른 접근법에서 중시하는 클라이언트의 저항은 문제가 되지 않는다.

　보다 구체적으로 해결중심모델의 기본 가정을 정리하면 다음과 같다(정문자 외, 2006).

　첫째, 병리적인 것 대신에 건강한 것에 초점을 둔다. 잘못된 것에 관심을 두는 대신에 성공한 것과 성공하게 된 구체적인 방법을 발견하는 데 관심이 있다.

　둘째, 클라이언트의 강점, 자원, 심지어 증상까지도 상담과정에 활용한다. 클라이언트가 원하는 결과를 성취하기 위해 자신이 이미 가지고 있는 자원, 기술, 지식, 믿음, 동기, 행동, 사회적 관계망, 환경 그리고 증상도 활용한다.

　셋째, 탈이론적이고 비규범적이며 클라이언트의 견해를 존중한다. 인간행동에 대한 이론의 틀에 맞추어 클라이언트를 진단하거나 사정하지 않는다. 대신에 클라이언트가 호소하는 독특한 불평에 기초하여 개별화된 해결책을 발견하고자 한다.

　넷째, 간단하고 단순한 방법을 일차적으로 사용한다. 해결중심상담에서 상담의 목표는 클라이언트가 달성할 수 있는 작은 것에서 출발한다. 이를 통해 클라이언트로 하여금 성공의 기쁨을 갖게 하고 점차 확대하도록 한다.

　다섯째, 변화는 불가피하다. 인간의 삶에서 변화하지 않는 것은 아무것도 없다. 따라서 클라이언트의 문제도 언젠가는 변화한다. 단, 문제중심의 시각에서는 변화가 잘 인식되지 않는다. 따라서 문제가 일어나지 않았던 예외 상황을 많이 찾아 긍정적인 변화를 증가시킨다.

　여섯째, 현재에 초점을 맞추며 미래지향적이다. 과거와 문제의 원인보다는 현재 클라이언트가 희망하는 미래의 상황을 구축하는 데 초점을 둔다.

일곱째, 클라이언트와의 협력관계를 중요시한다. 진정한 협력적 관계는 클라이언트가 전문가에게 협력할 때뿐 아니라 전문가도 클라이언트에게 협력할 때 이루어진다고 믿는다.

2. 해결중심모델의 개입 목표 및 과정

앞에서 언급했듯이, 해결중심모델에서는 클라이언트가 문제해결을 위한 자원을 가지고 있으며 자신의 문제에 있어 전문가(client as expert)라고 가정한다. 이러한 가정은 전문가가 클라이언트의 문제 원인을 찾아내고 사정하고 목표를 설정하여 개입하는 기존의 의료적 모델, 즉 문제중심모델과는 매우 상이하다.

해결중심모델의 목표는 클라이언트로 하여금 문제중심적 대화에서 해결중심적 대화로 바꿀 수 있도록 하는 것이다. 이를 위해 원조과정 중 사회복지사가 견지해야 할 사항은 다음과 같다.

첫째, 원조과정 동안 클라이언트를 '알고 싶어 하는' 자세('not-knowing' posture)를 취해야 한다. 이것은 사회복지사가 클라이언트의 문제 및 해결책에 대해 이미 알고 있는 것이 아니라 잘 모르기 때문에 더 많은 것을 알고 싶다는 진실되면서도 호기심에 찬 자세를 취하는 것이다. 문제해결을 위해서는 클라이언트의 생각과 행동의 의미, 문제해결에 대한 클라이언트의 생각 등이 중요한데, 이것은 사회복지사가 선험적으로 알 수 없고 클라이언트와의 면담을 통해 클라이언트로부터 알 수 있다고 본다.

둘째, 성공적인 해결중심 대화로 이끌어 가기 위해 사회복지사는 가능한 한 자신의 것이 아닌 클라이언트의 준거틀을 탐색해야 한다. 준거틀(frame of reference)이란 개인 또는 집단이 자신들이 경험하고 지각한 것에 의미를 부여하고 체계화하기 위해 활용하는 범주들의 집합이다(최인숙, 2008). 이것은 당면한 여러 어려움 중에 클라이언트가 가장 중요하다고 생각하는 문제가 무엇인지, 왜 그것이 중요하다고 인식하는지, 문제상황과 관련하여 클라이언트가 지키고 싶어 하는 가장 큰 가치 및 신념은 무엇인지를 파악한다. 또한 문제해결을 위해 어떤 시도를 하였으며 여러 가지 많은 방법 중에서도 하필이면 왜 그런 시도를 하였는지, 그 결과로 문제상황은 어떻게 변화되었다고 생각하는지, 그런 변화를 인식하는 이유는 무엇인지를 알아보는 것이다. 이렇게 클라이언트의 준거틀을 탐색하는 과정은 원조과정 전반에 걸쳐 이루어져야 한다.

해결중심모델의 개입과정은 기존의 접근방법처럼 조사단계, 사정단계, 개입단계 등이 구분되어 있지 않고 첫 회기에 구체적인 목표설정이 이루어진다. 즉, 해결중심모델에서는 문제의 원인을 파악하고 문제를 사정하는 전통적인 단계들을 거의 다루지 않는다. 왜냐하면 문제해결을 하는 사람은 사회복지사가 아닌 클라이언트인데, 이미 클라이언트는 자신과 관련된 문제에 대해 잘 알고 있으며 해결책을 구축할 수 있다고 전제하기 때문이다. 첫 회기 이후의 면담은 목표를 실행하는 계속적인 과정이라고 할 수 있다. 그러나 모델의 개입과정에 대한 이해를 돕기 위해 구조화해 보면 모델의 개입과정은 크게 5단계로 구분된다 (De Shazer, 1985). 1단계에서는 클라이언트와 사회복지사가 협력적 관계를 형성한다. 2단계에서는 클라이언트와 사회복지사가 서로 협력하여 상담목표를 설정한다. 3단계에서는 여러 가지 해결지향적 질문(기적질문, 척도질문, 예외질문, 보람질문 등)을 통해 클라이언트를 해결책으로 유도한다. 4단계는 해결중심적 개입이 이루어지는 단계로, 클라이언트에게 성공적인 문제해결 방식을 촉진하고 확대한다. 5단계는 개입의 목표를 달성하고 그 효과를 유지하는 과정이다.

1) 첫 회기

　해결중심모델에서 첫 회기는 매우 중요하다. 첫 회기에서 가장 중요한 것은 클라이언트가 원하는 것에 주목하는 것이다. 이 회기 동안에는 클라이언트가 걱정하는 어려움이나 당면 문제를 파악하고 해결하고자 하는 중요한 목표를 설정한다. 구체적으로 첫 회기가 어떤 과정으로 이루어지는지를 살펴보면 다음과 같다(De Jong & Berg, 1998: 43-45).

　첫째, 문제에 대한 기술이다. 첫 회기에 사회복지사는 "어떻게 우리가 도움이 될 수 있을까요?"라고 질문하고, 클라이언트는 자신이 당면한 문제와 관련된 내용들을 설명하게 된다. 이것은 클라이언트가 자신의 문제에 대해 설명하도록 하는 것이라는 점에서 기존의 문제중심의 접근과 유사하지만, 초점은 문제를 파악하기 위한 것이 아니라 문제중심적 대화에서 해결중심적 대화로 전환시킬 방법을 모색하기 위한 것이다. 따라서 사회복지사는 "당신이 걱정하는 문제가 무엇입니까?"와 같은 문제중심의 대화를 가능한 한 하지 않는다. 현재 걱정하는 문제, 문제의 심각성 등에 대해서는 간략하게 이야기하도록 하지만 문제의 원인을 파악하는 데 많은 시간과 노력을 할애하지 않는다.

첫 회기-문제의 기술에서 중요한 질문

"어떻게 우리가 도움이 될 수 있을까요?"

"당신이 생각하는 문제는 무엇입니까?"

"그 문제가 당신에게 어떤 영향을 미쳤습니까?"

"당신은 문제해결을 위해 무엇을 시도했습니까?"

"당신이 먼저 해결하기 원하는 가장 중요한 것은 무엇입니까?"

둘째, 클라이언트와의 협력적 관계 구축이다. 해결중심모델에서는 클라이언트가 원하는 것을 달성하기 위해서는 무엇보다도 사회복지사와 클라이언트의 관계형성이 매우 중요하다고 생각한다. 일반적으로 사회복지기관에 찾아오는 클라이언트는 고객형, 불평형, 방문형이라는 세 가지 유형 중의 하나에 해당된다(〈표 6-1〉 참조). 어떤 유형의 클라이언트가 찾아오건 사회복지사는 클라이언트와 신뢰성 있는 관계를 구축하고 비자발적 동기를 가진 클라이언트를 자발적 동기를 가진 클라이언트로 전환시키는 것이 필요하다.

셋째, 잘 형성된 목표 발전시키기다. 해결중심모델에서는 첫 회기에 클라이언트가 자신이 걱정하는 어려움이나 당면 문제를 간단히 설명하고 나면 바로 클라이언트가 원하는 바람직한 목표설정 단계로 넘어간다. 해결중심모델에서 목표설정은 사회복지사가 클라이언트를 사정하고 나서 하는 것이 아니라 클라이언트가 행해야 하는 중요한 과업이다. 따라서 사회복지사는 클라이언트로 하여금 희망하는 목표설정을 하도록 하기 위해 "당신은 원조과정에서 무엇이 일어나기를 원하나요?" "원조과정에서 당신이 원하는 것은 무엇인가요?" "원하는 것을 이루기 위해 당신은 무엇을 할 생각인가요?"라고 질문한다.

그러나 일반적으로 이런 질문에 대한 클라이언트의 답변은 매우 추상적이고 모호한 경우가 많다. 예를 들어, 클라이언트는 "제가 행복했으면 좋겠어요." "딸이 달라졌으면 좋겠어요."와 같이 피상적인 답변을 한다. 이런 대답을 듣고 난 다음 사회복지사가 해야 할 과업은 클라이언트가 말한 추상적이고도 막연한 내용을 문제가 해결되었을 때 그의 생활이 어떻게 달라질 수 있는지에 대한 보다 구체적이고 상세한 광경으로 바꾸어 주는 것이다. 이런 과정을 클라이언트와 함께 잘 형성된 목표를 발전시키는 과정이라고 한다.

또한 부정적인 목표도 유용하지 못하다. 예를 들어, 가족문제를 상담하러 온 어머니에

표 6-1　클라이언트의 유형

	고객형	불평형	방문형
개념	• 문제해결 및 변화를 위한 동기를 가지고 있고 사회복지사와 함께 해결을 도모하고자 함. • 자신의 문제를 어느 정도 알고 이를 인정함.	• 모든 문제의 원인을 타인 및 주변에 돌리고 자신과 관련되지 않다고 생각함. • 문제해결에 대한 기대는 크지만 문제해결을 위해 본인이 무엇을 하겠다는 동기는 적음.	• 클라이언트는 마지못해 사회복지사를 만나게 되고 면담의 필요성을 느끼지 못함.
예	• "이 문제는 저에게 중요한 것이고, 저를 위해 변화가 필요해요." • "가족의 행복을 위해서라면 저는 얼마든지 노력할 거예요."	• "남편과 사이가 멀어진 것은 모두 시어머니의 잘못 때문이에요." • "우리 집은 남편만 바뀌면 아무 문제가 없어요."	• "제가 왜 여기서 상담받아야 하죠?" • "내 자식, 우리 가족에 대한 이야기를 여기서 하고 싶지 않아요. 그런다고 뭐가 나아지겠어요?"
사회복지사의 대처방법	• 클라이언트가 걱정하고 있는 부분, 문제라고 인식하는 점, 지금까지 시도한 노력, 향후 개선되기를 바라는 점 등을 이야기함.	• 먼저 클라이언트가 지각하는 생각, 느낌, 감정을 존중함. • "상사가 완전히 전과 다르게 당신에게 우호적으로 대한다고 상상해 보세요. 그러면 당신이 상사와 이야기할 때 당신의 행동은 어떻게 달라질까요?"와 같이 관심의 초점을 타인이 아니라 클라이언트의 역할 변화로 인해 어떤 긍정적인 변화가 올 수 있을지에 둠.	• 먼저 클라이언트의 방어적 생각이나 태도에 그럴 만한 이유가 있을 것이라고 생각하고 존중함. • 이전의 문제해결 과정에서 어떤 부정적 경험과 고충이 있었는지 살펴봄. • 문제해결을 위한 최선의 방법이 무엇이라고 인식하고 있는지를 질문함.

게 가족생활에서 무엇이 달라지기를 바라느냐고 물으면, 대개는 "저는 아들이 자기 누나와 싸우지 않았으면 좋겠어요. 제 딸이 더 이상 집을 나가지 않았으면 좋겠어요. 남편은 술 좀 그만 마시고 저를 도와줬으면 좋겠고요."와 같이 말한다. 이 같은 부정적인 진술은 클라이언트에게 실망감을 주어 비활동적이게 만들고, 게다가 그나마 남아 있는 적은 힘도 이 부정적인 무엇인가를 없애려고 노력하는 데 쓰게 된다. 이런 경우 대개 긍정적이라고 생각하는 일을 하기가 훨씬 쉽다. 예를 들면, 몸무게를 줄이려고 할 때는 군것질을 하지 않으려 하기보다는 아침에 일어나서 산책을 하는 것이 훨씬 쉬울 수 있다. 결국 잘 형성된 목표란 문제라고 인식하는 것을 없애는 것이기보다는 긍정적인 무언가가 있게 하는 것으로 묘

사되게 하는 것이다.

사회복지사는 목표를 잘 형성하기 위한 방안으로 주로 기적질문을 사용한다. 기적질문에 대한 보다 구체적인 내용은 뒤에서 제시되는 개입기술을 참조하기 바란다. 목표설정을 위한 과정에서 사회복지사가 주의해야 할 내용을 정리하면 다음과 같다.

목표를 잘 형성하기 위한 일곱 가지 원칙

① 클라이언트에게 중요한 것을 목표로 하기

치료목표는 클라이언트에게 중요하며 유익한 것이어야 한다. 이미 형성된 어떤 원칙에 근거하여 사회복지사의 목표나 프로그램의 목표를 주장하기보다 클라이언트에게 중요한 목표를 치료목표로 설정하는 경우, 클라이언트는 목표를 성취하기 위하여 보다 더 노력하게 되기 때문이다. 실제로 사회복지사가 클라이언트에게 접근해 가면서 협조할 때 클라이언트는 사회복지사에게 협조적이 되며, 치료과정이 훨씬 쉬워지므로 치료기간이 단축된다.

② 작은 것을 목표로 하기

클라이언트가 설정하는 목표가 작을수록 클라이언트가 쉽게 목표를 성취할 수 있다. 성취감은 클라이언트로 하여금 성공의 경험을 가지게 함으로써 희망과 변화하고자 하는 동기를 증가시킬 수 있게 한다.

③ 구체적이고 명확하며 행동적인 것을 목표로 하기

목표가 '행복하게 되는 것' 또는 '정상적인 생활을 하는 것'과 같이 애매모호하게 설정되면 목표를 성취하고 있는지와 치료결과를 파악하는 것이 불가능하다. 그리하여 클라이언트가 성공의 경험을 가질 수 없게 된다. 그러므로 사회복지사와 클라이언트가 진행하고 있는 것을 쉽게 평가할 수 있는 목표를 설정하는 것이 유용하다.

④ 없는 것(문제를 없애는 것)보다는 있는 것(바람직한, 긍정적인 행동들)에 관심을 두기

문제시되는 것을 없애는 것에 관심을 두기보다는 하기를 바라는 또는 긍정적인 행동에 관심을 둔 목표가 더 성취하기 쉽다.

⑤ 목표를 종식보다는 시작 단계로 간주하기

클라이언트는 치료에 왔을 때 문제가 완전히 사라지거나 성취하기를 바라는 최종 결과에 목표를 둔다. 그러나 클라이언트가 목표를 향해 나가도록 도움을 받지 않는 한, 클라이언트의 목표는 희망일 뿐 아무것도 도움이 되지 않을 수 있다. 사회복지사는 클라이언트의 견해를 전적으로 수용하는 한편 원하는 결과를 성취하기 위하여 처음 단계에서 필요한 것을 명확하고 구체적으로 설명해야 한다.

⑥ 클라이언트의 생활에서 현실적이고 성취 가능한 것을 목표로 하기
클라이언트의 생활환경에서 어떤 것이 현실적이고 성취 가능한지 혹은 비현실적이고 성취 불가능한지를 결정하는 것이다.

⑦ 목표수행은 힘든 일이라고 인식하기
클라이언트가 목표를 힘든 일이라고 인식하는 것이 중요하다.

출처: 솔루션센터(2008).

넷째, 예외에 대한 탐구다. 이것은 클라이언트가 생활하는 동안 문제가 일어나지 않거나 문제가 심하지 않았던 때를 찾아보도록 하고, 당시에 누가 무엇을 했는지를 탐색하도록 하는 것이다. 이러한 과정에서 클라이언트는 문제가 늘 강하게 작용한 것은 아니라 문제가 일어나지 않거나 강도가 약했던 때도 있었음을 알게 되고, 그때 누군가에 의해 어떤 일이 일어났는지를 기억함으로써 현재의 상황과 대처에서의 차이점을 인식하게 된다. 이러한 과정은 클라이언트의 강점과 성공에 기초한 해결책을 구축하도록 하는 데 매우 유용하다. 예외에 대한 탐구를 위해서는 "지난 몇 주 동안 문제가 일어나지 않았거나 적어도 문제가 심각하지 않았던 때가 있었습니까?"라고 질문할 수 있다.

다섯째, 매회 면담 종결 시의 피드백이다. 해결 구축적 면담의 종료 시에는 사회복지사가 클라이언트를 위해 칭찬과 더불어 몇 가지 제안을 포함한 메시지를 제시한다. 칭찬은 클라이언트가 자신의 문제를 해결하는 데 있어 이미 유용한 것들을 하고 있다는 것을 강조하는 데 도움이 된다. 제안은 클라이언트가 자신의 문제를 해결하기 위해 무엇을 더 관찰하고 실행해야 하는가를 말해 준다. 사회복지사가 클라이언트에게 보내는 피드백 내용은 희망하는 목표설정 및 예외에 대한 대화 등 원조과정에서 얻은 정보에 근거한다. 이러한 메시지를 클라이언트에게 전달하는 것은 클라이언트로 하여금 자신이 희망하는 목표의 달성을 위해 앞으로도 계속해서 노력해야 한다는 것, 향후 어떤 방향으로 접근해야 하는지에 대한 중요한 점들을 제시한다.

여섯째, 클라이언트의 진전에 대한 평가다. 이것은 클라이언트가 만족할 만한 해결책을 달성하기 위해 어떻게 하고 있는지를 평가하는 것이다. 이를 위해 주로 사용하는 것은 척

도기법이다. 사회복지사는 클라이언트에게 "오늘 상담 이후 무엇이 나아졌습니까? 그것을 점수로 나타낸다면 0점에서 10점까지 중 얼마라고 할 수 있습니까?"라고 질문한다. 이것은 클라이언트의 현재 상황에 대한 평가뿐 아니라 향후 무엇이, 어떻게, 어느 정도 바뀌어야 하는지를 알 수 있는 잣대가 될 수 있다. 이에 대해서는 뒤의 개입기술 부분에서 보다 구체적으로 다룰 것이다.

첫 회기-면담을 위한 양식 및 적용의 예

클라이언트 이름: 면담 일시:

- **호소문제:** "어떤 도움을 받고 싶으세요?"

  "시급히 해결되었으면 하는 점은 무엇입니까?"

  "더 나은 상황을 위해 어떤 노력을 해 보셨나요?"

  "어떤 노력이 효과적이었나요?"

- **목표설정:** "무엇이 달라지면 오늘 방문한 것이 잘한 결정이라고 생각하실까요?"

  "뭐가 바뀌면 오늘 상담하러 잘 왔구나 하고 생각하실까요?"

- **예외적 행동:** "문제가 덜 심각한 때는 언제였나요?"

  "지금보다 조금이라도 상황이 나았을 때는 언제였나요?"

  "그때는 어떻게 지금보다 상황이 나을 수 있었나요?"

- **척도:** "상담하기 전을 5점이라고 본다면 상담을 마친 지금은 몇 점입니까?"

  "오늘 기분상태는 100점 만점에 몇 점입니까? 지금보다 2점이 더 높아지려면 무엇이 변화해야 하나요?"

- **칭찬:** "○○ 씨, 20분 정도 당신이 처한 어려운 상황과 고충에 대해서 잘 들었습니다. 이야기를 들으면서 제가 느낀 몇 가지를 말씀드리면, 먼저 당신이 건강도 좋지 않고 일할 수 있는 좋은 여건이 아님에도 현재의 일을 꾸준히 해 오신다는 점에서 문제가 더 악화되지 않도록 당신이 얼마나 노력하고 있는지를 잘 알 수 있었습니다. 또한 자신도 감당하기 어려운 상황임에도 불구하고 가족을 돌보고 가족으로서의 역할을 나름대로 하시려고 노력한 점은 당신이 얼마나 가족을 사랑하고 있는지를 잘 알게 하였습니다. 그리고 가족들이 노력하면 얼마든지 변화가 가능하다는 믿음과 지금까지 해 오신 노력도 참 인상적이었습니다."

- **연결문:** "○○ 씨, 제한된 시간에 당신과 가족의 어려움과 상황을 다 이해할 수는 없지만 당신의 이야기를 듣고 당신이 이제까지 하지 않았던 일과 관련해서 몇 가지 저의 의견을 말씀드리고자 합니다."

- **과제 제시**: "다음 면담시간까지 해 오실 과제 두 가지를 제시하고자 합니다. 첫째, 당신은 최근 면담이 있은 다음부터 당신의 기분이 10점 만점에 7점이라고 했습니다. 다음 주에도 당신의 기분이 7점이게 한 일을 계속하세요. 그리고 당신의 기분이 지금보다 훨씬 편안하고 좋아질, 그때가 언제인지, 다른 때와 무엇이 달라졌는지, 그럴 때 당신은 어떻게 반응했는지를 일지처럼 적어 오세요. 둘째, 이번 주에 특정한 날을 선택해서 당신이 걱정하던 일이 말끔히 해결되는 기적이 일어났다고 가정해 보세요. 그 하루 동안은 마치 기적이 일어난 것처럼 살아 보세요. 그리고 그때 당신이 느낀 기분, 감정, 생각 그리고 가족들의 반응을 적어 오세요."
- **다음 면담에 대한 안내**: "다음 면담은 예정대로 수요일 3시에 하겠습니다. 시간은 괜찮으신지요? 오늘 말씀드린 과제를 잊지 말고 해 오시기 바랍니다. 그리고 집에 가서서 다음 면담에서 다루고자 하는 부분이 생각나시면 다음 면담에서 알려 주시기 바랍니다. 그럼 다음 주에 뵙겠습니다."

2) 첫 회기 이후의 회기

첫 회기 이후의 회기는 클라이언트에게 "무엇이 나아졌습니까?"를 중심으로 대화를 시작하고 유지한다. 이러한 목적과 구조는 그 이후의 회기에도 동일하다. 즉, 첫 회기 이후의 모든 회기는 클라이언트로 하여금 바로 전 회기를 끝난 그 시점부터 발생한 '예외들'을 추적하게 하는 것이 목적이다. 이러한 예외들이 바로 해결책 구축을 위한 디딤돌이 되는 것이다. 보다 구체적으로 첫 회기 이후의 회기에서 다루어야 할 점을 제시하면 다음과 같다 (De Jong & Berg, 1998: 207-231).

첫째, 클라이언트의 진전상태를 발견하는 것이다. 이를 위해 무엇이 나아졌는지에 대하여 질문한다. 이러한 질문에는 다양한 반응이 있을 수 있는데, 크게 세 가지 반응으로 분류할 수 있다. 첫 번째는 지난 회기 이후 나아진 경험을 이야기할 수 있는 유형이고, 두 번째는 "잘 모르겠습니다."라고 하는 유형이며, 세 번째는 "더욱 악화되었습니다."라고 하는 유형이다. 두 번째와 세 번째 유형에 속하는 클라이언트에 대해서는 어떤 특정한 날이 다른 날에 비해 좋았는지에 대해 생각해 보도록 한다. 예를 들어, 더 나아진 것이 있었는지에 대한 확신이 없는 클라이언트의 경우, "좋습니다. 생각해 보니 제가 당신을 만난 것은 지난 목요일 아침이군요. 어떻게 목요일 오후에 비해 금요일은 조금 나았습니까?"와 같이 지난 주에 대해 한 번에 하루씩 물을 수 있다. 사회복지사가 지구력을 갖고 노력하면 대다수의 클라이언트는 예외적 상황을 발견할 수 있다.

둘째, 같은 것을 더 하는 것이다. 첫 회기 이후 계속되는 회기에서 사회복지사는 EARS를 계속 행한다(De Jong & Berg, 1998: 211). 클라이언트가 예외에 대해 이야기할 수 있을 때에는 어떻게 그 예외들이 다시 일어날 수 있을지 물어보는 것이 바람직하다. 예를 들면, "기분이 좀 더 좋아지기 위해 어떻게 하면 당신이 한 행동들을 계속할 수 있을까요?" 또는 "이러한 것을 모두 유지하기 위해 기억해야 할 가장 중요한 것은 무엇일까요?"라고 질문할 수 있다.

> - E(eliciting)는 예외를 이끌어 내는 것을 의미한다.
> - A(amplifying)는 그 예외를 확대하는 것을 의미한다. 예외의 상황과 문제의 상황 사이에 어떤 차이가 있는지를 탐색하도록 한다.
> - R(reinforcing)은 예외를 통해 나타나는 성공과 강점을 강화하는 것이다. 강화의 대부분은 예외에 주목하고 칭찬을 통해 이루어진다.
> - S(start again)는 "또 무엇이 나아졌습니까?"라는 질문을 통해 사회복지사로 하여금 다시 시작해야 하는 것을 기억하게 한다.

셋째, 변화나 진전을 평가하는 것이다. 첫 회기 이후의 변화나 진전을 평가하기 위해 척도질문을 사용할 수 있다. 척도질문은 뒤의 개입기술 부분에서 보다 구체적으로 다룰 것이다.

넷째, 다음 단계로 옮겨 가는 것이다. 클라이언트의 목표에 대한 인식이 바뀔 수도 있고 새로운 목표가 추가될 수도 있다. 이런 경우 또 다른 목표에 대해 접근할 수 있도록 한다. 이 과정은 앞서 제시한 과정을 반복하는 것이다.

다섯째, 종결에 대한 준비다. 해결중심모델에서는 첫 회기부터 종결에 대해 알아본다. 즉, 사회복지사는 "더 이상 면담을 위해 이곳에 오지 않아도 되려면 몇 점이 되어야 합니까?"를 물음으로써 종결에 관한 대화를 시작할 수 있다.

여섯째, 아무것도 나아진 것이 없다고 하는 클라이언트에 대한 개입이다. 성공과 후퇴와 재발은 동전의 양면이다. 예를 들어, 대부분의 사람은 어떻게 싸움이 시작되고 지속되었는지에 대해서는 말하지만 어쨌든 싸움이 멈췄다는 것은 잊어버린다. 또는 지난주에 사흘 동안 다시 술을 마시게 되었다는 것에 대해서는 열심히 이야기하지만, 지난 이틀은 술을 마시지 않았다는 것에 대해서는 언급하지 않는다. 클라이언트가 오로지 자신의 실패에 대해서만 말하려 하고 더 나아진 것을 탐색하려는 시도에는 반응하지 않을 때, 사회복지사는 이야기를 정중하게 들어주며 그의 실망감을 수용하고 정상화해 주는 것이 중요하다. 충분히 경청되었다고 느꼈으면 그때 싸움이 어떻게 멈추었는지 또는 어떻게 그다음 술 한 잔을 마시지 않을 수 있었는지에 대해 물어본다. 해결중심모델에서는 클라이언트가 자신의 행동을 통제할 능력을 가지고 있다고 믿는다. 클라이언트가 스스로를 멈추게 할 수 있는 능력에 대해 깨닫게 되면, 그는 자신의 일상적인 패턴을 따르는 대신 자신이 멈추었던 상황을 예외이자 해결책을 구축할 수 있는 기초로 인식하게 된다.

이러한 해결중심모델을 이끌기 위해서는 다음의 세 가지 규칙이 매우 중요하다(김윤주 외, 2006).

첫째, 클라이언트가 문제 삼지 않는 것을 먼저 고치려 하지 않는다. 클라이언트가 일상의 일들에서 아직 문제로 여기지 않는 것은 해결하려 할 필요가 없다는 것을 의미하는데, 문제 해결의 필요 여부는 클라이언트의 주관적인 판단이지 과학적인 것은 아니라는 것이다.

둘째, 효과가 있는 것이 무엇인지 알면 그것을 더 많이 시도한다. 상담과정에서는 클라이언트가 유능하고 책임을 다하는 긍정적인 행동을 할 때 그것이 더 확대될 수 있도록 해야 한다.

셋째, 그러나 효과가 없다면 반복하지 말고 다른 것을 시도해 본다. 클라이언트에게 계속 효과가 없는 것을 반복하게 한다면, 그는 효과가 없는 것에 계속 집중함으로써 다른 대안을 더욱 볼 수 없게 되며, 상황은 더욱 악화되어 그가 원하는 결과로부터 더욱 멀어지게 된다. 이런 경우 사회복지사는 클라이언트로 하여금 다른 것을 시도할 수 있도록 도와야 한다.

첫 회기 이후 면담을 위한 양식 및 적용의 예

클라이언트 이름: 면담 일시:

• **지난번 상담 이후의 변화 찾기**

　-예외를 이끌어 내기(E): "지난번 상담 이후 조금이라도 나아진 것은 무엇인가요?"

—예외를 확대하기(A): "조금이라도 나아진 것은 무엇 때문인가요? 그런 일이 일어날 수 있도록 당신이 한 일은 무엇입니까? 그런 변화로 인해 당신이나 당신 생활에서 달라진 점은 무엇입니까?"

—예외를 강화하기(R): "그런 변화가 일어난다는 것은 쉬운 일이 아닌데 어떻게 그런 일이 일어날 수 있었나요? 당신은 이미 그런 일을 하실 수 있는 분이네요. 저는 당신이 그렇게 하실 수 있다고 믿었어요."

—다시 시작하기(S): "지금까지 말씀한 것 외에 또 무엇이 나아졌나요? 사소한 변화라도 괜찮으니 말씀해 보세요."

• 만약 나아진 것이 없다고 한다면: "그런 어려운 상황이 계속되고 있는데 어떻게 더 악화되지 않고 그 수준에서 유지하고 있나요? 지금보다 더 나빠질 수도 있는데 그렇지 않은 것은 어떤 이유에서일까요? 당신은 문제가 더 나빠지지 않도록 하기 위해 어떻게 노력했나요?"

• 척도: "지난주 기분을 5점이라고 본다면 오늘 상담하기 전 기분은 몇 점입니까?"

"오늘 상담하기 전 기분이 6점이라면 상담을 마친 지금은 몇 점입니까?"

"다음 주 기분이 지금보다 1점 더 높아지기 위해서는 무엇이 달라져야 하나요?"

• 연결문: p. 130의 첫 회기 예와 유사하게 적용함

• 과제 제시: p. 131 첫 회기 예와 유사하게 적용함

• 다음 면담에 대한 안내: p. 131 첫 회기 예와 유사하게 적용함

• 종결에 대한 사항: "당신이 더 이상 상담을 하지 않아도 된다고 생각하는 것은 무엇을 보고 아실 수 있을까요?"

"상담이 완전히 종결되면 당신과 당신 상황은 어떻게, 무엇이 달라질까요?"

3. 해결중심모델의 개입기술[1]

해결중심모델에서 사용되는 주된 개입기술은 크게 기본적인 면담기술과 해결중심적 기술로 대별된다. 기본적인 면담기술은 경청, 비언어적 행동, 개방형 질문, 요약, 설명, 침묵의 사용, 자기노출 등이 해당된다. 이와 관련해서는 3장에서 이미 살펴보았으므로 이 장에서는 해결중심적 기술에 초점을 두고자 한다.

---

1) 이 부분은 홍봉선, 남미애(2007), pp. 98-105에서 부분 발췌함.

1) 면담 전 변화에 관한 질문

해결중심모델의 기본 가정은 변화란 불가피한 것이므로 계속적으로 일어나고 있다고 본다. 따라서 클라이언트가 지난번 면담을 약속한 후부터 지금까지 일어났던 변화에 대한 질문은 때로 아주 중요한 단서를 제공한다. 면담 전의 변화가 있는 경우는 클라이언트가 이미 지니고 있는 해결능력을 인정하고 칭찬하고 강화하고 확대할 수 있도록 격려한다.

예

"우리의 경험에 의하면 처음 상담을 약속했을 때와 상담을 받으러 오기까지의 시간 동안에 어려운 상황이 좀 나아진 사람들이 많았습니다. 당신도 그런 변화를 경험하셨습니까?"

2) 예외질문

예외란 클라이언트가 문제로 생각하고 있는 행동이 일어나지 않는 상황이나 행동을 의미한다(De Jong & Berg, 2004). 어떠한 문제에도 예외는 있기 마련이라는 것이 해결중심치료의 기본 전제다. 이 모델은 한두 번의 중요한 예외를 찾아내어 계속 그것을 강조하면서 클라이언트의 성공을 확대하고 강화시켜 준다. 예외질문을 통해 클라이언트는 자신의 강점을 발견할 수 있을 뿐 아니라 스스로에 대한 긍정적 인식 및 미래에 대한 희망을 갖게 된다.

예

사회복지사: ○○야, 요즘 지내는 게 어떠니?

학   생: 그냥 똑같아요.

사회복지사: 어, 그래? 그럼 똑같이 어떻게 지내고 있는지 물어봐도 될까?

학   생: 뭐, 매일 하는 거요. 먹고, 자고, 놀고 그런 거…….

사회복지사: 그렇지, 다들 하는 거랑 똑같네. 먹는 것은 잘 먹니?

학   생: 예, 잘 먹어요.

사회복지사: 그래, 잘 먹는다니 다행이네. 자는 거는 어떠니? 요즘은 수업시간에 어때?

학   생: 그렇죠 뭐, 수업시간에 저 항상 졸잖아요. 선생님도 아시잖아요.

사회복지사: 그럼 알지. 그렇지만 내가 모든 수업시간에 너를 볼 수 있는 것은 아니잖아. 그래도 혹시 졸음이 덜 오는 시간도 궁금해서.

학   생: 재미없는 시간에는 더 졸리고 그렇지 않은 시간은 덜 졸리고 그렇죠. 다 그렇잖아요.

사회복지사: 그래, 누구나 다 그렇지. 그럼 재미있는 시간은 언제야?

학   생: 뭐, 체육시간도 재미있는 편이고, 또 재미있는 선생님이 계시잖아요.

사회복지사: 체육시간하고 재미있는 선생님이 하는 시간에는 덜 졸리다고? 체육시간은 가만 있지 않고 움직이니까 그런 건가? 아니면 네가 좋아해서 그런 건가?

학   생: 둘 다요.

사회복지사: 둘 다. 그럼 ○○는 좋아하는 것을 할 때는 다른가 보구나?

학   생: 그럼요, 좋아하는 것을 하니까요.

사회복지사: 그럼 좋아하는 것을 할 때는 졸리는 것도 덜하고 또 뭐가 다르지?

학   생: 좋아하는 것을 할 때는 신나죠.

사회복지사: 그렇지, 신나지. 그리고 또 뭐가 다르니?

3) 기적질문

기적질문은 문제 자체를 제거하거나 감소시키지 않고 문제와 떨어져서 해결책을 상상하게 하는 것이다. 이 질문을 통해 전문가는 클라이언트가 바꾸고 싶어 하는 것을 스스로 설명하게 하여 문제에 대한 집착에서 벗어나 해결중심 영역으로 들어가게 한다(정문자 외, 2006). 이 질문은 클라이언트로 하여금 잠시라도 괴로운 문제에서 벗어나 자신이 원하고 바라는 즐겁고 행복한 순간을 상상하게 함으로써 그 자체로 심리적 위안과 편안함을 줄 수 있다. 또한 기적을 이야기하면서 평소 자신이 진정으로 원하는 것이 무엇인지를 클라이언트 및 사회복지사가 보다 분명히 알 수 있게 하는 데 유용하다.

예

사회복지사: 제가 이제 지금까지와는 좀 다른 질문을 하고자 합니다. 이것은 당신의 상상력이 필요한 일이죠. 오늘 밤 집에 돌아가 잠을 자고 내일 아침에 눈을 떠 보니 당신이 고민하던 일들이 말끔히 해결되었어요. 기적이 일어난 거죠. 기적은 당신이 자고 있던 사이에 일어났기 때문에 당신이 눈을 떴을 때 비로소 기적이 일어난 것을 알게 되었어요. 뭐가 달라지면 '야! 밤 사이에 기적이 일어났네.' 하고 생각하실까요?

클라이언트: 빚을 다 갚고 돈 문제가 해결되는 거죠.

사회복지사: 그래요. 빚을 다 갚고 돈 문제에서 벗어날 수 있는 것은 큰 기적이죠. 그러면 작은 기적은 뭘까요?

클라이언트: 식구들이 일주일에 한 번이라도 저녁식사를 함께하는 거죠. 식사하면서 나는 아이들에게 짜증 내지 않고 아이들도 내 이야기를 무시하지 않는 거죠.

4) 척도질문

척도질문은 숫자의 마력을 이용하여 클라이언트에게 자신의 문제, 문제의 우선순위, 성공에 대한 태도, 정서적 친밀도, 자아존중감, 변화에 대한 확신, 변화를 위해 투자할 수 있는 노력, 진행에 관한 평가 등의 수준을 수치로 표현하도록 하는 방법이다(최인숙, 2008). 이러한 척도질문을 통하여 사회복지사는 클라이언트의 문제해결에 대한 태도를 보다 정확하게 알아볼 수 있으며, 클라이언트의 변화과정을 격려하고 강화해 주는 구체적인 정보도 얻을 수 있다.

예

"1부터 10까지의 척도에서 1점은 우리가 처음 상담을 시작하였을 때 당신의 상태를 말하고 10점은 문제가 해결된 상태를 말한다면, 당신은 오늘 어디에 있습니까?"

5) 대처질문

대처질문은 자신의 미래를 매우 절망적으로 보아 아무런 희망이 없다고 하는 클라이언트에게 주로 사용한다. 이런 절망적인 상황에 빠져 있는 클라이언트에게 희망을 심어 주기란 결코 쉬운 일이 아니다. 대처방안에 관한 질문을 통해서 사회복지사는 클라이언트의 신념체계와 무력감에 대항해 보는 동시에 클라이언트에게 약간의 성공을 느끼도록 유도할 수 있다.

사회복지사는 클라이언트가 어려움과 위기를 어떻게 극복하고 생활해 왔는지, 그리고 그런 상황에서 어떻게 희망을 버리지 않고 견뎌 올 수 있었는지에 관하여 질문함으로써 클라이언트의 능력을 인정하고 강화한다(김윤주 외, 2006).

> **예**
>
> "당신은 그 어려운 상황 속에서 지금까지 어떻게 견딜 수 있었습니까?"
>
> "그것이 바로 당신으로 하여금 견디어 나가게 하는 것이군요. 당신은 아이들을 생각하며 아이들이 당신을 얼마나 필요로 하는가를 생각하시네요. 당신은 아이들을 정말 많이 사랑하시나 봅니다. 아이들을 돌보기 위해 무엇을 하시는지 좀 더 말씀해 주세요."
>
> 출처: 김윤주 외(2006).

6) 관계성 질문

사람들은 종종 심각하고 어려운 문제에 직면하게 되면 자기 입장에서만 상황을 파악하고 다른 사람들의 입장이나 관점은 생각하지 못하는 경우가 있다. 관계성 질문은 클라이언트에게 그 자신이 문제라고 생각하는 부분과 관련해서 자신 이외의 중요한 타자(가족, 친척, 직장 동료 등)의 생각, 감정, 의견 등에 대해 질문함으로써 자기중심적 사고에서 탈피하여 보다 다각적이고 객관적인 입장에서 생각할 수 있도록 한다.

예

사회복지사: 학교 휴학 문제를 어머니와 상의해 보았어요?

클라이언트: 예, 그런데 말도 못 꺼내게 하죠. 엄마는 학생이 학교를 다녀야지 왜 휴학을 하겠다는
건지 전혀 이해가 안 간다고 하세요. 학교를 그만두는 문제에 대해서는 지나치게 민
감해요. 엄마랑 말도 하기 싫어요. 엄마는 제가 하는 모든 것을 반대하세요.

사회복지사: 어머니가 그렇게 민감한 것은 어떤 이유에서일까요?

클라이언트: 장녀인 어머니가 가정형편 때문에 대학을 가지 못하셨는데 제때 배우지 못해서 자신
의 인생이 늘 잘 풀리지 않는다고 생각하세요.

사회복지사: 엄마에게 학력이나 공부는 무엇과도 바꿀 수 없는 중요한 것이네요?

클라이언트: 그렇죠. 제가 실패하는 것이 두려우신 것 같아요.

사회복지사: 재혼하신 아버지는 이 문제를 어떻게 생각하실까요?

클라이언트: 아버지는 제 생각이 중요하다고 생각하세요. 남자는 공부도 중요하지만 자신이 하고
싶은 것을 하는 것이 더 중요하다고 생각하세요.

7) 간접적인 칭찬: 어떻게 그렇게 할 수 있었나요

간접적인 칭찬은 사회복지사가 클라이언트의 작지만 긍정적인 변화에 대해 그런 변화가
일어나고 있음을 알리고 클라이언트가 문제해결을 위해 노력을 기울이고 있는 것에 대해
칭찬하는 것을 의미한다. 이 질문은 클라이언트로 하여금 자신의 강점, 자원, 노력, 가능성
등을 발견하게 하고 변화를 위한 노력을 계속 수행하고자 하는 동기를 강화시킬 수 있다.

예

사회복지사: 지난주에는 어떻게 아버지와 한번도 다투지 않았지? 어떻게 그렇게 할 수 있었을
까요?

클라이언트: 아버지가 가장 싫어하는 일을 안 하려고 노력했어요. 아버지는 연락하지 않고 밤늦게
까지 친구들과 노는 것을 제일 싫어하거든요. 지난주에는 외출을 줄이고 늦어도 10시
까지는 집에 오려고 했어요.

사회복지사: 친구들과 놀다가 제시간에 집에 가는 것이 쉬운 일은 아니었을 텐데, 어떻게 그렇게
할 수 있었을까요?

클라이언트: 저도 중3인데 이제 철이 들어야겠다는 생각도 들고…… 아버지와 어머니가 저 때문
에 싸우시고 아버지가 부엌에서 혼자 술 드시는 것을 보니 죄송한 마음이 들었어요.

8) 다시 시작하며 질문하기

다시 시작하며 질문하기(start again)란 좋아진 것에 관해 다시 질문하는 것이다. 확신, 동
기, 과정, 희망 등을 질문하여 그것이 얼마나 실현 가능한지 척도를 사용하여 파악한다. 클
라이언트가 긍정적인 변화에 대해 충분하게 말했다고 판단될 때까지 "또 좋아진 것이 없
을까요?"라고 계속 질문한다.

9) 보람질문

보람질문은 사회복지사가 면담과정에서 클라이언트 자신이 원하는 것을 달성할 수 있
도록 함께 목표를 설정하기 위한 과정에서 필요한 기법이다. 여러 가지 어려움으로 마음
고생을 한 클라이언트는 자신 및 자신의 능력에 대해 상실감이나 무력감을 느끼기 쉽고,
그 결과 무엇을, 어떻게, 어디서부터 시작해야 하는지 모르는 등 일시적인 혼란에 빠질 수
있다. 이런 경우 보람질문은 클라이언트가 바라는 것, 클라이언트가 해결하기를 원하는
것을 보다 명료화하는 데 유익하다.

예

사회복지사: 어머님, 오늘 힘들게 복지관에 오셔서 가족에 대한 이야기를 하시고자 하는데, 뭐
가 좀 달라지면 '야, 오늘 복지관에 와서 상담받기를 참 잘했구나.' 하는 생각이 드
실까요?

상태 어머니: (침묵)

3. 해결중심모델의 개입기술　141

사회복지사: 그러면 상담을 통해 무엇이 변화되면 '이제 더 이상 상담받지 않아도 되겠다.'라고 생각하실까요?

상태 어머니: 남편이 아이들 있는 데서 나를 욕하거나 비난하지 않고, 내가 이야기할 때 상태가 나를 무시하지 않고 반항하지 않고, 나도 상태에게 화내지 않고 차분하게 이야기했으면 좋겠어요.

Chapter 07

위기개입모델

위기개입모델은 위기상황을 위하여 특별히 채택된 치료형식을 가진 단기개입이다. 이 모델에서는 위기란 누구나 경험하게 되는 자연스러운 과정으로, 이 시기에 어떻게 대처하느냐가 중요하다고 본다. 또한 6주 이내의 신속한 개입, 위기 이전 수준으로의 기능 회복을 강조하며, 다른 모델에 비해 사회복지사가 적극적인 역할을 수행한다.

학습 목표

• 위기개입모델의 기본 철학과 주요 개념을 이해한다.

• 위기개입모델의 개입 목표 및 과정을 파악한다.

• 위기개입모델의 주요 개입기술을 익히고 실제 사례에 적용해 본다.

1. 위기개입모델의 철학과 기본 개념

현대 산업사회 이후 지진, 홍수, 쓰나미 등 엄청난 규모의 자연재해는 물론 교통사고, 화재, 폭발, 붕괴 등 재난 및 각종 범죄나 테러로 인한 사고 등 다양한 위험이 인간의 안전을 위협하고 있다. 이것들은 신체적 고통은 물론 절망감, 급성불안, 공포, 무력감 등 스트레스 반응 및 정서적 · 심리적 혼란상태를 초래하고, 심지어는 장애나 심리적 외상 등 장기적인 문제를 유발하기도 한다.

위기개입모델은 위기로 인한 불균형상태를 회복하기 위하여 일정한 원조수단을 개인, 가족 및 집단, 지역사회 등에 적용하는 과정이다. 이 모델은 질병과 그 치료에 대한 전통적인 정신의학적 모델이 아니고 대중의 위험을 대상으로 한 광범위한 공중위생적 접근이다. 따라서 급성의 정신의학적 응급상태를 치료하기보다는 종합병원 혹은 정신병원의 응급실에서 사용되는 단기적 접근방법이라고 할 수 있다(김기태, 1984: 18-19). 이 모델은 자살, 사별, 이혼, 재난, 강간 등의 위기문제를 다루는 데 효과적이며, 병원 응급실, 전화상담실, 가정폭력상담실, 성폭력상담실 등 응급 및 보호적 서비스를 필요로 하는 사람들을 대상으로 한 서비스기관에서 많이 활용된다.

인간은 일생을 살면서 여러 가지 위기에 부딪히지만 다양한 방법으로 그것을 해결하려고 노력한다. 효과적으로 위기에 개입하는 것은 심각한 정서장애로 악화되는 것을 예방할 뿐 아니라 장차 스트레스적 사건에 적절하게 잘 대처할 수 있도록 하는 데 유용하다. 따라서 위기개입에서는 개인을 정상, 비정상으로 구분하지 않고 위기를 누구나 경험하게 되는 자연스러운 과정이라고 보며, 단지 이러한 위기 시기에 어떻게 대처하느냐가 중요하다고 가정한다.

위기개입모델은 정신역동이론, 실험심리학, 학습이론, 정신의학적 연구 등의 영향을 받아 발전하였다. 구체적으로 위기개입모델에서 중요시하는 주요 개념 및 기본 가정을 정리하면 다음과 같다(김기태, 1984: 30-31; 김혜란, 홍선미, 공계순, 2006: 112-114; Goldstein & Noonan, 2005: 46-48; Payne, 2001).

첫째, 인간은 일생을 통해 다양한 위기를 경험하지만 어느 정도의 위기에 대해서는 평상시의 대처기제를 활용하여 적절한 균형을 유지한다. 그러나 평상시의 대처기제로 감당하기 어려운 사건이나 상황(예: 실직이나 사랑하는 사람의 죽음, 전학)에 직면하면 균형상태는 깨지고 혼란상태에 놓이게 된다. 이처럼 안정상태의 혼란 혹은 생의 전환점인 불균형상태를 위기라고 한다. 인간이면 누구나 크든 작든 불균형상태를 경험하게 되므로 위기 자체를 질병이라고 할 수는 없으며, 다만 어떻게 처리하느냐가 중요하다고 할 수 있다. 위기는 크게 발달적 위기, 상황적 위기, 실존적 위기 등으로 구분된다(〈표 7-1〉 참조).

표 7-1 위기의 유형

유형	개념	예
발달적 위기	인간이 성장하고 발달하는 단계에서 일어나는 사건	아기의 출생, 사춘기, 갱년기, 대학 졸업, 결혼, 은퇴 등
상황적 위기	사람이 예견할 수 없거나 우발적으로 일어난 사건에 의한 위기	실직, 자동차 사고, 임신, 강간, 갑작스러운 질병, 이혼, 가족의 죽음
실존적 위기	살아가는 동안 삶의 목적이나 독립, 자유, 책임, 의무, 행복의 의미 등과 관련된 갈등과 불안과 관련된 위기	전문직에 종사하던 직장인이 자신이나 가족보다는 일에 빠져 살았던 자신의 모습을 되돌아보고 갈등을 느낌

둘째, 위기에 처한 개인은 불안, 공포, 절망, 무력감, 정서적 무감각, 불면증, 호흡곤란 등 다양한 신체·정서·사회·행동적 혼란상태를 경험한다. 이전에 기능적으로 잘 지내던 사람도 이 시기 동안은 일시적으로 스트레스를 받아 취약해지고 문제해결 및 대처 능력이 떨어진다.

셋째, 일반적으로 위기는 일련의 과정을 거친다. 골란(Golan, 1978: 62-63)은 이를 크게 위험한 사건(hazardous event), 취약단계(vulnerable state), 위기촉진 요인(precipitating factor), 심각한 위기단계(active crisis state), 재통합(reintegration)으로 구분하였다(〈표 7-2〉 참조).

넷째, 위기에 대한 인식과 정서적 반응은 사람마다 다를 수 있다. 위기에 대해 어떤 사람은 '위협'이라고 인식하기도 하고, 또 어떤 사람은 '도전'이라고 인식하기도 한다. 뿐만 아니라 위기를 어떻게 인식하느냐에 따라 정서적 반응도 달라진다. '위협'으로 인식하는 사람은 높은 불안을 경험할 수 있고, '도전'으로 받아들이는 사람은 희망과 설렘을 느낄 수 있다.

다섯째, 시간의 제한성이다. 위기를 연구하는 학자들은 사건의 심각성, 달성해야 할 과

표 7-2 위기의 단계

위기단계	내용	예
위험한 사건	• 예상할 수 있는 사건이나 예기치 않은 사건 등 스트레스적 사건이 발생하여 쇼크나 내적인 변화가 일어남	구조조정으로 인해 남편의 실직을 통보받음
취약단계	• 최초의 쇼크로 인해 혼란스러운 상태에 있음 • 개인마다 사건을 인지하는 정도에 따라 기존의 대처방식을 중심으로 나름대로의 방법으로 대처함	회사의 결정에 대한 분노, 퇴출된 남편에 대한 원망, 미안함, 불쌍함, 앞으로 살 방법에 대한 막막함 등으로 혼란된 상태에 있음. 마트에서 일하거나 저렴한 집으로 이사하는 등 노력함. 남편과 갈등이 심해지고 언쟁이 높아짐. 부부갈등이 심화되고 자녀와의 관계도 악화됨
위기촉진 요인	• 취약단계를 불균형의 상태로 전환시키는 일련의 연쇄적인 스트레스 유발사건들을 의미함	딸이 무단가출을 하고 비행친구들과 어울려 다니다 절도로 경찰에 구속됨
심각한 위기단계	• 개인의 항상성 기제(homeostatic mechanism)가 무너지면서 긴장이 최고조에 달하고 불균형상태가 시작됨 • 보통 4~6주간 지속됨 • 위기개입이 필요한 시기	딸의 소식에 엄마는 인생이 무너지는 듯한 극도의 긴장과 불안, 허탈과 무력감, 급성 우울증, 정서적 혼란 등을 경험함
재통합	• 모든 위기는 어떤 유형의 평형상태를 회복하는 단계에 도달하게 됨 • 긴장과 불안이 점차 가라앉고 개인의 기능이 다소 재구성되는 단계 • 회복된 평형상태는 위기 이전의 평형상태보다 더 좋을 수도 있고 같거나 더 나쁠 수도 있음	딸과 만나 딸의 고민과 고충을 듣고 엄마로서의 미안함과 어려움을 설명하면서 관계가 더 깊어질 수 있음. 반면, 가족문제가 딸 때문에 생긴 것이라고 책임 전가하고 딸과의 관계가 단절될 수도 있음

업의 복잡성, 주변 사람들의 지지, 개인적 특성에 따라 다소의 차이는 있지만 아무리 심각한 불균형상태도 보통 4~6주 이내에 마무리된다고 한다. 문제는 그 사이에 위기에 처한 사람이 자살을 시도할 수도 있고 위기 이후에 이전보다 더 나쁜 상황이 초래될 수도 있다는 점이다. 신속하고 적절한 위기개입은 위험으로부터 안전할 수 있도록 도와 위기상황을 단축시킬 뿐 아니라 자살과 같은 심각한 파국상황으로 치닫지 않도록 예방할 수 있다.

여섯째, 개입의 효율성이다. 위기에 처한 사람은 고통스러운 상황에서 벗어나기 위해 타인의 도움을 간절히 원하며 외부 원조에 개방적이고 순응적일 수 있다. 결과적으로 이 시점은 사회복지사가 최소한의 노력으로 최대한의 효과를 거둘 수 있는 때이기도 하다.

일곱째, 위기개입은 위기상황을 위해 특별히 고안된 독특한 모델이라는 점이다. 위기개입은 시간제한을 두지만 장기치료가 아니며 단기치료와도 다르다. 위기개입은 장기치료에서 중요하게 다루는 무의식, 내적 갈등, 전이현상 등에 초점을 두지 않는다. 또한 단기치료의 경우 증상의 완화뿐 아니라 통찰력 및 문제해결 능력 증진도 강조하는 데 반해, 위기개입은 스트레스와 스트레스의 신속한 해결을 강조한다.

위기적 사건에 따른 다양한 스트레스 반응

위기적 사건에 따라 사람들은 다양한 스트레스 반응을 하게 되는데, 이에 대해 자세히 살펴보면 다음과 같다.

- **외상에 근접한 스트레스 반응**: 외상에 근접한 스트레스 반응(peritrauma)이란 위기적 사건이 발생하는 중이거나 발생 직후 개인이 겪게 되는 초기 반응으로서 그 영향력의 정도가 현실감각, 의사소통, 자기관리 등에 있어 현저한 손상을 야기하기에 충분할 만큼 강력한 경우를 말한다.

위기적 사건에 대한 공통적 스트레스 반응

구분	스트레스 반응
정서적 측면	충격, 분노, 절망, 우울, 정서적 무감각, 공포/불안, 죄책감, 슬픔, 무기력, 일상으로부터의 즐거움 상실
인지적 측면	집중력 저하, 의사결정능력 저하, 기억력 손상, 불신/타인 비난, 왜곡, 자긍심의 저하, 자기비난, 걱정/악몽
신체적 측면	피곤함/졸음, 불면, 흥분, 두통/현기증, 소화기장애, 심장박동의 증가, 급한 호흡, 구토
행동적 측면	일상적 행동 패턴의 변화, 섭식상의 변화, 감퇴된 개인위생, 타인들로부터의 위축, 직장 및 학교 생활상의 손상, 긴 침묵

- **급성스트레스**: 급성스트레스는 DSM-Ⅳ의 급성스트레스장애로 진단되는 데 필요한 요건을 지닌 것이다. 이것은 해리 혹은 정서적 무감각, 사건의 재경험, 행동상의 회피, 고조된 생리학적 흥분상태, 사회적 및 직업적 손상 등 다섯 가지 주요 증상을 가진다. 또한 이러한 현상이 최소한 이틀, 최대한 4주 정도 지속되어야 하며, 위기적 사건이 발생한 지 한 달 내에 일어나야 급성스트레스장애의 진단영역에 포함될 수 있다.

> • **외상후 스트레스**: 외상후 스트레스장애를 지닌 사람들이 보이는 공통적인 증상은, 첫째, 반복적이고 집요
> 하게 떠오르는 고통스러운 회상이나 악몽을 통해 개인은 외상적 사건을 지속적으로 재경험한다. 둘째, 외
> 상적 사건과 관련되거나 이를 연상시키는 것으로부터 회피하고자 한다. 셋째, 만성적 긴장, 불면증, 고조
> 된 각성 등으로 인해 심한 불편을 느낀다. 넷째, 집중력상의 어려움과 기억력 손상을 경험한다. 다섯째,
> 우울증적 증상이 나타나고, 특히 사회적 고립이나 성적 흥미의 상실 등을 경험한다.
>
> • **이차적 외상충격**: 이것은 크게 두 가지 차원으로 설명된다. 하나는 중요 타자가 경험하고 있는 외상충격
> 에 대해 목격하고 알게 됨으로써 자연히 수반되는 행동과 정서이며, 또 다른 하나는 외상충격의 고통을
> 겪고 있는 사람들을 돕거나 혹은 돕기를 원하는 것으로부터 초래되는 스트레스다. 즉, 공동피해자(co-
> victimization), 구조대, 소방대, 경찰 등 다양한 위기에 반복적으로 노출되는 직업의 종사자들이 포함된다.
> 이것은 사건을 접하게 되는 방식상의 차이만 다를 뿐 외상후 스트레스장애의 증상과 거의 유사하다.
>
> 출처: 박지영(2002), pp. 13-20.

2. 위기개입모델의 개입 목표 및 과정

1) 위기개입의 목표와 개입원리

위기개입의 제1목표는 위기상황을 신속히 파악하고 당면 문제를 해결하여 클라이언트
가 최소한 위기 이전의 기능수준으로 회복하도록 돕는 것이다. 위기개입은 기본적으로 위
기에 처한 모든 사람이 개입대상이 될 수 있지만, 특히 최근 뚜렷한 위기사건이 있고 불안
과 고통이 심하지만 클라이언트가 변화에 대한 동기와 잠재적 능력을 가진 경우에 보다 효
과적이다. 반면, 퇴원한 정신질환자, 만성 심신장애자 등은 적합하지 않다.

> 라포포트(Rapoport, 1970: 297-298)는 위기개입의 목표를 크게 여섯 가지로 제시하였는데, 그중에서 네
> 번째까지는 최소한 달성해야 할 목표라고 하였다.
>
> ① 위기로 인한 증상을 없앤다.
> ② 적어도 위기 이전의 수준으로 기능을 회복한다.

③ 위기를 초래한 촉발요인(precipitating factor)에 대해 이해한다.

④ 클라이언트나 가족이 이용할 수 있는 치료적(remedial) 수단을 발견한다.

⑤ 현 스트레스가 과거 경험과 어떻게 관련 있는지 통찰한다.

⑥ 새로운 인식, 행동 및 적응적 대처기제를 개발 · 적용한다.

위기개입은 실제적 위기상황에 있는 사람에게 신속하면서도 효과적으로 개입해야 하기 때문에 다음과 같은 사항에 초점을 두고 개입해야 한다.

첫째, 위기개입의 목적은 개인의 성격변화에 초점을 두는 것이 아니라 클라이언트로 하여금 위기로 인한 스트레스를 완화하고 이전의 균형상태를 회복하며 자살, 타살, 정신병 등 심각한 문제로 더 악화되지 않도록 하는 데 있다.

둘째, 신변의 안전과 심리사회적 지지를 제공한다. 위기에 있는 사람들은 평소 기능적이었던 감각, 지각, 의사결정, 문제해결 능력이 잘 발휘되지 않을 수 있다. 사회복지사는 최우선적으로 클라이언트가 안전할 수 있도록 하고 안심을 시키며 정서적 지지를 제공해야 한다. 예를 들어, 사고현장에서 클라이언트를 접할 경우 의료진이나 경찰관이 올 때까지 주변의 위험으로부터 안전하게 보호되도록 돕는다. 또한 위급할 때 도움을 요청받을 수 있도록 자신 또는 지역사회기관의 전화번호를 알려 주거나 필요한 서비스를 직접 연결시킬 수도 있다. 그러나 클라이언트가 지나치게 오랫동안 사회복지사에게 의존하지 않도록 해야 하며, 이를 위해 개입 초기에 필요한 만큼의 적절한 지지를 제공하고 차츰 감소시키는 것이 필요하다.

셋째, 내 · 외적 자원을 동원한다. 사회복지사는 개입과정에 전문가 이외에도 도움을 제공할 수 있는 여러 사람을 포함시킨다. 위기에 처한 사람들은 여러 가지 도움을 필요로 하며 외부의 도움에도 개방적이다. 따라서 사회복지사와 같은 전문가뿐만 아니라 가족, 친구, 직장 동료, 교사, 이웃 사람, 성직자 등 클라이언트의 비공식적 지지망을 활용하는 것도 필요하다.

넷째, 적절한 수준의 감정 표현이다. 위기로 인한 분노, 좌절감, 무력감, 불안, 슬픔, 두려움 등의 감정을 표현할 수 있도록 한다. 이를 위해 사회복지사는 수용과 존중, 적극적 경청, 환기법 등을 적절히 사용하여 클라이언트가 부정적 정서 및 감정을 표출 · 완화할 수 있도록 해야 한다.

다섯째, 희망과 긍정적 기대를 갖게 한다. 사회복지사는 불안과 두려움에 휩싸여 있는 클라이언트에게 현재 어떤 상태이며 앞으로 어떻게 진행될 수 있는지 일반적인 경향을 설명 및 안내함으로써 클라이언트로 하여금 불필요한 걱정이나 두려움을 완화하고 향후 일어날 일에 대해 희망과 긍정적 기대를 갖게 하는 것이 필요하다. 이를 위해 먼저 클라이언트를 안심시키고 어려운 상황에 잘 대처하고 있다고 위로와 격려를 하며 클라이언트의 강점을 지지할 필요가 있다.

여섯째, 초점적 문제해결이다. 위기에 처한 사람은 위기상황에서 아무것도 할 수 없었던 자신에 대해 무력감, 통제감 상실과 심한 좌절감을 느끼며 문제에 대한 인식도 매우 편협하고 단편적일 수 있다. 이럴 경우 사회복지사는 큰 문제를 한꺼번에 다루기보다는 여러 가지 작은 부분으로 부분화(partialization)하고, 우선적으로 다루어야 할 문제부터 각각의 세부적인 상황을 함께 질문하고 다루어 나가는 것이 필요하다. 문제해결에 있어서는 클라이언트가 이미 가지고 있던 내적인 자원을 동원하도록 돕고, 클라이언트의 능력에 대한 신뢰와 격려를 보내야 한다.

일곱째, 구체적이고 사실적인 정보를 제공한다. 모호하거나 불명확한 정보는 오히려 클라이언트에게 더 많은 왜곡과 심적 고통을 야기할 수 있다. 부모가 사망한 아동의 경우 부모를 직접 보고 확인하고 잠시라도 신체적인 접촉을 할 수 있도록 하며, 남편이 근무 중 사고로 응급실로 옮기던 중 사망한 부인의 경우는 어떤 상황에서 사고가 일어났고 마지막 임종 순간은 어떠하였으며 의사들이 어떤 조치를 취했는지를 정확하고 사실적으로 알려 주는 것이 필요하다. 특히 클라이언트에게 부정적이거나 파괴적인 자신의 행동이 어떤 결과를 초래할 수 있는지 알려 주는 것도 필요하다. 예를 들어, "아버님께서 매일 폭음을 하시고 정신을 차리지 않고 슬픔에만 빠져 있으시면 딸과 함께 사는 것이 어려울 수 있습니다. 아버님의 고통도 심하시겠지만 딸에게는 돌봐 줄 아버지가 필요하답니다."

여덟째, 사회복지사의 적극적 개입이다. 위기개입모델에서는 사회복지사가 기존의 다른 어떤 모델에서보다 적극적으로 개입한다. 성폭력 사고현장에서 사회복지사는 피해자에게 증거의 보존을 위해 병원부터 가야 한다고 말함으로써 직접적으로 영향을 주기도 하고, 안전한 곳으로 클라이언트를 이동시키기도 한다. 물론 이런 과정은 미리 수립된 계획에 따라 신속하면서도 체계적으로 이루어져야 하며, 클라이언트의 동의에 기초해야 한다.

아홉째, 기능적 행동을 강화한다. 위기개입의 목표는 클라이언트가 위기 이전의 평형상태를 회복하고 위기 이전과 동일하거나 더 나은 기능을 해서 예전처럼 자립해서 살 수 있

2. 위기개입모델의 개입 목표 및 과정　151

도록 하는 데 있다. 이를 위해 사회복지사는 먼저 클라이언트가 과거 유사한 위기상황을 어떻게 대처했는지 검토하여 향후 성공적인 대처를 위한 효과적인 방안을 강구해야 한다. 또한 개입과정에 클라이언트를 적절하게 참여시켜 스스로 해결하는 능력을 고취시키고 긍정적인 자기상을 갖게 하며 기능적 행동을 통해 사회에 적응할 수 있도록 도와야 한다.

2) 개입과정

위기개입모델은 일상생활의 위기(이혼, 사별, 실직 등)부터 사고(성폭행, 가정폭력 등), 재난(태풍, 지진, 테러사건 등)까지 매우 포괄적인 부분을 포함하고 있기 때문에 그 유형과 개입과정이 매우 다양하다. 그중 위기피해자들의 정신건강 지원을 위해 활용되는 위기개입모델을 중심으로 살펴보면, 모델의 유형은 개입의 목적과 시기, 대상의 크고 작음에 따라 〈표 7-3〉과 같이 구분될 수 있다. 주로 위기개입모델의 개입대상은 크게 개인, 가족, 집단(피해자집단, 구조대원들, 지역주민 등)으로 나뉘거나 통합되어 개입될 수 있으며, 주요 개입내용은 욕구사정, 현장방문을 통한 상담, 심리적 지지, 경험보고 활동(debriefing) 등을 통한 심리적 지원, 집단 및 개인 교육, 위기상담 등을 주요소로 하고 있다(한재은, 정순둘, 김고은, 2011: 62-65).

표 7-3 위기개입모델 유형

유형	목적	시기	대상	내용 및 단계	특징
CISM (Critical Incident Stress Management)	디스트레스 완화 및 재난 이전 기능으로의 회복	재난 이전부터 재난 이후까지	개인 집단 가족	• 재난 이전, 이후 교육 • 상담 • 현장지원 서비스 • 동원 • 위기관리 브리핑 • 진정시키기 • 가족상담 개입 • 영적 위기상담 • 추후지도 및 의뢰	• 재난으로 인한 피해자들의 디스트레스 완화 및 외상후 스트레스장애(PTSO) 예방의 긍정적 효과 • 개인, 가족, 지역사회를 포괄하는 통합적·다측면적 접근 가능

모델	목적	시기	대상	과정	특징
CISD (Critical Incident Stress Debriefing)	재난으로 인한 심리적 고통 경감으로 인한 디스트레스 완화	재난 직후	집단	• 도입단계 • 사실단계 • 생각단계 • 반응단계 • 증상단계 • 교육단계 • 재정리단계	• 재난 구조대원을 위한 모델로 개발되었으나 현재는 피해자에게도 널리 사용 • 전 세계적으로 가장 활발히 사용되는 모델
CCP (Crisis Counselling & Training Program)	재난으로 인한 디스트레스 완화와 긴급한 문제해결	재난 직후부터 재난 이후까지	개인 및 집단	• 개인상담, 지지 • 교육 • 집단상담 • 공공교육 • 지역사회 네트워킹 • 평가, 의뢰 • 자원연계 • 교육자료 개발·보급 • 미디어와 공공서비스 발표	• 지역정신보건센터 전문가들이 중심이 되어 지역 내 재난 일차적 피해자에게 지지중심적 서비스 제공 • 미국의 9·11 테러사건에서 효과적으로 적용됨
경험보고 모델 (Process Debriefing model)	디스트레스 완화	재난 직후	집단	• 도입단계 • 사실단계 • 생각단계 • 반응단계 • 증상단계 • 교육단계 • 재정리단계	• CISD의 변형 모델 • 집단지도자는 전문가로서의 역할보다는 집단 구성원의 역동성 촉진, 집단과정에 초점을 둠
PFA (Psychological First Aid)	재난피해자의 신체적·정서적 안정	재난 직후	개인	• 지지상담 • 스트레스 관리 • 스트레스 대처방법 등의 정보와 서비스 제공	• 비전문가에 의해 수행
제임스(James)와 길리랜드(Gilliand)의 6단계 모델	정서적 불균형의 회복	위기 직후	개인 또는 가족	• 문제의 정의 • 클라이언트의 안전 확보 • 지지 제공 • 대안 탐색 • 계획 수립 • 참여 유도	• 정신보건 세팅에서 많이 사용됨 • 위기분류사정양식을 통해 클라이언트의 정서·행동·인지적 영역을 사정함
골란(Golan)의 3단계 모델	정서적 불균형의 회복	위기 직후	개인	• 초기: 1회기 • 중기: 1~4회기 • 종결: 5~6회기	• 6회기 이전에 종결

출처: 정수미, 이선민, 문용준(2006), pp. 290-293; 한재은, 정순둘, 김고은(2011), pp. 62-64; Golan (1978), pp. 62-75의 내용을 재구성함.

이상의 내용을 토대로 위기개입 단계 및 사회복지사의 활동에 대해서 살펴보면 다음과 같다.

(1) 초기단계

초기단계는 위기사건이 발생한 직후의 단계로서 일종의 응급상황으로, 이 단계에서부터 개입이 시작된다. 구체적으로 개입 내용을 살펴보면 다음과 같다.

첫째, 위기사건이 접수되면 사회복지사는 제일 먼저 피해자의 상태, 위기사건의 시간과 장소, 피해자 규모, 부상 등 심각성의 정도를 파악하고, 클라이언트를 위험으로부터 안전하게 보호하며, 물과 담요 제공, 의료적 조치 등 실제적 지원을 신속하게 행한다.

둘째, 클라이언트와의 신뢰로운 관계 구축이다. 제한된 시간 내에 효과적인 위기개입을 이루기 위해서는 개인 및 가족, 집단, 지역사회 등 어떤 클라이언트이든 간에 존중과 수용적 태도를 가지며 신뢰로운 협력관계를 구축하는 것이 필요하다. 또한 위기와 관련된 클라이언트의 현재 주관적인 생각 및 감정을 충분히 표현하게 하고, 클라이언트가 가장 중요하게 인식하는 문제가 무엇인지, 어떤 도움을 필요로 하는지를 파악하는 것이 필요하다.

셋째, 신속한 사정을 통해 개입대상이 누구이며 어느 수준까지 어떻게 개입할 것인지 계획을 신속하게 수립하고, 향후 개입에 대한 계약을 행한다. 위기사정에서는 촉진적 사건, 현재 대처반응, 위기 이전의 클라이언트 기능, 자살 가능성 부분들에 초점을 두며 클라이언트의 위기 해결과 사회적 기능의 개선을 위해 어떤 개입이 필요한지를 판단한다. 또한 계획은 주로 현재 직면한 위기사건 및 당면 문제에 초점을 두며 클라이언트와 협의해서 수립해야 한다.

위기상황에서 사회복지사가 개입할 수 있는 대상은 위기를 경험하고 있는 당사자 및 당사자 가족, 지역주민, 구조업무 종사자, 그 외 원조체계 등 다양하다. 사고피해자에 대해서는 위기의 노출 정도, 심각성, 연령, 클라이언트의 반응 및 요청에 따라 개입의 우선순위를 결정한다. 특히 사고피해자들은 사고 발생 직후에 가장 심한 충격과 고통을 경험하기 쉽기 때문에 현장에서 바로 응급처치 차원의 긴장완화나 신변보호를 하는 것이 중요하다. 또한 사고현장에서 극심한 스트레스에 있거나 심하게 지친 구조업무 종사자를 확인하여 임무교대나 휴식을 통해 이차적 충격을 예방할 수 있도록 지원하며, 잘못된 유언비어나 루머로 인해 과도한 불안과 공포감에 시달리는 지역주민을 위해서는 사고에 대한 정확한 설명과 안내를 해 줄 수 있다.

위기사정

　　위기개입모델에서는 사정이 역동적이고 계속적인 과정이다. 사정과정은 첫 면담부터 시작된다. 위기사정은 현재 지향적이고 위기에 초점을 맞추어 이루어져야 하며, 클라이언트가 경험하는 문제상황의 대인관계 차원에 초점을 두며 그 상황에 대한 클라이언트의 대처반응에 초점을 둔다. 사정 내용을 살펴보면 다음과 같다.

촉진적 사건의 사정

- 촉진적 사건의 시간과 장소 파악
- 문제상황에 관한 대인관계 차원의 이해
- 촉진적 사건에 대한 클라이언트의 감정적 반응
- 사회복지사에 대한 클라이언트의 심리적 요청 파악

현재 대처반응의 사정

- 부적응적인 대처반응을 하는 클라이언트의 경우 심리적 이득 검토
- 순응적인 대처반응의 파악과 분석

클라이언트의 위기 이전 기능의 사정

- 클라이언트의 대처행동의 내용과 특성
- 클라이언트의 정서적 유형과 커뮤니케이션 기술
- 클라이언트의 현존하는 사회지지체계
- 클라이언트의 개인적 취약성과 장점
- 클라이언트 자신이 서술하는 성격특성

클라이언트 사정에 관련된 영역

- 자살사정
- 근래에 복용하는 약물
- 근래의 병력
- 현재 정신건강 상태(인지기능, 현실검토, 지각, 충동통제, 사고과정)

출처: 김기태(1984), pp. 148-162.

(2) 중기단계

중기단계는 첫 회기부터 4~6주 이전까지에 해당되는 것으로 다음과 같은 개입에 중점을 두어야 한다.

첫째, 다양한 심리사회적 지지를 통해 피해자들이 정상적 수준으로 스트레스 반응을 다룰 수 있도록 원조하는 데 초점을 둔다. 사회복지사는 안전한 분위기에서 심리적 안정을 찾을 수 있도록 계속적인 관심과 지지를 제공한다. 또한 위기사건 및 이후 상황과 관련해 보다 구체적이고 세부적인 많은 정보를 통해 클라이언트에 대해 더 많은 것을 이해하고, 현재 위기에 대해 클라이언트가 어떻게 대처하고 있는지 파악하고 적절한 수준을 영위할 수 있도록 격려한다.

둘째, 행동변화를 위한 구체적인 개입이다. 개입은 크게 개별적 개입, 가족 및 환경조정, 집단개입의 세 가지 차원으로 대별될 수 있다(김기태, 1984: 133-147). 먼저 개별적 개입은 개인에 대한 개입으로 연령, 위기에 노출된 정도, 도움의 필요 정도, 자살 등 고위험에 있는지 여부들을 고려해 개입수준을 정한다. 필요한 경우 사회복지사는 클라이언트의 문제 해결을 위해 외부 자원을 제공하기도 하고, 클라이언트가 속한 환경을 클라이언트에게 맞게 변화시키거나 심지어는 다른 안전한 환경에서 지내도록 환경조정을 할 수도 있다.

셋째, 가족에 대한 개입이다. 가족은 위기에 처한 가족 구성원으로부터 영향을 주고받을 뿐 아니라 위기에 도움을 줄 자원도 가지고 있다. 가족면담을 통해 위기가 가족 및 가족 구성원 개개인에게 어떤 영향을 미쳤는지, 가족이 경험하고 있는 심리적 불균형과 고통은 무엇인지, 위기에 대해 어떻게 생각하는지, 어떻게 위기를 처리할 것인지, 가족이 필요로 하는 도움 등을 함께 나눌 필요가 있다.

넷째, 집단 및 지역사회 위기개입이다. 집단개입은 일반적으로 유사한 또는 상이한 위기를 경험한 사람들 5~8명이 집단을 구성하여 정해진 시간에 사회복지사와 만나는 것이다. 사회복지사는 집단 구성원이 위기경험과 관련된 감정, 생각, 부적응적 행동 등을 자유롭게 표현하여 상호 지지와 치료적 체험을 할 수 있도록 한다. 예를 들어, 구조업무 종사자들이나 가정폭력 등 피해자 지원사업에 종사하는 인력들을 위해 하루 일과 중 기관 내에서 공식적 디브리핑과 같은 집단모임을 실시하여 현장에서 생긴 스트레스를 어느 정도 해소하도록 지원할 수 있다. 지역사회 차원에도 개입할 수 있는데, 취약한 개인이나 집단에 지역사회 자원을 연결하도록 돕고 지역사회 주민들이 있는 곳에 직접 방문하여 위기교육을 실시할 수도 있다.

(3) 종결단계

종결단계에서 사회복지사의 개입은 크게 세 가지로 정리될 수 있다.

첫째, 종결시기의 결정이다. 당초 계획한 기간 내에 적정 수준의 목표가 달성되면 서비스를 종결하게 된다. 즉, 위기에 처한 사람들의 스트레스 반응이 위기 이전 수준으로 회복되었는지, 더 악화되지는 않았는지, 외상후 스트레스장애 등의 가능성이 있는지 등을 점검해서 종결시기를 결정한다.

둘째, 사회복지사는 클라이언트에게 미리 종결을 공지하여 준비하도록 하고 종결에 대한 클라이언트의 감정이나 느낌을 표현하도록 한다. 또한 개입 이후 어떤 변화가 있었으며 달성된 목표와 달성하지 못한 목표를 점검하고 향후 생활에 대한 생각이나 계획도 함께 다룬다.

셋째, 필요한 경우 타 기관에의 의뢰, 추후서비스 제공, 기타 서비스 제공 등에 대해 논의할 수 있다. 외상후 스트레스장애나 기타 역기능적 반응이 계속되고 클라이언트가 희망하는 경우, 적절한 도움을 제공하는 기관에 의뢰할 수 있다. 이때 사회복지사는 의뢰하는 기관의 이름, 위치 및 전화번호, 담당자의 이름, 업무시간, 자격요건 등에 대해 친절히 알려 줘야 한다. 추후서비스에 대한 논의에서는 추후서비스 제공시기(일반적으로 3~8주 내), 모임장소, 모임의 이유에 대해 설명한다. 이 외에도 위기와 관련된 사람들에게 원하는 경우 그들의 경험을 나누고 상호 지지하는 자조모임의 구성에 대해서도 정보를 제공할 수 있다. 집단이나 지역사회를 위한 추후서비스로는 집단 또는 지역사회 전체의 결속이나 유대감 형성을 위해 추모행사 또는 기념식의 개최, 장기적인 문제를 예방할 수 있는 교육자료나 정보 제공, 슈퍼비전 제공 등을 기획할 수 있다.

3. 위기개입모델의 개입기술

위기개입모델의 초기단계에는 주로 응급실이나 상담실 등을 중심으로 개인의 부적응적 증상 제거에 초점을 두었다. 그러나 근래 들어서는 지구 온난화로 인한 전 지구적 자연재해 발생, 원자력 누출사고 등 대형 재난사고, 묻지마 범죄로 인한 범죄피해 등의 피해가 지역주민이나 시민에게 확대되고 있다. 따라서 이러한 위기에 대해서는 사회적 및 국가적 차원에서 대처할 필요가 있으며, 특히 원조전문직인 사회복지체계의 다양한 활동 및 적극적인 개입이 절실히 필요한 시점이다.

사회복지사들은 다양한 위기사건에서 현장서비스팀, 긴장완화팀, 디브리핑팀, 개별적 개입/자문팀, 지역사회관리팀 등 다양한 위기개입팀 성원으로 활동할 수 있다.

사회복지사가 활동하는 다양한 위기개입팀

위기개입을 실천하는 사회복지사들은 위기사건과 관련된 위기단계, 장소, 개입대상 등에 따라 다양한 역할을 수행할 수 있는데, 그중 대표적인 역할을 제시하면 다음과 같다.

- **현장서비스팀**: 직접 현장에서 즉각 개입하여 즉각적으로 위기사정을 하고 즉각적으로 의뢰 처치하며 안도감 및 지지의 제공 등과 같은 임상기술의 사용 등을 통해 적극적으로 대응한다. 또한 현장에서 생존자들이 더 이상의 위험한 경험을 하지 않도록 보호하면서 때론 모여든 구경꾼이나 언론매체로부터 그들을 보호하는 것에 일차적 초점을 둔다.

- **긴장완화팀**: 사고피해자 및 가족, 구조업무 종사자, 위기개입에 참여한 사람 등을 대상으로 간략한 대화를 통한 정서의 발산을 도모하는 과정을 진행시키며, 이를 통해 위기사정의 기회 또한 자연스럽게 가질 수 있다. 개인이나 집단을 대상으로 개인이 스스로 활용할 수 있는 긴장완화 기법이나 스트레스 관리 등에 관한 자료를 제공하거나 필요한 기술을 교육시키는 역할도 수행한다.

- **디브리핑팀**: 긴장완화서비스보다는 보다 공식적이고 심리교육적 측면이 강조되며, 위기에 노출된 사람들을 대상으로 심리적으로 안정된 상태에서 가정으로 복귀할 수 있도록 지원하는 역할을 한다. 이를 위해서는 스트레스 반응 및 대처와 지지체계들에 대한 이해, 집단역동성에 대한 이해를 갖추어야 한다.

- **개별적 개입/자문팀**: 전통적 형태의 임상위기개입으로 아동학대 피해아동, 가정폭력 피해여성 등 개인을 대상으로 위기개입을 한다. 위기와 관련된 개인들의 심리, 정서적 반응에 세부적 초점을 두면서 개별적 개입을 실시하여 개인이 불균형상태에서 이차적 위기를 겪는 것을 예방한다.

- **지역사회관리팀**: 위기가 발생한 지역에 개입하며, 크게 위기 전 개입과 위기 이후 개입으로 대별된다. 위기 전 개입에서는 긴급상황 시 이용 가능한 지역사회 내 인적 · 물적 자원을 확인하고 개발하며 전문인력을 양성하는 데 초점을 둔다. 반면, 위기가 발생된 이후에는 지역주민에게 위기와 관련된 정확한 정보를 제공하고 부정적 루머의 유포를 차단하며 사회지지망을 확인, 동원하는 데 초점을 둔다. 또한 공식적 및 비공식적 추모 혹은 기념행사가 지역사회 내에서 실시될 수 있도록 행사기획 및 홍보자로 활동할 수 있다.

출처: 박지영(2002), pp. 127-132.

위기개입은 개인을 스트레스 이전의 기능으로 회복시키는 데 초점을 두기 때문에, 그에 유용한 기술이면 이론에 관계없이 다양하게 사용하고 있다.

이 책에서는 위기상황에 유용하게 적용되는 홀리스(Hollis, 1972)의 기술 및 보편적 접근법을 중심으로 살펴보고자 한다.

1) 지지적 기술

지지적 기술은 여타 모델에서도 사용하지만, 특히 위기에 처한 클라이언트를 돕는 위기개입에서 효과적이며 널리 사용되는 기술이다. 이 기술은 위기에 처한 클라이언트가 경험하는 불안, 죄책감, 분노, 무력감 등을 감소시키고 위기 이전의 평형상태를 찾도록 돕기 위해 사회복지사가 클라이언트로 하여금 현재 당면한 위기상황이나 문제가 클라이언트 자신이 인식하는 것처럼 엄청나게 위협적인 것이 아니라는 것을 표현하는 것이다. 또한 사회복지사의 관심과 존중, 돕고자 하는 의지 등을 알림으로써 클라이언트의 불안 및 공포감을 감소시키고 안정감 및 자신감을 회복하도록 하는 데 그 목적이 있다. 뿐만 아니라 이것은 위기상황에 신속하게 개입해서 제한된 시간 내에 클라이언트와 신뢰로운 관계를 구축하는 데도 유용하다. 지지적 기술에는 앞에서 설명한 바와 같이 격려, 구체적 관심의 표현, 비언어적 지지, 재보증 등이 포함된다. 구체적인 내용은 4장 '심리사회모델'을 참조하길 바란다.

2) 직접적 영향 주기

이 기술은 4장에서 설명한 바와 같이 사회복지사가 개입의 목적을 달성하기 위해 클라이언트에게 자신의 의견을 제안·조언·주장하는 것을 뜻한다. 예를 들어, 위기로 인해 심한 불면증과 신체적 증상을 보이는 클라이언트에게는 병원에서 약물치료를 받도록 하는 것, 성폭력 피해청소년에게는 증거보존을 위해 사건 발생 직후 가까운 병원에 가서 의료적 조치를 받도록 하는 것, 클라이언트의 안전이 위협받을 우려가 있다고 생각할 경우 일정한 기간 동안 안전한 장소에서 보호받을 수 있도록 하는 것, 부모에게 위기에 처한 아동의 이상행동 시 대처방법이나 요령을 알려 주고 그렇게 하도록 하는 것 등이 해당된다. 극단적인 경우에는 학대 및 방임 아동을 위험한 가정으로부터 격리시키거나 급성 정신장애를 보이는 클라이언트를 병원에 입원시키는 등 물리적 환경을 변화시키도록 클라이언트의 사생활에 직접적인 개입을 할 수 있다. 4장에서 언급한 바와 같이 이 개입은 상당히 신중하게 고려해야 하며, 무엇보다 그런 직접적 개입은 클라이언트의 복지 및 문제해결을 위한 목적에 부합되며 그것을 사용하는 명백하고 타당한 이유가 있어야 한다. 또한 사회복지사는 위기에 처한 클라이언트에게 적절한 도움을 제공할 지역사회 자원의 유무, 제공기관, 종류 및 서비스 내용에 대해 충분히 숙지해야 한다.

3) 탐색-묘사-환기법

예측했건 예측하지 못했건 간에 위기상황에 직면한 대다수의 사람은 불안, 분노, 두려움, 죄책감, 증오, 비통함 등을 갖는다. 이런 부정적인 감정은 참고 억압하는 것보다는 건강한 방식으로 외부로 발산시키고 정화하는 것이 필요하다. 특히 위기개입에서는 이런 정서적 정화가 매우 중요한데, 탐색-묘사-환기법은 그 대표적인 기술이다.

이 기술의 핵심은 사회복지사가 클라이언트로 하여금 현 위기와 관련해서 갖는 부정적 감정 및 정서, 생각에 대해 이야기할 수 있도록 안전한 분위기를 조성하고, 위기사건 및 부정적 감정에 대한 적절한 질문을 하고 그것을 클라이언트가 말로 표현하도록 격려하는 것이다. 예를 들어, 갑작스럽게 사랑하는 사람을 사고로 떠나보내고 우울하게 된 사람, 사고로 인해 회복될 수 없는 신체적 장애를 갖게 된 사람, 치명적인 질병을 진단받은 사람은 상실에 대한 애도와 비탄감을 표현하도록 하는 것이 필요하다. 심각한 범죄 피해를 경험한 사람은 분노, 공포, 증오감 등을 표현하도록 하는 것이 필요하다. 또한 위기상황에 있는 사람은 자기 탓에 문제가 일어났다고 생각하고 죄책감을 갖기도 한다. 예를 들어, 성폭력 피해자의 경우 자신이 피해자임에도 오히려 자신의 잘못(예: 밤늦게 귀가한 것, 어두운 길을 혼자서 걸어 간 것, 위험 징후를 미리 알아차리지 못한 점)으로 인해 성폭력이 발생했다고 생각하기도 한다.

이런 경우 사회복지사는 수용적 자세에서 클라이언트가 의도적으로 부정적 감정을 언어적으로 표현하도록 하고 필요할 때 적절하게 그 감정에 공감한다. 이러한 개입은 부정적 감정을 건강하고 안전한 방법으로 발산하도록 하여, 마치 폭발 직전의 솥에서 안전하게 압력을 빼는 것과 같이 정화시켜 강도를 완화시키고 안도감이나 후련함을 준다. 특히 위기로 인해 생긴 부정적 감정이나 정서를 억압하거나 인정하지 못하는 클라이언트의 경우,

사회복지사는 의도적으로 클라이언트에게 위기상황과 그때 느낀 감정에 대해 자연스럽게 이야기할 수 있도록 한다. 그러나 부정적인 감정을 표현하는 것이 클라이언트로 하여금 감당하기 어려운 고통스러운 상황에 더 빠지게 하거나 왜곡된 생각을 심화시키는 등 오히려 도움이 되지 않을 수도 있다는 것을 염두에 두어야 한다.

4) 환경조정

위기상황에 있는 클라이언트는 불안이 고조되거나 우울한 상태에 있기 때문에 평소의 대처능력이 잘 기능하지 못할 수 있다. 그렇기에 평소에는 어려움이 있을 때 자신에게 도움을 줄 유용한 사람이나 자원을 찾고 도움을 요청했다고 하더라도 위기상황에서는 그런 기능이 잘 발휘되지 않는다. 따라서 사회복지사는 클라이언트에게 도움이 될 외부 자원을 파악하고 필요한 경우 동원할 수 있도록 적극적으로 개입하며, 경우에 따라 클라이언트가 속한 환경을 신속하게 변화시킬 필요가 있다.

5) 보편적 접근법

보편적 접근법은 제이콥슨 등(Jacobson et al., 1968)이 위기개입을 위해 특별히 개발한 것으로, 다음과 같은 가정에 근거한다. 즉, 중요한 상실을 수반하는 위기에는 보편적이고 식별 가능한 위기반응이 있다는 점, 클라이언트를 돌보는 사람이 이런 내용을 미리 숙지하고 이해하고 있으면 클라이언트가 힘든 위기상황을 경험할 때 어떤 반응을 보일지 미리 예상할 수 있고 적절하게 안내할 수 있다는 점, 또 개인 성격의 정신역동성을 평가할 필요가 없으며 반드시 위기개입 전문가가 아니라도 비교적 짧은 학습에 의해 쉽고 신속하게 개입할 수 있다는 점 등이다.

다음은 사별로 인한 위기개입에 있어 보편적 접근법을 적용한 사례다. 사랑하는 사람의 사망이나 이별은 사람들이 경험하는 가장 큰 위기사건 중의 하나다. 이 경우 대부분의 사람은 갑작스러운 사실을 받아들이지 못하고 부정하게 되며, 왜 그런 일이 자신에게 일어났는지, 떠난 사람과 자신에 대해 분노하고 급기야는 의기소침하고 우울한 단계를 거치는 등 상실에 대한 애도과정을 거치게 된다. 이런 애도과정을 거친 다음에는 상실을 수용하고 일상생활로 복귀하게 된다. 클라이언트는 이런 애도과정에서 외로움, 분노, 죄책감, 좌절감, 절망감, 불면증, 우울 등 보편적인 애도반응을 보인다. 이때 사회복지사는 지지, 수용, 명료화 등을 통해 클라이언트가 보편적인 애도반응을 이해하고 그에 따른 감정을 잘 처리하도록 도울 수 있다.

사별 경험에 대한 보편적 접근법의 적용 예

2주 전 갑작스러운 교통사고로 인해 남편이 사망한 김미자 씨(51세)는 불안, 분노, 호흡곤란, 불면증, 우울 증상, 대인기피 등의 문제를 보여 딸에 의해 상담이 의뢰되었다. 김미자 씨의 남편은 중소기업의 부장으로 회사를 다니다 2년 전 구조조정으로 퇴직하면서 조그마한 식당을 운영해 왔으며, 가족으로는 79세의 노모와 대학교 2학년인 딸과 중학교 2학년인 아들이 있었다. 김미자 씨는 남편의 장례 이후 주변 사람과의 접촉을 피하고 줄곧 집에서 나오지 않았으며, 멍하니 눈물만 흘리고 잠을 잘 수가 없어 고통스럽다고 호소했다고 한다.

첫 면담에서 사회복지사는 김미자 씨에게 불면증과 호흡곤란 등 신체적 불편함에 대해서 질문하고 남편의 죽음과 자신 및 가족에 대해 이야기하도록 격려했다. 그녀는 항상 건강하던 남편이 이렇게 허무하게 세상을 떠날 줄 몰랐으며 도저히 믿어지지 않고 앞으로 어떻게 살아야 할지 막막하다고 말했다. 또한 눈 오는 날 새벽부터 시장에 물건 사러 간다고 할 때 말렸어야 했는데 한 푼이라도 벌어 대출받은 돈을 빨리 갚아야지 하는 자신의 이기심 때문에 남편이 죽었다고 격렬하게 울었다. 또 사고를 낸 중국집 배달원(18세)이 왜 새벽부터 속도를 내고 정신없이 달렸는지, 사고를 낸 청소년은 멀쩡하고 왜 잘못도 없는 자신의 신랑은 죽게 되었는지 원통함과 분노, 원망을 표현하였다.

두 번째 면담에서는 남편과의 결혼생활에 대해 이야기했다. 남편은 부모한테 물려받은 것이 없어 제대로 공부도 못하였고, 직장에서는 학력 차별도 많아 설움도 많았으며, 또 구조조정 이후에는 밤잠도 설치면서 고민도 많았지만, 식당 운영을 결정한 이후로는 다른 식당에서 석 달간 보조로 일하는 등 열심히 살았다고 한다. 남편은 효자이면서도 좋은 아버지였으며, 사람 좋아하고 술 좋아하는 호인이었다고 하였다. 반면, 다른 사람들은 그 정도 나이이면 돈도 모으고 자기 앞가림도 하는데 워낙 효자이다 보니 능력도 안 되면서 부모 뒷바라지에다 친구 빚 보증에다 늘 돈 걱정 때문에 조마조마하게 살아왔으며, 남은 것은 빚밖에 없고 결국 죽어서도 자신을 힘들게 한다고 원망과 한탄, 분노, 적대감을 드러냈다. 그러나 곧이어 남편도 고생만 하고 살아온 사람인데 제대로 행복하게 살지도 못하고 늘 고생만 하고 간 것 같다며, 그렇게 세상을 떠나 자신도 얼마나 원통하겠느냐고 죽은 남편을 원망하는 자신도 나쁜 아내라고 죄책감을 표현하였다. 한참을 소리 내어 통곡한 부인은 노모와 자식들 앞에서는 약한 모습을 보이고 싶지 않아 제대로 울지도 못했으며, 울고 나니 숨을 쉴 것 같다고 하였다.

세 번째 면담에서 부인은 사고처리에 따른 보상 문제, 유산 문제, 79세 노모의 봉양 등에 대해 이야기했다. 사고를 낸 청소년이 가출한 미성년자일 뿐 아니라 보험가입도 안 되어서 보상 문제가 어려울 것 같다고 걱정하였다. 또한 평소 돈 관리를 남편이 다 알아서 해 왔기 때문에 자신은 정확히 빚이 얼마나 있는지 몰랐는데 남편 초상 이후 정리해 보니 실제 자신이 알고 있는 것보다 훨씬 많았으며, 남편 없이 혼자서 가게 운영이 가능한지, 가게를 정리하고 새 일을 찾아야 하는지 등에 대해 걱정하였다. 사회복지사는 보상 문제의 신속한 처리를 위해 법률자문을 받을 수 있는 기관과 가게 운영에 대해 자문과 지원을 해 줄 수 있는 기관을 안내해 주었다. 부인은 혼자서는 막막했는데 이야기하고 나니 든든함과 안도감을 갖게 되었다고 하였다.

네 번째의 마지막 면담에서 부인은 가족들과 현재의 문제들을 함께 의논한 결과 일단 가게문을 열기로 하였으며, 당분간 가족이 힘을 합쳐 가게를 운영해 보고 차후에 시간을 두고 결정하기로 했다고 하였다. 또한 시어머니는 요양보호를 받을 수 있는지 알아보기 위해 심사를 신청했으며, 보상 문제를 위해 법률자문도 받고 있다고 하였다. 그리고 별 문제가 없다고 생각한 아들이 아버지의 죽음으로 인해 다소 힘들어하는 것 같아 아들에게 더 관심을 갖고 대화를 많이 해야겠다고 하였다. 그녀는 아직도 남편의 죽음이 실감 나지 않고 속상하고 두려운 마음은 있지만, 더 이상 혼자가 아니라 함께 의지할 가족이 있으며 도움을 주는 주변 사람도 많음을 느꼈다고 하였다.

6) 디브리핑

디브리핑(debriefing)은 위기로 인한 피해자나 목격자, 관련인들을 대상으로 위기 발생 직후 24시간 이내에 위기 직후부터 마비되고 억압되어 있던 강력한 감정이 감당하기 힘들 정도로 표면으로 떠오르게 될 때 감정 분출과 해소(defusing)의 기회를 갖도록 하기 위해 실시하는 방법이다. 이것은 사건이나 상황에 대한 정확한 정보를 공유하고, 위기 사건이나 상황에서 겪은 행동적 · 신체적 · 감각적 · 정서적 · 영적 · 대인관계적 경험을 자유롭게 표현하고 공유하며, 위기에 대한 정상적 반응에 대해 교육하고 앞으로의 대응방안에 대

표 7-4 학교에서의 위기개입 내용

단계	개입 내용
예방 단계	• 학교 내 위기개입팀 구성 • 학교 내 위기개입 계획 및 지침 마련 • 위기상황 대비에 따른 지속적인 교육 및 훈련 (학생 및 교직원, 학급, 학교 전체 대상)
위기 발생 단계	• 피해자 파악 및 대피 철수 • 피해자에 대한 심리적 응급처치 • 학교장 및 교내 위기관리팀에 연락 및 가동 • 경찰 및 외부 기관 도움 요청 여부 결정 • 위기 수준 및 종류, 긴급성에 대한 정보수집
응급처치 단계 (발생 후~24시간 이내)	• 학생 및 교직원, 관련인들의 심리적 피해 사정 • 목격자의 격리 및 보호, 심리적 지지 • 학생, 교직원, 학부모, 외부에 알릴 정보 결정 • 학급을 대상으로 1차적 응급처치인 디브리핑을 통한 감정 분출과 해소 (피해학생 및 교사, 소집단, 개별 학급별 개입)
사후관리 (발생 후~4주에서 최대 6개월까지)	• 고위험 학생 관찰 및 선별 • 고위험 학생의 경우 위기피해가 장기화되지 않도록 개입, 필요한 경우 개인 및 집단 상담의 실시 또는 의뢰 • 추모식 및 기념일 행사 계획

해 토론함으로써 심리적 긴장을 해소하고 문제해결력을 증진시키는 데 목적이 있다(조현진, 2008: 223).

〈표 7-4〉는 학교에서 위기상황이 생겼을 때 사회복지사가 교내 위기개입팀의 일원으로서 위기 발생과 관련해서 어떻게 개입할 수 있는지를 제시한 것이다. 위기 발생 직후 24시간 이내 학급에 들어가 학생들과 위기사건에 대해 어떻게 함께 대화하는지를 설명한 것이다. 디브리핑은 일련의 과정으로 구성된다. 즉, 맞이하기, 사실 설명하기, 경험 나누기, 감정 및 반응 나누기, 기운 북돋우기이다. 디브리핑에서 사회복지사가 행하는 구체적인 진행방법은 다음과 같다.

디브리핑 사례

- **맞이하기**: 사회복지사는 학교장과 함께 협의한 결과 학생들을 대상으로 디브리핑을 하기로 하고, 이에 학생들을 강당이나 학급 등 정해진 장소에 모이게 하고 모임을 하게 된 배경과 간단한 일정에 대해 설명한다.

  "여러분이 아시다시피 어제 학교에서 불행한 사건이 발생했어요. 모두들 놀라고 걱정 많이 했지요. 저는 오늘 어제 우리 학교에서 발생한 일에 대해 간단히 설명하고 이번 일에 대해 여러분은 어떻게 생각하는지, 위기사건이 여러분에게 어떤 영향을 미쳤는지 함께 이야기 나누고자 합니다."

- **사실 설명하기**: 사회복지사는 먼저 간결하고 정확하게 있는 그대로 위기사건에 대해 설명한다. 단, 설명 과정에서 사건에 대해 지나치게 생생한 묘사를 하거나 고통을 자극하거나 호기심을 부추기지 않도록 주의를 기울여야 한다.

- **경험 나누기**: 학생들에게 어제의 위기사건과 관련하여 어떤 경험을 하고 무엇을 알고 있으며 어떤 이야기를 들었는지, 어떤 생각과 느낌을 가지고 있는지를 질문함으로써 개별 학생들이 가지고 있는 감정을 표현하도록 해야 한다.

  "여러분 나름대로 이번 사건으로 어떤 경험을 했고 어떤 생각을 하고 있는지 한 사람씩 돌아가면서 이야기했으면 합니다. 또 어제 사건에 대해 여러분은 어떻게 알고 있으며 어떤 이야기를 들었습니까?"

- **감정 및 반응 나누기**: 사회복지사는 흥분된 학생들의 감정을 안정시키고 혼란스러운 감정에 대해서는 명료화해 주고, 특히 정서적으로 힘들고 고통스럽다고 말하는 학생들에게 정상적인 반응이라는 것을 인식시켜 주며, 편안하게 자신의 감정이나 생각을 표현하도록 도와주어야 한다. 또한 학생들과의 대화를 통해 사실과 다른 왜곡된 정보나 유언비어를 정확하게 바로잡는 것이 필요하다.

  "이런 일들은 평소 우리가 쉽게 경험할 수 있는 일들이 아닐뿐더러 우리가 전혀 예상하지 못한 일이라서 평소와는 다른 느낌이나 행동을 하게 되죠. 혹시 이런 반응을 경험해 본 사람은? 혹시 ○○ 학생과 비슷한 경험을 한 사람은? ○○에게 하고 싶은 말은?"

- **기운 북돋우기**: 사회복지사는 학생들이 경험하는 감정과 반응이 혼자만의 것이 아니라는 것을 알게 하고, 긍정적 지지와 함께 필요한 경우 상담이나 서비스를 제공할 수 있다는 것을 알려야 한다.

  "이런 일들을 겪게 되면 불안, 우울, 공포감 등을 느낄 수 있어요. 우리가 이런 위기를 잘 극복하여 빠른 시간 내에 다시 이전 생활로 돌아가려면 무엇을 하면 좋을까요?"

Chapter 08

동기강화모델

동기강화모델은 비자발적 클라이언트에게 효과적인 개입으로 최근 사회복지뿐만 아니라 정신건강, 보건 분야에서 활발하게 사용되는 접근법이다. 이 모델에서는 클라이언트에게 변화의 동기가 이미 있다고 전제하고 변화에 대해 양가감정을 갖는 것을 자연스러운 과정이라고 본다. 비자발적인 클라이언트와의 협력적 관계를 구축하기 위해 클라이언트의 동기를 불러일으키고 유지, 강화하는 데 초점을 둔다.

학습 목표

- 동기강화모델의 기본 철학과 주요 개념을 이해한다.
- 동기강화모델의 개입 목표 및 과정을 파악한다.
- 동기강화모델의 주요 개입기술을 익히고 실제 사례에 적용해 본다.

1. 동기강화모델의 철학과 기본 개념

클라이언트와 협력적 관계를 구축해야 하는 사회복지사들이 당면하는 가장 큰 어려움 중 하나는 비자발적 클라이언트와의 작업이다. 이들은 변화의 동기가 없거나 낮아 문제 행동이 빈번히 재발하거나 바람직한 행동 변화가 어려운 골치 아픈 사람들로 인식되어 왔다. 이처럼 변화 준비가 되지 않은 클라이언트에 대한 효과적인 개입으로 주목받고 있는 것이 동기강화모델이다.

동기강화모델은 동기강화상담(motivational interviewing: MI)에 기초한다. 이것은 클라이언트의 동기와 행동변화에 초점을 두는 접근법이다. 밀러(William R. Miller) 박사가 1983년에 알코올 사용 장애를 치료하기 위해 개발한 이후 최근에는 건강, 의료, 범죄자 교정, 집단치료, 정신건강, 학업, 상담 등 다양한 전문영역에서 활발하게 사용되고 있다 (Schumacher & Madson, 2017: 3-4).

동기강화모델은 최근 사회복지 영역에서 활발히 활용되고 있는데, 사회복지사에게 유용한 이유를 살펴보면 다음과 같다(Corcoran, 2017: 3-8).

첫째, 사회복지 가치와의 적합성이다. 사회복지에서 강조하는 개인의 가치와 존엄성 존중, 자기결정권, 클라이언트 중심, 강점관점, 문화의 다양성 등은 동기강화모델에서 강조하는 철학, 정신과 일치한다.

둘째, 이미 전 세계적으로 널리 보급되어 실천되는 상담법으로, 사회복지 업무상 현대적 실천 접근법을 최신으로 유지해야 하기 때문이다.

셋째, 체계적인 문헌검토를 통해 약물남용, 우울과 불안 공병장애, 정신장애, HIV에 감염된 청소년 등 사회복지에서 중시하는 사회문제에 긍정적인 영향을 미치는 것이 입증된 증거기반 접근법이다.

넷째, 건강관리, 정신건강 영역, 위기개입서비스, 다양한 사회 및 민간 서비스 기관 등 사회복지사가 일하고 있는 현장에 도움이 된다. 특히 사회적으로 취약하고 억압받는 계층, 법원으로부터 강제적인 사회복지서비스를 받도록 명령받은 클라이언트, 알코올 및 약물의존 집단 등 비자발적 동기를 가진 클라이언트를 대상으로 행동변화를 이끌어 내야 할 때 가장 적합하다.

다섯째, 독립적인 모델로도 사용될 수 있지만 인지행동치료, 대인관계치료, 행동지향적 개입 등 다양한 개입방법과 통합해서 사용될 수 있다.

여섯째, 일회성 상담에서도 사용이 가능하다.

동기강화모델에서 강조하는 기본 가정과 원리를 정리하면 다음과 같다.

첫째, 변화에 대한 믿음이다. 동기강화모델에서는 기본적으로 세상에 있는 모든 것은 다 변화한다고 전제한다. 절대 변하지 않을 것 같은 사람도 언젠가 변화한다는 것이다. 또한 변화동기에 주목한다. 동기는 고정된 것이 아니라 역동적으로 변화하고 주변 환경에 의해 영향을 받는다고 본다. 예를 들어, 사회복지사가 아침 사례회의에서는 클라이언트에 대한 자원연계를 보다 강화해야겠다고 결심했다 하더라도 여러 업무 처리로 정신없는 오후시간에는 이런 생각이 약해질 수 있다.

동기는 단순히 개인의 생각이나 노력만으로 생겨나거나 달라지는 것이 아니라 상호 관계적이며 생태학적인 맥락 안에 있다(Miller & Rollnick, 2015: 6). 예를 들어, 열심히 공부하라는 부모의 이야기가 잔소리로 여겨지는 청소년이라 하더라도 좋아하는 선생님이나 여자 친구와 학업에 대해 이야기하는 것은 흥미로울 수 있다. 결과적으로 어떤 사람과 어떤 방식의 대화를 나누느냐에 따라 변화에 대한 관심과 흥미가 증가될 수도 있고 반대일 수도 있다. 한마디로 동기강화모델에서는 동기가 클라이언트와 사회복지사의 상호작용의 산물이라고 간주한다(Corcoran, 2017: 4).

둘째, 초이론적 변화모델과 상호보완적이다. 동기강화모델은 프로차스카(Prochaska)를 중심으로 금연문제를 다루기 위해 개발된 초이론적 변화모델과 서로 지대한 영향을 주고받으며 발전해 왔다. 초이론적 변화모델에 따르면 사람들은 심각한 흡연, 약물 등 문제행동을 그만두기 전에 일정한 단계, 즉 전숙고단계(자신에게 문제행동이 없다고 생각함), 숙고단계(자신에게 문제가 있다고 조금씩 생각하고 변화에 대해 관심을 갖기 시작함), 결심단계(변화해야겠다고 생각함), 실행단계(문제행동을 변화하기 위해 구체적 노력을 함), 유지단계(변화행동을 6개월간 지속함), 재발단계(과거 문제행동을 다시 함)를 거치면서 나아진다고 하였다. 이중 동기강화모델은 전숙고단계와 숙고단계에서 최적으로 사용될 수 있다(Corcoran, 2017: 14-30).

셋째, 교정반사에의 저항, 양가감정 등 변화대화와 관련된 역동에 주목한다. 일반적으로 사람들은 변화하고자 하는 마음과 동시에 현재를 유지하고 싶은 마음도 갖는다. 예를 들어, 게임에 빠져 있는 클라이언트의 경우 "게임을 끊어야 하긴 하는데, 너무 재미있어서

표 8-1   초이론적 변화모델의 과정 및 클라이언트의 특징

구분	클라이언트의 특징	사회복지사의 과업
전숙고 단계	클라이언트는 자신에게 문제행동이 없다고 생각하기 때문에 무엇도 하지 않는다. 문제행동을 유지하는 것이 잃는 것보다 얻는 게 더 많다고 생각한다.	행동변화에 초점을 두기보다는 문제행동의 부정적인 면을 자각하게 함으로써 클라이언트에게 변화하려는 동기를 형성하게 한다. 문제 없는 행동이라고 믿었던 생각에 대해 의심하게 만드는 데 초점을 둔다.
숙고 단계	자신에게 문제가 있다는 생각뿐 아니라 행동변화의 실행가능성과 비용 등을 생각하기 시작한다. 자신의 행동을 이해하고 싶어 하고 때때로 그로 인해 스트레스를 받는다. 변화에 대해 관심을 갖지만 아직 변화에 헌신하지 못한다.	클라이언트의 동기를 북돋아 주고 문제와 회복과정에 관해 교육시키는 것이다. 행동변화의 이득을 강화하고 피해를 개선하거나 적어도 감소하는 방법을 탐색할 수 있게 도와주려고 애쓴다.
결심 단계	클라이언트는 빠른 시일 내에 변화하겠다는 태도를 취한다.	신뢰를 구축한다. 변화의 시기에 대해 말하고 정보와 대안을 제시하고 조언한다.
실행 단계	최근 6개월 동안 자신의 문제행동이나 환경을 바꾸려고 시도한 경험이 있다. 변화하기 위해 제시된 전략과 행위를 기꺼이 따르려고 한다.	클라이언트가 치료계약을 유지하고 작지만 성공적인 단계들을 달성하도록 원조함으로써 현실적인 변화관점을 지지한다. 변화의 초기단계에 관련된 어려움을 인정하고 공감해야 한다. 고위험 상황과 이를 극복하려는 대응전략을 평가한다.
유지 단계	변화된 행동이 적어도 6개월간 지속된다.	클라이언트의 변화에 대한 노력을 지지하고 격려한다. 실수나 재발을 피하는 데 초점을 두어야 한다. 클라이언트가 만족감, 즐거움의 대안적 원천을 찾아내고 생활양식의 변화를 계속해서 지원하도록 원조해야 한다.
재발 단계	과거 문제행동을 다시 한다.	재발을 실패로 보기보다 고위험 상황 및 그에 대한 해결을 위해 개발되어야 하는 전략을 보다 더 인식하는 기회로 본다. 재발은 변화과정의 정상적인 부분이라고 본다. 즉, 두 걸음 앞으로 가기 위해 한 걸음 후퇴하는 것이다. 사회복지사는 또 다른 변화를 위해 노력하는 것의 중요성과 자신감에 관한 클라이언트의 변화과정을 촉진한다.

출처: Corcoran (2017), pp. 14-30.

시간 가는 줄 몰라요. 스트레스가 사라지죠." "언젠가 직장을 다니긴 해야 하지만 지금은 아니에요. 필요한 돈은 아르바이트를 하면서 벌고 있어요." "게임을 끊고 싶어도 친구들이 하는 걸 보면 저도 모르게⋯⋯."와 같이 말한다.

기존 접근법에서는 이러한 양가감정을 '저항' '부정'이라고 부르고 그 자체를 문제라고 생각하였다. 이럴 경우 사회복지사는 "학교에 가려면 게임부터 끊어야 해요." "자립의지가 강해야 해요." "일자리부터 찾아야죠." 등 여러 가지 제안과 지시를 하기 쉽다. 왜냐하면 클라이언트의 잘못된 행동이나 감정, 판단을 바로잡아 주어야 한다고 생각하기 때문이다. 이를 동기강화모델에서는 교정반사라고 한다. 이처럼 사회복지사가 클라이언트의 말에 교정반사로 대응하는 경우 결과는 의도와 다르게 정반대가 되기 쉽다. 클라이언트는 또 다른 이유들을 대면서 현재 행동을 유지하고자 하는 자신의 의견을 관철시키려고 할 것이다. 그 과정에 사회복지사와 논쟁을 하기도 하고, 심지어는 반감을 느껴 관계가 단절되기도 한다.

그러나 동기강화모델에서는 이처럼 자신의 행동에 영향을 주려는 타인의 시도나 노력에 대항하고자 하는 것은 매우 인간적이고 자연스러운 반응이라고 간주한다. 따라서 동기강화모델에서는 변화에 대해 양가감정을 가지고 있는 사람에게 변화하라고 지시하는 것이 아니라 이미 클라이언트에게 있는 변화에 대한 동기를 이끌어 내도록 대화하는 것에 주목한다.

넷째, 클라이언트가 중요시하는 동기와 가치를 이해하는 것을 우선시한다. 사람들이 변화하는 데에는 다양한 이유가 있다. 그중 사람들은 자신이 삶에서 지키고 싶은 가치에 따라 크게 영향을 받는다. 동기강화적 관점에서는 사회복지사가 생각하는 변화의 이유보다는 클라이언트가 생각하는 변화의 이유, 동기를 찾는 것이 중요하다고 본다.

다섯째, 힘들게 만들어진 변화동기가 계속 유지되기 위해서는 클라이언트에게 변화하고 싶은 이유와 이득에 대한 이야기를 많이 하도록 하는 것이 효과적이라고 가정한다. 일반적으로 사람들은 들은 것보다는 자신이 말한 것을 더 실천하고자 한다(Herman et al., 2015: 6-7). 따라서 동기강화모델에서 사회복지사는 문제중심의 대화나 행동변화를 위해 무엇을 해야 한다고 가르치기보다는 클라이언트 스스로 변화에 대한 말(변화대화)을 하도록 이끄는 적절한 질문을 하는 데 초점을 둔다. 예를 들어, 현재 문제에 대해 물어보기("딸의 어떤 문제 때문에 걱정하고 계신가요?")보다는 변화에 대한 의도, 변화로 인한 이점, 변화하지 않음으로써 예측되는 손해 등에 대해 질문하는 것이 더 효과적이다.

동기강화모델의 특징을 정리하면 다음과 같다.

첫째, 변화에 대한 대화를 강조한다. 클라이언트 스스로 변화를 주장하도록 유발하고 변화 이유를 탐색할 수 있도록 하는 의사소통을 전략적으로 사용한다(Schumacher & Madson, 2017: 13-14). 특히 사회복지사는 클라이언트의 변화에 대한 양가감정을 파악하여 면담 중 변화에 대한 언급(변화대화)에 의도적으로 주의를 기울이는 반면, 현재 상태를 유지하려는 말에는 반응을 하지 않아 결과적으로 변화대화를 늘리고 유지대화를 줄이도록 한다.

둘째, 동기강화모델의 기본정신은 협동, 유발성, 수용, 연민이다. 클라이언트가 자신과 관련된 이해와 경험에 있어 전문가라고 인정하고 협력적 관계를 유지한다. 변화에 대해 사회복지사가 지시하거나 해결책을 제시하기보다는 문제에 대한 클라이언트의 관점, 변화 이유와 동기, 효과적인 변화방법 등을 클라이언트에게서 이끌어 내고 유발한다. 이 과정에 클라이언트의 잠재력과 가치를 인정하고 진심어린 관심과 이해, 인정을 하는 수용이 필요하다. 이때 사회복지사는 클라이언트의 복지를 극대화하고 더 나은 삶을 살 수 있도록 돕기 위해 책임감을 갖고 최선을 다해야 한다(Schumacher & Madson, 2017: 20-26).

셋째, 동기강화모델에서 사회복지사의 역할은 안내자이다. 휴먼서비스직에 종사하는 전문가의 역할을 양극단으로 나누어 보면 크게 지시하는 역할과 따라가는 역할로 양분할 수 있다. 따라가기는 비지시적 상담 또는 인간중심상담에서 주로 사용되는 역할이다. 이것은 클라이언트에게 어떤 방향도 제시하지 않고 경청하기를 통해 상대방이 그 자신 고유

"딸의 어떤 문제 때문에 걱정하고 계신가요?"	• 변화에 대한 의도 질문("오늘부터 딸에게 칭찬하는 것이 얼마나 가능하다고 생각하시나요?") • 변화로 인한 이점 질문("어머니가 딸에게 칭찬을 한다면 어떤 점이 나아질까요?") • 변화하지 않음으로써 손해 질문("딸과의 관계가 지금처럼 계속 좋지 않다면 생길 수 있는 나쁜 점은 무엇인가요?")
문제중심의 대화	동기강화모델의 대화

[그림 8-1] 문제중심대화와 동기강화모델의 대화

출처: Herman et al. (2015), pp. 6-7.

[그림 8-2] 동기강화모델에서의 대화 스타일

의 방향성을 찾게 해 줄 수 있다고 가정한다. 반면, 지시하기는 조력자가 무엇을 논의해야 할지, 어떤 행동을 해야 할지 등에 대해 충고, 조언하면서 주도적인 역할을 한다.

동기강화모델에서 강조하는 안내하기는 따라가기와 지시하기 양극단 사이 어딘가에 해당된다(Miller & Rollnick, 2015: 54). 안내자는 마치 여행 가이드와 같은 역할을 한다. 클라이언트와의 관계 안의 권력구조를 이용해 클라이언트에게 무엇을 할지 명령하는 역할이 아니라 클라이언트가 알맞은 변화 방법을 찾을 수 있도록 안내하는 역할을 수행한다(Corcoran, 2017: 4). 필요한 경우 조언을 할 수 있지만 클라이언트의 동의를 얻고 선택적으로 사용한다(Herman et al., 2015: 6-7).

넷째, 클라이언트의 강점 및 자기결정권을 강조한다. 클라이언트는 변화에 필요한 요소들을 이미 가지고 있다고 전제하고 그들 삶의 전문가라고 생각한다(Miller & Rollnick, 2015: 53). 따라서 사회복지사가 클라이언트에게 해 주는 것이 아니라 클라이언트와 함께하는 것을 강조한다. 또한 클라이언트의 자기결정권과 책임을 강조한다. 변할지 말지, 변한다면 어느 정도 변화할 것인지, 또 어떻게 변화할 것인지는 클라이언트가 자기결정권을 갖는다. 따라서 사회복지사는 직면이나 낙인보다는 클라이언트의 강점과 역량을 강화하고 희망과 낙관적 생각을 북돋는다. 또한 클라이언트 중심적이고 지지적이며 대립하지 않고 클라이언트를 존중한다.

다섯째, 동기강화모델의 주요 기술은 기존 여러 상담 기술 중 변화에 대한 동기를 발달시키는 기술들을 통합한 것이다. 대표적으로 열린 질문하기, 반영, 강점 찾기, 요약하기 등이다. 반영, 인정하기 등은 비지시적 상담에서 널리 사용되고 있지만 동기강화모델에서는 다소 차이가 있다. 예를 들어, 비지시적 상담에서 공감적 반영하기는 클라이언트가 어느 방향으로 가고 있든 상관없이 갈등과 감정이 발생하는 순간 사용된다. 그러나 동기강화모델에서는 클라이언트의 변화대화를 지지하기 위한 목적에서 활용한다는 점에서 차이가 있다(Corcoran, 2017: 5).

여섯째, 단 한 번의 접촉만으로도 상담이 가능하고 다양한 장면에서 발생하는 위기개입

서비스를 제공한다(Corcoran, 2017).

　이상과 같은 다양한 유용성이 있음에도 불구하고 동기강화모델은 다음과 같은 한계도 갖는다(Miller & Rollnick, 2015: 166-168).

　첫째, 클라이언트가 일정 수준의 인지발달이 있어야 한다. 동기강화모델에서는 사람들이 자신의 현재 행동과 가치, 바라는 행동 간에 불일치감을 인식할 때 자신의 행동을 변화하려는 동기가 강화된다고 믿는다. 따라서 자신의 행동을 돌아보고 자신의 관점이나 신념, 대안, 이상적인 행동을 비추어 생각해 볼 수 있는 인지적 성숙이 있어야 한다. 따라서 중학교 초반부터 동기강화모델을 적용하기에 적절하다.

　둘째, 동기강화모델은 자신의 생각을 말로 표현하는 것이므로 어느 정도 언어능력이 있는 사람에게 적용해야 한다. 만일 나이 어린 아동에게 적용할 경우에는 말보다는 행동기반의 전략을 사용하는 것이 효과적일 수 있다.

　셋째, 청소년에게 적용할 경우 자율성이 침해되지 않도록 주의한다. 독립성과 자율성이 발달하는 청소년 시기에는 청소년에게 그가 원하는 무언가를 할 수 없거나 하면 안 된다고 하면 본능적이고 강한 감정으로 반응할 수 있다. 따라서 동기강화모델을 적용하여 청소년과 작업할 때는 청소년의 자율성을 지지하는 것이 좋다.

2. 동기강화모델의 개입 목표 및 과정

1) 목표

　동기강화모델은 양가감정을 탐색하고 변화에 대한 동기를 강화시키는 인간중심적이며 협력적인 상담법이다(Corcoran, 2017: 3). 동기강화모델의 목표는 클라이언트의 행동 변화에 있다. 따라서 사회복지사는 클라이언트가 변화를 위한 자신만의 이유를 탐색하도록 해서 변화하도록 촉진하고 안내하는 역할을 한다. 이러한 과정에서 클라이언트의 강점과 역량을 강조하고 변화를 위한 협력적 관계를 통해 클라이언트가 더 나은 변화를 실천할 수 있도록 돕는다.

2) 개입과정

동기강화모델은 일반적으로 관계형성하기, 초점 맞추기, 유발하기, 계획하기의 4단계로 이루어진다. 그러나 이러한 과정은 고정된 것이 아니다. 순차적으로 이루어질 수도 있고 동시에 일어날 수도 있고 순서에 상관없이 생기기도 한다. 설사 계획하기 단계까지 갔다고 하더라도 클라이언트가 약속을 지키지 않는다면 관계형성하기 단계를 더 다룰 수 있다(Miller & Rollnick, 2015: 126). 만약 클라이언트가 원하는 목표와 변화동기가 명확하다면 관계형성하기 단계에서 바로 계획하기 단계로 넘어갈 수도 있다.

(1) 관계형성하기

관계형성하기(engaging)는 사회복지사와 클라이언트 간에 서로 신뢰하고 존중하는 전문적 관계를 수립하는 것을 의미한다. 이것은 서로에게 도움이 되는 연결점을 찾고 신뢰롭고 협력적인 관계를 맺는 과정이다. 가장 기본적이면서도 중요한 단계로서 다른 모델에서와 크게 다르지 않다.

이 단계에서 사회복지사가 해야 할 주요 과업을 살펴보면 다음과 같다.

첫째, 따스함, 수용적 태도, 관심갖기 등을 통해 신뢰롭고 협력적인 분위기를 조성한다. 클라이언트로 하여금 환영받고 존중받고 있음을 느끼게 한다. 또한 클라이언트가 자신을 개방하고 탐색할 수 있도록 안전한 상담환경을 조성하는 것이 필요하다.

둘째, 클라이언트가 소중하게 생각하고 지키고 살아온 가치 및 목표를 탐색한다. 동기강화모델은 사람들의 자율성과 그들이 본래 가지고 있는 지혜, 그리고 긍정적인 방향으로 성장하고자 하는 열망을 존중한다(Miller & Rollnick, 2015: 87). 이처럼 클라이언트의 가치와 목표를 탐색하는 것은 관계형성에 도움이 될 뿐만 아니라 클라이언트의 동기에 영향을 미치는 가치가 무엇인지를 파악하는 데 유익하다. 왜냐하면 인간은 자신의 행동과 신념이 일치되는 것을 선호하기 때문이다. 따라서 동기강화모델에서는 면담을 통해 클라이언트가 자신의 핵심가치와 생각이 현재의 행동과 일치하는지를 탐색하도록 하고, 만약 일치하지 않는 부분이 있다면 그것을 자각하도록 해서 변화를 유발하게 한다. 예를 들어, 어린 시절 친척 집에서 학대받고 자란 여성이 계속적인 남편의 폭력에 시달리면서도 외부에 도움을 요청하지 않는 이유에는 자식에게 가정이라는 울타리만은 지켜줘야 한다는 신념, 자식을 끝까지 지키겠다는 열망이 작용한다.

- 당신이 살아가면서 중요하다고 생각하는 것(가치)은 무엇인가요?
- 왜 당신에게 그것(가치)이 중요한가요? 어떻게 해서 그것이 당신에게 중요하게 되었나요?
- 어떤 측면에서 그것(가치)이 당신에게 중요한가요?
- 당신이 가치를 지키기 위해 노력한 예를 하나 들어주시겠어요?

셋째, 관계형성에 방해되는 행동을 삼가야 한다. 예를 들어, 사회복지사가 전문가라고 생각해서 사회복지사 중심으로 접근(전문가 함정)하거나 클라이언트를 쉽게 진단하고 평가하거나(진단 함정) 클라이언트가 관심을 두지 않는 주제에 대해 서둘러서 초점을 맞추거나(조급하게 초점 맞추기 함정) 클라이언트에게 비난하는 행동(비난하기 함정) 등을 해서는 안 된다(Miller & Rollnick, 2015: 47-53).

(2) 초점 맞추기

초점 맞추기(focusing)는 변화가 필요한 지점에 집중하는 과정을 의미한다. 관계형성이 어느 정도 만들어지면 사회복지사는 클라이언트가 어떤 도움을 받고 싶은지, 면담에서 다루어졌으면 하는 내용은 무엇인지, 어떤 변화를 원하는지를 파악하고 그 부분에 초점을 맞춘다.

의제 설정하기의 예

최○○ 씨는 82세로 3년 전 남편과 사별한 뒤 홀로 지내고 있다. 9개월 전 목욕탕에서 넘어져 고관절 수술을 받은 후 집 밖으로 나오지 못하고 있다. 오랫동안 앓아 온 심장병과 고혈압, 당뇨, 알코올중독 등 복합적인 건강문제를 가지고 있다. 아들은 경기도에서 택배를 하고, 딸은 이혼 후 장애인 아들을 혼자 돌보고 있다. 사회복지사는 첫 만남에서 다음과 같이 의제를 제시하였다.

"안녕하세요, 어르신. 저는 행복노인복지센터에서 일하는 조형기 사회복지사입니다. 통장님이 할머니께서 혼자 지내시는데 통 밖으로 나오지 않으시고 해서 걱정이 많다고 방문을 요청하셨습니다. 당분간 주 3회 정도 찾아와 반찬과 물품도 챙겨 드리고 필요한 돌봄서비스를 제공하고자 합니다. 이 일로 따님과 통화하니 어머니가 식사는 안 하고 매일 술을 드시고 울면서 전화한다고 걱정이 많으셨습니다. 오늘은 이 부분에 대해 좀 더 이야기 나누고 싶은데 말씀해 주시겠습니까?"

이 단계에서 사회복지사가 해야 할 주요 과업을 살펴보면 다음과 같다.

첫째, 의제(agenda)를 설정한다. 의제 설정은 사회복지사가 클라이언트를 만나 향후 만남의 방향성과 목적에 대해 서로 이야기하는 것이다. 향후 만남에서 다루고 싶은 의제는 사회복지사와 클라이언트가 서로 다를 수 있다. 사회복지사는 클라이언트가 어떤 부분의 도움을 받고 싶은지에 대해 파악하는 것이 필요하다.

둘째, 클라이언트가 다루었으면 하는 내용(agenda), 변화되었으면 하는 것에 초점을 둔다. 사회복지사가 중요하다고 생각하는 것이 아니다. 클라이언트가 여러 가지 어려움을 호소한다면 그중 가장 먼저 해결하고 싶은 것의 우선순위를 정한다.

초점 맞추기를 위한 질문

- 당신이 변화했으면 하는 것은 무엇입니까?
- 당신이 걱정하거나 염려하는 것은 무엇입니까?
- 변화를 위해 어떤 노력을 했나요?
- 현 상태를 변화시키는 데 있어 어려움이나 장애물은 무엇입니까?
- 변화를 위해 이전에 어떤 도움을 받았나요?
- 제공된 도움 중 어떤 것이 효과적이었나요? 효과적이지 않은 것은 무엇이었나요?

(3) 유발하기

유발하기(evoking)는 클라이언트의 변화동기를 불러일으키도록 자극을 주는 것이다. 이 단계는 클라이언트로 하여금 변화 이유를 자신의 언어로 표현할 수 있도록 하는 것이다.

선행연구들에 따르면 마음속으로 생각하는 것보다는 말로 구체적인 것을 표현할 때 실천 가능성이 높다고 한다. 따라서 이 단계에서는 클라이언트의 내재된 변화동기를 불러일으키기 위해 클라이언트의 변화하려는 생각이나 욕구를 알아차리고 변화에 대한 대화를 증가시키는 데 초점을 둔다. 이를 위해 기본적으로 OARS기술을 적극적으로 사용한다. 그러나 변화를 확실히 원하고 실천하려는 의지가 있는 사람의 경우 이 단계는 가볍게 다루고 넘어간다.

이 단계에서 사회복지사가 해야 할 주요 과업을 살펴보면 다음과 같다.

첫째, 변화대화를 알아차리는 것이다. 동기강화모델에서는 변화에 대해 클라이언트가 말하는 것을 변화대화라고 한다. 이런 대화가 시작되는 것이 변화의 출발점인 동시에 동기강화모델을 적용할 적절한 시점이라고 본다. 그러나 어떤 사람은 변화하고자 하는 마음을 지나가는 말로 흘리기도 하고, 어떤 사람은 제대로 표현하지 못하기도 한다. 심지어는 자신이 변화하고자 하는지를 알지 못하는 경우도 많다. 따라서 클라이언트의 변화하려는 마음을 포착하는 세심함과 변화대화로 이끄는 기술이 필요하다.

변화대화는 크게 변화를 준비하는 것과 관련된 대화(변화준비대화)와 변화를 행동으로 옮기는 것과 관련된 대화(변화실행대화)로 대별된다. 변화준비대화는 변화준비언어(DARN), 즉 클라이언트가 변화를 하고 싶어 하는 열망(Desire), 변화를 할 수 있는 능력(Ability), 변화를 해야 하는 이유(Reason)와 필요성(Need) 등에 대해 이야기하는 것이다. 클라이언트가 이런 변화준비언어를 말할수록 행동으로 옮길 가능성이 높다. 따라서 사회복지사는 클라이언트와의 면담 중 클라이언트가 변화를 바라거나 변화의 필요성 등을 언급하는지를 주목하고 이를 촉진해야 한다.

표 8-2   변화대화 유형별 질문

		변화 언어	질문
변화 준비 언어	열망	저는 ~하고 싶어요. 제 소원은 ~이에요. 저는 정말 ~원해요.	왜 이러한 변화를 원하시나요?
	능력	저는 ~할 수 있을 것 같아요. 저는 ~해낼 수 있다고 생각해요.	어떻게 해내실 수 있으신가요?
	이유	제가 변한다면 기분이 좋아질 것 같아요.	변화해야 하는 좋은 이유 한 가지를 말해 보시겠어요?
	필요성	저는 ~할 필요가 있어요/반드시 ~해야 해요/~해야만 해요.	얼만큼 중요하고 왜 그런가요? (0~10점)
변화 실행 언어	결심 공약	~하길 바라요. ~하려고 계획하고 있어요. ~을 시도해 보려고 해요.	무엇을 하실 생각이세요?
	실행 활성화	의지, 준비된 상태, 준비과정	어떤 준비가 되어 있으신가요? 어떤 의지를 가지고 계신가요?
	실천 하기	클라이언트가 이미 변화 방향의 어떤 행동을 실천함	벌써 시도하신 부분이 있으신가요?

출처: Miller & Rollnick (2015), p. 172의 내용을 일부 수정하여 재구성함.

변화실행대화는 변화를 실제 실천하는 것과 관련된 대화이다. 변화실행대화는 변화실행언어(CAT), 즉 결심공약(Commitment), 실행활성화(Activation), 실천하기(Taking steps)를 말하는 것이다. 결심공약은 클라이언트가 앞으로 바람직한 행동을 할 것이라고 결심을 표현하는 것이다. 예를 들어, "새해부터 담배를 끊을 거야." "~를 약속해." "~을 할 거야."라고 말하는 것이다.

실행활성화는 명확히 하겠다고 결심공약을 말하는 것은 아니지만 행동을 향한 움직임이 있는 것이다. "기회가 되면 해야겠죠." "할 준비가 되었습니다."와 같이 정확한 말은 하지 않았지만 결심공약의 의미가 들어 있는 경우다. 이럴 경우 "언제 하려고 하시나요?" "구체적으로 무엇을 준비하고 있나요?"와 같은 더 구체적인 질문을 한다.

실천하기는 클라이언트가 원하는 변화를 달성하기 위해 무언가 구체적인 행동을 하고 있는 것이다. 예를 들어, "운동을 하려고 문화센터에 신청했어요." "게임시간을 줄이기 위해 컴퓨터에 타이머를 설치했어요."라고 말하는 경우다.

둘째, 변화대화를 이끌어 내고 반응하는 것이다. 동기강화모델은 현 상태를 유지하려는 대화(유지대화)를 줄이고 바람직한 변화를 이루기 위한 대화(변화대화)를 증가시키도록 촉진하는 것을 강조한다. 이를 위해서는 사회복지사의 특별한 반응이 필요하다. 동기강화모델에서는 이와 관련된 유용한 기술로 귀(EARS), 즉 정교화하기(E), 인정하기(A), 반영하기(R), 요약하기(S)를 권장한다. 다음은 변화대화를 촉진하는 기술과 관련된 예시이다.

- 변화를 이끌어 내는 질문: "당뇨를 위해 달리해야 할 행동에는 무엇이 있을까요?"
- 정교화를 위한 질문: "그것에 대해서 좀 더 말씀해 주시겠어요?"(정교화하기란 열린 질문으로 상대방이 얼버무릴 수도 있는 주제나 누가, 언제, 어디서, 무엇을, 왜를 상세히 말하도록 격려하는 것이다.)
- 변화대화 반영하기: "술에 취하는 것이 당신에게 좋지 않다고 생각하시는군요."
- 변화대화 요약하기: "식습관에 변화가 필요한 여러 가지 이유로 기분을 더 좋게 하기 위해서, 에너지를 더 많이 갖기 위해서 혹은 아이들에게 좋은 모델이 되기 위해서라고 말씀해 주신 것 같네요."
- 변화대화 인정하기: "여기에 대해 얼마간 생각해 오신 것 같네요. 우울을 위해 무언가 해야 할 필요가 있다는 것을 알고 계시고요."

출처: Schumacher & Madson (2017), p. 48.

또한 결정저울표를 활용할 수 있다. 예를 들어, 학교를 계속 다녀야 할지, 그만두어야 할지를 고민하는 고등학생이 있다고 하자. 여기서 활용할 수 있는 것이 결정저울표다(〈표 8-3〉 참조). 사회복지사는 중립적 입장에서 각 칸에 해당되는 질문들을 균형 있게 질문할 수 있다. B와 C칸은 행동변화를 선호하는 반면, A와 D칸은 현재 상태를 선호하며 행동변화를 반대하는 입장이다. 전자와 같이 변화를 지지하는 말을 변화대화라 하고, 후자와 같이 변화를 반대하는 말을 유지대화라고 한다. 대화 중 사회복지사의 주요 과업은 네 칸에 해당되는 대화를 충실하게 해나가는 것이다(Miller & Rollnick, 2015: 61).

셋째, 유지대화(무변화)와 불협화음에 반응한다. 유지대화는 변화대화와 반대되는 것으로 클라이언트가 변화하지 않고 현재의 상태를 유지하고 싶다고 말하는 것이다. 예를 들면, "콜라나 치킨은 아무리 먹어도 질리지 않아요. 매일 먹고 싶어요."(열망), "남들이 술 먹자고 하면 거절할 수가 없어요."(능력), "친척 할아버지는 평생 담배를 피워도 건강하세요."(이유), "술을 꼭 끊어야 할 필요는 없잖아요."(필요) 등과 말하는 것이다. 불협화음은 사회복지사와 클라이언트 간에 생각이나 입장이 달라 언쟁을 하거나 갈등이 생기는 것과 같이 협력적인 관계에 금이 가는 것이다.

이와 같이 유지대화나 불협화음이 생길 경우, 사회복지사는 지금까지 클라이언트에 대

표 8-3 결정저울표의 예

	현재 상태 또는 선택 A	변화 또는 선택 B
얻는 점 (+)	(A) 현재 상태의 좋은 점 또는 선택 A 유지대화 예) "학교를 계속 다니게 되면 어떤 이점이 있다고 생각하니?"	(B) 변화해서 좋은 점 또는 선택 B 변화대화 예) "학교를 그만두면 좋은 점은 무엇이라고 생각하니?"
잃는 점 (−)	(C) 현재 상태의 좋지 않은 점 또는 선택 A 변화대화 예) "지금처럼 학교를 다니게 될 때 생기는 불리한 점은 무엇이라고 생각하니?"	(D) 변화해서 좋지 않은 점 또는 선택 B 유지대화 예) "학교를 그만두게 될 때 생기는 불리한 점은 무엇이라고 생각하니?"

출처: Miller & Rollnick (2015), p. 61.

해 해 왔던 반응과 행동을 바꾸는 것이 좋다. 예를 들어, 면담 중 클라이언트와 불협화음이 생긴다면, 직면이나 언쟁보다는 클라이언트의 이야기에 더 주의 깊게 경청하며 반영하고 대화의 초점을 바꾸도록 해야 한다. 클라이언트의 염려나 걱정이 있을 수 있다는 것을 수용하고, 클라이언트의 선택과 자율성을 존중한다는 것을 분명히 할 필요가 있다. 만약 클라이언트가 계속해서 현재 상태를 유지하고자 하는 유지대화로 말한다면, 사회복지사는 의식적으로 대화의 방향을 변화대화 쪽으로 전환한다.

이와 관련된 효과적인 기법으로는 단순반영하기, 양면반영하기, 인정하기, 초점이동하기, 과장하여 말하기, 나란히 가기 등이다(Herman et al., 2015; Schumacher & Madson, 2017: 49-52). 사과하기는 클라이언트에게 바로 미안하다고 말하는 것이다. 이것은 클라이언트와의 관계가 수평적이며 협력적이라는 것을 드러내는 유용한 방법이 된다. 이 외에 반영하기, 인정하기 등은 다음 절에서 자세히 살펴보겠다.

표 8-4 유지대화나 불협화음이 생겼을 때 사회복지사의 반응

클라이언트의 유지대화에 대한 사회복지사의 반응	클라이언트와 불협화음이 생겼을 때 사회복지사의 반응
• 단순반영: "지금 당장은 당신의 식습관이 염려되지 않는군요." • 확대반영: "사람들이 당신의 체중에 대해 과잉반응하는군요." • 양면반영: "다이어트가 당신에게 중요한 문제는 아니면서도 동시에 저를 만나러도 오셨네요." • 재구성하기: "음식을 좋아하기도 하고, 또 음식을 먹는 것이 친구들과의 만남에서 중요한 부분이기 때문에 식습관에 변화를 주는 것이 어려우시겠어요." • 자율성 강조: "결국 식습관을 변화시킬 것인가 말 것인가에 대한 결정은 당신이 하는 거예요."	• 사과하기: "음주정책에 대해 명확한 정보를 제공받지 못하셨다니 유감이에요." • 단순반영: "같은 상황에 대해 당신과 학장님이 서로 다른 관점을 갖고 있는 것 같네요." • 확대반영: "다른 학생들도 모두 술을 마신다는 점을 고려한다면 대학이 당신의 음주에 대해서 너무 과잉반응했네요." • 양면반영: "여기에 와야 할 이유를 정말 모르기도 하고, 또 동시에 지금 처한 곤란에서 어떻게 하면 벗어날 수 있는지 알고 싶기도 하시군요." • 인정하기: "이 상황에 대해서 정말 많이 고민하신 것 같아요." • 초점 이동하기: "제가 당신에게 뭔가 하기를 강요할까 봐 염려하시는 것 같아요. 전 당신에 대해 충분히 알지 못하고 있고, 또 무엇이 당신이 납득하기에 괜찮을 만한 것인지에 대해 아직 대화를 해 보지도 않았어요. 여기에 오신 것에 대해 당신이 어떻게 생각하는지 얘기를 나누어 보고 싶어요."

	• 자율성 강조: "이곳에 오도록 강요받았다고 느끼실 것 같아요. 그래서 이 프로그램에 어떤 정보를 다룰지는 당신의 선택에 달려 있다는 점을 알려 드리고 싶어요."

출처: Schumacher & Madson (2017), pp. 48-50.

넷째, 윤리적 문제에 대해 대응하는 것이다. 클라이언트가 변화 욕구가 현저히 낮거나 없는 경우, 이런 과정에서 윤리적 문제가 생길 수 있다. 동기강화모델은 클라이언트가 원하는 것에 바탕을 두어야지 사회복지사가 원하는 가치나 목표를 달성하는 것이 아니다. 그렇다고 동기가 없는 클라이언트에게 동기가 생길 때까지 아무것도 안 하고 손놓고 기다릴 수는 없다. 특히 클라이언트가 자신 또는 타인의 삶이나 복지를 해치는 위험에 있을 경우 더욱 그러하다.

만약 클라이언트와 사회복지사 간의 목표나 열망이 완전히 달라서 사회복지사나 기관이 좋다고 생각하는 방향으로 클라이언트를 움직이려고 한다면 반드시 윤리적 측면을 검토해야 한다. 전문가적 가치관을 가지고 윤리적인 결정이 되도록 깊이 깨닫고 살펴보는 것이 중요하다(Miller & Rollnick, 2015: 136-137). 즉, 사회복지사 자신이 클라이언트를 특정한 방향으로 너무 빨리 몰아가는 것은 아닌지, 교정반사로 클라이언트에게 설득하고 있는 것은 아닌지 성찰해야 한다. 그리고 클라이언트가 변화하고자 하는 열망이나 동기를 찾을 수 있도록 다양한 방법을 강구해야 한다.

(4) 계획하기

계획하기(planning)는 변화에 대한 동기가 어느 정도 생기고 난 뒤 이에 대한 구체적인 행동계획을 수립하는 것이다. 이 단계에서 사회복지사가 해야 할 주요 과업을 살펴보면 다음과 같다.

첫째, 변화를 실천하기 위해 검토되어야 할 부분들(예를 들어, 변화의 이유, 시기, 방법 등)에 대해 클라이언트와 의견을 나누고, 이를 달성하기 구체적인 계획을 만들어 나간다. 가장 먼저 할 수 있는 활동이 무엇인지 이끌어 내고, 계획에 방해물은 무엇인지, 도움을 줄 사람은 누구인지를 확인하는 작업 등이 필요하다. 보다 구체적으로 계획하기에서 다루어야 할 구체적 목표와 질문은 〈표 8-5〉와 같다.

표 8-5 변화 계획하기의 구성요소

목표	동기강화모델에 부합하는 질문	중요하게 고려해야 할 사항
클라이언트가 원하는 변화가 무엇인지 확인하기	• "건강과 관련해서 변화하고 싶은 부분은 어떤 것인가요?"	목표는 구체적이어야 하고 부정형의 말(예: 튀긴 음식 먹지 않기)이 아닌 긍정형의 말(예: 운동량 늘리기, 과일과 채소를 더 많이 섭취하기)로 진술되어야 한다.
변화의 이유 강조하기	• "몇 가지 변화를 위한 여러 이유(요약해 준다)에 대해 논의해 보았는데요. 변화를 원하는 가장 중요한 이유가 있다면 그것은 무엇인가요?"	클라이언트가 이전에 언급한 변화 이유들을 근거로 클라이언트의 동기를 유발하고 상기시키는 것이 중요하다.
변화를 원하는 이유: 변화목적 이끌어 내기	• "변화를 통해 얻고 싶은 것은 무엇인가요?" • "변화를 통해 성취하고자 하는 목표는 무엇인가요?"	목표는 현실적이고 달성 가능해야 한다.
변화를 위해 클라이언트가 어떤 계획을 세울 것인지 확인하기	• "목표를 위해서 당신이 할 수 있는 많은 것이 있어요. 목표를 위해서 해 볼 수 있는 활동들에는 어떤 것이 있을까요?"	동기강화모델에 부합하는 방식으로 정보의 선택목록을 제공하는 것이 유용하다.
가장 먼저 할 수 있는 활동 이끌어 내기	• "말씀한 활동들 중에서 당신이 가장 먼저 할 수 있는 것에는 무엇이 있나요?" • "이러한 변화를 위해서 내디딜 수 있는 첫걸음에는 무엇이 있나요?" • "이러한 활동을 언제, 어디에서 그리고 어떻게 시작할 수 있나요?"	구체적이고 실제적인 활동을 이끌어 내는 것이 중요하다.
계획에 방해되거나 차질을 빚게 하는 것을 확인하기	• "때로는 당신의 계획에 방해가 되는 것들을 생각하는 것이 도움이 된답니다." • "이 계획을 방해하는 것에는 어떤 것이 있을까요? 또 어떻게 하면 계획을 잘 지킬 수 있을까요?"	방해물을 피할 수 있는 방법을 찾는 것에 중점을 두어야 한다.
클라이언트가 계획을 지키는 것을 도와줄 수 있는 사람 확인하기	• "당신이 계획을 지키는 것을 도와줄 수 있는 사람은 누구인가요?"	구체적으로 어떤 사람인지, 또 그 사람이 어떻게 도와줄 수 있는지 확인하는 것이 중요하다.
계획의 효과성을 클라이언트가 알 수 있는 방법 확인하기	• "당신이 세운 계획이 효과가 있다는 사실을 어떻게 알 수 있을까요?"	계획의 효과성을 알 수 있는 구체적이고 실제적인 지표를 확인해야 한다.

출처: Schumacher & Madson (2017), p. 72.

둘째, 클라이언트의 자율성을 존중한다. 계획을 수립하는 과정에서부터 변화계획을 실행하는 모든 과정에서 변화의 주체는 클라이언트이다. 설사 클라이언트가 동의해서 계획단계까지 진입했다고 해도 마음이 변한다면 클라이언트의 자율성을 존중해야 한다. 그리고 클라이언트가 원하면 언제든지 다시 시작할 수 있다는 것을 알려 준다.

셋째, 클라이언트에게 적합한 계획 수립을 위해서는 앞서 제시한 기본 기술 OARS(열린 질문하기, 인정하기, 반영하기, 요약하기)는 물론 정보 제공과 조언기술을 적극적으로 사용할 수 있다.

넷째, 계속해서 클라이언트의 변화동기를 유지하고 꾸준히 실천할 수 있도록 촉진하고 지지한다. 계획을 수립했다고 끝나는 것이 아니다. 변화는 단기간에 일어나기도 하지만 대부분 오랜 시간의 노력과 끈기가 필요하다. 이 과정에 자신을 통제해야 하고 새로운 방식에 적응하기 위해 어렵고 힘든 시간을 이겨 나가야 한다. 순간순간 되돌아가고 싶은 충동과 양가감정을 느끼기도 하고, 잘되지 않을 경우 좌절을 느끼기도 한다. 따라서 계획 수립 이후 변화결심을 계속해서 유지하고 확고히 하도록 사회복지사의 계속적인 관심과 지지가 필요하다. 필요한 경우 다시 변화실행대화를 나누고 그 과정에 걱정이나 주저함이 있는지, 실행의지가 있는지를 확인하고 유발하는 노력이 필요하다. 변화에 대한 확고한 결심이 구체적인 행동으로 드러날 수 있도록 사회복지사는 다음과 같은 질문을 할 수 있다.

계획 수립과 관련한 질문

- 어떤 부분을 변화의 시작으로 보시나요?
- 어떻게 이 변화를 만들 수 있을까요?
- 첫 단계로 할 수 있는 좋은 것은 무엇이 있을까요?
- 미래에 어떤 어려움이 있을 것 같나요? 어떻게 그 어려움을 다루실 건가요?

출처: Corcoran (2017), p. 174.

계획 수립 이후 계획 결심이 더 확고하도록 하기 위한 질문

- 이 계획에 대해 불안한 점이 있나요?
- 이 계획에 따라 해 보는 것에 대해 어떻게 생각하세요?
- 언제부터 시작하실 건가요?

• 이 계획대로 실천하는데 얼만큼 자신이 있나요?

출처: Corcoran (2017), p. 176.

3. 동기강화모델의 개입기술

동기강화모델에서 사용하는 기술은 앞서 언급한 것처럼 동기강화모델 고유의 기술이라기보다는 기존 상담에서 주로 사용하던 기술들을 통합한 것이다. 대표적인 기본 기술로는 OARS(열린 질문하기, 인정하기, 반영하기, 요약하기)와 극단적 질문하기, 미래 예상해 보기 등이 있다.

1) 열린 질문하기

열린 질문(open question)은 기존 상담에서의 기술과 동일하다. 닫힌 질문(예: 예 또는 아니요로 답변하게 되는 질문)과 달리 열린 질문은 포괄적이고 광범위하다. 따라서 클라이언트가 자신의 경험이나 생각, 감정에 대해 탐색할 수 있고, 자신에게 중요하거나 의미 있는 일들을 중심으로 자유롭게 말할 수 있다. 대체적으로 동기강화모델에서는 열린 질문을 반영하기와 혼합해서 사용하는 경우가 많다. 이것은 단순한 정보수집보다는 클라이언트에 대한 더 깊은 이해를 할 수 있도록 하며, 변화에 대한 동기를 유발하고 변화계획을 수립할 수 있도록 돕는 데 초점을 두기 때문이다.

예

"술로 인해서 일상생활에서 경험하는 어려움으로는 어떤 일이 있나요?"
"약 복용과 관련해서 당신이 걱정하는 것은 무엇입니까?"

2) 인정하기

인정하기(affirming)는 클라이언트의 강점과 노력을 알아 주고 지지하고 격려하는 것이다. 한 인간으로서 개인에게 내재된 가치를 포함하는 좋은 면들을 알아보고 인정해 주는 것이다(Miller & Rollnick, 2015: 73-76). 인정하기는 막연한 칭찬이 아니라 클라이언트가 실제로 지닌 강점, 실제로 한 일이나 노력에 대해 언급하고 인정하는 것이다. 이것은 열린 질문하기, 반영하기와 더불어 동기강화의 핵심기술이다.

인정하기의 구체적인 방법으로는 클라이언트의 강점, 자질, 기술, 행동 등에 대해 언급하는 방법, 클라이언트의 행동이나 상황을 긍정적인 시각에서 재구성하는 방법, 클라이언트로부터 긍정적인 말을 이끌어 내는 방법 등이 있다(Schumacher & Madson, 2017: 34).

예

"지금 당장 상담이 필요하다고 생각하지는 않지만 따님 때문에 여기까지 오셨네요. 자녀를 걱정하시는 마음이 참 크시네요."

"비가 와서 오는 길이 불편했을 텐데 이렇게 약속을 지켜 주셔서 감사합니다."

"건강이 좋지 않은데도 이렇게 프로그램에 참여하시는 끈기와 노력이 대단하신 것 같아요."

3) 반영하기

반영하기(reflecting)는 동기강화모델에서 가장 기초가 되면서도 핵심이 되는 기술이다. 이는 거울에 비추듯 상대방의 마음을 비춰서 대화하는 방식이다. 반영하기는, 첫째, 사회복지사가 클라이언트의 말을 경청하고 있음을 보여 주고, 둘째, 공감을 표현할 수 있게 하며, 셋째, 클라이언트에 대한 이해를 전달할 수 있고, 넷째, 주제에 대해 깊이 있게 논의할 수 있게 한다.

동기강화모델에서는 클라이언트를 변화의 방향으로 안내하기 위해서 유지대화나 불협화음, 변화대화에서 의도적이고 전략적으로 반영을 사용한다. 불협화음 시 반영을 하는 목적은 변화에 대한 클라이언트의 양가감정에 직면하기보다는 클라이언트와 동행하기 위한 것이다. 즉, 클라이언트를 계속 이해하고 작업관계 형성을 촉진하고자 하는 것이다. 변화대화에서 반영을 하는 이유는 변화대화를 강화하고 견고히 하기 위해서다(Schumacher & Madson, 2017: 36). 반영을 할 경우 말끝에서 음조를 올리기보다는 낮추는 것이 바람직하다. 그럴 경우 이해를 반영하는 진술이 되기 쉽기 때문이다. 동기강화모델에서는 반영하

3. 동기강화모델의 개입기술 185

기를 단순반영, 확대반영, 양면반영으로 세분화하여 사용한다.

(1) 단순반영

단순반영은 클라이언트가 한 말이나 생각, 감정, 행동에 가장 가깝게 클라이언트에게 다시 말해 주는 것이다. 즉, 클라이언트가 한 말의 내용은 유지하되 표현방식을 조금 달리하여 정리해서 다시 말하는 것이다. 이처럼 클라이언트가 자신이 한 말을 다시 타인의 말로 정리해서 듣게 되면 방어적 자세에서 벗어나 자신의 문제를 탐색하는 데 용이하다. 또한 자신의 경험과 생각을 명료화하게 해 주며, 사회복지사가 자신을 이해한다는 느낌을 갖게 해 주기 때문에 협력관계를 공고히 하는 데도 도움이 된다.

예

민   경: 뚱뚱하다고 놀리는 친구들 때문에 학교에 가기 싫었어요. 차라리 집에서 혼자 있는
          게 더 편했어요.

사회복지사: 체중문제 때문에 친구들 관계나 학교생활에 어려움이 있네요. (단순반영)

(2) 확대반영

확대반영은 클라이언트가 말하고자 하는 것보다는 더 극단적인 방법으로 반영하는 것이다. 이것은 유지대화를 하는 클라이언트에게 유용하다. 변화에 대해 양가감정을 가진 클라이언트에게 당신은 전혀 문제가 없다고 생각하거나 전혀 도움을 필요로 하지 않는다고 과장되게 말하는 것이다. 이 기술을 사용하는 의도는 클라이언트의 양가감정 중 변화를 원하는 측면, 즉 교정반사를 이끌어 내기 위한 것이다. 따라서 이를 사용할 경우에는 빈정거리거나 비난하는 것이 아니라 지지적인 태도를 갖는 것이 필요하다.

예

우   기: 마누라가 간수치 때문에 너무 걱정해요. 매일 술을 마셔도 지금까지도 별 탈 없이 살
          아왔고, 병원에 가면 이런저런 검사만 많이 하고, 의사들은 술 끊으라는 말만……. 목
          숨이야 하늘이 정하는 것인데, 먹고 싶은 것도 못 먹고 어떻게 살아. 차라리 죽는 게
          낫지.

사회복지사:	전혀 걱정할 필요가 없는 일에 아내가 신경 쓰고 있다고 생각하시는군요. (확대반영 1)
우 기:	술 때문에 사고도 나고 해서 전혀 걱정할 필요가 없는 것은 아니지만…….
사회복지사:	지금까지 병원 치료가 전혀 도움이 되지 않는다고 생각하시는군요. (확대반영 2)
우 기:	그렇다고 전혀 도움이 되지 않는 것은 아니에요.

(3) 양면반영

양면반영은 양가감정을 말하는 클라이언트에 대해 변화하려는 측면과 현재 상태를 유지하고자 측면 모두에 대해 반영하는 것이다.

양면반영을 할 경우 다음과 같은 점을 주의한다. 첫째, '하지만(but)'보다는 '그리고(and)'라는 단어를 사용하여 양가감정의 양 측면 모두를 강조한다. 둘째, 반영할 경우 현재 상태를 유지하고자 하는 마음을 먼저 제시하고 난 다음 변화에 대한 내용을 문장의 끝에 제시한다. 왜냐하면 일반적으로 사람들은 나중에 언급한 내용을 더 잘 기억하고 그 부분을 더 이야기하고자 하기 때문이다. 즉, 변화에 대해 더 대화하고자 하기 위한 것이다.

표 8-6 **불협화음을 유발하는 양면반영**

양가감정 절차	예
행동의 장점과 단점 간	"한편, 당신은 우울증을 앓을 때 코카인을 사용하면 기분이 나아질 수 있다고 믿는군요. 그리고 약효가 떨어질 때 당신은 매우 기분이 저하되고 우울증을 느끼는군요."
변화의 장점과 단점 간	"당신은 변화하는 것이 당신으로 하여금 이 상황들을 계속해서 통제 가능하게 한다는 것을 알고 있어요. 그리고 당신이 인생에서 성취하고자 하는 바를 생각해 볼 때 현재로서 이것이 과연 가치 있는 일인지 궁금해하고 있습니다."
가치와 문제행동 간	"당신의 아내는 당신의 인생에 있어서 훌륭한 지지자군요. 그리고 지금 현 상태가 유지된다면 그녀는 당신을 떠날 수도 있을 것이구요."

출처: Corcoran (2017), pp. 75-76.

4) 요약하기

요약하기(summarizing)는 클라이언트가 말한 정보들을 모아서 정리, 종합하는 것이다. 좋은 요약하기는 클라이언트가 단편적으로 이야기한 내용들을 잘 모아서 큰 그림을 보여 주는 것이다. 요약을 통해 클라이언트는 자신이 말한 여러 경험에 대해서 스스로 생각해 보고 반영해 볼 수 있다. 요약하기의 방식에는 다양한 정보를 모아서 알려 주는 수집요약 (collecting summary), 이전 회기에서 다루었던 내용들을 정리해서 연결해 주는 연결요약 (linking summary), 주제를 바꾸거나 과제나 회기를 시작하거나 마무리할 때 사용하는 전환요약(transitional summary)이 있다(Miller & Rollnick, 2015: 76-79).

5) 정보 제공하기와 조언하기

정보 제공은 클라이언트가 자신에게 맞는 합리적 판단과 선택을 할 수 있도록 관련된 적절한 정보를 제공하는 것을 말한다. 이것은 단순한 정보 전달보다는 클라이언트가 중요하게 생각하는 가치, 목표와 욕구를 고려한 것이어야 한다. 또한 클라이언트로 하여금 스스로 적합한 것을 선택할 수 있도록 돕고자 하는 것이다.

조언하기는 클라이언트에게 사회복지사의 생각이나 의견을 말하는 것이다. 조언을 할 경우에는 먼저 클라이언트에게 사회복지사의 생각을 말해도 될지 허락을 구하는 것이 필요하다. 조언을 한 뒤에는 조언에 대한 클라이언트의 생각은 무엇인지를 질문한다. 또한 조언을 받아들일지 여부는 전적으로 클라이언트의 선택에 있다는 점을 명확히 한다.

6) 극단적 질문하기

극단적 질문하기는 클라이언트가 걱정하는 것에 대해 극단적인 상황을 상상하도록 질문하는 것이다(Miller & Rollnick, 2015: 193-194). 이는 주로 변화를 원하지 않는 클라이언트에게 변화대화로 이끌어 내는 데 유용하다.

> **예**
>
> "만약 지금처럼 매일 술을 계속 마시게 된다면 최악의 상황으로 어떤 일이 생길까요?"
>
> "담배를 끊게 되었을 때 가장 큰 변화는 무엇일까요?"
>
> "원하는 대로 체중이 줄어든다면 지금과 다르게 무엇이 달라질까요?"

7) 과거 회상하기

과거 회상하기는 변화대화로 유도하기 위해 클라이언트에게 문제가 없던 이전 상태를 회상하도록 해서 현재 상태와 비교해 보도록 하는 것이다(Miller & Rollnick, 2015: 194). 초점은 과거에 성공했던 경험에 대해 질문하고 어떻게 그렇게 할 수 있었는지에 대해 이야기하도록 한다. 이를 통해 이전보다 더 나빠지거나 더 좋아지게 된 이유를 탐색하도록 한다. 또한 클라이언트로 하여금 스스로 할 수 있는 사람이라고 인식하게 한다.

> **예**
>
> "지금보다 덜 게임에 빠져 있었던 때는 언제인가요? 그때를 기억하시나요? 그때와 비교해서 지금은 무엇이 달라졌나요?"
>
> "2년 전과 비교해 지금의 자신은 이전의 모습과 어떤 차이점이 있나요?"

8) 미래 예상해 보기

미래 예상해 보기는 해결중심모델의 기적질문과 같이 미래를 상상하도록 질문하는 것이다. 즉, 클라이언트에게 변화된 미래를 상상해 보도록 해서 변화대화로 유도하는 것이다. 변화 후에 어떻게 상황이 바뀔 것 같은지에 대해 대답하도록 질문한다. 이것은 극단적 질문과 다소 겹쳐지는 부분이 있다. 그러나 미래 예상해 보기는 현재 당면한 어려움 때문에 심리적 고통을 겪는 사람들에게 일시적 위로나 희망을 줄 수 있다. 또한 변화를 거부하고 현재 상태를 유지했을 때 초래될 미래에 대한 현실적 평가를 하도록 할 수 있다(Miller & Rollnick, 2015: 194-195).

예

"만약에 학교를 다시 가기로 결정한다면 미래에는 무엇이 달라지기를 원하나요?"

"앞으로도 당신이 변하지 않고 지금처럼 생활한다면 10년 뒤 당신의 삶은 어떻게 되어 있을까요?"

9) 재구조화

재구조화는 변화로의 동기를 유발하거나 변화대화를 확장하기 위해 정보의 의미를 다르게 바꾸는 것을 말한다. 재구조화를 통해 사회복지사는 문제에 관한 새로운 시각을 제공할 수 있다. 예를 들어, 반복되는 금주 실패로 좌절감에 빠져 있는 클라이언트에게 실패를 '또 하나의 도전'이라고 말할 수 있다.

또는 '실패'가 자신의 내면의 변화하지 않는 요인(능력의 부족 등) 때문에 생긴 것이라고 생각하는 클라이언트에게 노력이나 운과 같이 외적이면서 변할 수 있는 요인의 결과로 생각하도록 관점을 전환할 수도 있다. 이것은 도박중독자들의 사례에서 힌트를 얻은 것이다. 도박중독자들은 계속 돈을 잃지만 '아마 다음번에는 나에게 행운이 올 거야.'라고 생각하며 베팅을 한다. 마찬가지로 변화를 위한 도전에는 이런 마음가짐이 필요하다. 예를 들어, "때가 안 좋았어요." "그때는 운이 나빴어요." "충분히 노력하지 않았어요." 등의 외적이면서 변할 수 있는 요소를 '실패'의 원인으로 보는 것이다.

10) 초점 바꾸기

초점 바꾸기는 클라이언트와의 면담 중 나누던 주제에서 다른 주제로 이동하는 것을 의미한다. 이것은 클라이언트와 건설적인 대화가 이루어지기 어려운 경우(예를 들어, 클라이언트와 불협화음이 생기거나 유지대화가 계속될 경우) 다른 지점으로 주의를 집중시키는 것이다. 예를 들어, 클라이언트와의 대화 중 난관에 부딪히면 어려운 주제를 다루기보다는 보다 쉬운 주제로 전환해서 다루는 것이다. 이럴 경우 클라이언트가 덜 방어적이게 되고 협력적인 관계를 유지하면서 변화대화를 이끌어 갈 수 있다.

> 예
>
> "제가 당신에게 뭔가 하기를 강요할까 봐 염려하시는 것 같아요. 전 아직 당신에 대해 충분히 알지 못하고, 또 당신이 어떤 생각을 하시는지 아직 대화를 해 보지도 않았어요. 여기에 오신 것에 대해 당신이 어떻게 생각하는지 얘기를 나누어 보고 싶어요."

11) 나란히 가기

나란히 가기란 사회복지사가 변화에 반대되는 편에 서서 진술하는 반영이다. 이것은 과장하기와 유사하게 변화하고자 하는 방향으로 교정반사가 나오도록 하기 위한 목적에서 사용한다. 그러나 이 전략은 비꼬듯 들릴 경우 관계가 위태로워질 수 있기 때문에 주의 깊게 사용한다(Miller & Rollnick, 2015: 73-74).

> 예
>
> 어 머 니: 선생님이 알려 주시는 대로 화내지 않고 현정이와 대화해 보려고 해 봤어요. 그런데 현정이는 저의 얼굴도 보지 않으려고 하네요. 엄마인 나를 무시하는 것 같기도 하고……
>
> 사회복지사: 현정이와 관계를 개선하려고 어머니가 여러 가지 노력을 하셨군요. 그런데도 현정이가 어머니의 마음도 몰라주고 전혀 반응이 없는 것처럼 느껴진다면 저라도 대화하기 싫어질 것 같아요.

12) 척도질문

척도질문은 해결중심모델에서 다룬 것과 동일하다. 동기강화모델에서는 척도질문을 통해 변화의 중요성에 대해 클라이언트가 어떤 입장을 취하고 있는지(동기 수준) 그리고 얼마만큼 변화에 대한 자신감(자기효능감)이 있는지 평가할 수 있도록 돕는다(Corcoran, 2017: 172-173).

| 예 |

> 사회복지사: 금연을 위해 매일 걷기운동을 할 예정이라고 했어요. 이 방법이 당신에게 효과가 있을 거라는 자신감은 어느 정도인가요? 숫자 0은 전혀 자신이 없는 것이고 숫자 10은 매우 자신이 있는 것이라고 할 때, 이 10점 척도에서 자신이 어디에 있다고 말할 수 있나요?
>
> 명　　규: 약 8점이요.

Part
3

개인사회복지실천

사회복지실천은 크게 개인, 가족, 집단, 지역사회 차원에서 이루어질 수 있다. 그중 개인은 사회복지실천에서 가장 보편적이고 일반적으로 개입되는 대상이다. 개인사회복지실천에서는 복합적 욕구를 가진 클라이언트와 어려운 클라이언트에 대한 개입을 살펴보고자 한다.

Chapter 09

복합적 욕구를 가진
클라이언트와 일하기[1]

복합적 욕구를 가진 클라이언트는 단일 기관만으로는 대응하기 어렵다. 이런 경우 개인, 가족, 집단, 지역사회 차원에서의 통합적이고 지속적인 개입이 필요한데, 대표적인 것이 사례관리이다. 이 장에서는 복합적 욕구를 가진 클라이언트에 대해 사회복지사가 어떻게 개입하는지를 알아보기 위해 사례관리를 중심으로 살펴보고자 한다.

학습 목표

- 복합적 욕구를 가진 클라이언트의 특성을 알아본다.
- 단계별 사례관리에 필요한 기술을 익히고 실제 사례에 적용해 본다.

---

1) 이 부분은 남미애(2018)에서 부분 요약, 발췌함.

1. 복합적 욕구를 가진 클라이언트에 대한 기본 이해

대부분의 휴먼서비스기관은 의료, 교육, 직업훈련, 상담, 주거 등 특정 영역에 전문화된 기관들이다. 이들은 상이한 법적 근거에 따라 각기 다른 기능과 조직을 갖고 고유의 서비스를 행한다. 그렇기 때문에 한 사람이 빈곤, 가출, 정신건강, 아동학대, 성매매 등 복잡하고 이질적인 문제와 다층의 욕구를 동시에 가진 경우, 개별 기관의 대응으로는 충족되기 어렵다. 이 클라이언트들은 다음과 같은 특성을 갖는다.

첫째, 개별 클라이언트라고 하더라도 개인 및 가족 상담, 교육, 고용과 훈련, 주거, 건강, 공공복지 등을 동시다발적이고 지속적으로 지원되어야 할 경우가 많다. 그러나 하나의 기관이 이 모든 서비스를 제공하지 않는다. 뿐만 아니라 이런 지원은 기존 개별 기관의 노력만으로는 이루어지기 어렵다.

둘째, 빈곤, 정신건강, 알코올 및 약물 중독, 아동학대, 성매매 등과 같은 어려움은 다양하고 복합적인 환경적 요인이 오랫동안 지속적으로 작용해서 발생, 유지, 재발된다. 이 과정에 빈약한 사회적 지지와 사회적 배제 등으로 인해 제때 적절한 도움을 받지 못하고 급기야는 공적 시스템에서도 소외되거나 배제되기 쉽다. 그 결과 클라이언트는 기관이나 서비스 이용을 기피 또는 거부하게 되고, 그 사이에 어려움과 부적응은 점점 증가된다. 반면, 기관 측에서는 열심히 준비한 서비스가 적합한 사람들에게 제공되지 못해 효과적이지 못하거나 자원이 낭비될 우려가 있다.

셋째, 만성질환, 폭력문제, 장애문제, 성매매피해문제, 중독문제 등은 단시간에 해결되는 것이 아니라 오랜 시간과 엄청난 노력을 필요로 한다. 당사자들은 변화를 위한 많은 노력을 하고 있지만 이들에게 완치나 장애를 극복하라고 요구하기는 매우 힘들다. 지금까지 대부분의 휴먼서비스직에서는 중독이나 알코올문제, 정신장애가 먼저 해결되어야 취업이나 자립을 할 수 있다고 생각해 왔다. 그러나 어떤 클라이언트는 근본적인 변화가 힘들거나 불가능한 경우도 있고, 어떤 클라이언트는 이런 만성질환이나 장애를 가지고도 만족스러운 삶을 유지하기도 한다. 이들에게는 근본적인 문제해결 이상으로 지금 현재 조금 더 나은 생활을 하는 것도 중요하다.

넷째, 클라이언트들은 즉각적인 지원과 도움이 필요하지만 자신이 이용할 수 있는 서비스가 무엇인지 잘 모른다. 설사 많은 서비스 정보가 제공된다 하더라도 어떤 서비스를 언제, 어떤 순서대로 받아야 하는지 결정하기 어렵다. 특히 클라이언트가 필요한 욕구와 기관에서 제공할 수 있는 서비스가 일치되지 않는 경우가 많다. 따라서 클라이언트의 욕구 및 필요에 맞게 여러 기관을 연결시키고 기관 간의 중복되거나 상이한 서비스 내용을 조정하고 지속적, 일관성 있게 제공하는 것은 매우 중요하다.

최근 많은 사회복지사는 이에 대한 해답을 사례관리에서 찾고 있다. 클라이언트에 맞는 법, 정책, 제도 등 환경을 바꾸는 데는 많은 시간과 재원, 인내가 필요하다. 이런 노력을 행함과 더불어 지역사회기관과 자원이 힘을 합쳐 클라이언트의 현재의 삶도 건강하고 행복할 수 있도록 하는 것이 필요한데 사례관리가 그 대안 중 하나이다. 사례관리는 지속적, 장기적, 복합적 도움이 필요한 클라이언트를 발견, 발굴하고 지역사회 자원을 활용해 클라이언트의 욕구에 맞게 통합적이면서도 개별 맞춤서비스를 제공하는 것이다.

사례관리는 다음과 같은 특징을 갖는다. 첫째, 복합적 욕구를 가진 클라이언트에 대한 중장기적 개입이다. 둘째, 클라이언트의 자발적 참여를 강조한다. 사례관리는 사례관리자가 문제해결을 하는 것이 아니라 클라이언트의 자발적인 참여와 사례관리자와의 협력적 관계를 전제로 한다. 셋째, 클라이언트 중심의 개별화된 접근이다. 기존 서비스에서는 클라이언트가 기관의 서비스에 맞춰야 하는 경우가 많다면, 사례관리는 클라이언트의 욕구에 기관의 서비스를 맞추는 것이다. 넷째, 클라이언트의 기능 회복에 초점을 둔다. 정신장애나 만성질환 등은 고치기 어렵다. 사례관리는 클라이언트의 근본적인 문제해결에 초점을 두는 것이 아니다. 기존의 문제는 여전히 존재하지만 이전보다 조금 더 나은 사회적 기능을 회복하고 일상생활의 삶의 질이 조금 더 나아지도록 돕는 데 초점을 둔다. 다섯째, 지역사회 기반에 근거한다. 사례관리를 통해 지역주민과 시설 간 교류가 일어나도록 해야 한다. 여섯째, 지역사회기관과의 협력을 강조한다. 단순한 서비스 제공이나 연결보다는 지역사회기관들과 만나 각 기관에 대해 알아가고 공통의 관심사에 대해 의논하고 신뢰를 쌓아 가는 것이 더 우선되어야 한다. 이런 과정을 통해 지역사회 역량이 강화되고 결과적으로 클라이언트가 살기 좋은 환경을 만들 수 있다. 일곱째, 직접적 개입과 간접적 개입을 모두 활용한다. 직접적 개입은 클라이언트의 변화를 위해 사례관리자가 클라이언트를 직접 대면해 상담, 교육, 활동지원 등을 제공하는 것이다. 간접적 개입은 법·제도적 지원, 조정, 중재, 옹호활동 등을 통해 사회적 서비스의 체계적 공급이 이루어지는 서비스 체계와 정책적 환경 변화를 야기시키는 것을 의미한다. 여덟째, 충분한 사정과 개입계획을 강조한다. 아홉째, 사례관리 운영체계를 구축한다. 사례관리는 사회복지사 혼자서 노력한다고 가능한 것이 아니다. 시스템이 구축되어야 한다. 사례관리는 기존 사회복지실천의 인테이크, 사정, 실행, 종결의 과정 이외에도 전담사례관리자, 사례관리팀, 통합사례관리운영팀, 통합사례관리지원단, 솔루션회의 등 다양한 사례관리 운영체계가 구축되어야 한다.

2. 사전 준비단계의 기술

첫째, 복합적 욕구를 가졌다고 해서 또는 클라이언트가 사례관리를 원한다고 해서 사례관리가 행해지는 것이 아니다. 사례관리는 사례관리자의 노력만으로 되는 것이 아니다. 사례관리가 잘 행해질 수 있도록 우선적으로 기관 내·외 시스템이 구축되어야 한다. 내부적으로는 기관에 맞는 사례관리 운영 지침을 만들고 기관 내부 구성원 간의 이해와 협조가 필요하다. 외부적으로는 지역 내 통합사례관리회의, 통합사례관리지원단, 솔루션회의 등 사례관리를 지원하는 외부지원 시스템이 필요하다.

둘째, 사례관리가 필요한 대상을 발굴한다. 위기집단, 기존 사회복지서비스 이용자, 각종 서비스 사각지대에 있는 사람 중에서 복합적이고 만성적인 어려움을 가지고 있어 사례관리가 필요하다고 판단되는 사람들을 발견, 발굴하기 위해 노력한다. 이미 특정 기관에 소속되어 서비스를 이용하는 사람들의 경우 기존 서비스와 사례관리를 구분하지 못하기 때문에 사례관리에 대해 무관심하거나 소극적으로 반응하기 쉽다. 특히 정말 사례관리가 꼭 필요한 사람이라도 기존 서비스에 대한 거부감이나 실망이 큰 경우 사례관리에 흥미를 갖지 못할 수 있다. 따라서 사례 발굴에서는 기존 서비스와 사례관리와의 차이점을 알기 쉽고 명확하게 안내하는 것이 필요하다.

셋째, 자원 목록화 및 지역사회 협력기관의 구축이다. 지역사회 내 산재한 다양한 자원을 파악하고, 이를 목록화한다. 클라이언트의 욕구와 관련이 깊은 지역사회기관과는 협약을 통해 관계를 구축하는 것이 필요하다. 이것은 사례관리서비스가 시작되기 전에 미리 구축해 두는 것이 좋다. 지역사회 자원은 끊임없이 생성, 변화, 소멸하므로 자원 목록은 주기적, 지속적으로 관리되어야 한다. 적어도 3개월 내에 주기적으로 관리하는 것이 좋다.

3. 인테이크 단계의 기술

첫째, 클라이언트의 주 호소문제나 욕구를 확인한다. 복합적 욕구를 가진 클라이언트는 다양하면서도 만성적인 어려움에 노출되어 있다. 이들에 대한 사례관리는 근본적인 문제 해결보다는 클라이언트가 지금보다 조금 더 나은 생활을 하도록 하는 데 초점을 둔다. 따라서 생활 전반에 걸쳐 클라이언트가 바라는 욕구, 희망, 기대가 무엇인지 확인하는 데 초점을 둔다.

둘째, 동기 고취이다. 인테이크 단계는 클라이언트의 욕구를 확인하고 신뢰로운 관계 구축을 통해 사례관리에 자발적으로 참여하도록 동의를 얻는 데 초점을 둔다. 그러나 어떤 클라이언트는 인테이크 단계에서 동기가 낮을 수 있다. 사회복지사의 관점에서 보면 반드시 사례관리가 필요한 상황임에도 불구하고 필요 없다고 거부하거나 전화하지 말라고 하는 경우가 있다. 이럴 경우 두 가지 측면에서 생각할 필요가 있다. 하나는, 클라이언트가 문제 상황에 대한 인식이 부족하거나 필요성을 그다지 느끼지 못하는 경우다. 또 다른 하나는, 도움을 받고 싶지만 마음의 준비가 안 되었거나 다른 사람에게 자신을 노출하는 것에 대한 두려움이나 지금보다 더 상황이 더 악화되면 어쩌나 하는 불안 때문일 수 있다. 결과적으로 두 가지 모두 사회복지사를 거부하는 것이 아니므로 좌절감이나 실패감을 느낄 필요가 없다.

욕구 파악에 도움 되는 질문

자발적으로 온 경우

• 오늘 이 시간에 무슨 이야기를 하면 '여기 오길 잘했구나!'라고 알 수 있을까요?

• 지내시는데 무엇이 달라지면 '여기 오길 잘했구나!'라고 알 수 있을까요?

• 오늘 이 시간 후에 무엇이 달라지면 '면담을 하길 잘했구나!'라고 생각하실까요?

의뢰받은 경우

• 사회복지사는 어떤 것이 도움이 될 거라고 기대하고 당신에게 가 보라고 하셨나요?

• 당신이 여기에 오게 된 것은 누구의 생각이었나요?

• 부모님은 당신이 여기에 오면 어떤 것이 도움이 될 것이라고 생각한 것 같은가요?

이들 클라이언트는 다른 사람과의 관계에서도 단절되거나 폐쇄적일 가능성이 높다. 그렇기 때문에 지나치게 성급하게 접근하기보다는 클라이언트의 속도를 존중하면서도 포기하지 않고 꾸준한 관심과 지지를 보내는 것이 필요하다. 클라이언트에게 많은 이야기를 하기보다는 클라이언트가 하는 말과 경험을 존중하고 공감하고 이해하려는 자세가 필요하다. 클라이언트가 자기 삶의 전문가라는 생각을 견지하고 클라이언트에 대한 존경과 환대하려는 자세를 갖는 것이 중요하다. 특히 인테이크 단계에서는 아직 클라이언트와 기관이 서비스 제공에 대해 동의하지 않은 상태이므로 너무 많은 질문을 하지 않는 것이 좋다.

셋째, 클라이언트가 사례관리에 적합한 사람인지를 결정해야 한다. 복합적 욕구를 가지고 있다고 해서 모두 사례관리가 적합한 사람은 아니다. 사례관리를 통해 이득을 얻을 수 있는 대상이어야 하고, 사례관리의 목적과 자격요건에 부합해야 한다.

사례관리는 크게 사례관리 대상자, 잠재적 사례관리 대상자로 양분한다. 사례관리 대상자는 복합적이고 만성적인 욕구가 충족되지 않은 상태에 있고, 3개월 이상의 통합적, 지속적, 개별적인 사회 지원이 필요한 클라이언트이다. 또한 기관의 사례관리 운영지침에 의한 선정기준에 부합하는 동시에 사례관리에 자발적으로 참여하겠다고 동의한 클라이언트이다.

잠재적 사례관리 대상자는 복합적 욕구는 가지고 있지만 클라이언트가 참여에 동의하지 않거나 기관의 사례관리 자격기준에 부합하지 않는 경우에 해당된다. 당장 사례관리가 제공되지 않는다고 해서 사회복지사의 관심에서 제외시키면 안 된다. 이들 중 기존 개별 기관에서 서비스를 받고 있는 경우라면 계속적으로 서비스가 유지토록 하되 클라이언트의 욕구나 상황이 바뀌어 사례관리가 필요할 경우 바로 진입할 수 있도록 계속적인 점검을 한다. 만약 사례관리는 필요하지만 사회복지사가 속한 기관에서 행하는 것이 적합하지 않는 경우에는 적절한 기관에 의뢰하는 것이 바람직하다. 심각한 위기 상태에 노출되어 긴급한 지원이 필요한 사람은 사례관리보다는 신속한 긴급지원이나 위기개입서비스가 필요하다. 그러나 이들이 어느 정도 안정화 단계에 진입하면 사례관리 대상자로 포함시킬 수 있다.

넷째, 클라이언트의 자발성과 참여의 강조다. 사례관리는 철저히 이용자 중심이다. 사례관리 대상자의 자기결정권은 최고로 존중되어야 한다. 이와 관련된 것 중 대표적인 것은 동의서 작성이다. 클라이언트가 사례관리를 희망하고 기관의 사례관리 지침이나 규정과도 일치하면 동의서를 작성한다. 사례관리 동의서 내용에는 기관 측과 클라이언트 측이 상호 대등한 관계에서 행할 책임과 권리가 포함되어야 한다. 또한 클라이언트의 개인정보 제공을 어느 범위까지 할 것인지도 제시한다. 클라이언트가 아동·청소년이거나 판단능력이 부족한 경우에는 부모나 법정 후견인의 동의가 필요하다.

4. 사정단계의 기술

첫째, 사례관리에서의 사정 목적은 기본적으로 클라이언트에 대한 심층적 이해에 있다. 많은 정보를 수집하고 서비스 내용을 결정하는 것만을 목적으로 하지 않는다. 사정기록지 작성보다는 클라이언트와 관계를 형성하고 클라이언트를 폭넓게 이해하고 지속적으로 그의 진전을 추적하는 데 더 많은 시간을 할애한다.

사정은 인테이크 이후 가능한 한 신속히 실시하는 것이 좋다. 왜냐하면 복합적 어려움이 있는 클라이언트에게는 기다림이란 쉽지 않기 때문이다. 사정은 기본적으로 3개월 주기로 재사정되어야 한다. 그 외에도 클라이언트 및 환경에 변화가 있을 때마다 하는 것이 바람직하다.

둘째, 사정은 클라이언트 관점에서의 욕구 파악이다. 욕구 파악에서 주요하게 검토되어야 할 점을 제시하면 다음과 같다. 먼저 요구에서 욕구 파악으로 전환한다. 일반적으로 클라이언트는 주로 '생계비' '살 곳' '학원비' 등을 도와달라고 구체적인 요구사항을 제시하는 경우가 많다. 요구(demand)와 욕구(need)는 다르다. 요구는 환자가 의사에게 소화제를 달라고 요청하는 것과 같다. 의사는 환자가 원한다고 해서 무턱대고 소화제를 주지 않는다. 어디가 어떻게 아픈지 다각적인 검토를 한다. 그 결과 복통의 원인이 소화불량 때문이 아니라 위궤양 때문이라는 것이 확인되면 그에 따른 약물요법, 운동요법, 식이요법 등 다양한 처방을 하게 된다. 마찬가지로 사회복지사에게 클라이언트가 돈이나 구체적인 물건 등이 필요하다고 하면 "그것이 어떤 점에서 필요한가요?" "그것이 왜 당신에게 중요한가요?" "그것이 있으면 당신의 생활이 어떻게 달라질 수 있을까요?" "그것은 당신에게 어떤 의미인가요?" 등의 질문을 통해 욕구를 파악한다. 즉, 그것이 갖는 의미를 이해하고 클라이언트가 바라는 더 나은 삶, 희망과 기대를 실현할 수 있는 방향으로 전환하는 것이 필요하다. 또한 드러나지 않거나 표현되지 않은 욕구를 파악할 수 있어야 한다. 푸념이나 불평을 하는 클라이언트에게는 앞으로 어떻게 해결되었으면 좋겠는지에 대한 바람을 이야기하도록 질문한다.

클라이언트의 주관적 욕구와 사회복지사가 이해한 객관적 욕구를 동시에 파악한다. 예를 들어, "제가 면담 도중 당신의 이야기를 들으면서 이런 느낌을 받았는데, 이것에 대해 어떻게 생각하세요?"라고 질문하면서 상대방과 생각을 나눌 수 있다. 클라이언트가 무엇을 원하는지, 앞으로 어떤 지원을 필요로 하는지에 대해 모른다고 하거나 혼란스럽게 이야기하는 것은 어쩌면 당연할 수 있다. 사회복지사가 성급하게 재촉하기보다는 클라이언트가 어떤 생각을 가지고 있는지 다양한 질문과 관찰, 격려를 통해 함께 찾아가는 것이 좋다. 또한 사정을 통해 클라이언트 내면에 숨겨진 긍정적 에너지를 발견하는 것이 중요하다.

셋째, 강점중심의 사정이다. 이것은 클라이언트가 이미 문제해결 능력을 가지고 있다고 전제하고 클라이언트의 관점을 우선시하는 것이다. 잘 못하는 것을 잘하게 하는 것이 아니라 잘하는 것을 더 잘하도록 하는 것이다. 예를 들어, 습관적으로 가출하는 청소년에게 알코올 의존적인 아버지와의 부정적인 관계를 개선시키기보다는 좋아하는 춤을 더 잘할 수 있도록 도움으로써 자신감을 회복하고 미래에 대한 계획과 도전을 행하도록 할 수 있다. 그 결과 부정적 행동은 자연스럽게 감소될 수 있다.

클라이언트의 강점을 파악하기 위해서는 다양한 생활 영역(학교, 집, 동아리활동, 직장, 종교활동, 취미생활 등)에서 클라이언트의 재능, 기술, 성취를 끄집어내고, 과거 사용한 성공적인 대처 전략과 문제해결 전략이 무엇인지도 살펴본다. 또한 클라이언트로 하여금 자신의 목소리를 내게 하고, 그의 경험과 생각을 존중하고, 그의 강점을 인식시킨다. 소소한 성공의 경험을 서서히 확대시키면 클라이언트의 자신감이 증가되고 임파워먼트가 향상될 수 있다. 이런 긍정적 경험은 문제해결 능력에 긍정적으로 작용할 수 있다.

넷째, 사정은 협력적 과정이다. 사정단계는 사회복지사 혼자서 클라이언트의 문제를 분석하는 것이 아니라 클라이언트와 함께 점검하고 확인하는 과정이어야 한다. 서비스 이용자의 활발한 참여가 중요하다.

다섯째, 사정의 범위는 클라이언트의 생활 전반에 대한 욕구 및 강점, 자원, 내·외적 장애물 등이 포함되어야 한다. 한 인간의 전체를 이해해야 문제해결에 필요한 적합한 지원을 행할 수 있다. 약물문제를 가진 미혼모라고 해서 약물치료나 취업에만 초점을 둔 사정은 바람직하지 않다. 여기에는 클라이언트 및 가족의 기본 욕구, 소득, 교육, 직업, 건강, 문화, 법률, 주거, 영성, 여가, 사회적 지지, 돈 관리 등이 포함되어야 한다.

자원의 사정에서는 클라이언트가 이용하고 있는 사회적 자원, 즉 공식적 자원과 비공식

생활 전반의 이해를 위한 질문

- 가족: 당신과 가장 가까운 가족은 누구입니까?
- 교육/일/고용: 5년 안에, 10년 안에 하고 싶은 일은 무엇인가요?
- 사회적 지지: 당신이 도움이 필요할 때 누가 당신을 도와줍니까?
- 건강/정신건강: 건강은 어떤가요? 건강을 위해 어떤 노력을 하나요?
- 문화/영성(spirituality): 힘든 시간에 당신에게 힘이 되는 것은 무엇인가요?

적 자원, 이용한 자원에 대한 만족도나 불만사항, 기타 자원에의 이용 가능성과 접근성 등을 파악한다. 내·외적 장애물은 클라이언트의 욕구 및 문제해결을 저축하거나 방해가 되는 내·외부 요인들을 뜻한다. 내적 장애물은 클라이언트 및 가족들이 갖는 생각, 신념, 태도, 능력, 건강 등의 측면에서의 장애요인을 뜻하며, 외적 장애물은 기관 및 지역사회, 환경 측면에서의 장애요인을 뜻한다(권진숙 외, 2012: 199). 신체 및 정신건강 문제는 병원치료 근거(처방전이나 영수증) 또는 진단서를 통해 질병 사실과 정확한 진단명을 확인하여 기록한다.

여섯째, 다각적인 사정 실시다. 사회복지사가 할 수 있는 모든 정보를 수집하고 이를 활용하는 것이 필요하다. 사정 대상에는 클라이언트 이외에도 가족, 이웃, 친구, 친척, 지역사회기관 실무자 등이 포함될 수 있다. 사정 방법으로는 욕구사정표 작성, 면접, 심리검사, 가정방문, 서비스 기록, 관찰, 표준화된 측정도구(자아존중감척도, 우울척도, 사회지지척도 등), 생태도 및 가계도 등을 활용할 수 있다. 측정도구나 검사를 사용하는 경우 특정 검사 하나만으로는 클라이언트의 문제와 가능성을 충분히 파악할 수 없다. 따라서 적합한 측정도구나 검사를 목적에 맞게 사용한다.

가계도나 생태도 등 클라이언트 및 환경과의 관계를 시각적으로 나타내는 도구를 클라이언트와 함께 작성하는 것도 좋다. 핵심은 가계도나 생태도를 완성하는 것이 중요한 것이 아니라 그림을 통해 클라이언트나 가족에 대한 심층적 이해를 하는 것이 중요하다. 즉, 어떤 것이 가족에 의해 전수되고 있는지, 가족 안에 자원이 무엇인지, 가족 간의 관계가 어떤지를 파악하고 기술하는 것이 필요하다. 이러한 과정은 클라이언트에게도 자신 및 자신을 둘러싼 환경에 대한 통찰을 갖게 하는 데 유용하다.

만약 병원, 학교, 주민센터 등에서 클라이언트에 대한 정보를 얻고자 한다면 반드시 클라이언트의 동의를 얻는다. 가능한 클라이언트 앞에서 전화를 해서 확인하고 질문하는 것이 좋다. 클라이언트의 집이나 직장 등을 방문할 시에는 반드시 미리 약속을 하고 약속한 시간에 방문한다. 가정방문 시에는 집안 환경, 분위기, 냄새, 음식 등도 살핀다. 환기 상태는 이웃과의 교류를 짐작하게 하고, 음식은 영양 상태, 식생활 등을 짐작하게 한다. 또한 가족 간의 대화를 통해 가족관계, 가족 간 역할, 의사소통 등을 파악하는 것도 필요하다. 면담에 대한 녹음은 사전에 클라이언트의 동의를 구해야 한다. 클라이언트와 면담 그 자체가 치료이며 중요한 개입일 수 있다. 과다하게 정보를 파악하거나 기록 작성에 몰두하기보다는 클라이언트의 이야기를 경청하는 것이 필요하다.

일곱째, 클라이언트가 변화하고자 하는 문제행동이나 힘든 상황이 평균 어떤 정도인지 파악하는 것이 필요하다. 이처럼 사정 동안 수집된 기초선 데이터(baseline data)는 향후 개입을 통한 클라이언트의 변화를 측정하는 데 사용된다.

여덟째, 사례회의나 슈퍼비전의 활용이다. 클라이언트에 대한 충분한 사정을 위해서는 직원 및 슈퍼바이저 등과의 사례회의를 통해서 사례에 대해 검토하는 것이 좋다. 사회복지사도 인간이기 때문에 보고 싶은 것에 집중하기 쉬워 놓치는 것이 있다. 뿐만 아니라 도움이 필요 없다는 클라이언트의 말을 자신에 대한 거부나 도전으로 받아들여 좌절감에 빠지기도 한다. 사례회의를 통해 회의에 참석한 사람들 간의 다양한 경험, 생각 및 통찰 등을 나누고 배울 수 있다. 또한 사정에서 보완되거나 더 깊이 다루어야 할 내용, 향후 사정 및 개입 방향 등 심도 깊고 풍부한 검토가 이루어질 수 있다. 가능한 사례회의는 정기적으로 하는 것이 좋다.

아홉째, 복합적 어려움을 겪는 클라이언트에게는 사정 그 자체가 치료적 경험이고 변화의 시작점이다. 여러 가지 어려움에 장기간 노출된 경우 변화에 대한 동기가 낮고 무기력하기 쉽다. 중간에 참여를 거부하거나 문제행동을 반복할 수 있다. 이럴 경우 사회복지사는 더 많은 인내와 계속적인 도전, 클라이언트와 보조를 맞추는 여유가 필요하다. 클라이언트가 전혀 변화를 원하지 않는다고 낙담할 것이 아니라 클라이언트가 변화를 생각하거나 시도하고자 하는 타이밍을 알아차려 행동으로 이어질 수 있도록 돕는 것이 필요하다. 이때 동기강화모델의 적용이 유용하다.

동기강화모델에서는 클라이언트가 모든 시간, 매번 무기력하거나 변화에 관심이 없는 것은 아니라고 본다. 예를 들어, 과체중이거나 알코올중독인 사람이 전혀 자신의 건강에 관심이 없거나 변화를 시도하지 않는 것은 아니다. 오히려 자신의 방법대로 여러 번 시도

하지만 꾸준히 실행하지 못하거나 만족스러운 결과로 연결되지 못해 중단하는 경우가 많다. 따라서 사회복지사는 클라이언트가 변화의 준비가 되었을 경우 변화에 대한 대화를 이끌어 가는 것이 필요하다. 클라이언트가 대화 도중 문제나 변화에 대해 이야기하거나 문제에 대한 걱정이나 염려를 하는 경우, 자신의 행동에 대한 후회 등을 말하게 되면 변화로의 대화를 이끄는 타이밍으로 고려해 볼 수 있다(신수경, 조성희, 2009: 51-54에서 재인용). 이것은 사례관리에서도 그대로 적용 가능하다.

열째, 사정 기록이다. 제시된 욕구는 클라이언트 및 중요한 타자가 호소한 내용이나 희망사항을 그들이 표현한 대로 구어체로 기록한다. 사회복지사가 중립적인 말이나 자신이 이해한 것을 풀어서 작성하다 보면 원래 클라이언트가 표현하고자 하는 의미를 충분히 살리지 못할 수 있다. 사정 결과를 토대로 사례관리 수준을 긴급, 집중 혹은 일반으로 판정한다. 클라이언트의 호소 정도, 클라이언트가 중요하다고 인식하는 정도, 긴급성, 실현 가능성 등을 고려하여 개입의 우선순위를 정한다. 클라이언트가 중요하다고 인식하는 문제, 클라이언트가 우선순위를 높게 하는 것을 먼저 다루는 것이 클라이언트의 참여 및 만족도를 촉진할 수 있다.

5. 개별서비스 계획의 기술

첫째, 사례관리의 목적 및 지향점에 대한 성찰이다. 사례관리는 단순한 서비스 제공이 목적이 아니라 클라이언트나 지역사회의 역량을 강화해서 클라이언트가 조금 더 주체적인 삶을 살 수 있도록 하는 데 초점을 둔다. 따라서 사례관리의 개입방향은 클라이언트 역량 및 지역사회 역량을 강화하는 데 있다. 신중한 고려 없이 단순히 클라이언트가 요구하는 대로 자원만을 연결하는 것은 클라이언트의 의존심을 높이고, 임파워먼트를 저하시킬 우려가 있으며, 사회적 부담을 높일 수 있으므로 사례관리의 계획 수립에 보다 신중한 자세가 필요하다.

둘째, 개별서비스 계획에서는 클라이언트의 주도권(ownership)을 보장해야 한다. 사회복지사가 일방적으로 수립하는 것이 아니다. 클라이언트를 참여시켜 클라이언트가 원하는 삶을 위해 자신의 뜻과 생각을 구체화시키고, 적절한 책임을 부담시키고, 자원으로의 접근성을 위해 클라이언트의 역량을 증가시키는 것이다.

셋째, 욕구의 우선순위를 정한다. 클라이언트는 여러 가지 욕구를 동시에 희망할 수 있다. 그러나 제한된 자원과 시간 등을 볼 때 클라이언트가 제시한 여러 욕구 중 우선순위를 정하는 것이 필요하다. 클라이언트에게 자신이 인식하는 욕구의 심각성을 수치로 표현하게 한다. 최고로 심각한 상태를 10점으로 보고 전혀 심각하지 않은 상태를 1점이라고 할 때, 클라이언트가 주관적으로 인식하는 수준은 어느 수준인지를 파악한다. 점수가 10점에 가까울수록 클라이언트가 생각하는 욕구가 심각한 수준이라고 할 수 있다. 사례관리 개입 전과 개입 후로 구분하여 욕구의 우선순위를 정한다(전혀 심각하지 않다 1점 → 매우 심각하다 10점).

넷째, 합의된 목표를 만든다. 합의된 목표는 크게 단기 목표와 장기 목표로 구분할 수 있다. 단기 목표는 늦어도 2~3주 안에 클라이언트가 해낼 수 있는 목표가 되어야 한다. 한 달이 넘어가면 클라이언트가 지치고 동기가 약해진다. 예를 들어, 경제적으로 어려운 클라이언트가 취직을 원한다고 하자. 그러나 취직할 준비가 안 되어 있고, 무엇을 하고 싶은지도 모르고, 어떤 일을 해야 할지도 모른다고 말한다면 어떻게 해야 할까? 이런 경우에는 클라이언트의 상황과 관심에 따라 목표를 세분화하여야 한다. 장기 목표는 궁극적으로 클라이언트가 희망하는 것으로 다소 추상적이고 바람직한 것이 될 수 있다. 여러 가지 단기 목표를 수행하면 장기 목표 달성에 가깝게 된다.

이러한 목표는 한번 정해지면 끝나는 것이 아니다. 제시된 욕구가 해결되기까지 여러 단계별로 나눠서 수차례 설정될 수 있다. 통상 3개월 이내 재사정을 통해 다음 합의된 목표를 또 설정할 수 있다. 예를 들어, 자기주장에 어려움을 갖고 있는 클라이언트의 경우 자기주장 향상을 위한 교육 참석(월 2회), 어려운 부탁 거절하기 연습(주 2회), 하루에 한 번 타인에게 요청하기, 일주일간 자기표현일지 적기 등 단계별로 목표를 세울 수 있다.

목표 수립은 구체적(specific)이고 측정 가능하고(measurable) 달성 가능하고(achievable) 주어진 자원을 통해 이루어질 수 있도록 현실적이며(realistic) 구체적인 시간(time framed)이 제시되어야 하며, 강점에 근거한(strength-based) 것이어야 한다. 강점에 근거한 목표는 문제행동에 초점을 두기보다는 클라이언트가 할 수 있는 것, 조금이라도 잘하는 행동을 더 잘하도록 해서 클라이언트의 역량을 향상시키는 데 있다.

또한 목표는 상호작용적 관점에서 검토되어 작성되는 것이 필요하다. 클라이언트와 가족 간의 욕구가 상이하거나 클라이언트 자신은 문제가 없고 상대방이 문제라서 자신이 할 수 있는 것을 없다고 회피하는 경우 상호작용적 관점에서 목표가 선정될 수 있도록 검토될 필요가 있다. 예를 들어, 한 청소년의 욕구가 엄마가 잔소리를 하지 않았으면 좋겠다고 한다면 엄마의 잔소리를 적게 하도록 하기 위해 청소년인 자신이 할 수 있는 일이 무엇인지를 질문하는 것이 좋다. 이를 통해 청소년의 욕구도 충족시키면서도 부모와의 관계도 좋아질 수 있다.

다섯째, 목표 수립에서는 문제행동을 감소시키기보다는 새로운 행동을 하는 것에 초점을 둔다. 생태체계적 관점에서 보면 인간이 하는 모든 행동에는 이유가 있다. 술을 자주 마시는 사람들은 술이 해롭지만 않고 좋은 점도 많다고 인식한다. "술을 먹어야 친구도 만나고 하루의 스트레스도 풀고 그동안 가슴에 묻어 두었던 이야기를 할 수 있어 좋아요." "술을 먹으면 잠시라도 괴로운 것을 잊을 수 있어요." "통증을 잊어요." 등이다. 이런 경우 '앞으로 절대 술을 먹지 않는다.'는 것을 목표로 삼기보다는 '주말에는 꼭 등산을 간다.' '토요일에는 가족과 함께 식사한다.' 등과 같은 목표를 정할 수 있다.

여섯째, 목표 달성 그 자체보다도 목표를 달성하기 위해 클라이언트가 어떤 노력을 하는가가 중요하다. 예를 들어, 우식이는 학교 밖 청소년 지원센터에서 하는 직장체험 프로그램에 10번 참석하기로 했는데 3번 결석하고 7번을 출석하였다고 하자. 대인기피증이 심한 우식이가 이 프로그램에 참석한 이유 중에는 직장체험 프로그램을 완료한다는 목표도 있지만 그보다는 사람들과 단절되어 무기력하게 지내던 우식이에게 조금이나마 동기를 부여하기 위한 목적이 크다고 하자. 그런 경우 10번의 출석이 중요한 것이 아니라 직장체험 프로그램에 참여해 사람들과 의미 있는 시간을 나누고 새로운 경험을 얻기 위해 노력했는지가 더 중요할 수 있다.

일곱째, 세부적인 계획 수립 및 계약이다. 단기 목표를 달성하기 위해서는 적합한 서비스가 무엇인지를 찾고 이들 서비스를 제공하는 기관이나 사람이 누구인지를 구체화해야 한다. 누가, 언제, 어떻게, 무엇을 할 것인지에 대해 클라이언트와 함께 계획을 수립한다. 여러 서비스의 특징과 차이점을 설명하여 클라이언트가 우선순위를 정할 수 있도록 도와야 한다. 우선순위 결정에는 클라이언트가 중요하게 생각하는 것, 긴급하게 해결해야 할 것, 쉽게 해결할 수 있는 것 등이 중요하게 고려되어야 한다. 이 단계에서 사회복지사는 클라이언트의 변화와 참여의 동기를 고양시키는 데에는 적극적이어야 하지만 개별서비스를 계획하는 데 있어서는 클라이언트보다 한 발자국 뒤로 물러서 함께 일하는 것이 바람직하다. 한마디로 클라이언트가 자신의 삶에 대한 계획이 주도적일 수 있도록 하는 것이 필요하다.

여덟째, 비공식적·공식적 자원의 활용이다. 클라이언트의 복합적이고 다양한 욕구는 기존의 기관 서비스로는 충족되지 못하는 경우가 많다. 이런 경우에 일차적으로는 클라이언트를 둘러싼 가족 및 친척, 지역주민, 생활시설(시설에서 살고 있는 경우) 등 비공식적 지지체계를 적극적으로 탐색, 활용한다. 관공서, 병원, 사회복지기관 등 공식적 지지체계는 자격 및 기준, 이용기간, 절차 등이 까다롭고 낙인 문제가 생기고 동일한 어려움이 생겼을 때 재이용하기 어려워 안정적인 클라이언트의 자원이 되기 어렵다. 반면, 비공식적 지지체계는 클라이언트의 노력에 따라 상호의존적일 수 있고 쉽게 재이용이 가능하고 낙인이 적다는 점에서 실제적으로 클라이언트의 중요한 자산이 될 수 있다.

또한 기존 기관의 서비스를 클라이언트에게 맞게 수정, 보완, 확대하는 것이 필요하다. 예를 들어, 클라이언트가 일하기 때문에 기존 낮 시간 동안 진행되던 기관의 자녀 양육 교육을 받기가 어렵다면 클라이언트를 위해 교육을 야간에 실시할 수 있는지를 타진하는 것이 필요하다. 한마디로 클라이언트의 욕구에 맞는 개별서비스가 계획되어야 한다. 이를 위해서는 클라이언트 및 관련 기관 실무자와의 회의에서 브레인스토밍 기술을 적극적으로 활용하는 것이 필요하다.

아홉째, 계획수립과정은 1회로 끝나는 것이 아니라 클라이언트 및 관련인과의 수차례 면담, 협의과정을 통해 계속적으로 이루어진다. 목표 달성을 위한 가장 적절하며 도움을 줄 자원을 선정, 동의를 이끌어 내기 위해서는 여러 기관을 타진하고 협의하는 과정이 반복된다. 타 기관과의 협의 시 서비스 제공 내용, 빈도, 기간, 형태 등을 결정할 때 최우선적으로 고려해야 할 점은 클라이언트의 욕구가 충족되는지 하는 점이다. 서비스 제공기관의 지침이나 규정, 패키지화된 프로그램에 의해 기계적으로 정해져서는 안 된다. 이런 과업들은 문서화되어야 하며, 서비스 계획의 일부가 된다. 최종 체결된 계약서는 사회복지사와 클라이언트, 관련 참여 기관이 한 장씩 나누어 가진다. 수립된 '개별서비스 계획지'는 향후 클라이언트와 함께 계획의 실천 및 점검, 평가에 효과적으로 사용된다.

6. 실행단계의 기술

실행단계는 클라이언트 및 여러 서비스 제공 주체와 계약한 개별서비스 계획을 그대로 실행하는 것이다. 이 단계는 계획단계에서 구상한 내용들이 실제 클라이언트에게 제대로 적절하게 제공될 수 있도록 다양한 기관과 협력하며 직접적 서비스(상담, 교육, 구체적인 활동지원, 연계, 의뢰) 및 간접적 서비스(점검 및 조정)를 행한다.

계획이 실제 실행되는 과정에서는 클라이언트의 상황이 변화하거나 서비스 제공기관의 변화 등 여러 가지 변수와 우여곡절이 생긴다. 사회복지사는 이러한 과정에서 직접 서비스를 제공할 수도 있고, 클라이언트의 서비스에로의 접근성을 높이기 위해 새로운 자원을 발굴하기도 한다. 또한 옹호, 조정, 대변 등의 역할을 수행하면서 서비스 과정을 관리하고 유지한다.

l) 실행단계에서 고려할 점

첫째, 사회복지사 자신에 대한 통찰이다. 사례관리에서는 사회복지사가 매우 중요하다. 만약 사회복지사가 특정 가치를 중요하게 생각하고 있거나 비합리적 신념이나 인지적 왜곡을 가지고 있는 경우, 클라이언트에게 사례관리의 문이 제대로 열릴 수 없다. 예를 들어, '성실'을 최고의 가치로 생각하는 사회복지사의 경우에는 매일 일하러 가지 않는 클라이언트를 불성실한 사람으로 쉽게 판단할 수 있다. 또는 '성매매피해여성은 행복한 결혼생활을 하기 어려울 것이다.'는 비합리적 신념을 가진 사회복지사의 경우에는 남자 친구와의 결혼문제를 고민하는 성매매피해여성에게 적절한 상담을 하기 어렵다. 따라서 사회복지사는 사회복지사 개인의 요인(생각, 신념, 가치, 경험 등)이 서비스의 장애물이 되지 않도록 계속적으로 스스로를 성찰하는 것이 필요하다.

둘째, 클라이언트의 참여 촉진 및 동기 유지다. 계획수립단계에서 클라이언트가 스스로 실천하겠다고 약속한 것을 실제 주도적으로 행동화할 수 있도록 지지, 지원한다. 사회복지사가 아닌, 클라이언트가 개별서비스 계획을 실천할 수 있도록 동기를 고취, 유지시키는 것이 중요하다. 특히 계획을 실행에 옮기는 초기 과정에서부터 클라이언트가 작지만 성공의 기쁨을 경험하는 것이 중요하다. 적정 수준의 동기를 유지하는 것과 관련해서는 전술한 8장 '동기강화모델'을 참고하길 바란다.

셋째, 직접적 서비스 제공이다. 이것은 사회복지사가 직접 클라이언트에게 행하는 서비스를 의미한다. 즉, 심리적 지지 및 상담, 교육, 활동지원, 연계, 의뢰 등이 해당된다. 심리적 지지 및 상담은 클라이언트가 적극적으로 참여할 수 있도록 심리적 안정을 갖도록 하고 동기를 부여하고 필요한 상담을 행하는 것을 의미한다. 교육 및 정보 제공은 문제해결과 관련해 클라이언트에게 필요한 정보를 제공하거나 기술을 가르쳐 주는 것을 말한다. 예를 들어, 약물이나 술의 부작용, 부모−자녀 의사소통 기술 등에 대해 교육하거나 건강이나 법률, 사회복지서비스 정보 등을 제공하는 것이다. 활동지원은 클라이언트에게 필요한 서비스 제공이나 활동이 행해지도록 지원하는 것을 뜻한다. 예를 들어, 법원 동행서비스, 문화활동 지원 등이 해당된다. 연계는 클라이언트의 욕구에 맞는 서비스를 지역에서 찾아 연결시켜 주는 것이다. 의뢰는 클라이언트가 필요한 서비스를 받을 수 있도록 기관에 클라이언트를 소개하는 것이 해당된다.

넷째, 점검(monitoring)은 사례관리 계획에 따른 서비스가 제대로 잘 진행되고 있는지를 파악하고 그에 따른 조치를 행하는 것을 의미한다. 점검의 대상은 클라이언트, 서비스 제공기관 담당자, 클라이언트와 서비스 제공기관 담당자와의 관계 등이다. 사회복지사는 당초 수립한 계획대로 서비스가 이행되고 있는지, 목표가 적절하게 달성되고 있는지, 달성된 산출이 무엇인지 등에 대해 주기적, 지속적으로 점검한다. 또한 사례관리가 진행되는 동안 클라이언트 및 서비스 제공기관 담당자, 자원들이 어떻게 상호작용하며 각각 서비스 과정 및 내용에 만족하는지를 파악한다. 점검은 사례관리에서 목표한 바가 잘 달성될 수 있도록 하는 것이지, 상대 기관이나 상대 서비스 담당자를 감시, 평가하는 것이 아니다. 위압적인 태도로 점검하는 것이 아니라 협력자의 자세를 갖는 것이 중요하다. 이때 사회복지사가 외부 서비스 제공자와 맺은 관계의 질과 네트워크 정도는 다양한 전문직의 문화를 이해하고 관련된 긴장을 해소하는 데 도움을 줄 수 있다.

다섯째, 조정(coordination)은 당초 만든 계획이 조화롭게 진행될 수 있도록 여러 참여 기관을 조율하는 것이다. 경우에 따라 돌발 변수(담당자의 이동, 사고, 서비스 제공자와 서비스 이용자 간 갈등 등)가 생겨 당초 계획과 달리 서비스 진행에 차질이 생길 수 있다. 이런 경우 사회복지사는 관련 기관들과 협의해 역할을 재조정하거나 보완 또는 대체하거나 심지어는 새로운 자원을 투입해 서비스가 계속되게 한다. 필요하다면 사례관리자가 일시적으로 직접 해당 업무를 수행할 수도 있다. 조정을 통해 가능한 한 빠른 시일 내에 서비스가 제공되도록 해야 한다. 제공자가 아닌 클라이언트 중심의 서비스가 이루어지도록 서비스 이용자 및 제공자와 계속적으로 의논하는 것이 필요하다.

여섯째, 중개(brokering)다. 이것은 클라이언트가 자신의 욕구충족에 적합한 서비스, 자원 등을 선택하도록 돕는 것이다. 사회복지사는 클라이언트의 욕구를 충족시킬 수 있는 자원이나 서비스를 찾아 서비스를 받을 수 있도록 연결한다.

사회복지사는 중개를 행함에 있어서 다음의 여러 측면을 고려해야 한다. 먼저 클라이언트가 이전에 다른 서비스에 접근함에 있어 경험하였던 정서적, 신체적, 재정적 장애물이 있었는지 살펴보고 방해가 되었던 문턱을 없애거나 낮추는 작업이 필요하다. 예를 들어, 클라이언트는 기관의 정보에 대해 알지 못하거나 기관에 대한 편견이나 두려움이 있었을 수도 있고, 필요하지만 비용이 너무 비싸서 이용할 수 없었을 수도 있다. 서비스 이용의 애로점이나 장애요소를 정확히 알고 접근하는 것이 필요하다. 클라이언트가 여러 기관의 서비스나 프로그램, 자원에 대해 충분히 알 수 있도록 쉽게 설명한다. 클라이언트가 특정 서비스에의 참여를 희망한다면 해당 기관의 실무자와 클라이언트를 연결한다. 클라이언트에게 기관을 소개한 뒤 찾아가라고 하기보다는 기관의 실무자와 연결시켜 주는 것이 바람직하다.

　또 다른 측면에서는 서비스를 제공할 기관의 실무자와 협의해야 한다. 클라이언트가 필요로 하는 것과 기관에서 제공할 수 있는 것, 서비스를 받는 동안 클라이언트가 지켜야 할 요건 중 클라이언트에게 맞지 않는 사항, 서비스 시간 및 횟수 등에 대해 대략적으로 서비스 제공자와 협의를 하는 것이 필요하다. 기관의 실무자와 클라이언트와의 첫 만남이 언제, 어떤 방식으로 이루어질 수 있는지도 검토한다.

　일곱째, 의뢰(referral)다. 이것은 클라이언트에게 바람직한 서비스 제공을 위해 관련 분야의 전문가가 협력하여 서비스를 연결하는 것을 뜻한다. 의뢰는 어떤 기관에서 클라이언트를 담당하기 어렵거나 싫어서 다른 기관에 보내는 것이 아니라 클라이언트를 위해 지금보다 더 나은 기관에서 서비스를 받도록 하기 위해 행하는 것이다. 따라서 사회복지사는 의뢰 전 의뢰될 클라이언트 및 의뢰받을 기관에 대한 충분한 사전 준비를 해야 한다. 의뢰는 타 기관 간 전문가들의 협력을 통해 이루어져야 하며, 단순한 의뢰는 책임 전가일 수 있다는 점을 명심해야 한다. 의뢰에 대한 클라이언트의 양가감정, 불안감, 스트레스에 대해 이해하고 심리적 지지를 행한다. 의뢰과정에 기관으로부터 떠밀려 간다거나 버림받는다는 느낌이 들지 않도록 해야 한다. 의뢰는 반드시 공문으로 작성하고 공식적인 절차를 거친다.

　여덟째, 옹호(advocacy)다. 이것은 클라이언트를 대신해서 그들의 입장과 욕구를 알리고 클라이언트를 둘러싼 환경이 그들에게 필요한 지원을 해 주도록 하는 것이다. 사례관리자가 할 수 있는 옹호는 개인 차원의 옹호, 계층옹호, 정책 및 지역사회 옹호 등이 있다. 옹호의 구체적인 기술로는 업무 담당자에 대한 설득이나 협상, 위계 조직을 활용해서 위에서 아래로 영향력을 행사하는 방법, 대중매체 활용, 관련기관과 연계한 시민운동 등이 있다.

아홉째, 새로운 자원 개발이다. 새로운 자원 개발이란 기존 서비스로는 욕구를 충족시킬 수 없는 클라이언트를 위해 욕구에 맞는 새로운 자원을 발굴, 개발하는 것을 뜻한다. 사회복지사는 클라이언트 욕구충족을 위한 공식 자원(교육, 복지, 보건 등 공공기관에 의해 제공되는 서비스) 및 비공식 자원(가족, 친척, 가까운 주변 사람, 지역주민 등)을 발굴, 개발한다. 지역 내 자원이 없다고 낙심할 것이 아니라 먼저 용기를 갖고 새로운 자원을 탐색하는 것이 더 중요하다.

열째, 기존 지지망 지원이다. 기존 지지망 지원이란 클라이언트가 아닌 클라이언트에게 서비스나 도움을 제공하는 사람, 조직, 자원 등에 대해 지원하고 개입하는 것을 의미한다. 클라이언트에게는 새로운 것보다 기존 지지망을 활용하는 것이 더 효과적일 수 있다. 이전에 지지를 받았던 사람이나 기관은 이미 어느 정도 신뢰관계가 형성되고 서로에 대한 이해가 빠르다. 또한 한쪽에서만 돌봄을 제공하는 일방적인 관계라기보다는 쌍방이 서로 도움을 주고받기 쉽다. 사회복지사는 기존에 클라이언트를 지지해 온 사람이나 기관들이 본연의 역할을 잘 수행할 수 있도록 지지해야 한다. 만약 그런 지지망이 느슨하다면 보다 촘촘할 수 있도록 강화해야 하며, 지지망이 잘 작용하지 않는다면 잘 작동할 수 있도록 지원하는 것이 필요하다.

2) 여러 가지 장애물이 생길 때 효과적인 대처방안

(1) 클라이언트가 사례관리에 관심이 없고 반응이 없을 때

클라이언트가 사례관리에 관심을 보이지 않고 반응이 없는 경우 다음의 세 가지를 점검해 볼 수 있다(대전광역시장애인부모회, 대전광역시장애인가족지원센터, 2012).

첫째, 사회복지사 자신의 눈높이와 기대에 맞춰 클라이언트의 반응을 기대하고 있는 것은 아닌지 성찰해 보아야 한다. 집중형 사례관리 대상자일수록 변화는 아주 천천히 일어난다. 특히 내면의 변화는 개입 초기 3개월까지 큰 반응이 없을 수 있다. 또 상황에 따라서는 더 오랜 시간이 걸릴 수 있다. 따라서 클라이언트가 일상적으로 해 오던 방식에서 사소한 변화를 찾는 노력이 필요하다. 또한 얼마나 어떻게 변화되었는지 점검해야 한다.

둘째, 클라이언트가 관심은 있지만 표현하지 못하는 것은 아닌지 확인해 본다. 자신의 생각을 말로 잘 표현하는 것은 쉽지 않다. 특히 사회적 약자로 오랫동안 살아온 사람들은 자신의 의견이나 주장을 표현하는 방법을 잘 모른다. 의견이나 생각이 없는 것이 아니라 표현방법을 모를 수 있다는 점을 고려해야 한다. 따라서 비언어적 의사소통에도 주의를 기울여 볼 필요가 있다.

셋째, 클라이언트가 정말 관심이 없다면 사회복지사가 모르는 이유가 있을 것이다. 예를 들어, 사회복지사의 관심과 클라이언트의 관심이 전혀 다르거나, 사회복지사가 이해하지 못하는 다른 문제가 있을 수 있다. 이때 신뢰관계는 형성되었는지, 욕구사정은 정확하게 되었는지 점검이 필요하다. 가능한 클라이언트가 가장 민감하게 반응하는 것, 가장 좋아하는 것, 가장 관심을 보이는 것을 우선적으로 다루고 개입하는 것이 좋다.

(2) 계획대로 잘 실행되지 않을 때

사례관리에서 계획대로 실행되는 경우는 매우 예외적이다. 왜냐하면 사례관리는 클라이언트, 사례관리자, 서비스 제공기관 등 다양한 주체가 함께하는 활동이므로 언제든 변수가 생긴다. 오히려 계획대로 되지 않는 것이 자연스러운 과정일 수 있다. 따라서 계획대로 실행되지 않을 때 지나치게 불안하고 걱정하기보다는 차분하게 원인을 파악하는 것이 필요하다.

로스만과 세이거(Rothman & Sager, 1998)에 따르면 사례관리 실행에 부정적 영향을 미치는 요인으로 클라이언트의 낮은 동기, 저항과 참여 부족, 느슨하게 설정된 목표, 관련 기관들의 협력 부족, 시간 부족과 업무에 대한 압력 등을 제시하였다. 클라이언트의 동기가 낮거나 저항이 있다면 동기를 높이고 저항을 낮추는 개입이 필요하다. 또한 목표가 클라이언트가 원하는 것이 맞는지, 달성하기 어려운 목표는 아닌지 재검토해야 한다. 기관의 협력이 잘 이루어지지 않는다면 장애요인은 무엇인지, 담당자 및 기관 측의 애로점은 무엇인지 파악하고 거기에 맞는 조치가 필요하다.

(3) 긍정적 변화나 진전이 없을 때

어떤 경우에는 열심히 서비스를 제공했는데도 클라이언트의 변화가 잘 나타나지 않고 무기력하고 참여도 잘하지 않는 경우가 있다. 이럴 때 사회복지사는 자신이 무능력한 것이 아닌지 자책감과 소진을 느끼고 클라이언트에게 서비스를 계속 제공하는 것이 맞는지 회의를 느끼기 쉽다.

클라이언트가 노력해서 변화할 수 있는 부분도 있지만 변화하지 못하는 것도 있다는 것을 알아야 한다. 예를 들어, 하반신 마비가 왔다면 이는 클라이언트의 노력만으로 좌우되는 것이 아니다. 어떤 경우에는 변화가 천천히 일어나서 사회복지사나 클라이언트가 알아차리지 못하는 경우도 있다. 따라서 변화를 체크할 수 있어야 하고, 변화하지 못하는 것을 구분하는 관점이 필요하다. 변화는 한순간에 점프하듯이 나타난다. 그러니 잘하고 있는지 의심하지 말고 전진하고 있다는 확신과 소신이 필요하다(대전광역시장애인부모회, 대전광역시장애인가족지원센터, 2012).

클라이언트의 삶이 지금보다 조금 더 나아지기 위해서는 두 가지 측면을 고려해 볼 필요가 있다. 하나는, 클라이언트가 스스로 변화의 필요성을 느끼고 변화를 시도하는 것이다. 또 다른 하나는, 클라이언트를 둘러싼 환경이 먼저 변화해서 클라이언트에게 도움이 되는 적절한 환경을 마련하고 힘을 가질 수 있도록 북돋아 주는 것이다. 이 중 어느 것이 먼저 되어도 상관없다. 만약 클라이언트가 주체적으로 변화를 시작할 준비가 되어 있지 않거나 그럴 힘이 갖추어지지 않았다면 클라이언트에게 먼저 변화하고 노력하라고 할 것이 아니라 클라이언트가 살고 있는 주변 환경이나 기관, 지역사회가 클라이언트가 살기 좋은 환경으로 먼저 변화하도록 시도할 수 있다. 어느 쪽이든 변화가 일어나면 그 영향은 클라이언트에게 전달된다.

(4) 더 이상 해 줄 것이 없을 때

클라이언트가 요구하는 것을 해 주고 싶어도 지역사회 내에 자원이 없거나 자원이 있어도 오래 기다려야 하는 경우, 또는 사회복지사가 더 이상 해 줄 것이 없을 때 이제는 더 이상 사례관리 자체가 필요 없다고 생각하기 쉽다. 그 결과 클라이언트를 시설로 보내거나 병원에 보내기로 결정하는 경우가 있다. 그러나 이 또한 클라이언트와 함께 풀어 나가야 하는 과제다. 먼저, 클라이언트에게 있는 그대로 이야기하는 것이 필요하다. 현재의 상황에 대한 설명을 하고 몇 가지의 대안을 충분히 설명해 준다. 더 이상 사회복지사가 해 줄 수 있는 것이 없는데, 우리가 함께 어떻게 하면 좋을 것인지에 대하여 협의한다.

또 다른 한편으로는 클라이언트가 필요로 하는 자원을 창의적으로 개발하는 것에 대한 숙고와 노력이 필요하다. 클라이언트 환경체계 변화를 위한 노력이 필요할 수 있다. 이때 사회복지사는 제공자의 관점이 아니라, 클라이언트의 관점에서 더 이상 필요한 것이 없는지 파악하는 것이 필요하다. 예를 들어, 보호자가 없는 지적장애인을 시설에 보내기 전에 지역사회 내에서 살아갈 수 있도록 환경을 변화시킬 수 있는 가능성은 없는지 숙고하는 것이 필요하다. 이러한 일련의 과정은 클라이언트와 함께 생각하고 함께 결정하고 함께 공감하는 노력이 필요하다(대전광역시장애인부모회, 대전광역시장애인가족지원센터, 2012).

(5) 서비스를 거부할 때

일반적으로 사람들은 타인의 도움을 받기보다는 타인에게 도움이 되길 원한다. 따라서 사회적 서비스를 받는 사람들은 언제든 중단하고 싶어 한다. 이것은 사회복지사와의 관계의 질과는 무관하다. 어떤 클라이언트는 서비스를 그만두고 싶다고 직접적으로 말하는 경우도 있지만, 어떤 클라이언트는 아파서 나오기가 힘들다고 다른 이유를 대거나 지각이나 잦은 결석 등을 통해 거부의사를 간접적으로 표현하기도 한다. 서비스를 받고 있는 사람이 서비스를 거부하는 것은 희망적인 신호일 수도 있고 그렇지 않을 수도 있다. 이를 분별하는 것이 필요하다. 즉, 사회복지사가 불필요하게 죄책감이나 자신의 책임으로 전가할 것이 아니라 서비스 거부에 대한 이유를 보다 명확하게 알아보는 것이 중요하다.

기능이 어느 정도 나아졌거나 문제가 어느 정도 해결되어 서비스를 거부할 경우에는 이를 자연스럽게 받아들이는 것이 필요하다. 서비스 전·후로 어떤 변화와 발전이 이루어졌는지, 클라이언트가 어떤 노력을 하였는지를 확인하는 작업을 통해 클라이언트가 임파워먼트 될 수 있도록 돕는다. 또한 언제든지 도움이 필요하면 다시 만날 수 있다는 점도 재확인시킨다. 특히 다시 도움을 요청하는 것이 실패가 아님을 알리는 것이 필요하다(대전광역시장애인부모회, 대전광역시장애인가족지원센터, 2012).

부정적인 이유로 서비스를 거부할 때는 여러 가지 시도를 해 보는 것이 필요하다. 사전에 미리 서비스를 거부할 수 있다는 점을 알리는 것이 필요하다. 예를 들면, "지금까지 해 왔던 방식과 다르게 산다는 것은 쉬운 일이 아닙니다. 그리고 서비스를 거부하고 싶은 생각이 들 수 있습니다. 어떤 선택을 하든 당신은 당신의 삶에 가장 도움이 되는 것을 선택할 수 있어요. 만약 서비스를 그만두고 싶다는 생각이 들면 미리 그 점에 대해 의논할 수 있었으면 좋겠네요."라고 말할 수 있다.

필요한 경우 클라이언트의 가까운 지인들에게 이러한 상황을 알리고 도움을 요청할 수 있다. 그 밖에도 이메일, 카카오톡, 문자 등 클라이언트가 크게 저항하지 않는 방법들을 활용해서 필요할 때 연락을 주고받는 창구를 마련하는 것도 고려해야 한다(대전광역시장애인부모회, 대전광역시장애인가족지원센터, 2012).

7. 종결단계의 기술

첫째, 사례관리에서의 종결은 서비스의 영원한 종결이 아니다. 만성적인 어려움을 가진 클라이언트의 경우 서비스 이용 및 종결이 반복될 가능성이 높다. 따라서 적절한 종결은 클라이언트로 하여금 향후 기관 및 시설에 도움을 요청하게 하는 연결고리가 되게 한다. 만약 클라이언트에게 새로운 욕구가 생기고 향후 사례관리가 필요하다면 또 다시 시작할 수 있음을 설명한다.

둘째, 종결시기 결정 및 종결 계획 수립이 필요하다. 클라이언트와 사례관리를 언제 종결할 것인지를 함께 의논해서 정한다. 인테이크 시점부터 종결에 대해 간단히 언급한 후 개별서비스 계획 수립부터는 클라이언트와 서서히 종결 준비를 하도록 조금씩 다루어 갑자스럽게 종결이 행해지지 않도록 한다. 또한 종결에 대한 준비 및 계획을 수립한다. 예를 들어, 시설에 입소한 경우라면 퇴소계획을 수립해야 한다. 퇴소 몇 달 전부터 점진적으로 퇴소에 대해 준비할 수 있도록 클라이언트와 함께 퇴소 계획을 수립하고 퇴소 전에 다루어야 할 사항들을 점검해 나간다. 마찬가지로 계획된 종결의 경우 종결을 몇 주 앞두고 어떻게 종결할지 미리 클라이언트와 협의하는 것이 필요하다. 여기에는 사후관리 계획도 포함되어야 한다. 종결 이후 언제, 어떤 방식으로 사회복지사와 접촉할 것인지가 검토되어야 한다.

셋째, 종결상담을 행한다. 종결상담에서는 지금까지 해 온 것, 이루어진 성과와 변화 등이 최종 평가되고 클라이언트의 입장에서 종결에 대한 생각과 느낌, 서비스를 통해 얻게 된 성과 등을 함께 다룬다.

넷째, 종결을 축하하는 의식을 마련한다. 서비스 종결을 축하하는 간단한 의식이나 파티를 마련해서 관련된 사람들이 감사와 이별에 대한 감정을 나누고 축하할 수 있도록 하는 기회의 장을 마련한다.

다섯째, 서비스에 대한 평가이다. 평가는 사례관리를 통해 클라이언트 및 클라이언트 환경에 어떤 변화가 생겼는지를 확인하는 것이다. 사례관리의 궁극적인 목표는 클라이언트가 스스로 자신이 원하는 삶을 자신의 힘으로 살아갈 수 있도록 하고, 이를 지역이 적절하게 뒷받침할 수 있는 좋은 환경을 만들어 주는 것이다. 구체적으로 표현하면 클라이언트의 인간관계 기술을 확장시키고 더 나아가 임파워먼트를 향상시키는 것이다. 따라서 평가에서의 초점은 도시락 서비스를 해 주거나 병원에 가서 치료를 받게 해 주거나 서비스 연계를 많이 하였는지가 아니다. 이런 서비스를 통해 향후 사례관리자의 도움 없이도 이용자가 직접 접근할 수 있고, 이용자가 직접 컨트롤할 수 있는 자원으로 바꿔야지 이용자의 안전망이 탄탄할 수 있다. 또한 클라이언트의 인간관계 및 문제해결 기술이 확장되었는지, 클라이언트가 혼자서 자신의 삶을 영위할 수 있도록 임파워먼트 되었는지가 더 중요하다. 사례가 종결되는 경우, 24시간 이내 종결에 대한 보고서를 작성하고 보고한다.

Chapter 10

어려운 클라이언트와 일하기

자살위험이 있는 클라이언트, 알코올 및 약물 의존적인 클라이언트, 학대피해아동 및 가족, 폭력적이거나 조정적인 클라이언트 등은 사회복지사가 대하기 힘들고 어려운 클라이언트들이다. 이들은 문제를 부정하거나 도움을 거부할 뿐만 아니라 빈곤, 학대, 건강 문제 등 여러 가지 어려움이 많아 전문적인 관계 형성 및 유지에 특별한 접근이 필요하다. 협력적 관계 형성 및 동기 유지를 위해 동기강화모델이나 해결중심모델 등의 개입기술이 필요하다.

- 사회복지현장에서 사회복지사가 대처하기 어렵고 힘든 클라이언트의 유형 및 특성을 알아본다.
- 유형별 개입방법 및 기술을 익히고 실제 사례에 적용해 본다.

1. 어려운 클라이언트에 대한 기본 이해

다양한 실천현장에서 일하는 사회복지사들이 특히 대응하기 힘들고 어려운 클라이언트가 있다. 자살위험이 있는 클라이언트, 알코올 및 약물 의존적인 클라이언트, 학대피해아동 및 가족, 폭력적이거나 조정적인 클라이언트 등이 여기에 해당된다. 이들은 주로 본인의 의사와 무관하게 판사, 보호관찰관, 경찰과 같은 공적 기관이나 주변에 의해 의뢰되는 클라이언트이다. 한마디로 비자발적 클라이언트이다. 이들과는 초기 관계 형성에 어려움이 많을 뿐만 아니라 서비스가 진행되는 과정에서도 여러 가지 힘든 고비가 생긴다. 또한 각 집단마다 상이한 특성과 욕구를 가지고 있어 철저한 준비와 세심한 접근이 필요하다. 이것은 다음 절에서 구체적으로 다루고자 한다.

비자발적 클라이언트와의 면담에서 공통적으로 고려해야 할 점을 셰퍼 등(Sheafor et al., 2005)이 제시한 내용을 바탕으로 정리하면 다음과 같다.

첫째, 클라이언트를 면담하기 전에 미리 시간을 갖고 사회복지사 자신이 원하지 않은 일을 강제로 하게 될 때의 기분이 어떤가를 생각해 본다. 그리고 클라이언트가 어떤 반응을 보일지에 대해 예견하면서 대면을 준비한다.

둘째, 외부 기관에서 의뢰된 클라이언트를 처음 만날 때는 클라이언트에게 의뢰한 기관에서 어떤 이유로 본 기관을 방문하라고 했는지를 확인한다. 만약 클라이언트가 전문적 도움을 받아야 하는 이유에 대해 오해하는 것이 있다면 이를 명확히 한다.

셋째, 사회복지사의 역할과 책임, 클라이언트에 대한 기관의 기대를 분명하고 정직하게 설명한다. 또한 비밀보장 원칙과 예외사항을 설명해 준다. 예를 들어, 클라이언트가 사법기관과 관련된 경우 클라이언트와의 면담 및 진술 내용을 기록한 보고서를 법원에 제출할 수 있음을 클라이언트에게 설명한다.

넷째, 자신의 의사와 관계없이 사회복지사를 만나게 된 것에 대해 클라이언트는 부정적인 감정을 가질 수 있다. 이런 비자발적 클라이언트가 취하는 대처방식으로는 부정, 투사, 적개심, 거리두기 등이 있다(최해경, 2009). 부정(denial)은 자신에게 아무 문제가 없고, 설사 문제가 있다 해도 자신은 전혀 관련이 없다고 주장하는 것이다. 투사(projection)는 문제가 존재하는 것을 인정하나, 문제의 원인은 다른 사람에게 있기 때문에 다른 사람이 변해야 한다고 생각하는 경우다. 적개심(antagonism)은 공격을 최선의 방어로 여겨 도움이 필요하다고 여겨지거나 자신이 바라는 도움이 제공되지 않는 것에 대해 화를 내는 것을 말한다. 적개심은 공개적이고 적대적인 말과 행동으로 혹은 말보다 더 지독한 묵비권으로 표출될 수 있다. 거리두기(distancing)는 문제로부터 자신을 심리적으로 떼어 놓는 것으로, 그 문제와 관련된 감정이나 책임감을 외면하는 것을 의미한다. 사회복지사는 이런 적대감, 분노, 수치심, 당혹감 그리고 방어적 반응에 부딪힐 것에 대해 준비해야 한다. 무엇보다 클라이언트의 부정적 사고 경향을 피하려고 하거나 무시하지 말고 직접적으로 표현하도록 돕는다.

다섯째, 비자발적인 클라이언트와 성공적인 관계를 형성하기 위해서는 상호 신뢰와 존중적 태도가 필요하다. 사회복지사가 클라이언트의 어려움에 관심을 보이는 것은 신뢰형성의 출발점이다. 클라이언트의 욕구와 기대에 집중하고 가능한 클라이언트의 희망이나 선호에 일치시키도록 노력한다. 클라이언트는 자신이 취약하다고 느낄수록 더 부정적일 수 있다. 사회복지사가 자신을 이해하고 진정으로 돕고자 하는 의지가 있다고 느낄 때 신뢰가 생긴다.

여섯째, 클라이언트와 관계가 잘 형성되지 않는다고 생각되면 클라이언트가 이전에 만났던 실무자, 사회복지사 혹은 다른 원조전문가와 가졌던 과거 경험이나 생각, 느낌에 대해 이야기를 나눈다. 이를 통해 부정적 경험이나 억눌린 감정이 있었는지를 파악한다.

일곱째, 법적 제약과 한계 내에서 클라이언트가 선택할 수 있는 점이 무엇인지를 알린다. 클라이언트에게 제한된 범위지만 선택권이 있음을 확인시키고 자기결정을 하도록 기회를 준다. 이처럼 어느 정도의 통제권을 갖게 한다면 클라이언트의 저항이 감소될 수 있다. 예를 들어, 법원으로부터 수강명령을 받은 경우라면 사회복지관에 와서 30시간 교육은 받아야 하지만 수강 내용을 선택할 수 있다거나 오전이나 야간 중 시간을 선택할 수 있다고 말할 수 있다.

2. 자살위험이 있는 클라이언트에 대한 개입

1) 자살위험이 있는 클라이언트와의 초기 관계 형성

첫째, 자살위험 여부를 파악한다. 자살위험은 누구에게나 일어날 수 있다. 사회복지사는 인테이크 단계에서 자살위험이 있든 없든 모든 클라이언트에 대해 자살위험을 검토해야 한다. 이전이나 최근에 자살시도나 자살생각을 한 적이 있는지, 건강상의 문제로 병원 치료 경험이 있는지, 심각한 위기나 스트레스 상황이 있었는지를 간단히 확인한다.

둘째, 현재는 뚜렷한 자살위험 징후가 없다 하더라도 클라이언트 및 가족에게 자살에 대한 사전 교육을 제공하는 것은 매우 중요하다. 특히 정신건강상의 문제로 약물복용 중인 클라이언트 및 가족은 더욱 필요하다. '회복 과정 중에는 누구나 죽고 싶은 생각이 들 수 있다'라는 안내는 추후 자살의 위험과 마주했을 때 클라이언트 및 가족으로 하여금 조금이나마 침착하게 대처할 수 있도록 돕는다. 자살생각이나 자살위험에 노출되었을 때 도움을 요청할 수 있다는 것과 어떻게 도움을 받을 수 있는지를 설명한다.

셋째, 사회복지사는 자살을 예방하고 클라이언트를 보호하기 위해 최선을 다해야 하는 법적, 윤리적 책임을 갖는다. 사회복지사는 일차적으로 클라이언트의 비밀보장을 위해 최대한 노력하지만 클라이언트의 생명이나 사회의 안전을 위협하는 경우 비밀을 공개할 수 있다는 것을 클라이언트에게 명확히 알린다.

2) 자살위험에 대한 사정

첫째, 자살위험은 사회복지실천단계에서 언제든 일어날 수 있다. 따라서 사회복지실천 각 단계에서 중요하게 검토되어야 하는데, 그중에서도 특히 사정단계가 중요하다. 사정이나 개입과정 중 클라이언트가 죽고 싶다고 하거나 죽음을 연상시키는 말이나 행동을 한다면 진지하게 받아들여야 한다. 겁이 나서 성급하게 위로하거나 다른 주제로 전환하기보다는 자살시도나 계획, 자살생각이 있었는지 등 직접적으로 묻고 확인한다.

• 살면서 자살시도를 한 경험이 있는가?

- 최근 심하게 우울하거나 죽고 싶다고 생각한 적이 있는가?
- 귀에서 누군가 죽으라고 하는 소리를 들은 적이 있는가?
- 정신과 또는 정신병원에서 치료받은 적이 있는가?

둘째, 자살유발 요인들을 다각적으로 파악한다. 자살은 개인이 일으킨 일회적 사건이라기보다는 개인 및 사회환경적 요인들이 복합적으로 작용해서 생긴 사회적 문제다. 따라서 자살유발 요인은 매우 다양하다. 정신병적인 문제를 가진 젊은 사람들의 자살위험 요인을 중심으로 살펴보면 남성인 경우, 독신인 경우, 우울 및 절망, 약물남용, 실업이나 사회적 고립 등 환경적 위험이 있는 경우, 최근 의미 있는 사람을 상실한 경험이나 자살을 시도한 경험이 있는 경우, 가족 중에 자살을 시도한 사람이 있는 경우 등이 해당된다. 또한 최근 병원에 입원이나 퇴원을 하였거나 자기 파괴적인 명령형 환청(누군가 자기를 보고 죽으라고 하는 소리가 들린다고 하는 경우)이나 자신은 죽지 않는다는 망상과 환각, 피해망상 등을 가진 경우도 해당된다.

셋째, 자살위험에 대한 사정에서는 자살위험뿐만 아니라 타인을 해치려는 의도나 행동도 함께 파악한다. 정신의학적으로 보면 타인에 대한 공격이 분노를 외부로 표출하는 것이라고 하면, 자살은 자신을 향해 분노를 표출하는 것과 같다. 공격성이 누구에게 향하는지에 따라 차이는 있지만 심리적 기저에는 유사한 역동이 있다.

넷째, 클라이언트가 느끼는 감정, 정서에 공감한다. 면담 중 "희망이 없다." "죽고 싶다." "내가 쓸모없다." "내가 죽으면 남들이 더 편할 것이다."와 같은 말을 한다면 자살위험이 높을 수 있으므로 주의 깊게 살펴야 한다. 또한 우울한 기분을 많이 느끼고 식욕이 저하되고 갑자기 외출을 하지 않고 주변 사람들과 관계를 끊는 등의 행동변화를 보이기도 한다. 자살계획이 구체적이고 치밀할수록 자살위험성이 높다. 사회복지사는 클라이언트가 느끼는 정서적 고통, 절망감, 무력감에 대해 경청하고 공감하는 자세를 유지하면서도 자살계획 시기, 방법, 장소 등에 대해 구체적이고 직접적인 질문을 하는 게 필요하다. 이러한 태도는 클라이언트에게 관심을 가지고 있으며 당신이 혼자가 아니라는 것을 느끼게 한다.

자살생각을 하는 사람들은 자살만이 문제해결을 위한 유일한 방법이고, 다른 대안이 없다고 극단적으로 생각하는 경우가 많다. 그럴 경우에는 최근 자살생각이나 자살충동을 느끼도록 영향을 끼친 위기사건이나 어려운 일이 무엇인지, 그 일에 대해 부여하는 클라이언트의 의미나 생각은 무엇인지를 알아볼 필요가 있다. 더 나아가 과거에는 힘든 일을 어뗳게 극복해 왔는지, 이전에 사용한 대처방안 중 지금 활용할 수 있는 것은 무엇인지에 대해 물어본다.

다섯째, 측정도구를 통해 자살위험성 정도를 평가할 수 있다. 대표적으로 절망 척도, 자살관념 척도, 자살가능성 척도 등이 있다. 이 외에도 자살위험이 어느 정도 있는지를 파악하는 FACT평가를 할 수 있다(〈표 10-1〉 참조). 이것은 자살위기의 정도를 평가하기 위해 클라이언트의 감정(feeling), 행동(action), 최근 변화(change), 자살 관련 표현과 위협(threats)으로 구분해서 살펴보는 것이다.

표 10-1 FACT평가

영역	주요 내용
감정	• 절망: "결코 좋아지지 않을 거야." "사람이 할 수 있는 일은 없어." • 무기력, 무가치: "아무도 신경 안 써." "내가 없으면 모두 잘 지낼 거야." • 통제력 상실, 미칠 것 같은 기분, 자신과 타인을 해칠 것 같은 두려움 • 압도적인 죄책감, 수치심, 자기증오 • 스며드는 슬픔 • 지속적인 불안과 분노
행동 혹은 사건	• 약물 혹은 술의 남용 • 말이나 글로 죽음 혹은 파괴에 대한 주제를 표현 • 악몽 • 죽음, 이혼, 별거, 이별을 통한 최근의 상실경험 혹은 직업, 돈, 지위, 자기존중감의 상실 • 종교적 신념의 상실 • 불안과 동요 • 공격성과 무모함
최근 변화	• 성격: 더 위축되고 피곤해하며 냉담해지고 우유부단해짐 • 행동: 학교, 일, 일상의 일과에 집중하지 못함 • 수면패턴: 너무 많이 자거나 불면증, 때로 아침 일찍 일어남 • 식사습관: 식욕과 체중이 불거나 과식 • 더 난폭하고 말이 많으며 밖으로 나돎 • 친구, 취미, 섹스, 이전에 즐기던 활동에 대한 흥미가 줄어듦 • 위축되고 처진 상태가 지난 후에 갑자기 기분이 좋아짐

	• "피를 흘리면서 죽으려면 얼마나 오래 걸릴까."와 같은 말
자살 관련 표현과 위협	• "그다지 오래 네 주위에 있을 수 없을 거야."와 같은 위협
	• 물건을 정리하고 좋아하는 것을 다른 사람들에게 나누어 주고 약에 대해 공부하며 무기를 준비하는 등 구체적 계획
	• 손목을 긋거나 약물을 과용하는 등의 시도

출처: 김정진, 임은희, 권진숙(2007)에서 재인용.

3) 자살위험이 있는 클라이언트에 대한 개입

첫째, 자살위험이 높다고 판단되는 사람에게는 가장 먼저 클라이언트를 위험으로부터 차단하고, 클라이언트가 안전할 수 있도록 한다. 예를 들어, 전화를 해서 지금 죽고 싶다고 하는 사람의 경우에는 주변에 칼이나 약, 불 등 자살수단을 멀리하도록 설득한다. 현재 있는 위치가 옥상이나 다리, 철교 근처라면 조금이라도 안전한 곳으로 옮겨서 이야기하자고 한다. 정신건강에 어려움이 있는 사람의 경우에는 신속하게 가족이나 주변 사람들에게 알려 병원에 입원할 수 있도록 한다.

둘째, 돕고자 하는 마음을 적극적으로 드러내고 실질적인 도움과 심리적 지지를 제공한다. 예를 들어, "너는 혼자가 아니야. 내가 도와줄게." "너를 해치지 않고 해결하는 다른 방법이 있을 거야. 함께 찾아보자." 등 관심과 지지를 표현한다. 자살 말고도 문제를 해결할 대안이 많다는 것을 알리고 희망을 갖게 한다.

셋째, 클라이언트의 현재 감정, 생각 등을 표현하도록 격려한다. 자살을 생각하는 사람은 누군가에게 자신의 이야기를 하고 위로받고 싶은 마음이 크다. 사회복지사는 클라이언트에게 말로 지금의 심정이나 생각을 표현할 기회를 주고, 특히 부정적 감정을 발산하게 한다. 클라이언트가 흥분해 이야기에 조리가 없거나 했던 말을 반복해서 하거나 논리적이지 않더라도 말을 가로막거나 비난하지 않아야 한다. 클라이언트가 끝까지 하고 싶은 말을 할 수 있도록 기다리고 또 기다려 준다. 자살생각에 대해 지지하거나 또는 반대한다는 말, 너의 마음을 이해한다는 말, 살다 보면 괜찮아진다는 말 등은 별로 도움이 되지 않으니 하지 않는 것이 좋다. 오히려 자살생각에 대해 놀라거나 당황하지 않고 따뜻하면서 차분하게 이야기를 들어주고 함께하는 것이 중요하다.

넷째, 안전한 환경이 조성되도록 한다. 당장 클라이언트를 도와줄 자원을 찾아 연결한다. 가족이나 친척, 친구 등에게 자살위험 사실을 알리고 도움을 요청한다. 더 나아가 필요할 때 도움을 받을 수 있도록 클라이언트에게 도움요청 방법을 알려 주고 이를 활용할 수 있게 한다. 예를 들어, 심리적으로 어려운 일이 생길 때 도움을 받을 수 있는 1388(청소년전화), 1366(여성긴급전화), 자살예방센터, 정신건강복지센터, 병원 등의 전화번호와 담당자 이름, 치료의뢰 방법을 알려 준다. 클라이언트를 둘러싼 환경이 보다 지지적일 수 있도록 환경에 개입한다. 특히 자살 유가족은 자살고위험군에 해당된다. 자살 유가족에 대한 상담 및 치료 제공, 자조모임 운영, 경제 · 사회적 지원 등을 제공한다.

　다섯째, 정신건강상의 어려움이 있는 클라이언트 및 관련인에 대한 자살예방교육을 실시한다. 이를 위해 사회복지사는 자살예방을 위한 기본적인 지식을 습득해야 하며, 클라이언트와 가족에게 적절한 교육을 제공할 수 있도록 준비해야 한다(정신보건센터, 2013). 정신건강상의 어려움이 있는 클라이언트 및 관련인에 대한 자살예방교육 내용은 〈표 10-2〉와 같다.

　여섯째, 기존에 정신건강상의 어려움을 가지고 있는 클라이언트에 대해서는 보다 특별한 주의와 개입이 필요하다. 정신병적인 문제를 가진 사람들은 병의 진행단계에 따라 특정한 이유로 자살위기에 처할 수 있다. 사회복지사는 조금 더 민감하고 주의 깊게 회복과정에 따라 자살위기에 대해 평가해야 한다(정신보건센터, 2013).

　정신병 증상이 출현하기 직전인 전구기는 혼란스러움과 뭔가 변한 것 같은 느낌을 우

표 10-2 정신건강상의 어려움이 있는 클라이언트 및 관련인에 대한 자살예방교육 내용

대상	중점적인 교육 내용
초발 정신질환자	• 회복단계에 따른 위기상황 • 회복기에 나타날 수 있는 이차 이환과 자살의 위험성 • 자살위기 대처방법 • 자살위기에 연락할 수 있는 지지체계 마련 　-도움 요청을 위한 자원리스트 만들기 　-응급 시 24시간 이용 가능한 상담전화 활용방법
가족 및 친구	• 대상자에게 제공한 교육 내용을 동일하게 제공 • 자살위기에 따른 징후 파악하기 • 일차적으로 자살위험성을 평가할 수 있는 의사소통 방법 • 가족 및 친구에 대한 정서적 지지

출처: 정신보건센터(2013)의 내용을 일부 수정하여 제시함.

울감으로 인지하는 경우가 많으며, 이는 자살사고로 이어질 수 있다. 급성기에는 환청이나 혼란스러운 증상으로 인한 자해 및 타해 문제가 발생할 가능성이 있다. 회복기에는 정신질환자라는 낙인과 수치심, 수행능력의 저하로 인한 직장이나 학업 곤란, 가족이나 친구관계 상실 등으로 이차 이환의 발생과 함께 자살위험성이 증가할 수 있다. 이차 이환 (secondary morbidity)이란 정신병적 삽화의 직접적인 결과로 추가적인 문제가 일어날 경우를 말한다(Edward & McGorry, 2002). 예를 들어, 외상후 스트레스장애, 우울증, 불면증, 물질오용, 공황장애 등과 같은 동반 이환 증후군을 보일 수 있다. 이러한 이차 이환을 최소화하거나 개선하도록 하기 위해서는 다음과 같은 사항이 고려되어야 한다(정신보건센터, 2013). 가능한 한 입원보다는 외래치료를 유지하여 발달과제를 수행할 수 있게 하고, 주치의와 유기적이고 협력적인 관계를 유지한다. 또 자살위험성 및 이차 이환에 대해 보고함으로써 필요한 약물처방이 이루어지도록 한다.

3. 알코올 및 약물 의존적인 클라이언트에 대한 개입

1) 알코올 및 약물 의존적인 클라이언트와의 초기 관계 형성

의외로 많은 클라이언트 및 가족이 약물문제를 가진다. 약물문제가 1차 표적문제일 수도 있고, 2차 표적문제일 수도 있다. 전자에 해당되는 것은 알코올 및 약물 의존적인 클라이언트이다. 이들은 의존 대상이 알코올이나 약물(담배, 코카인, 환각제, 흡입제 등)이다. 초기에는 소량의 약물로도 기분이 좋아지지만 점점 양이 증가하게 되고 내성이 생겨 동일한 기분 변화를 위해 더 많은 약물이 필요하다. 이 과정에 심리적 의존 및 신체적 증상(불안, 초조, 떨림과 같은 금단현상, 골절, 수면장애, 망상, 환각)들이 나타나게 된다. 더 심각한 경우에는 관계의 단절, 실직, 사고, 가정불화, 빈곤 등의 문제가 나타난다. 후자에 해당되는 것은 가정불화, 가정폭력 및 아동학대, 자살, 범죄 등이 주요 문제이고, 부차적으로 약물문제를 수반하는 경우다.

그러나 클라이언트가 어떤 상황이라고 해도 그들이 먼저 약물문제를 꺼내 놓기란 쉽지 않다. 특히 빈곤이나 장애, 질병 등 다른 문제가 심각하게 부각되어 약물문제는 다루어지지 못하고 넘어가기가 쉽다. 따라서 사회복지사는 인테이크 단계부터 과거나 현재 클라이언트나 가족의 약물사용 여부에 대해 알아보아야 한다.

임산부, 여성들의 알코올 및 약물 섭취에 대해서도 주의해서 검토해야 한다. 임산부가 소량의 술이라도 지속적으로 마시는 것은 태아에게 치명적일 수 있다. 특히 주부들은 혼자서 술을 마시거나 술 마시는 것을 수치스럽게 느끼기 때문에 외부로 잘 드러내지 않는다. 그래서 심각한 상태에 이를 때까지 발견하기가 쉽지 않다.

이 밖에도 클라이언트는 약물 부작용으로 인해 다양한 건강상의 문제를 가질 수 있다. 약물은 긍정적 효과도 있지만 부작용도 동반한다. 예를 들어, 어떤 감기약은 전립선 기능을 약화시킬 수 있고, 어떤 항우울제는 식욕을 감퇴시킬 수 있다. 따라서 클라이언트가 어떤 약물을 복용하고 있는지를 알아보고 약물에 대한 효과와 부작용에 대해 검토할 필요가 있다.

약물문제를 가진 클라이언트와 초기 관계를 형성하기 위해 클라이언트가 신뢰하거나 중요한 영향력을 갖는 가족 구성원이나 친구, 주변 사람들에게 도움을 요청하는 것도 고려할 수 있다. 특히 클라이언트가 약물문제를 부정하거나 회피하는 경우 이들을 만나는 것은 쉽지 않다. 이럴 경우 주변 사람들과 사전에 치밀한 계획을 세운다. 만날 시간과 장소를 정하고 각자 무엇을 이야기할지를 미리 각본을 정한다. 그리고 면담 도중 주의해야 할 사항(클라이언트를 비판하거나 추궁하는 것이 아니라 따뜻하고 지지적인 분위기를 유지하고 가족이 함께 변화를 위해 노력할 것이라는 것) 등을 검토한다. 입원이나 시설입소, 프로그램 참여가 필요하다면 면담에서 클라이언트가 동의하는 즉시 바로 참여하도록 하는 것이 좋다.

2) 알코올 및 약물 의존적인 클라이언트에 대한 사정

첫째, 알코올 및 약물 사용은 약물의 종류, 사용량, 클라이언트의 심리사회적 특성, 환경 등에 의해 영향을 받을 수 있다. 따라서 개인 및 환경적 요인을 고려한 통합적인 관점에서 사정, 접근하는 것이 필요하다.

둘째, 알코올이나 약물을 사용한 경험이 있는지, 있다면 언제 어떤 것을 어느 수준으로 사용했는지, 현재도 사용하고 있는지를 파악한다. 대부분의 클라이언트는 처음부터 약물에 의존할 목적으로 약물을 사용하지 않는다. 그러나 시간이 갈수록 복용량은 증가하고 급기야는 금단증상에서 벗어나기 위해 또 약물을 복용하게 된다. 건강한 사람은 행복하게 살기 위해 가족과 인간관계, 직업, 취미활동, 여가생활 등 다양한 관계나 활동을 통해 균형 있는 삶을 살아간다. 반면, 중독자들은 약물, 술, 도박, 인터넷, 쇼핑 등 특정 대상이나 수

- 내성: 똑같은 시간이나 동일한 양으로 만족하지 않는다.
- 금단증상: 끊으면 불안하다.
- 의존: 하지 않으면 못 배긴다.
- 사회적 문제: 지각, 결근, 책임을 회피하는 일이 생긴다.
- 부정적 결과: 금전적 손실, 건강 악화 등 부정적 결과가 있을 뻔히 알면서도 하게 된다.
- 인간관계 갈등: 주변 사람이 비난하거나 심한 잔소리를 해도 아랑곳없다.
- 부정: 자신의 상태를 인지하지 못하고 인정하지도 않는다.
- 기능의 감소: 집중력 감소, 산만함 등으로 인해 예전에 잘하던 일들을 잘하지 못한다.
- 법적 문제: 음주운전, 폭력, 횡령, 사기, 간음 등의 문제를 일으킨다.
- 인간관계 파괴: 가족, 친구, 직장 동료 등 대인관계가 파괴된다.

출처: 권진숙 외(2019), p. 310.

단에만 의존해서 자신을 스스로 통제하지 못하고 생활의 균형감을 잃어버린다. 알코올이든 약물이든 관계없이 중독은 유사한 특징들을 갖는다. 다음의 요소들 중 일부를 갖는다면 중독을 의심해 볼 필요가 있다.

셋째, 클라이언트가 당면한 정신적, 경제적, 신체적, 사회적 어려움을 파악한다. 알코올 중독자의 증상으로는 알코올 급성중독(알코올 섭취로 인한 특수 신경학적 또는 심리적 징후들과 행동의 변화로 공격적 행동, 충동적 행동 통제가 안 되어 폭력으로 나타나기도 함), 금단증상, 금단섬망(음주 중단 후 1~3일째 나타나 5~7일에 해소되는데, 불안, 초조, 진전, 공포감에 의한 수면장애 등의 초기 장애에 이어 섬망상태와 함께 자율신경기능항진이 있고 진전, 망상, 환각 등을 경험할 수 있음), 알코올성 환각증(폭음의 중단 또는 감량 후 48시간 이내에 갖가지 환청을 듣게 됨. 이는 수 시간 혹은 수일 지속되며, 간혹 만성화되기도 함. 환청 이외에 피해망상 등도 나타나 정신분열증과 유사한 양상을 보이기도 함), 알코올성 건망증(지속적인 과음 때문에 오는 건망증후군, 소뇌의 이상에 의한 운동실조증 등 신경학적 장애가 나타나기도 함), 알코올 관련 치매(장기적 음주는 일시적 중독증상 외에 비교적 영구적인 치매가 나타나기도 함) 등이 있다(권진숙 외, 2019: 315). 또한 알코올중독자들은 위장, 췌장, 간질환, 악성 종양, 심혈관 질환 등 건강상의 문제를 가질 수 있으며, 실직이나 경제활동의 어려움으로 인한 빈곤, 경제적 곤란을 겪거나 가족이나 주변 사람과의 관계가 단절되거나 갈등을 겪을 수 있다. 약물의존의 폐해를 인식하고 있는지, 부인하거나 합리화하지 않는지도 검토한다. 의존 정도가 늘어날수록 일상생활에 많은 변화가 온다. 알코올의 경우, 숙취 해소를 위해 술을 마시거나 아침에도 술을 마신다. 술 몇 잔으로는 멈출 수 없고, 술 먹고 한 행동을 기억하지 못한다. 운전면허 취소, 싸움이나 폭행 등 법적 문제를 갖거나 잦은 이직이나 실직, 손떨림, 영양실조, 기억상실과 같은 건강상의 문제가 생긴다.

따라서 사회복지사는 클라이언트의 일상생활, 즉 식사나 수면, 위생 등과 관련된 자기보호를 어떻게 하고 있는지 파악하고 가족, 친구, 주변의 주요한 사람들과 의미 있는 관계를 유지하고 있는지를 사정해야 한다. 또한 학업이나 직업 등 자신에게 주어진 역할이나 책임을 적절히 수행하고 있는지, 동아리활동이나 취미활동 등 사회적 참여나 활동에 참여하고 있는지를 파악한다.

넷째, 사정도구를 활용할 수 있다. 알코올중독 사정을 위해서는 한국형 알코올중독 선별검사(NAST), 미시간 알코올리즘 스크리닝 테스트, 알코올 사용표 등을 사용할 수 있다. 약물중독의 사정을 위해서는 약물사용척도, 약물남용 측정테스트 등이 있다.

다섯째, 사정 결과 알코올이나 약물 의존이 확인되면 클라이언트에게 사회복지사의 의견을 정확하게 설명한다. 사회복지사가 알코올이나 약물 의존이 있다고 판단하는 근거, 현재 및 향후 예상되는 약물의 폐해, 클라이언트가 도움받을 수 있는 기관 및 치료방법 등을 정확하게 설명한다. 이때 지나치게 낙관적 또는 비관적으로 설명해서는 안 된다. 시간이 걸리고 힘든 과정이지만 회복에 성공한 경우가 있다는 것을 알린다. 그리고 용기를 내어 치료과정에 참여할 것을 동의한다면 변화를 위해 함께 돕겠다고 알려 줌으로써 동기를 북돋는 것이 필요하다.

3) 알코올 및 약물 의존적인 클라이언트에 대한 개입

첫째, 면담에서 주의해야 할 사항이다. 클라이언트와의 면담에서는 클라이언트가 면담이 가능한 상태인지를 먼저 파악하는 것이 필요하다. 술이나 약물을 복용한 상태에서는 어떤 면담도 바람직하지 않다. 부드러우면서도 단호하게 면담을 할 수 없음을 알리고 다음 면담 일정을 잡는 것이 좋다. 알코올 및 약물 의존자들은 낮은 자아존중감, 외로움, 관계의 단절 등을 갖기 쉽다. 따라서 의료적 조치와 더불어 자아존중감을 향상시키고 지지적 관계를 구축할 수 있도록 노력하는 것도 필요하다.

둘째, 필요한 경우 입원치료나 약물치료를 받을 수 있도록 의뢰할 수 있다. 알코올중독 치료는 크게 해독치료, 집중교육기간, 재활의지훈련단계, 재활 및 사회적응을 위한 사회복귀 준비단계로 약 12주간 진행되며, 퇴원 후에는 재발 방지 및 사회적응을 위한 재활프로그램에 참여하도록 권한다. 해독치료는 병원에 입원해서 금단증상을 예방하고 치료하는 것이다. 중독 및 금단증상의 치료 후에는 디설피람(disulfiram), 날트렉손(naltrexon) 등을 투여하여 음주욕구의 감소 및 금주를 유도하는 약물치료를 한다. 약물치료는 정신과 의사의 처방을 받아 시행해야 한다(권진숙 외, 2019: 317). 클라이언트가 약물치료를 받는다면 사회복지사는 환자가 의사가 처방한 약물을 잘 복용하고 있는지 점검하고, 부작용이나 불편한 점은 없는지 파악하고, 필요한 경우 적절한 조치가 행해질 수 있도록 한다. 필요하면 사회복지사는 클라이언트의 병원치료에 동행하고 의료진과 관련 정보를 공유한다.

셋째, 지역사회로의 복귀 및 적응을 돕기 위해 사회적 지지체계를 강화한다. 이를 위해 사례관리를 받거나 단주친목모임, 마약중독자모임 등 자조집단모임에 참여할 수 있도록 돕는다. 어떤 중독이나 의존에서 벗어나는 것은 장시간의 노력과 일관성 있고 통합적인 지원이 필요하다. 이러한 노력은 병원이나 시설이 아닌 지역사회를 토대로 이루어져야 한다. 알코올이나 약물 문제를 갖는다고 해서 무조건 병원이나 시설에 의뢰하기보다는 클라이언트의 통제능력을 키워 일상생활을 영위할 수 있도록 돕는 다각적인 방법이 강구되어야 한다. 사례관리는 좀 더 나은 삶을 위해 클라이언트와 지역사회가 함께 참여한다는 점에서 중독문제를 다루는 적절한 접근이 될 수 있다.

단주친목모임(alcoholics anonymous)이나 마약중독자모임(narcotics anonymous)은 술이나 약물 문제를 가지고 있는 사람들이 모여 자신들의 공동문제를 해결하고 회복하도록 돕기 위한 모임이다. 이들은 자신들의 경험을 나누고 술이나 약물의 의존에서 벗어나도록 서로 용기를 주고 희망과 지지를 나눈다. 이러한 모임에의 참여는 회복에 긍정적인 영향을 미치는 것으로 선행연구에서 보고되고 있다. 사회복지사는 이들 모임을 클라이언트나 가족에게 소개하고 참여할 수 있도록 격려한다. 만약 이들 모임에 참여하는 것을 두려워하거나 부정하는 클라이언트를 위해서는 미리 알코올 및 약물치료센터 담당자와 충분히 상의해 기관으로 연결될 수 있는 효과적인 전략을 수립한다.

넷째, 중독자 가족을 위한 지원을 강화한다. 중독문제는 당사자뿐만 아니라 가족에 의해 영향을 받기도 하고 가족에게 영향을 미치기도 한다. 특히 가족은 중독에 대한 잘못된 정보와 왜곡된 생각으로 불안과 걱정을 갖기도 하고, 가족 간의 갈등이나 부적절한 지지는 오히려 회복을 방해하거나 걸림돌이 되기도 한다. 따라서 가족에 대한 관심과 지원은 무엇보다 중요하다.

먼저, 가족을 위해 알코올이나 약물 중독에 대한 적절한 교육이 필요하다. 가족은 중독문제가 생긴 것이 자신들의 잘못이라고 생각해 죄책감을 느끼거나 중독문제 자체를 부정하거나 우울, 불안감 등을 느낀다. 이럴 경우 중독자와 배우자 및 가족은 상호의존(co-dependency)적 관계에 놓일 수 있다. 상호의존적 상태에 있는 배우자는 자신의 욕구나 행동에는 무관심하고 상대 배우자를 위해 자신을 희생한다. 또한 자신의 의사를 솔직히 표현하기보다는 중독자의 행동을 지배하거나 조정하기도 한다. 이러한 상호작용은 클라이언트의 회복 및 적응에 방해가 되기 쉽다.

대부분의 가족은 술이나 약물만 끊으면 모든 문제가 해결될 것이라고 생각한다. 그러나 회복과정에서 가족문제는 더 심각해지기도 한다. 술이나 약물을 끊는 과정에 가족의 숨은 문제가 드러나기도 하고, 역할 변화로 인해 새로운 갈등과 문제가 생기기도 한다. 따라서 중독자가 술이나 약물만 끊는다고 문제가 저절로 해결되는 것이 아니라 가족 전체가 함께 계속적으로 노력하고 변화해야 한다는 것을 알릴 필요가 있다.

중독자 자녀에 대한 개입이 필요하다. 자녀들은 부모의 예측할 수 없는 행동, 신뢰할 수 없는 행동 등으로 인해 건강하지 않은 방법으로 적응한다. 부모로부터 적절한 보호와 관심을 받지 못하기 때문에 심리적으로 안정되고 자신의 발달과업에 충실하기 어렵다. 그 결과 중독자 자녀들은 아동임에도 불구하고 가정에서 어른의 역할을 담당(어른 아이)하거나 존재감이 없는 잊혀진 아이가 되거나 가족을 지키고 책임지기 위해 과도한 책임(가족 영웅)을 맡기도 한다. 또는 공격적이거나 비행행동을 일으켜 집안의 문제아(혹은 희생양)가 되기도 한다. 이처럼 중독문제는 자녀에게 다양한 심리사회적 어려움을 야기할 수 있다. 따라서 사회복지사는 자녀들의 어려움에도 관심을 갖고 가족과 자녀문제를 함께 다루도록 해야 한다. 필요하면 알코올중독자 가족을 위한 프로그램(AL-Anon, Alateen 등)을 안내하고 이용하도록 촉진한다. 또한 자녀의 심리사회적 발달과 적응력 향상을 위해 다양한 지역사회 내 자원을 연결하고 사회적 지지를 강화해야 한다.

다섯째, 알코올 및 약물 사용은 언제든 재발이 가능하다. 따라서 항상 재발에 대비한 계획을 수립하는 것이 필요하다. 갑자기 술을 끊게 되면 식은땀, 구토, 수면장애, 두통 등의 금단증상이 생길 수 있다. 장기간의 알코올중독자가 갑자기 술을 끊게 되면 망상, 불안, 벌레가 몸에 기어다니는 것과 같은 섬망, 환청 등을 경험한다. 최근 알코올 관련해서 완전한 금주만이 치료라고 생각하지 않고 알코올 양을 조절하는 것을 목표로 삼기도 한다. 재발은 실패가 아니라 치료과정 중 자연스러운 과정으로 생각하고 알코올 양을 조절해 정신사회적 기능이 향상될 수 있도록 초점을 둘 수도 있다. 이들을 위해 외래치료, 입원, 거주시설의 입소, 낮병동, 단주모임 등을 활용할 수 있다.

여섯째, 약물관리를 지원한다. 이들 중 일부는 정신건강상의 문제로 병원에서 치료를 받았거나 받고 있을 수 있다. 클라이언트가 정기적으로 치료를 받고 있는지, 약물을 규칙적으로 잘 복용하고 있는지를 점검해야 한다. 혹시 부작용이 생기지는 않았는지 점검하고 정기적으로 건강상태를 확인하는 것이 필요하다. 클라이언트가 질병이나 약물복용과 관련된 어려움을 호소할 때는 최대한 관심과 지지를 해 줄 필요가 있다. 예를 들어, '입이 마른다.' '하루 종일 기분이 처지고 멍한 것 같다.' '체중이 자꾸 늘어난다.' 등을 호소할 수 있다. 이때 정신과 약이기 때문에 어쩔 수 없다고 대수롭지 않게 여기거나 참아야 한다는 식으로 대응한다면 클라이언트는 자신이 존중받지 못한다는 느낌을 가질 수 있다. 언제부터 그랬는지, 어떤 증상인지, 어떨 때 심하고 덜한지 등을 물어보고 고통스러운 사항에 관심을 가져야 한다(정신보건센터, 2013).

일곱째, 술은 직접적인 자살수단은 아니지만 자살시도를 하는 사람의 대다수가 자살시도를 할 때 술을 마신다. 또한 알코올중독이나 기분장애를 가진 사람, 약물문제를 가진 사람들은 자살생각이나 자살시도가 많다. 따라서 자살위험에 대해 관심을 갖고 이에 대비한 위기개입 계획을 수립하고 준비해야 한다.

여덟째, 알코올 및 약물치료센터, 병원, 학교, 정신건강센터 등 지역사회기관과의 협력이다. 중독문제는 술이나 약물 문제 이외 우울이나 불안장애 등의 정신건상상의 문제, 도박이나 인터넷중독문제, 기타 건강상의 문제들 등 다양한 문제와 공존할 수 있다. 예를 들어, 알코올문제를 가지고 있다고 하면 음주문제 이외에도 신체적 질환, 우울, 품행장애 등 다른 건강상의 문제를 가질 수 있다. 따라서 이들을 함께 다루어 나가는 것이 필요하다. 그러기 위해서는 중독관리통합지원센터, 도박치유상담센터, 정신건강복지센터, 청소년상담지원센터, 보건소, 학교, 병원 등과 연계, 협력할 수 있도록 지원체계를 구축하고 필요할 때 신속하게 활용할 수 있도록 해야 한다.

다음은 대학생을 위한 간략한 알코올 스크리닝 및 개입(BASICS; Dimeff, Baer, Kivalahan, & Marlatt, 1999)에서 동기강화모델을 적용한 것이다. BASICS은 동기강화모델에 기반을 둔 프로그램으로 담당 상담자와 두 번의 학생모임을 진행한다. 첫 번째 회기에서 알코올 사

용에 관한 평가와 이것이 문제가 될 만한 것인지 위험성을 함께 알아본 후, 두 번째 회기에
는 개별화된 피드백과 평가에 관한 토론을 한다. 〈표 10-3〉은 어떻게 피드백이 회기 안에
서 이루어질 수 있고 실행될 수 있는지 보여 준다(Schumacher & Madson, 2017: 77).

표 10-3 네 가지 과정을 보여 주는 BASICS 프로그램의 예시

동기강화모델	BASICS에서의 적용
관계 형성하기	BASICS 첫 번째 만남에서 관계 형성하기 "안녕하세요. 저는 BASICS 상담가 마이크 모드슨(Mike Modson)이에요. 오늘 저희 BASICS 프로그램을 찾아주셔서 감사해요. 여러분이 생활관 간사님의 요청으로 이곳에 오신 것을 잘 알고 있어요. 하지만 여러분이 여기 오게 되신 이유와 관련하여 여러분의 관점을 이해할 수 있는 소중한 기회가 되기를 기대하고 있어요. 혹시 마음이 허락하신다면, 여러분께 일어난 일이 무엇인지, 그리고 이 프로그램에 참여해야 한다는 것에 대해 어떻게 생각하시는지 여러분의 관점에서 이야기를 들려주시기 바라요." [참가자들의 응답을 반영한다.] "모두가 괜찮으시다면 이 프로그램에 대한 소개와 여러분이 이 프로그램에 대해 전반적으로 궁금하신 점에 대해 답해 드리는 시간을 가질게요. 어떠세요? 저는 여러분과 함께 의견을 수렴해서 알코올 사용에 관한 토론을 하고 싶어요. BASICS 프로그램의 목적은 여러분의 음주에 대해서 판단하는 것이 아니라 여러분이 저에게 제공해 주시는 정보들로 음주에 관하여 이야기해 보는 것이에요. 여러분이 제공해 주시는 정보들이 여러분과 어떤 관계가 있는지, 여러분이 이미 이뤄 내신 변화가 있다면 그것이 무엇인지, 그리고 여러분이 생각하시기에 중요한 가치를 바탕으로 음주행동에 변화를 주고 싶으시다면 어떤 변화를 이루고 싶은지 이야기해 보고자 해요. 어떠세요?" [반영하기] BASICS 피드백 회기에서 참여 동원하기 "돌아오신 것을 환영해요! 오늘도 이 자리에 와 주셔서 정말 감사해요. 지난 미팅부터 지금까지 어떻게 지내셨어요?" [반영하기] "여러분이 지난번 저에게 제공해 주셨던 정보들에 대해 이야기해 보기 전에 혹시 여러분 중에 지난번 만남에서 갖게 되신 질문이나 염려가 있으신가요? 지난번 만남이나 오늘 작성하신 설문지에 대해 어떤 반응이라도 좋고 궁금한 것이 있다면 질문해 주세요." [반영하기]

관계 형성하기	"제가 약간의 정보를 제공해 드리자면 여러분은 아마도 지난번 만남에서 우리가 논의했던 이 만남의 목적은 여러분이 주시는 알코올 사용에 대한 정보를 이야기하는 것으로 기억하고 계실 거예요. 저는 우리가 함께 대화하기를 원해요. 그러나 제가 말하는 도중에라도 질문이 있거나 명확히 하고 싶은 게 있으시다면 주저 말고 알려 주세요. 자, 그럼 시작해 볼까요?" [반영하기]
초점 맞추기	**토론에 초점 맞추기 위한 의제 설정하기** "우리는 많은 토론 거리를 가지고 있는데 혹시 이것들 중 특별히 이야기 나누어 보고 싶은 게 있으신가요?" [반영하기] "원하신다면 저희가 시작할 수 있는 곳 중 하나는 자기관찰 양식(self-monitoring form)을 한번 함께 보는 거예요. 어떠세요?" [반영하기] '이끌어 내기–제공하기–이끌어 내기'를 사용하여 개별적 평가 피드백 제공하기 "당신의 관점에서 알코올이 당신에게 반갑지 않은 경험을 제공하거나 장애를 끼친 적이 있는지요? 당신이 제공해 주신 정보에 따르면 음주 후 당신은 종종 나중에 후회하는 행동을 하게 된다고 하셨어요. 이것에 대해 어떻게 생각하세요?"
유발하기	"사람들은 저마다 다른 이유로 술을 마십니다. 당신이 술을 마시는 이유는 무엇인가요? 이 이유들이 당신이 술을 마시는 양이나 금주할 때 미치는 영향이 있다면 무엇일까요?" [반영하기] "어떤 학생은 음주할 때 음주가 가져올 수 있는 부정적인 결과를 줄이기 위해 여러 전략을 사용합니다. 이것이 당신이 가지고 있는 음주에 관한 목표와 부합하나요?" [반영하기] "음주할 때 자신을 부정적인 결과로부터 보호하기 위한 여러 방법을 배우는 것이 중요하게 생각되는지 0부터(전혀 중요하지 않다) 10까지(매우 중요하다)의 숫자로 표현한다면 당신은 어느 정도에 있을까요?" [클라이언트가 5라고 대답한다.] "왜 3점이 아니라 5점이라고 느끼시나요?" [반영하기] "안전한 음주 방법의 단점은 무엇이고, 장점은 무엇일까요?" [반영하기]
계획하기	**요약하고 계획하기로 넘어가기** "오늘 우리가 시작할 때는 음주행동을 변화시켜야 하는지에 대해 불확실하게 느낀다고 이야기를 나누셨어요. 당신이 음주를 즐기는 이유로는 친구와 함께 파티를 즐길 수 있다지만 동시에 당신은 음주로 인한 부정적인 결과 또한 경험했어요. 당신은 술을 마시고 당신이 한 행동에 부끄러움을 느끼곤 해요. 이를 개선하기 위해 당신은 더 나은 음주방식을 가지고자 해요. 이를 위해서 아무거나 괜찮으니 무엇을 하고 싶으신지 말씀해 주시겠어요?"

	[반영하기] "원하신다면 우리는 부정적인 결과를 낳지 않고 술을 마실 수 있는 전략에 대해 이야기 나누어 볼 수 있을 것 같아요. 우리가 안전한 음주에 대해서 이야기할 때 무엇이 먼저 당신의 생각에 떠오르나요?" [반영하기] "이 대학의 학생들과 다른 대학의 학생들이 자신을 보호하며 술을 마시는 사용법으로 쓰는 행동 리스트가 여기 있어요. 몇몇 학생은 샷과 들이키는 것을 피하거나 알코올과 비알코올 음료를 번갈아서 마심으로써 그들의 주량을 조절하지요. 다른 학생들은 심각한 해를 입지 않기 위해 자신들이 정확히 어떤 술을 먹고 있는지 확인하고 술을 마신 뒤 검증된 운전자의 차를 타고 귀가해요. 당신이 전에 언급한 음주 목적에 기초했을 때, 당신이 원하는 목적을 위해서는 어떤 방법으로 술을 마시는 것이 좋을까요?" [반영하기] 계획 세우도록 유발하기 "당신은 당신이 마시고 있는 것이 어떤 술인지 정확하게 아는 것과 운전자를 지정하는 방법을 선택하셨군요. 왜 이런 방법을 고르셨나요?"
계획하기	[반영하기] "이런 방법을 쓰면 어떤 일이 일어날 것이라고 기대하시나요?" [반영하기] "누가 당신이 이런 방법을 잘 쓸 수 있도록 도울 수 있을까요?" [반영하기] "이런 방법이 제대로 작동하고 있는지 어떻게 알 수 있을까요?" [반영하기] "오늘 상담을 마무리하기 전에 저는 당신이 안전한 음주자가 되기 위해 선택한 방법들을 요약하려고 해요. 당신은 술을 마실 때마다 많은 문제가 생기는 것을 경험하여 음주로 생길 수 있는 해를 줄이는 것이 중요하다고 했어요. 이를 위해 당신은 검증된 지정 운전자를 사용하고자 하고, 자신이 어떤 술을 마시고 있는지 정확하게 알도록 다짐했어요. 이러한 방법들로 당신은 당신의 음주 습관을 보다 나은, 안전한 방향으로 바꿀 수 있고, 책임감 있게 이전과 같은 실수를 저지르지 않도록 할 것이라는 기대가 있어요. 이 모든 과정에서 당신이 속해 있는 여대생 동아리 친구들로부터 지지를 받을 것이고, 그들과 당신의 목표와 계획을 공유하실 것이라고 했어요. 여기까지 당신이 다짐하고 결심공약 하신 것이 맞나요?"

4. 학대피해아동 및 가족에 대한 개입

1) 학대피해아동 및 가족과의 초기 관계 형성

첫째, 초기 면담에서 아동학대 가능성에 대해 검토한다. 사회복지사들이 쉽게 믿는 것 중 하나는 부모는 언제나 자녀를 사랑하며, 가정은 세상에서 가장 안전한 곳이라는 것이다. 아동학대는 소수의 문제가정에서만 일어난다고 생각하기 쉽다. 교사나 학교를 바라보는 시각도 비슷하다.

그러나 실상은 이와 다를 수 있다. 따라서 아동학대의 징후를 잘 포착하는 것이 필요하다. 이를 파악하기 위해 〈표 10-4〉의 지표를 고려할 수 있다. 신체적 학대나 방임은 외적

표 10-4 아동학대의 지표

신체적 학대	• 얼굴, 팔, 다리, 가슴, 등에 멍, 맞은 자국, 상처 등이 있음. • 몸에 담배, 전열기, 뜨거운 물 등으로 인한 화상이 있음. • 얼굴이나 손, 다리 등에 자주 상처가 있음. • 손이나 다리의 골절, 머리에 상처가 있음. • 옷으로 상처를 감추려고 함. 일반 아동은 상처를 자랑하는 데 반해, 학대아동은 상처에 대해 이야기하지 않으려고 함. • 성인을 지나치게 경계하고 신체적 접촉을 두려워함. • 가출, 자해, 폭력적 행동, 자살시도 및 자살생각 등을 나타냄.
방임	• 또래 아동에 비해 성장과 발달이 떨어짐. • 손톱, 머리, 치아 등 위생관리가 잘되지 않고 몸에서 냄새가 남. • 늘 같은 옷을 입거나 계절에 맞지 않는 옷을 입고 다님. • 결석을 자주 하거나 숙제를 잘해 오지 않음. • 식탐이 많거나 과자를 몰래 숨겨 둠. 구걸이나 물건을 훔침. • 늦은 시간 동안 운동장, 놀이터를 배회하거나 밖에서 지냄.
성학대	• 속옷에 피가 묻어 있음. • 성기 부분이나 허벅지 안쪽에 멍이나 상처가 있음. • 친구, 인형, 애완동물을 데리고 나이에 맞지 않는 성적 놀이를 행함. • 낙서나 그림에 성행위와 관련된 것을 표시함. • 나이에 맞지 않는 성적 지식 및 성행동을 표현함. 성적인 것에 몰두함. • 목욕, 옷을 갈아입는 것, 몸을 드러내는 것에 대해 과도하게 예민함.

으로 드러나는 경우가 많아 민감성을 갖고 주목하면 발견하기 쉬운 데 반해, 성적 학대는 그렇지 못하다. 성학대를 받은 아동이라고 해도 일반 아동과 크게 다르지 않은 경우가 많고 무엇보다도 아동이 그 사실을 먼저 말하지 않기 때문이다.

둘째, 학대가 있다면 학대가 어느 정도 심각한 수준인지를 검토하고, 아동의 안전을 위해 즉각적인 보호가 필요한지 여부를 판단한다. 심각한 위기에 있다고 판단되는 경우에는 경찰이나 아동학대예방센터에 바로 연락해서 협조를 요청한다.

셋째, 주변 주요 타자에 대해 아동학대의 표시와 증후에 대해 설명하고 신고의 의무가 있음을 고지한다. 경미한 학대 징후가 있거나 의심이 가는 경우 아동과 일차적으로 밀접히 상호작용하는 부모, 가족, 교사 등 주요 사람에게 아동학대에 대해 바르게 이해시키는 것이 필요하다. 학대에 대한 인식이 낮으면 대처행동도 소극적일 수밖에 없다. 부모뿐 아니라 아동을 돌보고 있는 사회복지사, 교사 등에게 아동학대를 잘 인식할 수 있도록 교육해야 한다. 부모의 경우, 훈육과 학대를 혼돈하는 경우가 많다. 학대하는 부모는 화나는 순간에 자신의 감정에 빠져 분노조절을 잘하지 못한다. 아동의 발달에 대한 이해가 부족하고 폭력적 방법 이외 아동을 효과적으로 다루는 양육방식을 모르기 때문에 학대행위를 반복하는 경우가 많다.

또한 학대 사실을 인지하더라도 신고로 연결되지 못하는 경우가 많다. 학대 사실에 대해 인지한 후 바로 신고할 수 있도록 신고의 구체적인 절차, 내용, 법적 책임, 신고 후의 효과성에 대한 긍정적인 설명 및 교육이 필요하다. 그리고 학대피해아동과 관련된 주변 사람들의 지나친 책임감과 부담감을 완화시키는 것도 필요하다.

넷째, 아동학대를 예방하는 데 도움이 되는 프로그램이나 서비스를 소개하고 참여를 유도한다. 이때 꼭 참여가 필요한 상황인데도 불구하고 참여를 거부하거나 소극적인 태도를 보이는 부모의 참여를 촉진시키는 것이 매우 중요하다. 부모들이 자신들을 비난하거나 탓한다는 느낌을 받지 않도록 존중하는 태도로 참여에 대한 동기를 고취하도록 한다. 필요한 경우 어느 정도 관계형성을 위해 지속적으로 가정방문을 하는 것도 필요하다. 고위험이 인지되는 경우에는 집중적인 사례관리를 하거나 아동학대예방센터 등 지역사회전문가들과 협력하여 개입할 수 있도록 한다.

다섯째, 아동학대 및 방임에 대한 보고다. 사회복지사는 인테이크뿐만 아니라 서비스 제공 전 과정에서 아동학대나 방임의 징후를 포착할 수 있다. 아동의 몸에서 베이고 타박상 자극을 발견할 경우 사회복지사는 아동이 학대를 받고 있는 것이 아닌가를 의심해야 한다. 어떤 아동들은 가정이나 학교에서 학대를 받고 있다고 고백할 수도 있다. 이런 경우 사회복지사는 아동학대의 신고의무자이므로 아동학대 사실을 인지하였을 때는 경찰이나 아동학대예방센터에 신고해야 한다. 학대가 아닌지 의심이 드는 경우에도 마찬가지다. 실제 학대 또는 방임이 일어났는지를 사회복지사가 증명해야 하는 것은 아니다. 이렇게 학대에 대한 의심이 들거나 사실을 인지한 경우에는 지체 없이 아동학대 또는 방임에 대한 의심이 일어난 시간, 이유, 상황에 대해 보고해야 한다. 아동학대 또는 방임에 대한 위임된 사람의 보고의무는 비밀보장 원칙에서 예외되며 이는 법으로 인정된다.

2) 학대피해아동에 대한 사정[1]

첫째, 학대피해아동에 대한 정보수집에서 고려해야 할 사항이다. 사회복지사는 아동학대와 관련된 정보를 다양한 출처를 통해 얻는다. 학대피해아동 또는 가족과의 면담, 교사나 사회복지사, 또래친구나 이웃의 진술 등을 활용할 수 있다. 정보수집에서 가장 우선적으로 파악해야 할 점은 학대가 어느 정도 심각한 수준인지를 파악하고, 아동의 안전을 위해 즉각적인 보호가 필요한지 여부를 판단하는 것이다. 그러나 이러한 진술만으로 학대피해아동이라고 성급하게 결론지어서는 안 된다. 오해나 모함, 왜곡된 정보가 있을 수 있고, 아동의 생활에서 다른 스트레스 요인들이 유사한 증후를 만들 수 있기 때문이다. 따라서 여러 가지 정보를 수집하고 면밀히 파악할 필요가 있다. 그중 학대피해아동과의 면담에서 연령별로 고려해야 할 내용은 〈표 10-5〉와 같다.

둘째, 아동학대에 따른 손상 및 유발요인, 대처방안을 생태체계적 관점에서 사정한다. 아동학대는 아동에게 신체적인 손상뿐만 아니라 심리사회적 적응에 어려움을 초래한다. 주요한 타자인 부모나 교사, 친척들로부터 학대받은 아동은 자신을 부정적으로 생각할 뿐아니라 또래와의 관계나 주변 사람들과의 상호작용에서 위축되기 쉽다. 또한 낮은 학업성취를 보이며, 우울한 성향을 나타내고, 자아존중감 저하와 자기효능감이 떨어진다(나은숙, 정익중, 2007: 36). 주의집중의 어려움, 공격적 행동, 비행 등 외현화 문제를 보일 가능성이 높다(변은실, 이주영, 2016; 현안나, 2011). 이런 부정적 영향은 성인기에까지 지속될 수있다. 따라서 사회복지사는 학대로 인한 아동의 손상 및 적응 문제 등을 다각적으로 파악

---

1) 이 부분은 홍봉선, 남미애(2011), pp. 415-419에서 부분 요약, 발췌함.

표 10-5 | **학대피해아동 사정에서 필요한 사항**

아동으로부터 정보수집

• 6세 이하 아동의 경우 사회복지사와 다른 사람과 아동과의 상호작용을 관찰하면서 정보를 얻게 됨. 단일 회기로 결론을 내려서는 안 됨. 각기 다른 장소, 다른 날의 다른 시간대에서 관찰하는 것이 필요함. 면접 동안 아동이 보이는 행동은 단지 한 예에 불과함. 아이들은 다른 상황에서 전혀 다르게 행동할 수 있음.

• 3~6세 아동은 어른을 기쁘게 하고자 하기 때문에 유도질문의 영향을 쉽게 받음. 어른이 듣기를 원한다고 믿는 것에 자기의 이야기를 맞추고자 함. 따라서 따뜻하고 수용적인 태도가 필요함.

• 어린 아동은 산만하기 쉽고 이야기의 주제를 쉽게 바꿈. 따라서 한 주제에 대해서만 집중적으로 질문하는 것은 바람직하지 않고 나중에 다시 본 주제로 돌아오는 것이 필요함. 연령별에 따른 아동의 사고방식에 대한 이해가 필요함.

아동 진술의 진위 사정

• 4~6세의 아동은 벌을 면하기 위해서 단순한 거짓말을 할 수 있음. 그러나 복잡한 거짓말을 꾸밀 수 있는 인지능력을 가지고 있지 않음.

   –각본기억: 생일파티와 일상생활의 의식(잠자기에 들기, 식사시간)은 기억할 수 있지만 정확하게 자신의 일상적인 부분이 아닌 사건에 대해 기억하기는 어려움.

   –자주 이야기를 과장되게 함: 이럴 경우 실제 일어난 일인지 아니면 그렇게 하고 싶다는 것인지, 아동이 원하는 이야기인지 아니면 실제 이야기인지 명확히 질문함.

• 일반적으로 아동은 나이가 어릴수록 잘못을 꾸며 말하지 않음. 그러나 아동이 어른과 마찬가지로 자신의 경험을 잘못 이해하거나 해석할 수 있다는 것과 때로 거짓말을 할 것이라는 것을 잊어서는 안 됨. 선행연구에 따르면 아동의 자기보고 중 5%만이 잘못된 보고였음.

출처: Sheafor et al. (1998), pp. 601-602.

하는 것이 필요하다.

아동학대를 유발하는 요인을 생태학적 관점에서 검토한다. 아동학대는 부모 요인 이외에도 아동 요인, 가족 요인, 스트레스 요인, 사회문화적 요인 등이 복합적으로 작용해서 발생한다(〈표 10-6 참조〉). 사정에서는 누구의 책임인가를 파악하기보다는 아동학대를 예방하기 위해 가족 전체에 어떤 노력과 지원이 강구되면 효과적일지를 모색하는 방향으로 초점을 맞춘다.

셋째, 아동과의 면접에서 고려해야 할 점이다(Sheafor et al., 1998: 602). 아동에게 가능하면 많은 선택과 통제권을 준다. 예를 들어, "무엇을 하고 싶니? 네가 원하는 것이면 무엇이

표 10-6 아동학대 유발요인

구분	내용		
부모 요인	정신질환	공격적 충동을 다루기 어려움	엄격하고 지배적인 성향
	사회기술 부족	우울증	약물남용
	자기이해 부족	아동기 학대경험	아동기 신체적 폭력의 목격
	아동기 애착의 결여	미혼 부모	사회적 소외
	부적절한 가족 및 아동관리 기술	부모역할 기술 부족	비일관적 훈육
	아동발달에 대한 지식 부족	부모역할과 책임의 과중한 부담	분노 통제력의 부족
아동 요인	문제행동, 과잉행동	원치 않는 임신	조산
	신체적, 발달적 장애	질병	부모 성격과의 불일치
	부모가 혐오하는 성인과의 유사성		
가족 요인	빈곤	혼합가족	과다한 아동 수
	연년생	혼란한 가족	주거의 혼잡성
스트레스 요인	신생아 출생	실직	이혼, 별거
	가까운 친구, 가족원의 사망	급사, 만성질병	갑작스러운 재정적 곤란
사회 문화적 요인	빈곤문화	지역사회에서의 고립	매스미디어의 폭력성
	체벌의 허용성	아동양육에 있어서 성역할의 전형화	
	가족의 사생활이나 개인권리에 대한 극단적 가치		

출처: 강점숙, 정유석(2006), p. 150에서 재인용.

든 할 수 있어. 오늘은 손가락 페인트와 크레용을 사용할 수 있단다. 어느 것을 사용하고 싶니?"라고 말할 수 있다.

아동 앞에서 부모에 대해 노골적으로 비난하는 것은 삼간다. 아동은 부모에 대해서 보호적이다. 심지어는 부모가 학대를 해 온 경우에도 부모를 보호하고자 한다. 부모와 아동의 관계나 부모의 행동에 대해서 말할 때는 객관적이고 구체적인 태도를 취한다. 예를 들면, "너의 아버지는 알코올문제를 가지고 있단다. 일주일에 3일 이상 술을 마셨고 술로 인해 건강도 좋지 않고 직장도 나갈 수 없게 되었어. 그것이 너의 부모님이 이혼하게 된 이유란다."라고 말할 수 있다.

3) 학대피해아동 및 가족에 대한 개입

사회복지사는 1차, 2차, 3차 예방 차원에서 각기 다양한 방법으로 아동학대와 방임문제를 다룰 수 있다. 1차 예방은 아직 문제가 발생되지 않은 일반 가정과 아동을 대상으로 아동학대예방을 위한 교육 및 홍보 등을 행할 수 있다. 2차 예방은 아동학대와 방임의 위험 요인이 많은 고위험집단을 선별하며 위험요인을 최소화하고 아동학대로의 발전을 차단하는 것이다. 이때 사회복지사는 아동보호전문기관과 연계해서 고위험 아동의 사정 및 발견, 조기개입을 지원할 수 있다. 3차 예방은 이미 아동학대 문제를 가진 가족에 대한 치료 및 재발방지다. 이때도 사회복지사는 아동의 치료 및 재활을 위해 가정, 학교 및 지역사회 기반에서 도울 수 있다. 특히 지역사회 유관기관, 학교사회복지사, 아동보호전문기관 직원과 유기적인 협력체계를 구축하고 유지하기 위해 노력해야 한다.

(1) 학대피해아동에 대한 개입

학대피해아동을 위해서는 개인 및 집단 상담, 사회기술훈련, 치료 기관 및 위탁시설 입소 등을 행할 수 있다. 응급 시에는 아동보호전문기관에 바로 도움을 요청한다. 경우에 따라 아동을 부모와 분리해야 할 경우가 있다. 아동을 부모와 격리하거나 위탁시설에 보내는 것은 아동의 피해가 심각하거나 기존 다른 방법으로 해결책이 없을 경우, 가장 최후의 대안이어야 한다. 이때 가능한 위탁결정에 부모와 아동이 참여할 수 있도록 하고, 아동의 수준에 맞게 알기 쉽게 설명한다.

사회복지사는 학대피해아동의 부정적 감정을 환기시키고 심리적 안정을 위해 놀이치료, 미술치료, 독서요법, 스트레스 및 불안 관리, 스트레스 예방훈련, 인지기술을 향상하기 위해 집단상담, 사회성 기술훈련 등을 활용할 수 있다.

놀이치료, 미술치료, 독서요법은 아동들에게 널리 사용되는 효과적인 방법이다. 아동은 지속적인 학대로 인해 불안, 두려움, 죄책감을 가지며, 자기비난 등을 행한다. 그림, 책, 영화 속의 이야기를 나누면서 동일시, 투사를 통해 이런 감정을 표출하고 환기시킬 수 있다.

스트레스나 불안 관리는 스트레스가 많은 상황에서 지나친 불안이나 분노, 두통 등 신체적 증상을 경험하지 않고 효과적으로 대처할 수 있도록 돕는 것이다. 대표적으로 긴장완화 훈련이 있는데, 이것은 심호흡과 이완운동을 병행하는 것이다(허남순 외, 2004: 333-334). 구체적인 것은 앞에서 다룬 5장 '인지행동모델'을 참고하기 바란다.

사회성 기술훈련은 빈약한 사회기술을 계획된 훈련을 통해 향상하도록 하는 것이다. 사람들과 어울려 살아가기 위해서는 적절한 사회성 기술이 필요하다. 그러나 여러 가지 이유로 발달단계에 맞는 사회성 기술을 습득하지 못한 사람들은 자신에게 부여된 역할수행은 물론 대처능력도 부족하고, 이것이 스트레스를 유발하기도 한다. 일반적으로 사회성 기술에는 다른 사람에게 부탁하기, 부당한 요청에 대해 거절하기, 친구들 압력에 견디기, 친구관계 사귀기, 타인의 말을 경청하고 자신의 생각을 명확히 전달하기, 은행에서 돈을 찾고 보내기, 관공서에서 서류하기 등이 해당된다. 사회복지사는 클라이언트에게 부족한 기술이 무엇인지를 파악하고, 더불어 클라이언트와 함께 변화하고 싶은 행동이 무엇인지를 나누면서 특정한 사회성 기술 향상을 목표로 정한다. 이것은 개인 또는 집단적 방법을 통해 계획된 훈련을 진행할 수 있다.

(2) 가족에 대한 개입

학대가족은 가해자인 동시에 피해자일 가능성이 높다. 아동기에 부모나 주변 사람들로부터 방임이나 학대받은 경험이나 폭력 목격 등을 통해 폭력의 피해 및 가해 경험이 있을 수 있다. 이런 가족에게는 분노조절, 스트레스 관리, 스트레스 예방훈련, 인지 재구조화 개입이 필요하다. 이를 위해 시범, 교육, 역할극 등을 활용할 수 있다.

스트레스 예방훈련(stress inoculation training)은 일종의 예방훈련처럼 스트레스에 일부러 노출시켜 클라이언트가 스트레스 상황에 대처할 기술을 강화하고 그것에 놀라지 않고 오히려 대처기술을 키우는 충분한 힘을 갖게 하는 것이다. 이것은 크게 교육, 예행연습, 적용이라는 3단계를 거친다. 교육단계에서는 분노의 개념, 분노와 스트레스의 관계를 설명하고 클라이언트에게 화를 유발하는 상황, 화가 났을 때 자신의 반응(인지적, 감정적, 행동적 측면)을 점검하도록 한다. 예행연습단계에서는 이완훈련과 더불어 분노를 통제하기 위한 자기진술 4단계(〈표 10-7 참조〉)를 통해 인지적 재구성을 하도록 한다. 마지막 적용단계에서는 지금까지 습득한 대처기술을 실제 삶의 생활이나 다른 가상의 스트레스 상황에 적용해 보는 것이다(허남순 외, 2004: 337-341).

학대부모들은 자녀나 주변 사람들이 자신을 화내도록 하기 위해, 또는 자신의 권위에 도전하기 위해 일부러 잘못된 행동을 한다고 생각하거나 맞아야 정신을 차린다는 등 왜곡된 생각을 하는 경우가 많다. 낮은 자존감으로 인해 대인관계에서 잘못된 생각, 비현실적인 기대감을 갖기도 한다. 사회복지사는 이와 같은 자기파괴적 생각이나 역기능적 사고를 클라이언트가 인식하도록 돕고 현실적이고 기능적인 생각과 행동으로 대체할 수 있도록 인지 재구조화를 행할 수 있다. 구체적인 것은 앞에서 다룬 '5장 인지행동모델'을 참고하기 바란다.

표 10-7 분노를 통제하기 위한 자기진술의 4단계

〈1단계〉 자극에 준비	"이건 분명 화가 날 일이지만 난 참을 수 있어." "기억해. 깊게 심호흡하고 느긋하게 있는 거야. 그러면 영향을 미치지 못할 거야."
〈2단계〉 충격과 직면	"화가 나서 득이 되는 건 아무것도 없어. 더 나빠질 뿐이지." "계속 침착함을 유지하면서 이 상황을 이겨 낼 거야."
〈3단계〉 끓어오름에 대처	"점점 더 긴장되는 나 자신을 느낄 수가 있어. 심호흡하고 행동을 천천히 해야겠어." "사람들이 내게 짜증낼 수도 있지만 난 냉정함을 유지해야만 해."
〈4단계〉 화낸 것에 대한 반성	〈대처가 성공적이었고 갈등이 해소되었을 때〉 "결국 난 내 체면을 망치지 않고 그걸 해냈어. 정말로 기분이 좋군." "생각했던 것보다 난 더 잘 해냈어. 난 정말이지 이젠 내 분노를 통제할 수 있어." 〈갈등을 해소하지 못했을 때〉 "비록 대성공은 아니었지만 그렇다고 실패한 것도 아니야. 이렇게 힘든 문제는 원래 해결하는 데 시간이 많이 걸리지." "너무 집착할 필요는 없어. 더 악화시킬 뿐이야. 지금보다 훨씬 나빴을 수도 있는 일이야."

출처: 허남순 외(2004), p. 340.

양육기술이 부족한 부모를 위해서는 아동과의 의사소통, 일관성 있는 지도, 건설적인 통제방법 등을 배울 수 있는 부모교육이나 부모훈련 프로그램을 실시할 수 있다. 또한 부부갈등 및 불화를 다루기 위해 부부상담, 자기주장훈련, 문제해결기술 등을 행할 수 있다.

자기주장훈련은 타인의 권리와 감정을 존중하는 바탕에서 자신의 생각, 감정, 바람 등을 표현하도록 훈련하는 것이다. 자아존중감이 낮거나 대인관계에 어려움이 있는 사람은 자기주장을 하기 어렵다. 특히 학대를 받아온 클라이언트는 더욱 그러하다. 이들은 어린 시절부터 자기표현을 제대로 해 온 경험이 없거나 자기 생각을 드러내는 것에 왜곡된 생각을 갖는다. 예를 들어, '내가 솔직하게 이야기하면 다른 사람이 나를 싫어할 거야.' '내가 바라는 것을 이야기하면 남들이 나를 너무 이기적이라고 생각하겠지.' '나보다는 다른 사람들이 행복한 게 더 중요해.'라는 생각을 갖기도 한다. 즉, 자기표현에 대해 죄책감을 갖기도 하고, 보복이나 학대, 상처를 받지 않을까 하는 두려운 마음이 크다. 따라서 사회복지사

는 자신의 생각을 표현하는 것은 자신이나 타인이 자신의 생각이나 의사를 무시하도록 내버려 두는 것이 아니라 자신을 존중하는 자연스러운 권리이라는 점, 타인의 권리를 짓밟거나 방해하는 것이 아니라는 점을 명확히 할 필요가 있다. 이와 같은 자기주장훈련은 반복적, 지속적으로 행해져야 한다. 또한 자기주장에 대한 클라이언트의 왜곡된 생각을 변화시키고 자기주장을 한 것에 대한 성취감과 안전함을 느끼게 해 주는 것이 중요하다.

문제해결기술은 부모의 스트레스를 완화하고 대처능력을 향상시키기 위해 여러 가지 문제해결기술을 가르치는 것이다. 스트레스가 많고 심리사회적 자원이 빈약한 가족은 문제해결 능력도 낮다. 사회복지사는 문제해결기술을 향상시키기 위해 다음과 같은 접근이 필요하다.

첫째, 가족이 겪는 어려움은 특정 개인에게 원인이 있는 것이 아니라 가족 전체에 있다는 점, 가족의 협조와 참여가 전제되어야 한다는 점을 명확히 한다.

둘째, 가족 구성원이 인식하는 문제가 무엇인지를 나누고 욕구를 파악한다. 이때 모든 구성원이 자신의 의견을 안전하고 편안하게 표현할 수 있도록 수용적이고 적극적인 경청이 필요하다. 과거보다는 현재의 문제에 초점을 맞추고 타인에 대한 비난이나 질책보다는 자신의 바람과 욕구를 나타내도록 하는 것이 좋다. 이를 위해 '나-전달법' 기술을 알려 주기도 하고, 반영, 공감, 요약 등의 기법을 사용해 클라이언트의 부정적인 메시지를 재구성할 수 있다(이와 관련해서는 앞에서 다룬 3장 '사회복지실천의 면담기술'을 참고하기 바란다).

셋째, 해결책을 찾기 위해 브레인스토밍을 이용한다. 자유롭고 개방적인 분위기 속에서 각자 생각하는 해결방안을 제안하도록 하고 제시된 의견을 평가하지 않는다. 종이나 칠판에 각자의 해결책을 적는다.

넷째, 가족이 제시한 해결책 중 가족 전체가 동의한 바람직한 해결책을 선택하고 이를 실행, 평가한다. 각 구성원이 제안된 여러 가지 해결책에 대해 각자 찬성과 반대 의견을 내도록 하고 그에 대해 서로의 생각을 자유롭게 나눈다. 이런 과정을 통해 가족 구성원의 욕구와 기대에 부합하는 해결책을 결정한다. 그리고 이를 언제부터 어떻게 실행할지, 이를 지키지 못했을 때 어떻게 할 것인지, 다음 평가모임은 언제 할지 등을 함께 정한다. 예를 들어, 아들의 인터넷 과다 사용 때문에 가족갈등이 많은 경우 다음과 같은 해결책이 나올 수 있다.

표 10-8　가족갈등이 많은 경우의 해결책 제시의 예

가능한 해결책	평가			
	아버지	어머니	아들	딸
1. 컴퓨터는 매일 1시간만 사용한다.	○	○	×	×
2. 매주 주말 2시간은 자녀와 놀아 준다.	○	○	○	○
3. 혼자 있는 시간을 줄이기 위해 태권도학원을 보낸다.	×	○	×	×
4. 컴퓨터에 타이머를 설치하여 일정 시간이 지나면 자동으로 전원이 끊기게 한다.	○	○	×	×
5. 주중에 컴퓨터 이용시간을 잘 지키면 주말에는 2시간 사용하도록 허락한다.	○	○	○	○
6. 복지관에서 하는 상담프로그램에 참여한다.	×	○	×	×

마지막으로, 학대가정의 경우 경제적 어려움, 주거, 건강 문제 등 다중의 어려움을 가질 수 있다. 학대를 예방하기 위해서는 무엇보다도 이러한 기본적 욕구가 충족될 수 있도록 사회복지서비스를 제공한다.

5. 폭력적이거나 조정적인 클라이언트에 대한 개입

교정기관, 아동학대 및 가정폭력 관련 기관은 물론 일반적인 사회복지현장에서 사회복지사들은 종종 공격적이거나 폭력적인 클라이언트를 만나게 된다. 심지어는 클라이언트에게 협박, 폭언, 폭행 등을 당하기도 한다. 이를 클라이언트 폭력이라고 한다. 사회복지사는 클라이언트 및 가족을 안전하게 보호할 의무가 있지만 사회복지사 자신을 위험에서 돌보아야 한다.

사회복지사가 폭력적인 클라이언트를 만나 사회복지실천을 행할 때 검토해야 할 점을 제시하면 다음과 같다.

첫째, 사회복지실천의 전 과정을 통해 클라이언트의 폭력 가능성에 대해 주의 깊게 사정한다. 폭력은 때와 장소와 관계없이 언제나 일어날 가능성이 있기 때문에 폭력을 예방하는 것이 무엇보다 중요하다. 인테이크를 하기 전에는 클라이언트의 관련 자료나 이전 담당자, 주변 사람들을 통해 클라이언트가 과거 폭력행동을 한 적이 있는지, 향후에도 폭력 가능성이 있는지를 파악한다. 이전에 폭력행동을 한 적이 있는 경우, 아동학대, 가족폭력, 학교폭력 등을 목격하거나 피해경험이 있는 경우, 조직폭력배의 일원인 경우, 뇌손상이 있는 경우, 분노조절이 잘 되지 않는 경우, 최근 위기사건으로 극도의 스트레스 상황에 있는 경우 등은 미래에도 폭력행동을 유발할 가능성이 높다.

사정이나 서비스 진행과정을 거치는 동안 클라이언트에 대해 더 많은 정보를 알게 된다. 폭력행동을 하기 전 전조증상, 분노나 공격성을 낮추기 위해 클라이언트에게 효과적인 방법이 무엇인지 등도 파악하는 것이 필요하다.

둘째, 폭력이 일어날 때 어떻게 대응할지에 대한 계획을 미리 수립한다. 잠재적으로 폭력 가능성이 있는 클라이언트를 구체화하고, 이를 소속기관 및 관련기관 담당자와 공유하고 대응방안을 강구한다. 또한 기관 차원에서는 클라이언트 폭력에 대해 어떻게 대처할지에 대한 정책과 절차를 확립하고 직원들에게 교육시켜야 한다. 예를 들어, 직원들만이 아는 암호를 미리 설정해 놓고 위험상황이 생겼을 때 사용하는 방법, 위험한 사례를 직원들이 쉽게 알아볼 수 있도록 개인 파일에 표시하는 방법, 안전요원이나 경찰의 협조를 얻는 방법 등이 있다.

셋째, 가정방문 시에는 반드시 기관에 미리 보고하고 동료에게 방문시간을 알리는 것이 좋다. 집에 클라이언트가 혼자 있는 경우에는 동료직원과 함께 방문하거나 다른 일정을 잡는 것도 좋다. 집에 들어가기 전에는 집 안에 누가 있는지, 클라이언트가 술을 먹었거나 흥분된 상태가 아닌지, 옷을 벗고 있는 것은 아닌지 등을 파악한다. 만약 조금이라도 위험 가능성이 있다고 판단되면 집 안으로 들어가지 말고 면담하는 것이 좋다. 집 안에서의 면담 중에는 클라이언트 주변에 칼이나 흉기가 될 만한 물건은 없는지, 출입문은 어디인지를 먼저 살핀다. 가능한 침실과 같은 개인공간은 들어가지 않는 것이 좋고, 출입문과 가까운 곳에 앉는 것이 좋다. 가정방문 시에는 만약의 경우를 대비해 간편한 옷차림과 운동화를 착용하는 것이 좋다.

넷째, 기관에서 면담할 경우에도 위험사항에 대처하는 방안을 강구해야 한다. 조금이라도 위험할 수 있겠다고 생각하면 동료직원과 함께 면담에 참여하거나 상담실 밖에서 대기하도록 부탁한다. 면담실에 비상벨을 설치하거나 위험한 도구로 사용될 수 있는 것은 미리 치우는 것이 좋다. 면담 중 클라이언트가 흥분해서 일어나면 차분히 앉아서 이야기하도록 권유하고, 감정을 자극하지 않도록 주의한다.

다섯째, 클라이언트가 흥분하거나 화난 상태에서는 어떤 논리적 설명도 받아들이기 어렵다. 이때는 클라이언트를 자극하기 쉬운 비난, 충고, 논쟁은 금물이다. 클라이언트가 원하는 지원이 불가능하거나 다른 기관에 의뢰해야 할 경우 클라이언트에게 거부, 좌절과 같은 부정적인 느낌이 들지 않도록 유의한다. 침착하면서도 부드럽게 화난 감정에 대해 공감하는 것이 좋다. 또한 클라이언트가 자신의 말이나 행동에 대해 화가 났다면 즉각적으로 사과하는 것이 좋다. 필요한 경우 클라이언트에게 자신의 생각이나 입장을 전달하고자 한다면 나-전달법을 사용하는 것이 좋다. 클라이언트에게 강제적으로 따라야 한다고 강요하기보다는 선택의 자율성이 있음을 알려 주는 것이 좋다. 그러나 조금이라도 위험이 느껴진다면 면담을 종료하는 것이 좋다. 또한 면담과정 중에는 분노의 전조증상에도 주의 깊게 살펴야 한다. 예를 들어, 클라이언트가 눈을 크게 뜨고 얼굴이 붉어지고 호흡이 빨라지거나 목소리가 커지는 등에 대해 주의를 기울인다.

공격적인 사람만큼이나 어려운 클라이언트가 조정을 하는 클라이언트다. 조정을 잘하는 사람은 자신이 원하는 것을 얻기 위해 교묘하게 다른 사람을 이용한다. 의학적으로는 이들을 '반사회적 성격장애'라고 진단한다. 이들은 자기중심적이고 과대망상적 사고, 충동성과 흥분, 자아통제감의 부족, 공감 능력이나 죄책감의 결여 등을 갖는다. 사회복지사가 조정적인 클라이언트를 만나 사회복지실천을 할 때 고려해야 할 점을 제시하면 다음과 같다.

첫째, 전문가로서 할 수 있는 것과 할 수 없는 것을 명확히 말한다. 이들은 "나를 진심으로 도와주는 사람은 당신 밖에 없어요." "당신이 나를 위해 이것만 도와준다면(예를 들어, 돈을 빌려 달라고 하거나 불법적인 것을 도와 달라고 하는 경우) 다시는 사고를 치지 않겠어요." 라고 말한다. 경우에 따라 사회복지사를 지나치게 부추기거나 심리적으로 의존하거나 자신이 한 잘못을 부인하거나 회피하기도 한다. 또는 말의 내용이 사람에 따라 달라지기도 하고, 사람들 관계에 갈등을 일으키기도 한다. 이런 경우 사회복지사는 조정이 아닌지 민감하게 살펴봐야 한다.

둘째, 클라이언트를 존중하되 클라이언트의 거짓말이나 조정행동에 대해 일관성 있고 단호하고 분명하게 대응한다. 타인을 조정하는 사람은 자신의 욕구를 충족시키는 대처방법으로 오랫동안 조정을 해 온 사람들이다. 이들은 자신의 목적을 위해 쉽게 거짓말을 하면서 둘러대고 변명하고 자신의 책임을 타인에게 전가하거나 회피하는 경우가 많다. 사회복지사의 입장에서는 무엇이 사실이고 거짓인지 구분하기 어려운 경우가 많다. 그러므로 클라이언트와의 면담에서 미리 클라이언트에게 거짓말하지 않도록 분명히 주지시킬 필요가 있다. 처음부터 의심하여 클라이언트의 속임수나 거짓말만을 찾아 밝힐 필요는 없지만 서비스 제공과정에 그러한 사실이 명확히 드러나면 그에 따른 입장을 분명히 할 필요가 있다.

셋째, 조정적인 클라이언트를 상대하는 것은 매우 어렵다. 사회복지사가 자신감이 없거나 위축되는 경우 클라이언트는 더 조정적일 수 있다. 따라서 사회복지사는 의연하면서도 단호하고 분명한 입장과 태도를 취하는 것이 좋다. 이런 태도는 클라이언트로 하여금 사회복지사가 자신을 보호할 수 있는 사람이라는 믿음과 유능감을 느끼게 하고 혼란을 줄이고 예측 가능성을 높인다. 이를 위해 사회복지사는 클라이언트에게 바람직한 행동이나 태도를 요구하거나 지시하기, 클라이언트의 요구에 대해 단호히 거절하기, 명확한 한계 설정하기 등을 할 수 있다.

클라이언트의 요구를 단호히 거절해야 하는 경우

- 돈을 빌려 달라고 할 때
- 법에 저촉되는 행위를 계획하거나 상의하고자 할 때
- 참석하지 않았는데 한 것으로 해 달라고 하거나 규정을 위반한 것을 상부에 보고하지 말라고 부탁할 경우
- 물건을 사 달라고 하거나 사적인 모임에 함께 가자고 하는 경우
- 성적인 요구를 제안할 때

Part
4

가족사회복지실천

가족은 개인의 삶에 지대한 영향을 미치는 중요한 환경인 동시에 사회복지실천이 행해지는 가장 기본 단위 중 하나다. 가족사회복지실천을 위해 필요한 주요 개념 및 다양한 가족사회복지실천모델(세대 간 가족치료, 구조적 가족치료, 경험적 가족치료, 이야기 가족치료)을 파악하고, 구체적인 개입과정 및 기술을 습득한다.

Chapter 11

가족사회복지실천의 기본 이해

사회복지실천에서 가족은 전통적으로 개인과 더불어 중요하게 다루어 오던 클라이언트 체계로서, 가족에 대한 개입은 개인에 대한 개입과는 차별화된 개념 및 이론에 대한 이해가 필요하다. 특히, 이론적 토대가 되는 가족체계이론, 가족생태학이론, 의사소통이론, 사이버네틱스 이론, 사회구성주의이론의 개념을 파악하고 다세대 가족치료, 구조적 가족치료, 경험적 가족치료, 이야기 가족치료 등 가족사회복지실천모델에 대한 이해가 선행되어야 한다.

학습 목표

· 가족의 개념, 속성 등 기본적인 요소를 이해한다.

· 가족사회복지실천이 요구되는 가족유형 및 접근방향을 알아본다.

· 가족사회복지실천의 이론적 토대 및 모델을 살펴본다.

1. 가족에 대한 이해

협의의 의미에서 가족은 서로에 대한 의무를 가지고 함께 거주하는 사람으로 구성된 일차 집단으로, 혈연, 입양 혹은 혼인을 기반으로 한다. 대표적으로 우리나라 「민법」의 규정에서 볼 수 있는데, 여기서는 가족의 범위를 배우자, 직계혈족 및 형제자매, 직계혈족의 배우자, 배우자의 직계혈족 및 배우자의 형제자매로 규정하고 있다.

광의의 의미에서 가족은 그들 스스로를 가족으로 정의하고 지속적으로 서로에게 가족체계의 핵심적 요소로 간주되는 의무감을 주는 둘 이상의 개인으로 구성된 집단이다. 여기서는 한부모가족, 확대가족, 혈연·입양·결혼 등으로 제한되지 않는 친족의 개념, 동성애 부부 그리고 그들의 아이들을 포함하는 등 가족형태의 다양성을 인정한다.

가족은 가족생활주기에 따라 발달하며, 각 생활주기마다 가족이 수행해야 하는 발달과업과 욕구를 갖는다. 이처럼 결혼을 통하여 가족이 결성된 순간에서부터 자녀의 성장이나 독립, 은퇴, 배우자 사망 등에 이르기까지 가정생활의 변화과정, 즉 가족의 구조와 관계상의 발달 및 변화를 가족생활주기라 한다. 또한 가족생활주기마다 가족이 수행해야 하는 역할이나 해결해야 할 일이 발달과업이다. 〈표 11-1〉에서 보듯이 가족생활주기 단계는

표 11-1 가족생활주기의 구분

카터와 맥골드릭 (Cater & McGoldric)의 가족생활주기	듀발(Duvall)의 가족생활주기	콜린스 등(Collins et al.)의 가족발달단계와 발달과업
• 제1단계: 미혼의 젊은 성인 • 제2단계: 신혼부부 • 제3단계: 어린아이를 둔 가족 • 제4단계: 청소년을 둔 가족 • 제5단계: 자녀의 독립시기 • 제6단계: 노년기의 가족	1. 자녀가 없는 부부 2. 자녀임신 가족(첫 자녀 출생부터 30개월까지) 3. 취학전 자녀 가족 4. 학령기 자녀 가족 5. 10대 자녀 가족 6. 성인초기 자녀를 독립시키는 가족 7. 중년부모 8. 노인가족 성원	1. 자녀가 없는 부부 2. 학령전 자녀 가족 3. 학령기 자녀 가족 4. 10대 자녀 가족 5. 자녀독립 준비 및 독립 가족 6. 중년기 부모 7. 노년가족 성원

학자에 따라 다양하다. 가족생활주기의 각 단계는 가족유형, 사회문화적 배경에 따라 길이나 내용이 상이할 수 있으며, 동일한 가족유형이나 사회문화적 배경 안에서도 결혼연령과 자녀출산 시기, 자녀 수, 부부의 은퇴나 사망 등의 영향을 받는다. 가족생활주기에서는 각 단계마다 독특한 발달과업이 수반되며, 새로운 단계로의 전환은 가족에게 위기가 될 수도 있다. 가족이 가족생활주기를 통해 성공적으로 적응하기 위해서는 각 단계의 발달과업을 적절하게 수행하는 것이 중요하다.

2. 가족사회복지실천이 요구되는 가족유형 및 접근방향

사회복지에서는 오래전부터 가족을 대상으로 개입해 왔다. 그러나 산업사회의 심화로 인해 새로운 가족형태가 등장하고 가족과 관련된 문제도 더욱 다양해지면서 전통적으로 사회복지가 개입해 온 가족형태 이외에도 최근에는 새로운 가족들이 사회복지실천에서의 관심영역으로 등장하고 있다. 구체적으로 가족사회복지실천에서 관심 있게 다루어야 할 가족형태로는 가정폭력, 한부모가족, 다문화가족, 빈곤 및 고위험 가족, 가정방문서비스를 필요로 하는 가족, 동성애자가족, 만성장애가족 등이 있다(Nichols & Schwartz, 2008: 381-430에서 재인용).

1) 가정폭력

가정폭력은 알코올중독이나 우울증과 마찬가지로 사회적으로 널리 퍼져 있는 심각한 문제다. 기존의 가족치료적 시각에서는 가족문제가 가족의 공동 책임이므로 가족폭력의 경우 피해여성에게도 책임이 있다고 가정했다. 그러나 여성옹호자들은 이런 접근이 폭력부부에게는 적합하지 않다고 주장하고 있다.

2) 한부모가족

기존 가족 접근에서는 부부 두 사람으로 구성된 가족을 정상적으로 보고, 그렇지 못한 경우는 해체가족이라고 구분해 왔다. 그러나 한부모가족에 대한 개입의 중요성이 인식되면서 기존의 접근과는 차별화된 새로운 변화를 요구하고 있다. 이에 한부모가족에 대한 사회복지실천에서는 어머니의 위치를 강화시켜 주고, 어머니인 동시에 여성으로서의 생활에 보다 충실할 수 있게 도와주며, 심리사회적 기능을 가로막는 장애요인들을 제거하고 새로운 자원에의 연결을 돕는다.

3) 다문화가족

다문화가족이 증가하면서 다문화가족에 대한 개입이 강조되고 가족에 대한 개입에서 문화적 다양성에 대한 부분이 강조되고 있다. 다문화가족과 일하는 사회복지사는 가족이 가지고 있는 강점에 초점을 맞추고 그들의 관계망으로부터 도움을 이끌어 내며, 만일 가족이 고립되어 있다면 새로운 지지망을 형성할 수 있도록 도움을 주어야 한다. 더불어 사회복지사는 자신의 내면을 성찰하고 인종이나 계층 그리고 빈곤에 대한 자신의 태도를 똑바로 보아야 하며, 문화적 역량을 증진시켜야 한다.

4) 빈곤 및 고위험 가족

낮은 소득은 빈곤에 따른 경제적 문제 이외에도 다양한 심리사회적 문제를 초래한다. 사회복지사는 가족 빈곤의 원인이 가족에게만 있는 것이 아니라는 것을 인식하도록 돕고, 가족 구성원의 경제적 압박으로 인한 심적 부담과 가중되는 역할들을 이해하는 것이 필요하다. 또한 고위험에 노출된 가족과 일할 경우 사회복지사는 그들이 학교, 병원, 경찰, 사법체계, 사회복지, 아동보호서비스, 정신건강서비스 등과 밀착되어 있을 수 있다는 것을 고려해서 지역사회 연계 및 협력 부분도 고려해야 한다. 사회복지사는 차별과 학대, 가난, 질병 등에 시달려 온 가족의 심리사회적 측면을 잘 이해해야 하며, 사회적 의존자가 되지 않고 가족 스스로 문제를 해결해 나갈 수 있도록 가족에게 힘을 실어 주어야 한다.

5) 가정방문서비스를 필요로 하는 가족

가정방문서비스는 메리 리치먼드(Mary Richmond)의 영향을 받은 사회복지사들이 가족의 집에 방문을 하는 '친절한 방문운동'에서 유래하였다. 가정방문서비스에는 음식, 옷, 쉼터와 같은 구체적인 지원을 제공하는 가족지원서비스, 가족상담, 가족치료, 부부치료 등을 제공하는 치료적 개입, 의료관리, 사회복지, 교육, 직업훈련, 법률서비스를 포함한 지역사회 자원과 연결하는 것을 포함하는 사례관리, 정신건강과 관련된 위기개입 등이 포함된다.

6) 동성애자가족

동성애와 관련된 주제들이 사회문제로 떠오르면서 이에 대한 사회복지사의 개입도 증가하고 있다. 사회복지사는 동성애 자녀가 그들의 자아정체감을 확인하기까지 오랜 시간 동안 고통을 겪어 왔을지도 모른다는 사실과 그들의 부모가 초기의 충격에서 벗어난 후 그것을 받아들이기 위해서는 얼마간의 시간이 필요하다는 사실을 기억해야 한다. 그들의 문화적 맥락을 고려하지 않은 채 단순히 개인과 가족의 문제로 보아서는 안 된다. 또한 동성애커플을 상담할 때에 현재의 사회환경에서 그들이 계속 직면하는 공공연한 편견뿐 아니라 전통적 성규범의 내면화에 대해서도 민감해야 한다.

7) 만성장애가족

가족사회복지실천에서의 새로운 목표는 문제를 해결하기보다는 장애를 극복하도록 돕는 것이다. 이것은 가족이 문제를 일으킨다는 생각을 변화시키는 것인데, 암, 당뇨, 심장병과 같은 만성질병과 싸우는 가족을 도와주는 것이나 정신분열증 환자와 그 가족에 대한 개입이 해당된다.

여기에서는 가족이 어쨌든 정신분열증에 대해 책임이 있다는 생각에서 벗어나도록 하고, 가족이 가지고 있는 강점을 강조하며, 정신분열증에 관하여 현재 존재하고 있는 정보를 가족과 나누도록 전문가들을 재교육하는 심리교육모델이 강조된다(Nichols & Schwartz, 2008: 395-417).

3. 가족사회복지실천의 이론적 토대

1) 일반체계이론

일반체계이론은 오스트리아의 생물학자인 루트비히 폰 베르탈란피(Ludwig von Bertalanffy)에 의해 발전된 것으로, 사회복지 전반은 물론 가족에 대한 개입에서도 중요한 영향을 미친 이론이다. 이 이론에 따르면, 세상에 존재하는 모든 것은 수많은 부분으로 구성되어 있으며, 이들 부분의 상호작용이 체계에 영향을 미친다. 주요 개념으로는 체계, 경계, 경계선, 하위체계 및 상위체계, 순환적 인과관계, 동귀결성, 다중귀결성 등이 있는데, 그 개념 및 기본 가정을 가족에 대해 적용해 보면 다음과 같다.

가족체계는 상호 의존적인 부분과 과정으로 구성되는 전체로서, 투입(외부로부터 가족이 필요한 에너지와 정보를 받아들임), 전환(투입된 것을 가족에 맞게 조정·적용함), 산출(가족이 놀이, 학교, 직장, 지역사회 주민들과 다양하게 상호작용함), 환류(다른 체계와의 상호작용을 통해 자신들의 가족기능을 점검하고 어떤 것은 유지하고 어떤 것은 변화시킴으로써 안정적 균형상태를 유지하고 적응해 나감) 등의 과정을 통해 성장·발달하고 다른 체계와 상호작용하며 체계 내 부분들은 서로 공생한다. 예를 들어, 사회복지사는 가족으로부터 골칫덩이로 지목받던 둘째 아들의 긍정적 변화가 부부관계, 부모관계, 형제관계에 어떤 긍정적·부정적 영향을 미칠지를 예측해야 한다. 왜냐하면 가족의 모든 문제가 둘째 아들에게 전가되어 왔기에 그동안 셋째 딸의 늦은 귀가 문제나 아버지의 음주 문제가 가족 내에서 크게 부각되지 않았을 수 있기 때문이다.

또한 가족체계는 성장과 발전을 추구하면서도 지나친 변화는 거부하며 일정한 안정성을 유지하고자 한다. 즉, 가족체계는 가족이 걱정하던 문제의 해결을 희망하지만 새로운 변화로 인해 기존에 자신들이 누리던 중요한 것을 포기해야 하거나 과다한 역할이 부여된다고 생각할 때는 오히려 기존의 안정상태를 유지하려고 할 수 있다. 예를 들어, 아들과 어머니의 관계 개선을 위해 아버지의 귀가시간 조정이나 집안일 분담을 이야기할 경우 아버지가 이를 수용하지 않을 수 있다.

가족은 또한 외부 환경과 구분되는 경계 및 경계선을 가지고 있을 뿐 아니라 가족 구성원들 간의 상호작용 및 친밀성 정도에 따라 경계선을 갖는다. 이러한 경계는 명료성, 유연성, 투과성 등의 특성을 갖는다. 가족 구성원 간 경계가 명료하다는 것은 그들의 역할과 기능이 잘 구분된다는 것을 의미하며, 가족 구성원 간 경계가 유연하다는 것은 그들의 역할과 기능은 구분되지만 필요할 경우 유연성 있게 조정될 수 있음을 의미한다. 예를 들어, 맞벌이를 하는 어머니가 출장 중일 때에는 아버지가 자녀들의 식사 준비를 책임지고 하는 경우다. 경계의 투과성은 경계 안팎의 에너지나 자원들이 서로 자유롭게 교환되는지 여부를 의미하는 것으로, 크게 폐쇄체계와 개방체계로 구분된다. 예를 들어, 아버지가 직장에서 가족자원봉사에 대해 교육을 받고 난 뒤 가족과 함께 자원봉사에 참여하는 경우는 개방체계에 해당된다.

아울러 이런 경계에 따라 가족체계는 상위체계와 하위체계로 나뉜다. 가족을 둘러싸고 있는 사회환경은 가족의 상위체계가 되고, 가족은 사회환경의 하위체계가 된다. 또한 가족 내에서는 부모, 부부, 형제, 모자 등 여러 하위체계 등이 존재할 수 있다.

가족문제는 그것을 일으키는 특정 인물의 문제가 아닌 순환 중인 가족관계체계의 맥락 속에서 파악되고 이해될 수 있다. 순환적 인과관계(circular causality) 또는 상호적 인과관계(reciprocal causality)는 직선적 인과관계와 대립되는 개념으로, 결과로 나타난 한 현상은 그 이전의 원인변수에 의해 한 방향으로 영향을 받아서 나타난 것이라기보다는 상호 영향을 주고받는 순환과정에서 나타난 것이라는 것이다. 예를 들어, 어머니는 16세인 딸이 연락도 없이 친구들과 밤늦게까지 어울리다 들어오는 문제 때문에 심한 잔소리를 하게 된다고 하고, 딸은 집에만 들어가면 어머니가 자기를 붙잡고 끝없이 잔소리를 하기 때문에 연락도 없이 일부러 밤늦게까지 친구들과 어울리다가 집에 들어갈 수밖에 없다고 하는 경우다.

순환적 인과관계 관점에서 볼 때, 문제를 나타내고 있는 가족 구성원은 환자나 문제인물이 아닌 증상을 표출하는 사람(symptom bearer) 또는 가족에 의해 환자로 지목된 사람(index person: IP)이다. 또한 문제가 있는 가족에는 문제를 일으키는 사람이 존재하기보다는 문제를 일으키는 상호작용 유형(pattern)이 지속적으로 존재한다고 가정한다(엄명용, 노충래, 김용석, 2008: 333-335).

동귀결성(equifinality)은 어떤 결과가 하나의 원인이 아닌 복합적인 원인에 의해 나올 수 있다는 것이다. 예를 들어, 향후 시설에서 퇴소를 앞둔 고3 남학생이 심리적 불안과 압박감을 호소할 때는 이를 단지 입시문제로 인한 스트레스 반응이라고 생각해서는 안 된다. 다중귀결성(multifinality)은 어떤 행동이 예상했던 어떤 결과 이외에 다양한 결과를 초래할 수도 있다는 것이다. 예를 들어, 친구를 잘 사귀지 못하고 자기표현이 서툰 청소년은 사회복지기관에서 실시하는 프로그램에 참여하는 과정 중 자기표현이 증가하면서 가부장적인 아버지로부터 버릇이 없다고 꾸중을 들으며 아버지와의 관계가 일시적으로 악화될 수 있다.

2) 가족생태학

가족생태학(family ecology)은 생태학적 관점을 가족에 적용한 것으로, 기본적인 가정은 생태학에 두고 있다. 이 이론에서는 브론펜브레너(Bronfenbrenner)가 제시한 것처럼 가족은 미시체계(가족 구성원, 친척, 친구), 외체계(부모의 직장, 자녀가 이용하는 복지관), 거시체계(가족관련법, 보육정책, 사회경제, 지역문화 등) 등 다양한 사회환경과의 끊임없는 상호작용 및 교류를 통해 생존과 유지에 필요한 필수 자원과 지지를 얻고 적응해 나간다고 본다. 만약 가족과 환경 간의 상호작용이 원활하지 못할 경우, 가족은 외부로부터 필요한 자원의 공급이 결핍되거나 차단되어 높은 스트레스를 유발하고 적응적 균형을 유지하기 어렵게 되며, 이것은 다시 가족을 둘러싼 외부 환경에 부정적 영향을 미칠 수 있다는 것이다. 즉, 가족은 한번 형성되면 절대 변화하지 않는 것이 아니라 외부 환경과 끊임없이 상호작용하면서 항상 변화하며, 이런 환경과의 상호작용이 가족 발달 및 적응에 긍정적 또는 부정적 영향을 미치며, 나아가 사회환경에도 영향을 미치는 상호 의존적 존재다. 예를 들어, 경제적 우월, 부모의 높은 교육수준, 적절한 주거환경, 기능적 사회지지 등은 기회요소가 될 수 있는 반면, 빈곤, 부모의 실업, 빈약한 보육시설, 안전하지 못한 지역사회 환경은 위험요소가 될 수 있다.

결과적으로 가족생태학에서는 가족문제를 개별 가족 또는 외부 환경 자체의 산물이 아니라 가족과 환경 간 상호교환의 산물로 보는 것이다. 따라서 사회복지사는 가족이 이웃, 지역사회, 문화적 환경과 어떻게 상호작용하며 가족을 둘러싼 환경이 가족 전체 및 개별 구성원들에게 어떻게 영향을 미치는지, 어려운 여건 속에서도 가족이 어떻게 회복력을 발휘하는지에 주목하는 것이 필요하다.

3) 의사소통이론

의사소통이론은 의사소통이 어떻게 인간의 행동에 영향을 미치는가에 초점을 둔 이론으로, 대표적인 학자로는 그레고리 베이트슨(Gregory Bateson), 돈 잭슨(Don Jackson), 제이

헤일리(Jay Haley), 폴 바츨라빅(Paul Watzlawick) 등이 있다.

베이트슨은 정신분열증 환자의 가족에게 이중구속(double binds)이라는 의사소통 형태가 있음을 발견하고 정신분열증은 가족이 가지고 있는 역기능적 대화로 인해 기인된다고 주장하였다. 이중구속은 한 사람이 다른 사람에게 논리적으로 상호 모순되고 일치되지 않는 두 가지 메시지를 동시에 전달하는 것을 의미한다. 예를 들어, 아버지가 학교를 무단 결석한 아들에게 "학교를 가지 않고 어디서 무엇을 했는지 솔직히 말하면 용서해 주겠다."라고 말하였지만, 정작 아들이 "공부하기가 지겹고 학교 가기가 싫어서 게임방에서 게임했어요."라고 이야기하면 오히려 더 화를 내는 경우다.

바츨라빅을 비롯한 정신건강연구소(Mental Research Institute: MRI) 집단은 의사소통의 다섯 가지 원리를 제시하였다(이영분 외, 2008: 199-204). 첫째, 인간은 누구나 대화하지 않을 수 없다. 둘째, 의사소통은 내용과 관계로 이루어져 있다. 예를 들어, 시아버지가 며느리에게 밥 먹자고 하는 경우에는 밥을 달라고 하는 정보와 명령을 하는 관계가 포함되어 있다. 셋째, 사람들은 계속 이어지는 대화를 잘 이해하기 위해 구두점(punctuation)을 찍으면서 대화하게 되는데, 어느 지점에 구두점을 찍느냐에 따라 상황은 다르게 판단될 수 있다는 것이다. 예를 들어, 부인을 학대하는 남편은 부인의 계속되는 잔소리와 무시 때문에 도저히 참을 수 없어 폭력을 사용하지 않을 수 없다고 하는 반면, 부인은 차분하게 대화가 되지 않고 화를 내며 폭력만 행사하는 남편이 무식하게 느껴지고 비난하지 않을 수 없다고 한다. 이런 경우 실제 부부의 행동은 서로 연속되어 있지만 어디에 구두점을 찍느냐에 따라 문제의 원인과 결과가 달라지게 된다. 넷째, 의사소통은 디지털 방식과 아날로직 방식으로 구분된다. 디지털 방식은 언어에 의한 대화를 의미하는 데 반해, 아날로직 방식은 신체로 전달되며 상징을 통한 대화를 의미한다. 다섯째, 의사소통은 말하는 사람이 동등한 관계이냐 아니냐에 따라 의사소통 교환이 대칭적이거나 상보적이다. 부부간의 힘이 서로 대등한 경우에는 남편이 바닷가에 놀러 가자고 하더라도 부인이 산으로 가자고 이야기할 수 있는 대칭(symmetry)관계를 이루지만, 부부간에 월등히 힘의 차이가 있는 경우에는 바닷가에 놀러 가자는 남편의 제안이 못마땅해도 부인이 남편의 뜻에 순응하는 상보(complementary)관계를 이루게 된다.

4) 사이버네틱스 이론과 항상성

사이버네틱스(cybernetics) 이론은 기계의 자동제어 장치의 원리를 가족체계와 연결시켜 도입·응용한 것이다. 이것은 가족에 적용되는 과정에서 크게 일차적인 사이버네틱스와 이차적인 사이버네틱스로 구분된다(박태영, 2001: 14-19).

(1) 일차적인 사이버네틱스

일차적인 사이버네틱스는 베이트슨이 통신공학과 컴퓨터과학에서 사용되는 개념들을 사회·행동과학에 적용한 것이다. 이론의 핵심은 피드백 현상이다. 어떤 체계의 분출(output)은 다시 그 체계의 과정에 피드백이 되어서 체계의 과정을 통제하게 된다. 따라서 한 조직체는 정보를 밖으로 내보내면서 다시 그 조직체의 전체적 과정을 스스로 통제할 수 있게 된다. 이러한 현상을 자기 참조(self reference), 자기 유지(self maintenance), 자기 자율(self autonomy)이라고 한다(Benner & Hill, 1999: 312). Weiner의 이러한 사이버네틱스 이론은 가족치료에 접목이 되어서 가족들 간의 상호작용을 설명하고 이해하는 철학이 되었다(김용태, 2009: 1205).

체계이론이 주로 체계의 구조(structure)에 초점을 맞춰 체계를 설명한다면, 사이버네틱스 이론은 체계가 어떻게 기능(function)하는가를 설명하는 데 초점을 둔다. 이를 정리하면 [그림 11-1]과 같다(엄명용 외, 2008: 338에서 재인용).

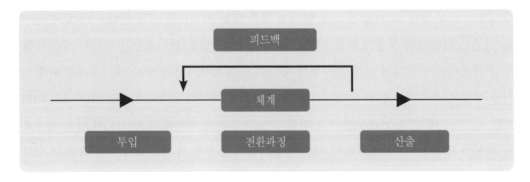

[그림 11-1] 체계의 제어원리(사이버네틱스)

또한 베이트슨은 사이버네틱스 원리를 정신병리학 분야에도 적용하였고, 그 결과 정신분열증을 정신 내부적인 장애라고 보기보다는 관계현상으로 보아야 한다고 주장하였다. 그의 이론은 많은 임상가로 하여금 개입에 있어 새로운 초점으로 전환하게 하는 데 중요한 역할을 하였지만, 사회복지사를 가족체계 밖에서 객관적으로 관찰하며 그 체계를 조절할 수 있는 자라고 보았을 뿐, 사회복지사가 클라이언트 가족체계에 관여하고 끼치는 영향력에 대해서는 거의 고려하지 않았다는 비판을 받는다(박태영, 2001: 14-15).

(2) 이차적인 사이버네틱스

일차적인 사이버네틱스에서는 가족을 기계적인 체계와 유사하게 간주하고, 전문가는 기술을 이용하여 가족이나 다른 사람들에게 영향을 줄 수 있다고 가정한다. 반면, 이차적인 사이버네틱스에서는 살아 있는 체계는 외부로부터 프로그램화될 수 있는 대상으로 보아서는 안 되며, 스스로 창조하고 독립된 실제로 보아야 한다고 간주한다. 또한 사회복지사는 클라이언트 가족과 완전히 분리된 외부에 서 있는 사람이 아니라는 것이다. 즉, 가족을 대하는 전문가는 자신의 가치, 전문지식, 이론적 관점 등을 통해 가족 내부 행동과정을 파악하려 하기 때문에 동일한 가족의 양상이라 하더라도 어떤 전문가가 개입하느냐에 따라 다양하게 파악되고 수정될 수 있다는 것이다.

이차 수준의 사이버네틱스를 적용한 이차적 가족치료는 특정한 변화를 제시하기보다는 변화를 위한 배경이나 맥락을 제공하는 것이 바람직하며 행위보다는 전제와 가정들을 바꾸어 주는 데 더 초점을 둔다. 구체적인 특성은 다음과 같다(박태영, 2001: 14-19).

첫째, 상호적인 결정주의다. 인간의 행동은 사람과 환경 간의 복잡한 상호작용의 결과이며, 더불어 관찰대상은 관찰자와 분리될 수 없고 가족사회복지사는 가족과 분리될 수 없다고 본다. 한마디로 사회복지사는 가족과 분리된 채 객관적으로 접근하는 외부의 전문가가 아니라 가족과 함께 서로 영향을 주고받으면서 상호작용한다는 것이다.

둘째, 클라이언트와 증상에 대한 생각이다. 이차적 가족치료에서는 가족 준거틀 내에서 문제란 행동이 발생하는 맥락에 주의를 하지 않고는 개별적인 가족 구성원의 행동을 이해할 수 없다는 사실에 주목한다. 즉, 클라이언트는 단지 가족의 불균형 또는 역기능을 표현하는 증상보유자라고 보며, 클라이언트의 증상은 가족의 안정을 유지하려는 목적도 있다고 간주한다.

표 11-2 일차 사이버네틱스와 이차 사이버네틱스 인식론의 관계

순환단계	일차 사이버네틱스 (simple cybernetics)	이차 사이버네틱스 (cybernetics of cybernetics)
지배사조	모더니즘	포스트 모더니즘
이론적 틀	일반체계이론, 블랙박스 모델, 일차 가족치료, 보편성	사회구성주의, 구성주의, 블랙박스+ 관찰자 모델, 이차 가족치료, 다원성(multiverse), 차이
가족치료이론	정신역동적 치료, 경험적 치료, 구조적 치료, 의사소통치료, 전략적 가족치료 등	해결중심치료, 이야기치료, 해결지향 최면치료, 반영팀모델
체계의 속성	상호의존성, 개방성, 경계선, 의사소통, 규칙	자율성, 자기준거성, 구조적 결정, 자기조직, 자기제작
조정단계-피드백과정		

폐쇄 조직

부적 피드백

더 높은 수준의 조정
(조정에 대한 조정)

더 높은 수준의 피드백
(피드백에 대한 피드백)

단순한 조정

단순한 피드백

출처: 정혜정(2004), p. 23에서 재인용.

5) 사회구성주의이론

사회구성주의이론은 비교적 최근에 등장한 이론으로서 전통적인 과학중심의 이론에서 탈피한 새로운 관점이자 이론이라고 할 수 있다. 주요 내용은 다음과 같다(김유숙, 2004).

첫째, 진리는 사람들의 상호작용에 의해 만들어진다고 가정한다. 구성주의자들은 인간이 가지고 있는 지식이 발견되기보다는 만들어진다고 본다. 예를 들어, 청소년기의 조기

결혼에 대해 어떤 사회나 문화에서는 별 문제가 되지 않지만, 또 어떤 사회나 문화에서는 사회문제나 일탈로 간주되기도 한다는 것이다. 마찬가지로 개인이나 가족 문제도 객관적으로 존재하는 것이 아니라 사람에 의해서 만들어진다는 것이다. 그러므로 가족이 가지고 있는 기본 가정과 인지적 생각이 달라지면 그들이 공유하는 문제에 대한 생각도 달라진다. 따라서 사회복지사들은 개인이나 가족이 가져오는 현실을 그대로 믿기보다 가족이 가지고 있는 현실에 대한 믿음 또는 가정 그리고 생각을 일차적으로 보아야 한다.

둘째, 언어적 상호작용의 강조다. 언어는 문화의 산물이자 구체적 표현인 동시에 정형화된 사고틀(ready made thinking)이 되어, 우리가 우리 자신에게 발생하는 일들을 해석하는 과정에 영향을 미치게 된다. 우리는 다른 사람들과 이야기를 나누면서 상호작용하는 순간마다 우리 스스로가 누구인지를 드러낸다. 따라서 가족에 대한 개입에 있어서는 대화와 질문을 통해 클라이언트가 미처 인식하지 못하였던 새로운 의미, 새로운 현실, 새로운 이야기를 함께 만들어 간다.

셋째, 기득권층 또는 전문가들이 문제라고 인식하는 것에 대한 도전이다. 전문가 또는 사회복지사들이 가지고 있는 가족의 이상적 상호작용과 건강한 모습은 사회복지사들이 만들어 낸 현실에 근거한다. 따라서 전문가 또는 사회복지사들은 자신들의 생각이나 가족에 대한 건강한 모습 역시 편견 또는 선입관에 의해서 지배될 수 있음을 수용하는 태도가 필요하다.

넷째, 클라이언트의 장점 및 협력적 관계의 강조다. 클라이언트가 자신의 현재 문제, 과거 경험 등에 대해 가장 잘 알고 있으므로, 사회복지사는 그들이 자신에 대해 전문가가 되도록 격려한다. 또한 사회복지사를 고도의 지식을 지닌 전문가로 인식하기보다는 클라이언트가 이미 가지고 있는 자원을 발견하도록 돕는 협력자의 위치에 둔다.

다섯째, 빈약한 서술에서 풍요한 서술로의 전환이다. 전통적 접근법에서는 문제의 원인을 개인 또는 가족의 역기능적 표현이라고 보는 데 반해, 사회구성주의적 시각에서는 사람들이 자신의 삶과 관계에 대해 빈약한 결론을 내리고 있다고 간주한다. 자신의 원가족에서 냉담하게 길러진 여성이 성인이 되어서도 자신을 사랑스러운 존재가 아니라고 믿는 것은 빈약한 서술의 예라 하겠다. 이에 사회복지사는 클라이언트가 빈약한 서술로부터 자유롭게 되어 보다 풍요롭게 자신을 설명하는 입장으로 이동할 수 있도록 돕는다.

여섯째, 새로운 이야기 만들기다. 이것은 지금까지의 지배적인 이야기에서 벗어나 새로운 이야기를 끌어내고 발전시키도록 클라이언트를 돕는 것을 말한다. 즉, 클라이언트가

표 11-3 전통적 접근법과 사회구성주의적 접근법의 비교

전통적 접근법	사회구성주의적 접근법
사회복지사는 전문가다. 클라이언트는 사회복지사가 가지고 있는 성폭력 지식에 대해 따를 수밖에 없다(식민지화/선교사 모형).	클라이언트는 병리적 문제로 인한 결함을 가지고 있다(결함모형).
클라이언트와 사회복지사는 모두 특정 영역에 대한 전문성을 가지고 있다(협동모형).	클라이언트는 병리적 문제에 관련된 과거의 영향을 받을 뿐 결정되는 것은 아니며 힘과 능력을 가지고 있다(자원모형).
해석	인정, 자기존중, 가능성에 대한 개방성
과거중심적	현재-미래중심적
문제/병리중심적	해결중심적
장기치료	다양하고 개별화된 치료기간
통찰과 문제해결을 위한 대화	책임, 행동을 위한 대화, 비난과 무효화하기의 감소

출처: 김유숙(2004), p. 58에서 일부 수정·보완하여 재구성함.

새로운 의미를 만들어 냄으로써 변화되도록 하는 것이다.

6) 애착이론

가족치료 분야가 성숙함에 따라서 가족사회복지사들은 가족을 구성하는 개인의 내적인 삶에 대해 새로운 관심을 갖게 되었는데 그것이 애착이론이다. 존 볼비(John Bowlby)와 메리 에인스워스(Mary Ainsworth)는 부부가 서로를 대우하는 방법이 자신의 애착 역사를 반영한다고 보는 개념을 발전시켰다. 볼비는 엄마가 젖을 주기 때문에 아이가 엄마에게 애착을 갖게 된다고 가정하였다. 그러나 그 이후 보고된 연구들에서는 아이가 음식에 관계없이 사람에 애착을 갖는다는 것으로 생각이 바뀌었다. 애착은 스트레스를 받는 상황에서 친밀함을 찾게 되는 것을 의미한다. 엄마의 부드럽고 따뜻한 몸에 아기가 안겨 있을 때, 반대로 엄마가 아기를 끌어안고 있을 때, 눈을 바라보고 다정히 쳐다볼 때 애착을 느낄 수 있는데, 이러한 경험들은 깊은 편안함을 준다.

애착대상과의 관계에 있어 안전성은 유아를 편안하게 해 주고 보호자에게 의존할 수 있게 하는 것이다. 위험이 발생하면 안전한 관계에 있는 유아는 보호자에게 애착행동(접근하

기, 울기, 손뻗기)을 전달할 수 있으며 안심하고 다시 편안해진다. 안전한 애착을 형성한 유아는 보호자의 능력에 자신감을 갖게 되며, 궁극적으로 세상과의 상호작용(상호관계)에 자신감을 갖게 된다. 사회복지사들은 애착이론을 이용하여 가족의 문제를 설명한다. 즉, 자녀들의 잘못된 행동은 불안한 애착을 반영한 것이고, 남편의 회피는 양가감정의 애착으로 인해 나타날 수 있으며, 부인의 증오는 불안한 애착의 표현이라고 간주한다(Nichols & Schwartz, 2008: 129-131).

4. 가족사회복지실천모델

1) 세대 간 가족치료

(1) 기본 가정 및 목표

세대 간 가족치료(intergenerational family therapy)는 보웬(Bowen)에 의해 창시되었다. 그에 따르면 인간은 부모에 대한 해결되지 않은 정서적 반응을 가지고 있으며, 새로운 깊은 관계를 형성할 때 과거의 유형을 반복하게 된다. 특히 원가족의 미해결된 정서적 애착이 클수록 정서적 의존의 정도는 강한데, 일반적으로는 가족과 단절함으로써 부정적 영향을 미치는 사람들로부터 자유롭게 되고 문제가 종식될 것이라고 생각하기 쉬우나 이런 해결되지 않은 모든 문제는 새로운 관계 속에 그대로 나타난다는 것이다(Kerr & Bowen, 2005: 25-54). 즉, 건강한 인격을 형성하기 위해서는 가족에 대한 해결되지 않은 정서적 애착을 적극적으로 해결해야 한다고 가정한다.

세대 간 가족치료의 개입목표는 가족 구성원의 불안을 감소시키고 미분화된 원가족과의 관계에서 자아분화를 증진시키도록 하는 데 있다(Gehart & Tuttle, 2008: 208-209). 이를 위해서는 가족 구성원으로 하여금 여러 세대에 걸쳐 반복되고 있는 가족 과정과 구조를 파악하고 가족의 정서적 과정을 이해함으로써 삼각관계에서 벗어나도록 돕는 것이 필요하다.

한마디로 세대 간 가족치료에서는 가족이 정서적 단위이며, 가족의 정서적 과정은 역사를 통해 지속되며 이전 세대에서 제대로 정리되지 않은 문제는 다음 세대로 넘어가서 문제를 일으킨다고 가정한다. 또한 우리가 중력을 의식하지 못하고 생활하듯이, 가족에 대한 우리의 정서적 반응은 습관적이기 때문에 특별한 의식적인 노력과 통찰이 필요하다고 강조한다(정문자 외, 2007: 127). 따라서 개입과정에서는 클라이언트가 안정된 분위기에서 여러 세대에 걸친 가족 역사 및 정서과정을 살펴보고 현재 문제와의 관련성을 통찰하도록 하는 데 초점을 둔다.

이 치료는 여러 세대에 걸친 가족관계를 탐색하고 기법보다는 이론을, 행동보다는 통찰을 강조한다는 이점이 있다. 그러나 아동이나 인지능력이 부족한 사람에게는 적용하기 어렵다는 점, 확대가족의 정서적 과정 및 역사를 중시함으로써 상대적으로 핵가족의 적용에는 한계가 있다는 점, 자기분화에서 독립성과 개별성을 상대적으로 강조하기 때문에 여성보다 남성이, 동양문화권보다 서양문화권이 더 높은 수준의 자기분화 수준을 주장할 오류가 있다는 점 등이 비판되고 있다(정문자 외, 2007: 159).

예

결혼 5년째에 접어드는 서원과 길로는 둘째 아이가 태어난 뒤부터 돈 때문에 부부싸움을 하는 경우가 많아졌다. 서원은 "우리 아이들을 누구보다도 잘 키우고 싶어요. 아이들이 하고 싶다고 하는 것은 해 주고 싶어요. 첫째를 미술학원에 보내고 싶으니 생활비를 좀 더 줘요. 돈 아꼈다 뭐할 거예요?"라고 말한다. 반면, 길로는 "돈을 어디다 펑펑 쓰는 거야. 너무 개념 없이 쓰는 것 아냐? 아이들은 뛰어놀면서 크면 되지, 학원은 무슨 학원이야?"라고 말한다.

이처럼 서원과 길로 부부는 돈, 자녀양육과 관련하여 서로 다른 생각들을 가지고 있는데, 이러한 경제관념이나 소비 패턴, 자녀양육은 주로 원가족으로부터 형성된다. 서원은 장사를 하시는 부모님 덕에 크게 돈 걱정을 하지 않고 자랐다. 어린 시절 전쟁과 가난으로 죽을 고비를 넘긴 서원의 아버지는 언제 죽을지 모르니 하고 싶은 것은 하고 살아야 한다고 생각하였고, 가족에게는 가난 때문에 걱정시키지 않겠다는 생각에 돈과 관련된 문제를 혼자서만 처리해 왔다. 덕분에 서원은 돈은 필요하면 늘 생긴다고 생각해 왔다. 그러나 IMF 이후 아버지의 사업이 어렵게 되자, 서원은 장남인 아들은 어떻게든 대학졸업을 시켜야 한다는 엄마의 주장에 의해 어쩔 수 없이 대학진학을 포기하고 직장을 다니지 않으면 안 되었다. 서원은 대학을 다니지 못한 것이 평생 한이 되었으며 이것이 자신의 성장을 방해한다고 생각했다.

반면, 길로는 알코올중독인 무능한 아버지와 행상을 하면서 혼자 생계를 책임지는 어머니 밑에서 자랐다. 늘 가난에 허덕이던 생활 때문에 자신의 부모를 창피하게 생각했고, 자신이 부모가 되면 절대로 가난 때문에 가족을 고통받게 하지 않겠다고 생각했다. 또한 자신이 가난에서 벗어나는 길은 악착같이 돈을 모으는 길밖에 없다고 생각했고, 하고 싶은 일은 나중에 돈을 벌고 나서 하면

된다고 생각했다.

두 사람은 또한 가족 내 갈등을 푸는 방식과 기대가 달랐다. 서원은 돈 문제나 자녀 문제 때문에 남편과 의견 차이가 생기면 서로 마주 보고 이런저런 일들에 대해 함께 이야기하면서 남편이 자신의 감정을 풀어 주기를 원했다. 그러나 어린 시절 대화로 갈등을 풀어 본 경험이 없고 늘 혼자서 참으면 된다고 생각한 길로는 부인과의 대화가 불평만 하는 불필요한 시간이며, 부인이 조금만 참으면 저절로 해결된다고 생각했다. 또한 부인이 대화 중 속상해서 울면서 고함을 치면 어떻게 해야 할지 몰라 당황해서 자리를 박차고 나가 버렸다.

이런 일이 생기면 서원은 '남편은 나를 사랑하지 않아! 나를 사랑한다면 어떻게 이야기 도중 저렇게 자리를 박차고 나갈 수 있어? 오히려 내 이야기를 듣고 내가 어떤 것을 바라는지 알려고 할 텐데. 남편은 나를 무시해.'라고 생각했고, 이런 생각은 서원을 더욱 화나게 했다. 또한 길로는 '내가 얼마나 힘들게 돈 버는지 안다면 아내라는 사람이 저렇게 돈을 함부로 쓰지는 않을 거야. 아내는 자신의 욕망만 채우려고 해. 우리 가족의 미래는 생각조차 하지 않아. 어떻게 가장인 내 말을 저렇게 무시하지?'라고 한탄했다. 이런 생각들은 부부갈등을 더 극적으로 악화시킨다.

정리해 보면, 이 부부는 근본적으로 가족을 위하는 마음은 같지만 그 방법은 서로 다르다. 그러나 이런 점을 이해하지 못하는 서원과 길로는 자신은 가족을 사랑하지만 상대방은 자신과 가족을 사랑하지 않는다고 생각한다. 또한 자신의 생각은 옳고 상대방의 문제해결방식에는 문제가 있다고 생각한다. 그렇지만 상대방이 어떤 이유로 그런 생각과 기대를 하게 되었는지에 대해서는 살펴보지 못한다.

(2) 주요 개념 및 원칙

① 자아분화

자아분화는 정신내적 측면과 외부 관계(대인관계)적 측면을 모두 포함하는 개념이다. 정신내적 측면에서 보면 자아분화가 잘된 사람은 사고와 감정 사이에 적절한 균형을 이룰 수 있지만, 그렇지 않고 생각과 감정이 어느 한쪽에 치우쳐 있거나 구분이 되지 않는 사람은 자아분화 수준이 낮은 것이다. 외부 관계적 측면에서 보면 자아분화가 잘된 사람은 타인과 친밀감을 유지하면서도 타인에게 자신의 생각, 감정을 자유롭게 노출하며 독립된 개체로서 행동한다.

한마디로 자아분화가 이루어지지 않은 사람은 정서적 충동에 따라 반응하기 쉽고 자주성을 유지하기 어려운 데 반해, 자아분화가 잘 이루어진 사람은 사고와 감정이 균형을 이루고 충분히 사고하고 자신이 믿는 바에 따라 결정하고 자신의 신념에 따라 행동할 수 있다(Nichols & Schwartz, 2008: 153-154).

② 삼각관계

삼각관계(triangulation)는 두 사람의 관계가 멀어졌을 때 제3자와 관계를 맺음으로써 자신의 불안을 다루고 상대방에게 영향력을 미치는 것이다. 일반적으로 분화수준이 낮을수록 삼각관계 형성이 자주 일어나게 되고, 이것이 고정되어 패턴화된 가족관계 유형을 발전시킨다(이영분 외, 2008: 144). 예를 들어, 분화수준이 낮은 부부는 스트레스 상황에서 반사적이 되기 쉽고, 배우자 중 한 사람이 말을 하지 않거나 관심을 보이지 않는 등 거리를 두면 애착관계에서 불안을 느낀 다른 배우자는 자녀 중 한 명에게 더욱 관심을 쏟고 밀착하게 된다. 거리를 두는 남편 대신 아들과 시간을 보내는 아내는 다른 안정적인 대체물을 확보하였기 때문에 남편에게 매달릴 필요가 없다. 반면, 남편은 집에 들어오면 부인 대신 TV를 보거나 다른 일에 몰두하게 된다. 이런 관계가 반복해서 이루어지면 가족 내에 일정한 형식의 관계 패턴이 고정된다. 이러한 삼각관계는 일시적으로 불안을 감소시키지만 부부가 함께 해결해야 할 문제는 회피하고 관계를 발전시킬 시간을 줄이며, 삼각관계에 걸려 있는 자녀에게는 부모보다 낮은 자아분화 수준을 형성하게 하고 독립적 존재로 성장하지 못하게 한다.

③ 가족투사과정

가족투사과정은 부모가 자신의 분화의 결여를 자녀들에게 전달하는 과정을 말한다. 부모나 형제들과 정서적으로 단절된 남편은 아내와도 관계가 소원해지기 쉽다. 이러한 남편을 둔 아내는 자녀에게 온 관심을 쏟게 된다. 남편과 거리감을 느끼는 아내는 불안한 마음으로 특정 자녀들에게 더욱 애착하게 된다.

이러한 투사과정의 대상—어머니가 가장 애착을 보이는 자녀—은 자아분화가 가장 덜 이루어지고 문제의 영향을 가장 많이 받게 된다. 이런 경우 미숙한 자녀는 부모의 과도한 관심으로 인해 기능이 저하되고, 급기야는 부모에게 더욱 통제해야 할 거리를 제공한다. 그 결과, 자녀는 심리사회적 문제를 드러내고 부모의 태도는 더욱 강화된다.

④ 다세대 전수과정

다세대 전수과정(multigenerational transmission process)은 개인 및 가족 내 역기능 문제가 여러 세대를 통해 지속될 수 있다는 것이다. 예를 들어, 분화수준이 낮은 두 사람이 결혼을 하게 되면 자녀들은 부모보다 더 낮은 분화수준을 갖게 되고, 이런 과정이 여러 세대 반복되면 역기능적인 문제를 가진 취약한 개인이 생길 수밖에 없다는 것이다. 그 결과, 3~4세대 또는 8~9세대에 걸쳐 만성 알코올중독, 조울증, 강박증, 정신분열 등의 문제가 발생할 수 있다. 결과적으로 개인의 질병은 개별 환자의 차원을 넘어 그를 둘러싼 여러 세대의 전수과정의 결과로 발생한 것이다. 이것은 단순한 유전적 요인 때문이 아니라 취약한 정서과정이 반복되면서 세대로 이어져 내려오기 때문이다(정문자 외, 2007: 145).

⑤ 출생순위

보웬에 따르면 가족정서과정은 출생순위에 따른 일반적 특성과 관계가 있다. 즉, 형제들은 같은 가족 내에서 모두 같은 경험을 할 것 같지만 실제 형제순위에 따라 또는 출생 전후에 가족에게 발생한 사건이나 상황에 따라 제각기 다른 환경을 경험하게 되고, 동일한 사건에 대해서도 형제간에 경험하는 것은 서로 다르다는 것이다. 어머니를 둘러싼 형제간의 경쟁의식은 자연스러운 현상이지만, 형제간의 갈등은 피할 수 없는 경쟁의식의 산물로 설명하는 경우가 많다. 출생순위에 따른 특성을 알아두는 것은 특정 순위의 자녀가 어떤 특성을 나타낼지, 가족정서과정에서 어떤 역할을 할지, 다음 세대에서 어떤 가족관계 유형으로 나타날지를 예측하는 데 도움이 된다(Nichols & Schwartz, 2008: 158).

2) 구조적 가족치료

(1) 기본 가정 및 목표

구조적 가족치료의 창시자인 미누친(Minuchin)은 주로 언어를 사용하면서 통찰과 같은 지적인 접근을 하는 가족치료 방법은 하류계층의 가족들에게 적당하지 않다고 생각하였다. 그리하여 그들에게는 즉각적인 개입과 행동을 요구하는 좀 더 적극적이고 지시적인 방법을 적용하는 것이 필요하다고 하였다(김용태, 2000: 161-162).

구조적 가족치료에서는 가족의 문제가 역기능적 가족구조에 의해 지속된다고 가정한다. 따라서 이 접근에서는 가족 간 상호작용을 유지시키고 지지해 주는 전체적인 구조를 찾아내려고 한다. 예를 들어, 자녀에게 꾸중만 하는 부모의 경우에는 한 배우자가 자녀에게 지나치게 몰두해 있기 때문에 다른 배우자가 화가 나서 서로 상대방을 깎아내리는 상호작용을 할 수도 있다. 만약 그렇다면 부모가 이러한 구조적 문제에 대해 이야기를 나누고 서로 간의 동료의식을 형성하지 않은 채 단지 아이의 훈육만 잘한다고 해서 그 문제가 해결되는 것이 아니다. 이와 같이 부부가 서로 잘 어울리지 못하는 경우, 두 사람 사이의 경계선, 자녀와의 경계선, 또는 시집이나 친정과의 경계선을 형성하기 전까지는 부부 사이의 관계를 개선할 수 없을지도 모른다(김용태, 2000: 161-162).

구조적 가족치료의 목표는 역기능적인 가족구조의 재구조화에 있다. 문제나 증상은 역기능적 가족구조에서 비롯된다고 가정하기 때문에 가족을 재구조화하면 자연스럽게 문제나 증상은 제거된다고 본다. 이를 위해 사회복지사는 다음과 같은 역할을 한다. 첫째, 가족에 합류하여 지도자의 위치를 확보한다. 둘째, 가족의 역기능적 구조를 확인한다. 이를 위해 질문, 실연, 관찰, 자리배치 스트레스 상황 등을 통해 가족의 하위체계의 기능, 경계선, 위계질서 등이 적절한지를 파악한다. 셋째, 가족구조를 재구조화한다. 사회복지사는 가족경계를 조정하고 하위체계가 제 기능을 하도록 돕고, 가족규칙을 유연하게 하고 위계질서가 적절히 확립되도록 한다(정문자 외, 2007: 214-221).

(2) 주요 개념 및 원칙

① 가족구조

가족구조는 가족 구성원이 상호작용방식을 조직화하는 것으로, 기능적 유형의 하나다. 이는 행동을 결정하는 요인은 아니지만 일어날 수 있는 일련의 행동을 예측 가능하게 해 준다. 가족 간에 상호교류가 반복됨에 따라 기대를 만들어 내고, 이러한 기대는 지속적인 유형을 확립시킨다. 예를 들어, 처음으로 어린이집에 간 자녀를 누가 데리러 가는지는 명확하지가 않다. 그러나 곧 행동유형이 정해지고 역할이 분배되며, 다음번에 같은 상황이 반복되면 어떻게 해야 할지 예측할 수 있게 된다. 즉, "누가 하지?"에서 "아마 아내가 할 거야."로 바뀌었다가, 더 나아가 "당연히 아내의 몫이지."가 되어 버린다.

가족구조는 일련의 숨은 규칙을 가지고 있어서 가족 간의 상호작용을 규제한다. 예를 들어, 가족이 서로를 보호해야 한다는 규칙을 가지고 있다면 이러한 규칙은 여러 면에서 나타날 수 있다. 청소년기의 자녀가 학교에 일찍 가야 하면 어머니는 아이가 학교에 늦지

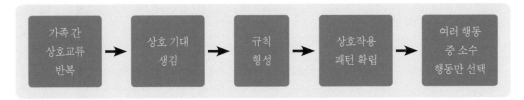

[그림 11-2] 가족구조 형성과정

출처: Nichols & Schwartz (2008), p. 228.

않도록 보호하기 위해 아이를 깨워 주고, 부인이 운전하는 것을 부담스러워하면 남편은 부인을 보호하기 위해 운전을 해야만 하는 쇼핑을 도맡아서 할 것이다. 그리고 부모가 갈등이 심하면 부모를 보호하기 위해 자녀들은 부모가 싸우지 않도록 개입할 것이다.

그러나 부모가 자녀의 문제에 지나치게 몰두하면 부부가 함께 시간을 보내는 데 방해를 받게 된다. 이러한 일련의 상호작용은 모두 동일한 구조의 유형이다. 이들 상호작용 중 어느 하나를 변화시키는 것은 근본적인 가족구조에 영향을 미칠 수도 있고 그렇지 않을 수도 있다. 하지만 기본적인 가족구조를 바꾸는 것은 가족 모두의 상호교류에 파급효과를 가져올 수 있다(Nichols & Schwartz, 2008: 228). 가족구조를 식별하는 방법 중 유용한 것은 가족의 행동을 관찰하는 방법이다.

> **가족의 행동관찰은 왜 중요한가**
>
> 한부모가족, 재혼가족, 학령기 자녀가 셋이라는 등 외형적으로 드러난 가족구조도 중요하지만, 구성원들이 상호작용하는 것을 관찰하면서 가족구조를 찾아내야 한다.
>
> 한 예로, 어떤 어머니가 상담소에 전화를 걸어 열일곱 살 난 아들이 말을 듣지 않는다고 하소연했다. 사회복지사는 그 어머니에게 남편, 아들 그리고 나머지 세 자녀 모두 상담에 함께 오도록 요청했다. 식구들이 전부 치료실에 들어왔을 때, 어머니는 곧 아들에 대해 사소한 것까지 불평하기 시작했다. 아들은 아무도 자기를 이해하지 못한다고 했고, 어머니는 자기에 대해 동정심이라고는 조금도 없다며 화를 냈다. 아들과 어머니가 보인 상호작용은 벌써 모자관계가 심각한 갈등상태에 있다는 것을 보여 준다.
>
> 그러나 이 두 사람이 보여 준 상호작용이 가족의 전체 구조를 설명해 주지는 못한다. 아버지와 나머지 세 자녀가 이 관계에 포함되어 있지 않기 때문이다. 가족구조에서의 다른 사람들의 역할을 알기 위해서는

가족구조 내 상호작용 양상을 관찰해야 한다. 만약 남편이 부인의 편을 드는 것 같으면서 정작 무관심한 태도를 보인다면, 아들에 대한 부인의 지나친 개입은 바로 남편이 전혀 개입하지 않는 것과 관계가 있다. 그리고 나머지 세 자녀가 모두 자신의 형이나 오빠가 나쁘다면서 어머니 편을 들면, 그들은 모두 어머니와 가깝고 말을 잘 듣고 순종적이라는 것을 알 수 있다.

출처: Nichols & Schwartz (2008), p. 229.

② 체계 및 위계질서

구조적인 가족치료에서는 가족을 체계(system)이자 통합된 전체로 본다. 여기서 체계란 가족 구성원과 그들의 상호작용에 의해서 만들어진 일정한 형태를 의미한다. 또한 가족은 다양한 기능을 수행하는 하위체계로 분화된다.

체계들 간에는 위계질서(hierarchy)가 있다. 상위체계는 전체 가족에 대한 의사결정권을 갖고 전체 가족 구성원의 행동을 통제하고 지배하는 규칙을 만들고 시행하는 데 반해, 하위체계는 가족 구성원 중 일부에 해당되는 규칙을 적용한다. 이 둘 사이에 일정한 위계질서가 있고, 위계질서에 의해서 전체 체계는 하위체계와 조화를 이루면서 존재한다.

부부체계는 부모체계보다 더 상위에 존재하는 체계다. 부부체계는 부부간의 관계에 대한 규칙뿐만 아니라 전체 가족을 책임지는 위치를 갖고, 전체 가족이 나아가야 하는 방향에 대해서 규칙을 정하고 이를 행동으로 옮기기 위한 여러 가지 일을 한다. 한편, 부모체계는 부부체계의 기능 중 부모와 자녀에 관한 부분을 다루게 된다. 그리고 자녀체계는 부부체계나 부모-자녀 체계에 대해서 하위체계로 존재한다(김용태, 2000: 168).

③ 경계선

경계선은 체계의 안과 밖을 구분하는 것이다. 경계는 각 개인의 문화적 규범, 원가족의 영향, 경험, 세계관에 의해 발달되고 지속된다. 또한 이것은 하위체계 내의 상호작용이나 의사소통, 참여수준과 직접적으로 연관되기 때문에 가족 내 상호작용 및 의사소통, 독립성 여부를 사정하기 위해 사용되는 유용한 개념이기도 하다. 미누친은 경계의 유형을 산만한(diffuse), 경직된(rigid), 명확한(clear) 경계로 구분하였으며, 기능적인 가족은 명확한 경계선을 갖는다고 하였다(Gehart & Tuttle, 2008: 39-40). 명확한 경계선은 가족 구성원 간 자율성과 독립성을 유지하면서도 가족 결속감과 소속감을 갖고 서로 지지하며 행복을 추구하는 가족이다.

이 밖에 안정된 연합과 우회연합도 있다. 안정된 연합(stable coalition)은 가족 내 두 사람이 다른 한 사람을 배타적으로 밀어내면서 두 사람 사이에 밀착된 관계를 형성하는 것을 말한다(김용태, 2000: 174-177). 예를 들어, 부인이 남편과 사이가 좋지 않을 때 딸과 밀착하면서 안정적인 연합을 하고 남편을 가족관계에서 배척하는 경우다. 우회연합(detouring coalition)은 가족들 간에 갈등이 생길 경우 이를 회피하기 위해 제3자인 가족 구성원을 끌어들이는 것이다. 이처럼 안정된 연합이나 우회연합이 형성되면 가족의 위계구조는 무너지고 가족은 역기능적이게 된다.

모호한 경계선 가족의 예

　대학교 졸업반인 인영은 늘 아픈 엄마와 철없는 아버지와 살면서 엄마 역할을 대신하며 큰언니 역할을 해 왔다. 셋째 여동생이 가출한 뒤 아버지에게 도움 요청의 전화가 왔고, 인영은 어쩔 수 없이 동생을 자신이 있는 대전으로 데리고 왔다. 동생은 집을 떠나 대전에서 살기만 하면 학교도 잘 다니고 문제를 일으키지 않겠다고 하였지만 전학 후 일주일도 되지 않아 학교를 결석하고 있다. 부모님과 동생 문제를 상의했지만 부모님은 네가 데리고 갔으니 네가 책임지라고 했다. 인영은 졸업시험 준비와 취업 준비에 정신이 없지만 동생 때문에 부모님을 대신해서 담임선생님과 상담을 하고, 혼자 집에 있는 동생이 걱정되어 수시로 전화해 보고, 주말에는 도서실에 동생을 데리고 온다. 인영은 필리핀에 어학연수를 가고 싶어 2년 동안 아르바이트해서 돈을 모았는데 동생 때문에 가야 할지 포기해야 할지 갈등하고 있다.

---

④ 순응

체계는 환경의 변화에 따라서 스스로 바꾸는 순응을 한다. 예를 들면, 아이의 출생에 따라 곧 부부체계, 부모체계, 자녀체계라는 체계의 구조가 변화되는 순응을 경험하게 된다(김용태, 2000: 171).

기능적인 가족은 문제가 없는 가족이 아니며 어떻게 문제를 잘 해결해 나가느냐에 달려 있다. 두 사람이 만나 결혼을 해서 새로운 가족을 형성할 때 기본적으로 해야 할 일은 서로 다른 문화에서 살던 습관이나 경험과는 다른, 두 사람이 합의한 새로운 질서를 만들어 가는 것이 필요하다. 자녀를 몇 명 낳을 것인지, 첫아이의 출산은 언제 할 것인지부터 시작해서 언제 일어날 것인지, 저녁 식단은 무엇으로 할 것인지, 주말에는 무엇을 할 것인지 등 일상적인 일들을 다루어 나가야 한다. 이런 의식적인 작업이 선행되지 않으면 대부분의 부부는 자신이 익숙하게 살아오던 원가족과의 관계나 경험을 그대로 유지하려 하고, 그 경험을 통해 상대를 이해하게 된다. 그럴 경우 부부간에는 상당한 오해와 갈등이 생길 수 있다. 예를 들어, 아내는 주말시간을 남편과 함께 장을 보러 가거나 영화를 보는 등 부부가 함께 특별한 일을 하는 시간으로 생각할 수 있는 반면, 남편은 집에서 누구의 간섭도 받지 않고 휴식을 취하는 시간으로 생각할 수 있다.

3) 경험적 가족치료

(1) 기본 가정 및 목표

경험적 가족치료는 개인의 정서적 경험과 가족체계에 대한 이중적 초점을 강조하는 접근이다. 이것은 가족문제의 원인이 표현되지 않고 억압된 정서에 있다고 본다. 또한 개인의 경험은 가족체계에서 주고받는 상호작용의 모든 수준에 내재되어 있다고 보기 때문에 개인의 자기표현과 경험을 확장하는 것이 가족변화를 위한 새로운 시작이라고 간주한다(이영분 외, 2008: 295). 대표적인 학자로는 휘태커(Whitaker)와 사티어(Satir)가 있다.

경험적 가족치료의 목표는 역기능적인 상호작용의 개선이나 증상 제거보다는 개인의 성장에 더 초점을 둔다. 이것은 어려운 상황에 처해 있는 가족 구성원에게 자신이 능력을 가진 존재라는 것을 인식시켜 자아존중감을 향상하고 희망을 갖게 하며 대처능력을 향상하도록 돕는 것이다.

이를 위해 사회복지사는 다음과 같은 역할을 할 수 있다.

첫째, 가장 먼저 가족 구성원이 각자의 진정한 정서와 접촉하도록 한다. 이러한 정서에는 두려움, 분노, 불안, 바람 등이 포함될 수 있다. 인간은 여러 가지 정서적 경험을 하면서 성장하게 되며, 특히 부모에 의해 지대한 영향을 받는다. 예를 들어, 남자가 울면 사내답지 못하다는 이야기를 듣고 자란 아버지는 감정표현을 상당히 통제하며 살아왔고, 이런 아버지의 생각은 자녀의 양육방식에도 그대로 적용된다. 그 결과, 아버지는 아들이 슬프고 힘들다고 할 때 그것을 받아주기보다는 회피하거나 그런 감정을 갖는 것은 나쁜 것이라고 훈육하게 된다. 이런 과정이 반복되면 아들은 힘든 상황에서 외롭고 슬픈 감정을 갖는 것에 대해 죄책감을 갖고 자신의 감정을 부정하게 되며, 심지어는 무감각하게 되어 그런 감정이 자신에게 있는지도 모르게 될 수 있다. 결과적으로 이런 과정에서 자란 자녀들은 자신의 감정을 충분히 경험하지 못하고 억압적으로 지내게 되며, 급기야 이것이 개인의 부적응의 원인이 된다는 것이다.

둘째, 가족면담과정에서 자신이 보고 듣고 느끼고 생각한 것을 분명하게 표현할 수 있게 한다. 역기능적인 가족은 불안, 두려움, 분노, 슬픔과 같은 감정을 억압하거나 회피할 수 있으며, 자신의 감정, 생각, 행동이 일치되지 않는 경우가 많다. 따라서 사회복지사는 가족과의 면담과정인 지금—여기에서 매 순간 일어나는 상황과 경험을 중요시하고 클라이언트가 느낀 감정이나 생각, 경험을 일치되게 이야기할 수 있도록 한다. 자기, 타인 및 상황을 수용하는 일치적 경험을 통해 클라이언트가 성장하고 마침내 가족관계도 변화할 수 있도록 지원한다.

셋째, 자기의 고유성을 존중하면서도 상대방과의 차이점을 수용하는 반복적인 과정을 통해 가족 구성원이 건강한 자아상과 원만한 가족관계를 형성하도록 한다.

(2) 주요 개념 및 원칙

경험적 가족치료에서는 개인의 경험 확장을 통해 역기능적인 것을 기능적인 것으로 바꾸는 데 초점을 둔다. 이때 역기능의 근원을 자아존중감, 의사소통 및 대처 유형, 가족규칙에서 찾게 된다.

① 자아존중감

자아존중감은 인간에게 중요한 에너지원이다. 자신을 사랑하고 존중할 때 자아존중감이 증가되고, 이것은 적응적이며 적절한 삶을 영위하는 토대가 된다. 자아존중감의 형성은 영유아기에 아동이 부모와 어떤 경험을 하였는지가 매우 중요하다. 사티어는 자아존중감의 형성에는 자기, 타인, 상황이라는 세 가지 요소가 중요한데 이 중 어떤 것이라도 온전하지 못하면 역기능적이라고 보았고, 이들이 모두 순기능을 하여 일치되는 것이 중요하다고 하였다.

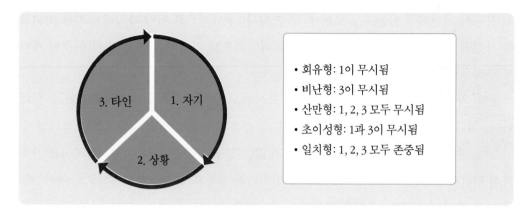

[그림 11-3] 자아존중감의 3대 요소와 대처 유형

② 의사소통 및 대처 유형

사티어는 사람들이 긴장을 처리하는 방식에 공통점이 있음을 발견했는데, 이러한 방식은 생존 유형으로서 자아존중감이 낮고 불균형적인 상태에 있을 때 주로 나타난다고 하였다. 대처 유형은 회유형, 비난형, 산만형, 초이성형, 일치형으로 나뉜다. 일치형은 가장 바람직한 의사소통 유형으로서, 자기, 타인, 상황을 다 존중하며 자신의 생각, 감정, 행동이 일치되고 높은 자아존중감을 가진다. 이에 반해, 회유형은 자신의 내적 감정이나 생각을 무시하고 타인의 비위에 맞추려는 성향이 있다. 이 유형은 다른 사람들의 의견에 잘 동조하고 비굴한 자세를 취하며, 사죄와 변명을 하는 등 지나치게 착한 행동을 보인다.

비난형은 회유형과 정반대 유형으로 타인을 무시하는 성향을 보인다. 이 유형은 자신이 힘이 있고 강한 사람이라는 것을 다른 사람들에게 알리고 싶지만 실제 자신이 무력한 사람이라는 것이 남들에게 알려지면 어쩌나 걱정한다. 초이성형은 자신과 타인 모두를 무시하고 상황만을 중시하며 규칙과 옳은 것만을 절대시하는 극단적인 객관성을 보인다. 또한 매우 완고하고 냉담한 자세를 취하고 독재적인 행동을 한다. 그러나 내면적으로는 쉽게 상처받고 소외감을 느낀다. 산만형은 초이성형과는 반대되는 유형으로, 자기, 타인, 상황 모두를 무시한다. 이 유형은 정서적으로 매우 혼란스러우며 매우 산만한 행동을 보인다. 내면적으로는 아무도 자신을 걱정해 주지 않고 자신을 받아들여 주는 곳이 없다고 생각하여 고독감과 무가치함을 느낀다(김영애, 2011: 86-108).

의사소통 유형의 예

　지나가다가 당신이 누군가의 팔에 부딪혔다고 가정했을 때 당신은 어떤 반응을 하는지 생각해 보세요.

회유형: (아래를 보고 두 손을 마구 잡고 뒤틀며) 용서해 주세요. 저는 정말 덜렁이예요.

비난형: 아이, 깜짝이야! 내가 당신 팔을 쳤겠다! 팔을 안으로 넣고 다녀야 안 칠 것 아니오?

초이성형: 사과를 드립니다. 지나가다 부주의하여 당신의 팔을 쳤군요. 혹시 피해를 줬다면 내 변호사에게 연락해 주시기 바랍니다.

산만형: (다른 사람을 쳐다보며) 저런, 누가 화가 났구나. 누가 밀었나 봐.

일치형: (그 사람을 곧바로 보며) 내가 당신을 밀었군요. 미안합니다. 다친 데는 없으십니까?

출처: 한국사티어변형체계치료연구소(2011a).

　이런 유형들은 각각 차별적인 행동, 언어, 지배적 정서, 신체적 및 심리적 증상을 야기할 수 있는데, 구체적인 특징을 정리하면 〈표 11-4〉와 같다.

표 11-4　사티어의 의사소통 유형

	행동	언어	지배적 정서	자기개념	신체적 증상	심리적 증상
비난형	탓하기, 소리치기, 화난 표정, 위협하기, 판단하기, 명령하기, 결점 잡기, 조정하기, 독재적 지배	다 당신 잘못이야. 내 잘못은 없다. 너는 도대체 왜 그 모양이야? 너만 아니었어도.	분노, 좌절, 불신, 격노, 상처, 통제력 상실에 대한 공포	낮은 자기가치감, 자기와의 단절, 자신에 대한 통제력 상실의 두려움	근육의 긴장 및 요통, 긴장에서 비롯된 두통, 고혈압, 뇌졸중, 심장병, 천식, 류머티스, 관절염 등	분노와 격노, 화를 잘 냄, 반항적, 적대적/경쟁적, 편집증, 폭력, 반사회적 특성
회유형	사과하는 듯한, 간청하는 표정, 징징거리는, 변명하기, 애걸하기, 의존하기, 지나친 상냥함, 지나친 쾌활함	모두 내 탓이에요. 난 아무것도 아니에요. 난 중요하지 않다. 당신이 원하는 것은 무엇입니까?	상처, 슬픔, 불안, 억울, 억눌린 분노	자기가치감 부족, 자신감 부족, 자기와 못 만남, 상대방 기대에 초점을 맞춤	위장 관련 증상, 편두통과 두통, 심장이 뜀, 피부질병(건선, 습진, 여드름 등)	침울한 기분, 화를 잘 냄, 불안, 공황장애, 자살충동

초이성형	딱딱하고 경직된 자세, 냉담한 듯함, 진지하고 우월함, 비인간적, 지루한, 객관적인	추상적인 개념 사용, 사적인 또는 내면에 대한 주제는 피함 인간은 이성적이어야 해. 당신은 너무 예민하다/지나치게 감정적이다.	감정을 거의 드러내지 않음, 내적으로는 민감하고 외롭고 고독하고 공허함, 상처 입기 쉬움	자신의 가치에 대한 확신 부족, 자신과 만나지 못함, 통제력 부족을 느끼고 무력감을 느낌, 감정표현 못함	암, 피부질환, 림프이상, 요통, 심장질환	침울, 정신병, 강박 – 충동적, 감정이입 부족, 자폐적
산만형	지나치게 활동적, 부산스러움, 둔감해 보임, 조정하려는, 부적절한, 바보스러움, 주위 시선 의식	한 가지에 집중 못 하는, 사적·정서적 주제 회피, 농담을 하거나 의미 없는 이야기를 하는, 대화를 끊어 버림	진짜 감정을 보이지 않음, 매우 민감, 외로움/고립, 격정/슬픔, 공허감/오해, 혼란스러움	자신감 부족, 낮은 자기가치감, 통제력 상실, 진짜 감정표현 못함, 아무도 상관하지 않고 아무런 소속감도 없음	신경계통 증상, 위장이상, 편두통, 어지러움, 사고를 많이 침, 조절기능을 못 하는 데서 오는 문제들	혼란스러워함, 낮은 충동조절 능력, 침울, 감정이입 부족, 학습장애, 다른 사람의 권리를 위반·침해함
일치형	에너지가 넘치는, 창의적인, 활발한, 자신감 있는, 능력 있는, 책임감 있는, 받아들이는, 사랑스러운, 균형잡힌	감정, 사고, 기대, 원하는 것들, 싫어하는 것들에 대해 정직함 개방적이고 다른 사람 말을 경청함 자신, 다른 사람과 상황을 존중함	평화적, 차분하고 사랑스러움, 자신과 다른 이들을 받아들이는 안정된 모습	높은 자기가치감, 능력 있고 자신에 대해 감사하고 자신의 독특함을 찬미, 가치의 평등에 대해 받아들임	건강	건강

출처: 한국사티어변형체계치료연구소(2011b)의 자료를 일부 수정함.

③ 가족규칙

가족규칙은 개인이 원가족의 경험에서 얻은 것을 내면에 갖고 있는 것으로, 일종의 명령으로 작용하여 인간의 대처방식에 영향을 미친다. 가족규칙의 예로는 '암탉이 울면 집안이 망한다.' '아버지 말씀에는 절대 복종해야 한다.' 등이 있다.

4) 이야기 가족치료

(1) 기본 가정 및 목표

이야기치료(narrative therapy)는 사회구성주의의 영향을 받아 비교적 최근에 만들어져 활발하게 사용되고 있는 모델이다. 대표적인 학자로는 화이트(White)를 들 수 있다. 이 치료에서 인간을 보는 기본 전제는 인간은 결코 진공상태에서 혹은 백지상태로 태어나는 존재가 아니며 자신이 속한 상황 및 문화에서 태어난다는 것이다. 그렇기에 인간은 처음 시작부터 자신이 속한 문화와 사회에서 어떠한 형태로든 영향을 받으며 자신에 대해 이해를 구축해 가는 존재다. 또한 사람들은 할 이야기가 있고 개인적인 이야기를 말하고자 하는 욕구와 본능을 가지고 있다. 인간의 삶 자체가 바로 역동적인 이야기들의 내용이며, 살아 있다는 자체가 바로 살아 있는 이야기다. 우리의 삶은 우리 이야기의 끝없는 반복이며, 우리의 이야기는 끝없이 계속되고 있다. 한마디로 인간은 이야기적 존재이며 인간의 이야기는 삶의 역사다(김유숙, 2011: 2).

우리의 삶에서 일어난 어떠한 사건이나 경험은 우리의 이야기로 만들어져 그 안에서 서로 연결되어 우리 삶을 형성한다. 이야기는 사람들의 과거, 현재, 미래에 대한 연출이며 삶을 인도하는 힘으로서, 우리는 이야기의 연결과 연출로 자신과 세계에 대한 의미를 자아내고 그 안에서 우리의 경험을 얽혀서 이해한다. 이야기는 사람들의 해석과 의미를 알려 주고 어떻게 그가 의미하는 바대로 살아가는지를 보여 준다.

이야기치료에서는 문제를 고치고 수선하는 데에 관심을 두지 않는다. 그보다는 문제를 보는 방식을 달리하거나 그 문제에 다른 의미를 가져오는 것에 더 관심을 둔다. 그 기본 전제는 사람을 문제로 보는 것이 아니라 문제를 문제로 보는 것이다. 즉, 문제에 대한 사람들의 믿음을 문제라고 보는 것이다. 어떤 사람이 상처받은 경험을 지속적으로 선택하는 경우, 그는 자신을 피해자로 규정하고 그것과 관련된 경험들에 관심을 집중하게 된다. 그럼으로써 그는 피해자로서의 이야기로 자신의 삶을 살아가게 될 것이다. 그러나 상처를 받았던 사람이라도 그 상처를 극복한 경험에 더 집중하게 될 때에는 다른 이야기로 살게 된다. 그 사람은 상처로 인해 더 강해지고 현명해진 자신의 긍정적인 면을 자신의 이야기로 선택하는 것이다. 이처럼 삶의 어떤 경험에 우리가 집중하여 이야기를 만드는가에 따라 그 사람의 삶은 매우 다르게 나타나게 된다(김유숙, 2011: 3).

이야기치료는 사람들이 과거를 재조명하고 미래를, 즉 그들의 삶의 이야기를 다시 쓰도록 한다. 해결해야 할 문제나 치료받아야 할 증상에 관한 용어로 사람을 객관화하기보다는 클라이언트가 능력을 가진 사람으로서 삶의 이야기를 발전시키도록 하는 데 목표를 둔다(김유숙, 2011: 5). 이야기치료는 사람들이 바라는 삶에 대한 이야기를 할 수 있도록 각본의 수정에 관여한다. 사람들이 문제 이야기를 버리고 그것을 대체하는 새로운 방식의 이야기를 활용할 수 있게 하기 위해 여러 가지 질문과 치료기술을 사용한다(Morgan, 2003).

이야기치료의 목표는 문제해결보다는 클라이언트가 자기중심의 목소리에 지나치게 의존하고 있다는 사실을 깨달아 선택의 폭을 풍부하게 가지도록 돕는 것이다. 더 나아가 클라이언트와 협력하면서 클라이언트와 다른 사람들을 연결시키는 데 도움이 되는 방법을 강조한 새로운 이야기를 공동 저작하는 것이다. 공동 저작에서는 먼저 가족 구성원이 갈등에 직면하거나 서로에게 더 정직해짐으로써 사람과 문제를 분리시킨 후 서로 간에 연합하여 공통의 적에 대항한다. 이러한 과정은 클라이언트의 정체감을 쓸모없는 것에서 영웅적인 것으로 변하게 한다(김유숙, 2004).

(2) 주요 개념 및 원칙

첫째, 이야기치료에서는 사람을 문제로 보는 것이 아니라 문제를 문제로 본다. 사람은 자기 삶의 이야기의 저자 또는 전문가이며, 자신의 삶에 대한 해결책을 가지고 있다고 본다. 따라서 이야기치료는 우리 삶의 저변에 깔려 있는 대안적 이야기들을 더 뚜렷이 나타내고 그것들에 의해 삶을 다시 보며 새롭게 살아가도록 하는 것이다. 이 과정에서 사회복지사의 역할은 문제를 고치고 수선하는 것이 아니라 보다 많은 선택을 허용하는 이야기의 생성과 과거에 묻힌 많은 다른 이야기로의 연결을 통해 사람들이 그 대안적인 이야기로 자신의 삶을 해석할 수 있도록 돕는 것이다.

둘째, 이야기치료에서는 사람들의 삶이 여러 층의 이야기로 구성된다고 본다. 우리의 삶에 일어난 어떤 사건이나 경험들은 이야기 안에 담겨져 서로 연결되어 우리의 삶을 만들어 간다. 그러나 문제로 표현된 삶은 어느 사람의 한 단면 또는 여러 가능한 이야기의 하나라는 것이다. 따라서 이야기치료는 삶의 많은 사건 속에 묻혀 있거나 문제 이야기에 가려져 잘 나타나지 않는 이야기를 새로 발굴하여 새로운 대안적 이야기를 만들어 내는 것이다(Nichols & Schwartz, 2008: 454). 예를 들어, 부모가 자신을 자랑스럽게 생각하지 않는다는 이야기를 갖고 있는 둘째 며느리는 시어머니가 자신을 위해 김치도 담아 오고 블라우스도 선물로 사 주는 것을 대수롭지 않게 생각한다. 반면, 다른 사람들 앞에서 큰며느리가 명문 대학을 나왔다거나 직업이 선생님이라고 자랑하는 것에 대해서는 매우 자존심 상해한다. 이런 시어머니의 모습을 통해 자신은 역시 부끄러운 존재라는 이야기를 확장시킨다.

셋째, 외현화 대화다. 이야기치료에서는 기존의 대화에서처럼 문제를 자신 안에 놓는 내재화된 대화(internalizing conversations)가 아니라 문제와 인간을 분리시키고 자신의 외부에 문제가 있는 것으로 간주하고 대화하는 외현화된 대화(externalizing conversations)를 사용한다. 예를 들어, " 당신은 우울한 사람이에요."라고 하는 대신 "우울이 당신을 밖에 못 나가게 하는군요."라고 하거나, '당신은 걱정하는 사람'이라는 표현을 "걱정이 당신이 새로운 일을 하는 것을 방해하는군요."라고 표출할 수 있다(Morgan, 2003: 34).

넷째, 문제 이야기의 행간 읽기다. 사회복지사들은 클라이언트가 문제의 영향을 덜 받고 잘 적응하던 때의 행동과 생각을 잘 경청하며, 그것이 어떻게 이루어졌는지 이야기해 보도록 요청한다. 또한 클라이언트가 느끼는 문제에 대한 어려움을 간과하지 않으면서도 문제상황에서 이루어진 독특한 결과를 인식시키고 확장시키는 것이 필요하다.

다섯째, 전체 이야기 다시 쓰기다. 클라이언트의 이야기에서 감별되어 수집된 문제와 관련된 그의 능력의 증거들은 전반적으로 그가 어떤 사람인가에 대한 새로운 이야기를 시작하는 데 사용될 수 있다. 더불어 다가올 변화들을 그려 보게 함으로써 초점을 문제상황이라고 인식하는 현재에서 벗어나 미래로 옮겨 가게 한다.

여섯째, 새로운 이야기 강화하기다. 사회복지사들은 클라이언트가 새로운 이야기를 형성하도록 돕기 위해 먼저 그들의 이야기를 지지하는 청중을 찾도록 돕는다. 또한 각 상담 종료 시 외현화하는 언어를 반드시 사용하고 언급된 독특한 결과들을 강조함으로써 무엇이 일어났는지를 요약해 준다. 이때 편지 쓰기, 선언문, 문서, 증서, 비디오테이프, 사진의 활용과 더불어 아버지, 고모, 친구 등 이야기와 관련된 주요 사람들을 이야기 속에 끌어들여 풀어 나가는 회원재구성 대화, 의식과 축하행사, 외부 참고인집단의 초대 등의 방법으로 새로운 이야기를 강화할 수 있다.

(3) 개입 단계 및 구성

이야기치료는 크게 입장 말하기, 다시 쓰기 대화, 회원재구성 대화, 정의예식, 독특한 결과 대화, 이야기의 풍부한 전개 및 새로운 이야기의 유포 등으로 구성된다. 이에 대해 구체적으로 살펴보면 다음과 같다.

① 입장 말하기

입장 말하기는 클라이언트가 사회복지사와의 대화를 통해 자신의 문제가 삶에서 어떤 위치를 점하고 있는지를 알아내고 자신의 입장을 정리하며 왜 그런 입장을 취하게 되었는지를 알게 되는 기술이다. 이때 사회복지사는 탈중심적(de-centered), 영향력 있는

(influential) 입장에 있게 된다. 이것은 다음과 같은 일련의 과정으로 구성된다. 먼저 경험에 가깝게 문제를 정의하고 호소하는 문제가 클라이언트의 삶에 어떤 영향을 미치는지 문제의 결과를 탐색한다. 그다음 호소문제의 활동방식과 활동내용을 평가하고 호소문제가 클라이언트의 삶에 미치는 주요한 영향을 평가하도록 지원한다. 마지막에는 클라이언트의 평가에 대해 '왜'라는 질문을 던져 평가의 근거를 제시한다(White, 2010: 64-86).

사회복지사는 먼저 클라이언트의 이야기를 듣는 가운데서 그들의 지배적인 문제 이야기가 무엇인가를 분별해야 한다. 그리고 클라이언트와 함께 그 지배적인 이야기를 해체해서 문제 이야기의 원천을 탐구하고 이를 드러내야 한다. 이 과정의 첫 출발은 '해체적 경청'이다. 이것은 클라이언트가 가져오는 문제를 중심으로 만들어진 이야기를 해체하려는 의도를 가지고 듣는 것을 말하는 것이다. 이는 클라이언트의 이야기를 축소하거나 겪고 있는 고통을 외면하지 않으면서 클라이언트의 지배적인 문제 이야기의 틈새를 볼 수 있게 돕는 것이다(김유숙, 2011: 6). 예를 들어, 우리 문화에서 남자들은 결코 약하거나 부드러우면 안 된다고 생각하고 있다면, 어떻게 그렇게 믿게 되었는지, 이런 감정을 키운 배경은 무엇인지, 모욕을 주는 의식(아버지로부터의 체벌, 주변 사람들로부터의 놀림 등)이 클라이언트를 그의 삶에서 어떻게 소외시켰는지와 같은 방식으로 문화적인 남성적 이미지를 해체한다. 그리고 나서 그것에 저항했던 때를 기억하게 하고 그러한 사회화에도 불구하고 친절하고 사랑하는 모습으로 남아 있으려고 하는 노력을 인정하는 것이다(김유숙, 2011: 12).

② 다시 쓰기 대화: 자기 이야기를 다시 쓰는 대화

다시 쓰기 대화(re-authoring conversation)는 클라이언트로 하여금 계속해서 자기 삶의 이야기를 발전시키고 이야기하도록 하기 위한 것으로, 이야기의 지배적 줄거리에서 '빗겨나가' 현재는 간과되고 있으나 잠재적으로 중요한 어떤 사건이나 경험을 자기 이야기 속에 포함시키도록 돕는다. 이런 사건이나 경험은 '독특한 결과(unique outcome)'라고 할 수 있다(White, 2010: 89). 외재화의 대화를 통해서 클라이언트는 자신의 문제를 외재화하여 해체된 이야기를 통해서 찾은 독특한 결과를 가지도록 새로운 이야기를 만들어 간다. 이것은 현재, 과거, 미래 등의 시제를 옮겨 다니기도 하고, 대안적 이야기들을 통해 새로운 의미와 해석을 부여하기도 하는 과정이다(김유숙, 2011: 18).

> **독특한 결과란**
>
> 문제에 대한 예외나 극복 경험
>
> 문제에 대한 예외나 극복이 아니어도 혹은 문제와 직접적 관계가 없어도 자기가 지향하는 삶의 모습을 담고 있는 경험
>
> 문제와 좀 다른 관계를 가지려고 준비하거나 시도한 경험
>
> 문제 이야기와 반대되는 생각이나 느낌이나 좀 다르게 행동한 경험
>
> 삶의 반짝이는 순간(sparkling moment)
>
> 출처: 정혜정(2012), p. 8.

③ 회원재구성 대화: 인생 회원을 재구성하는 대화

회원재구성 대화(re-membering conversation)는 클라이언트의 과거나 현재, 미래의 삶에서 중요한 위치를 차지하면서 클라이언트의 정체성 구성에 영향력을 행사할 수 있는 사람이나 존재와 자신의 현재 모습과 미래 모습, 중요한 사람들과의 관계에 대해 의도적으로 다시 생각하는 회상을 말한다. 이것은 인간의 정체성이 내면에 기초하는 것이 아니라 대인관계에 기초하고 있다는 생각에서 비롯된 것이다. 이는 수동적인 회상이 아니라 클라이언트의 삶에 존재하는 여러 관계를 수정할 수 있는 기회를 갖게 한다. 여기서 회원재구성 대화의 상대는 클라이언트의 중요한 타자 이외에도 직접적인 관계는 갖고 있지 않지만 의미 있는 존재인 책의 저자, 만화의 주인공, 애완동물도 가능하다(White, 2010: 165).

④ 정의예식: 정체성을 재정의하는 예식

정의예식(definitional ceremony)이란 클라이언트의 정체성을 재정의하고 그것을 사회적으로 인정하는 행위를 의미한다. 이것은 클라이언트의 삶을 인정해 주고 격상시키는 의식으로서 클라이언트에 의해 신중하게 선발된 외부 증인 앞에서 자신의 삶을 이야기하고 재현할 수 있는 장을 제공한다. 이야기치료에서 외부 증인이란 부수적 이야기 속에서 반짝이는 사건이나 독특한 결과를 목격한 사람, 대안적 이야기를 확장하고 발전시키는 데 기여하는 방향으로 이야기할 수 있는 사람이다. 그들은 클라이언트의 이야기를 인정해 주고 클라이언트에게 자신의 삶과 타인의 삶 간의 연결감을 주며 클라이언트의 부수적 이야기를 풍부하게 한다. 이런 외부 증인으로는 클라이언트의 가족, 친구, 학교나 직장 동료, 사

회복지사의 지인, 피훈련자, 외부 전문가 등이 해당된다. 치료적 대화에 청중을 직접 참여시킨다는 생각은 반영팀(reflecting-team)으로부터 영감을 받은 것이다(White, 2010: 226).

외부 증인은 클라이언트의 이야기를 들은(telling) 후 특정 형식에 맞추어 다시 말하기(retelling)로 응답한다. 외부 증인의 다시 말하기는 클라이언트의 이야기를 인정해 주는 효과가 있는 동시에 외부 증인의 삶에 깊은 여운을 남기는 과정이다. 이런 경험은 클라이언트 삶의 이야기의 부수적 줄거리를 훨씬 더 풍부하게 만들어 준다(White, 2010: 205-206). 예를 들어, 다섯 명의 가족이 있다면 상담자는 그중 세 명과 면담을 하고 나머지 두 명은 대화의 청중이 되게 한다. 그리고 청중이었던 두 명의 가족과 면담을 하면서 무엇을 들었는지에 대해서 대화를 하게 하고(retelling), 대화를 하는 동안 무엇이 일어났는지를 질문한다(retelling에 대한 retelling). 이런 과정을 통해서 가족들의 이야기는 점점 풍부해져 간다. 같은 사건이라도 개인에 따라서 다른 방식으로 이야기되고 어떻게 경험을 하느냐에 따라서 달라지게 되므로 풍요로운 이야기가 될 것이다(김유숙, 2011: 20).

> **반영팀**
>
> 반영팀(reflecting team)은 특정 문제에 대해 다양한 사람이 다양한 관점을 제공하여 새로운 생각을 촉진하도록 하기 위해 사용되는 것이다. 과거 치료자들이 클라이언트와의 상담장면을 일방경 뒤에서 보면서 클라이언트 및 가족에 대해 이야기하던 대화 내용을 공개한 것에서 출발하여 지금은 다양한 형태로 활용되고 있다(Gehart & Tuttle, 2008: 328). 일반적으로 반영팀은 3~5명이 한 팀을 이루어 사회복지사와 가족들이 면담하는 과정을 일방경 뒤에서 관찰한 뒤 회기 중간이나 종료 후 면담과정을 통해 느낀 생각이나 의견, 가족의 장점 및 가능성, 예외적인 점, 아이디어 등을 가족에게 제공한다. 이런 과정을 통해 가족은 자신들의 문제와 상황에 대해 새로운 의미를 갖고 가족문제에 대한 통찰의 기회를 갖게 된다. 단, 반영팀의 활용에 앞서 가족의 동의를 얻는 것이 필요하다.

⑤ 독특한 결과 대화: 독특한 결과를 조명하는 대화

독특한 결과를 찾아내기 위해서는 독특한 결과 대화를 행한다. 이 대화는 새로운 대안적 이야기의 줄거리를 찾고 확대하며 발전시키는 과정으로서, 독특한 결과에 해당하는 행동이 자신의 경험에 가깝도록 이름을 붙이고 정의하며 독특한 결과가 인생의 여러 영역에 미친 영향 혹은 잠재적 영향을 탐색한다. 그리고 그러한 영향에 대해 클라이언트가 어떤

		치료적 문서 목록, 편지, 증서
	외부증인집단	다시 말하기(2차) 다시 말하기(1차) 말하기
	회원재구성	내담자의 기여 탐색 대상의 기여 탐색 의미 있는 대상 설정
	스케폴딩	정체성 · 지향상태 탐색 행동 탐색
	입장진술	평가의 정당화 독특한 결과의 영향력 평가 독특한 결과의 영향력 탐색 독특한 결과의 외재화 독특한 결과의 경청
입장진술(I) 외재화		평가의 정당화 문제의 영향력 평가 문제의 영향력 탐색 문제의 외재화 문제이야기 경청

1단계	2단계	3단계	4단계
문제경청 문제해제	독특한 결과 해체	대안이야기 구축	대안정체성 구축

[그림 11-4] 이야기치료의 구성 및 단계

출처: 정문자 외(2012), p. 366.

평가를 하는지를 알아보고 그렇게 평가하는 근거가 무엇인지를 말하도록 한다. 이러한 질문을 통해 독특한 결과는 일회성 사건이나 타인에 의해 발생된 우연한 사건이 아니라 하나의 줄거리를 가진 단단하고 풍부한 이야기임을 확인하게 되고, 더 풍부한 이야기로 발전하게 된다(정혜정, 2012: 9).

⑥ 이야기의 풍부한 전개 및 새로운 이야기의 유포

클라이언트로 하여금 전체 이야기를 다시 쓰게 하고 새로운 이야기를 강화하며 재진술을 통해 이야기를 더욱 풍부하게 하는 것이다. 자기가 선호하는 이야기대로 구축한다면 그 사람의 이야기를 들을 청중이 있어야 한다. 청중이 있으면 청중은 대안적 지식을 구성·유포하는 하위문화를 형성하여 공유하면서 이야기가 전하는 가치, 신념, 아이디어에 따라 서로 구성된다. 이를 위해 청중을 초대하거나 녹음테이프, 편지, 문서, 기념식을 통해 이야기를 유포할 수 있다(김유숙, 2011: 21).

이 외에도 가족치료모델에는 여러 유형이 있다. 보다 자세한 내용은 박태영(2001: 20-57)이 제시한 〈표 11-5〉를 참조하기 바란다. 첫 번째부터 여섯 번째까지의 가족치료모델 유형이 전통적 사회과학 패러다임이 전제되어 발달된 것이라고 한다면, 일곱 번째 유형인 사회구성주의적 가족치료모델은 구성주의이론과 포스트모더니즘의 영향을 받아서 생겨난 것이라고 볼 수 있다. 즉, 후자의 모델은 지금까지 내려온 사회조직에 대한 보편적이고 규범적인 이해를 부정하고, 대화를 통해 의미와 사회체계가 창조되며 유지된다고 보는 가족치료모델이라고 할 수 있다.

표 11-5 가족치료모델의 비교

구분	정신역동적 가족치료모델	가족체계치료모델	의사소통 가족치료모델
일차적인 주제	• 과거에 해결되지 않은 갈등이 현재까지 계속해서 따라다님	• 원가족과의 정서적인 애착이 해결될 필요가 있음	• 역기능적인 의사소통 패턴은 가족규칙과 가능한 역기능에 대한 실마리를 제공
이론명 또는 파생된 모델	• 원가족 접근법 • 대상관계이론	• 가족체계이론 • 맥락적 가족치료이론	• 의사소통이론
주요 인물	• Framo • Fairbairn • Dicks	• Bowen • Boszormenyi-Nagy	• Bateson • Jackson • Weakland
주요 개념	• 가족 구성원의 자율성 • 부모에 대한 양가감정 • 부모상의 내면화 • 투사적인 동일시 • 투사적인 체계	• 자아 분화 대 융합 • 삼각관계 • 다세대 전수과정 • 가족출납부 • 윤리 • 가족유산	• 대칭적·상보적인 의사소통 패턴 • 역설

사회 복지사의 역할	• 중립적 • 각 가족 구성원이 환상을 투사하는 빈 화면	• 코치 • 직접적이지만 비직면적 • 가족융합으로부터 탈삼각관계를 시도함 • 가족이 관계적인 평등성을 발달시킬 수 있도록 도움	• 활동적 • 조작적인 문제에 초점을 맞춤
치료 목표	• 탈삼각화 • 투사의 제거 • 개별화	• 불안 감소 • 증상 제거와 증가된 개인의 자아분화가 가족체계의 변화를 일으킴 • 신뢰, 공평성 그리고 윤리적인 책임감을 회복시킴	• 증상 감소 • 현재의 문제해결

구분	경험주의적 가족치료모델	구조적 가족치료모델	전략적 가족치료모델	사회구성주의적 가족치료모델
일차적인 주제	• 자유선택, 자기결정, 자아의 성장 • 개인 성취를 얻는 과정에서 곤경을 극복함으로써 성숙	• 개인의 증상은 가족 교류 패턴의 맥락에 근원이 있으며, 증상이 제거되기 전에 가족의 재구조화가 발생되어야만 함	• 증상은 비자발적인 것이라고 주장하는 반면에, 관계를 통제하기 위한 전략을 나타냄. 역기능적인 가족은 파괴적인 '게임'에 사로잡히고 적합하지 않은 신념체계에 의하여 인도된다.	• 사람은 현실에 대한 자신의 견해를 주관적으로 구성하고 자신에 대한 '이야기'를 창조하기 위한 토대를 제공하는 데 언어를 사용
이론명 또는 파생 된 모델	• 상징적 경험주의 이론 • 경험주의적 가족치료	• 구조적 가족치료	• 전략적 가족치료 • 밀란 모델	• 해결중심 단기가족치료 • 이야기치료, 반영팀
주요 인물	• Whitaker • Satir	• Minuchin • Aponte	• Haley • Madanes • Prata	• White • Epston • Andersen

주요 개념	• 상징적인 요소들은 가족의 내적인 세계를 나타내며, 외부적인 현실에 주어진 의미를 결정함 • 자아존중감 • 분명한 의사소통	• 경계선 • 하위체계 • 동맹 • 밀착된 관계 • 경직된 관계	• 세력과 조정 • 관계규정 • 위계질서 • 역설과 반대역설 • 변하지 말라는 처방 • 순환적인 질문 • 이차 사이버네틱스	• 고정된 진실이 존재하지 않으며, 단지 현실에 대한 다양한 시각이 존재함 • 의미의 구조
사회 복지사의 역할	• 평등적 • 치료적인 만남을 통한 새로운 경험을 가족에게 제공하는 활동적인 촉진자	• 활동적 • 사회복지사가 역기능적인 세트를 변화시키기 위하여 가족구조를 조작함	• 사회복지사가 클라이언트의 문제를 해결하기 위하여 고안해 낸 전략에 대해 책임을 짐 • 중립적인 • 활동적인 치료적 파트너 • 가족의 신념체계를 위한 새로운 정보로서 가설을 세움 • 일방경 뒤 반영팀의 사용	• 협력적인 • 치료적인 대화에 관련됨 • 의미와 이해를 공동으로 구성하는 비전문가
치료 목표	• 함께하는 것과 건전한 분리에 대한 자발적인 느낌과 자율 • 자아존중감을 수립하는 것 • 가족의 고통을 경감시키고 개인적인 성장을 방해하는 것에 대한 극복	• 재구조화된 가족조직 • 역기능적인 교류 패턴에서의 변화 • 개인에게 있어서의 증상 감소	• 변화를 위해서 전략적이고 계획된 목표를 세움 • 가족생활 패턴에 주어지는 새로운 의미의 결과로서 가족에 의하여 선택된 체계 변화 • 파괴적인 가족 '게임'의 방해	• 과거 문제에 대해 새로운 의미를 부여하거나 혹은 새로운 구성을 함으로써 새로운 시각을 배우거나 창조함

출처: 박태영(2001), pp. 53-56에서 부분 발췌함.

Chapter 12

가족사회복지실천의 개입과정과 기술

각 모델마다 다소 차이는 있지만, 가족사회복지실천은 크게 준비단계, 초기단계, 사정단계, 개입단계, 종결단계의 일련의 과정으로 구성된다. 또한 각 단계마다 독특한 목표가 있으며, 사회복지사가 수행해야 할 과업 및 역할, 기술이 있으므로 이에 대한 이해가 필요하다.

- 가족사회복지실천의 개입과정을 이해한다.
- 가족사회복지실천기술을 알아본다.

1. 가족사회복지실천의 개입과정

1) 첫 상담 전 준비단계

한 가족이 표출하는 문제는 앞 장에서 제시한 바 있는 여러 가지 문제 중 하나일 수도 있고, 여러 문제가 복합적으로 작용하여 나타난 것일 수도 있다. 표면적으로 드러나 해결이 필요한 문제가 진정한 문제일 수도 있지만 그렇지 않을 수도 있다. 가족 구성원은 어려움을 극복하기 위해 일부 또는 전부가 나름대로 대처 노력을 해 왔으며 그 과정에서 가족 나름대로의 대처양식을 발달시켜 왔을 수 있다. 이러한 대처 노력이 실패했을 때, 대처양식이 효과적이지 못했을 때, 가족은 외부의 도움을 필요로 하는 것이다.

사회복지사의 가족에 대한 개입은 가족 구성원이나 가족과 관련된 외부 사람이 도움을 요청하면서부터 시작된다. 대개 전화나 방문을 통해 문의를 하게 되고 인테이크가 이루어진다. 만약 인테이크를 하는 사람과 본격적으로 가족에 개입하는 사회복지사가 동일한 사람이라면 준비 및 초기 단계가 보다 잘 이루어질 수 있다. 본격적인 가족개입이 이루어지기 위해 준비단계에서 사회복지사가 해야 할 주요한 과업을 살펴보면 다음과 같다.

첫째, 가족개입의 적절성 여부의 판단이다. 처음으로 도움을 요청한 사람으로부터 가족에게 어떤 어려움이 있는지, 왜 도움을 필요로 하는지, 어떤 도움을 받고자 하는지를 대략적으로 듣고 난 다음 그것이 가족개입을 통해 다루어야 할 적절한 것인지를 결정하는 것이 중요하다. 만약 호소문제로 인해 가족 전체가 심각한 영향을 받고 있을 뿐만 아니라 가족 구성원도 문제의 발생 및 유지에 중요한 영향을 미치는 경우 가족개입이 필요하다.

둘째, 해당 사회복지사나 소속기관에 적합한지 여부다. 도움을 요청한 문제가 소속기관에서 처리할 수 있는 적합한 문제인지, 또 사회복지사 자신이 효과적으로 잘 개입할 수 있는 지식, 기술, 경험 및 역량을 갖추고 있는지를 파악해서 계속 개입할 것인지 혹은 적합한 곳에 의뢰할 것인지를 결정한다. 약물중독, 알코올중독과 같은 생리적 문제와 다른 문제가 결합한 문제, 개인의 신체 또는 정신 질환과 관련된 문제, 가족폭력과 같은 복합적인 문제들은 보다 전문기관에 의뢰하는 것이 필요하다.

셋째, 첫 회기에 참여할 가족 초대 및 동기 강화다. 인테이크를 통해 첫 회기에 누가 참여할 것이며 언제, 어디서 만날 것인가를 결정한다. 일반적으로 매 회기에 가족 전체를 만나는 것은 아니며, 필요한 경우 개인 또는 가족 구성원 중 하위집단을 만날 수도 있다. 예를 들어, 경험적 가족치료에서는 가족 전체의 참여를 중요시하고, 보웬(Bowen)의 가족치료에서는 부부의 참여를 중요시한다. 따라서 사회복지사는 첫 면담에 누가 참여했으면 좋겠다는 의견을 제시하고, 또 실제 누가 참여 가능한지를 파악하고, 가족의 참여가 가족문제 해결에 매우 중요하다는 것을 설명해서 동기를 강화시켜야 한다. 만약 가족 전체가 참여하기 어렵거나 가족 저항이 많다고 한다면 기관에 도움을 요청한 사람이나 가족 구성원 내 동기가 많은 사람을 대상으로 먼저 개입하는 것도 한 방법일 수 있다. 가족과의 첫 면담은 가능한 한 인테이크를 한 지 2~3일 이내에 실시하는 것이 좋다. 왜냐하면 면담시간이 지연되면 동기가 약화될 수 있고 회피하는 등 저항이 생길 수도 있기 때문이다.

넷째, 상담 방법 및 절차의 안내 및 행정적 사항의 점검이다. 잠정적인 것이지만 상담 시간 및 횟수, 장소, 상담료 및 지불방식, 상담 예약 및 취소 방법 등을 설명한다. 이때 이전에 타 기관을 이용한 경험 유무 및 도움 정도 등을 알아보는 것도 필요하다. 또한 안정적으로 면담을 진행할 장소를 확보해야 한다. 가족에게 개입하는 사회복지사 이외의 슈퍼바이저나 반영팀이 함께 참여하는 경우에는 일방경이 설치된 장소가 좋다. 일방경의 사용이나 반영팀의 개입 전에는 반드시 가족에게 취지 및 비밀보장에 대한 안내를 하고 동의를 구해야 한다.

다섯째, 가족문제에 대한 임시 가설의 설정이다. 사회복지사는 준비단계에서 수집된 간략한 정보들을 토대로 임시적이지만 가족문제에 대한 가설을 세운다. 이때 사회복지사는 클라이언트의 주 호소문제, 지금까지 가족이 문제에 대처해 온 노력 및 성과, 이전까지 사례를 다루어 본 임상경험, 가족개입 관련 지식 및 기술, 직관 등을 토대로 현재 가족의 주요 문제, 원인, 개입방향 등을 대략 유추한다. 또한 첫 회기의 가족과의 면담에서 어떻게 접근할 것이며, 어떻게 면담을 이끌어 나갈 것인지, 어떤 질문을 할 것인지를 검토하는 것이 필요하다.

2) 초기단계

(1) 목표

초기단계는 사회복지사와 가족의 공식적인 만남이 이루어지는 시작단계다. 이때 사회복지사는 가족에 합류하여 신뢰로운 원조관계를 형성하며 가족의 참여동기를 고양시켜서 2차 면담이 이루어질 수 있도록 하는 것이 필요하다.

(2) 과제

첫째, 가족과의 라포 및 관계 형성이다. 먼저 가족에게 간단한 사회복지사의 소개 및 첫 면담이 이루어진 과정, 첫 면담의 목적 등을 간단히 설명한다. 특히 첫 면담과정에 대한 긴장과 불안감이 높을 수 있으므로 첫 회기의 면담과정도 간략히 안내하는 것이 필요하다.

예

"처음 뵙겠습니다. 저는 복지관에서 가족치료를 담당하고 있는 최일도 사회복지사입니다. 제가 가족치료를 시작한 지는 올해 9년째이며, 학회가 인정하는 가족치료사 자격을 갖고 있습니다. 가족이 시간을 내어 이렇게 함께한다는 것이 쉽지 않을 텐데, 오시는 데 어려움은 없었는지요? ……(중략)……

오늘 이렇게 가족을 한자리에서 뵙게 된 것은 어머니께서 막내딸의 등교거부 문제로 상담을 요청하셨기 때문입니다. 제가 이해하기로는 가족이 이 문제로 걱정이 많고 다들 어려운 시간을 보내고 있는 것 같아요. 오늘 모임에서 저는 이 일과 관련해 가족 내에서 일어나고 있는 경험과 생각들을 가족 모두에게서 들어 보고자 합니다. 약 40분 정도는 여러분 각자가 자신의 생각을 이야기해 주시면 좋겠고, 필요한 경우 제가 중간중간에 질문을 할 수도 있습니다. 또한 마지막 10분 정도는 여러분의 이야기를 듣고 난 저의 느낌과 생각들을 정리해서 말씀드리고, 몇 가지 제안도 드리고자 합니다."

둘째, 가족과의 합류(joining)다. 가족은 오랫동안 함께 살아오면서 자신들만의 독특한 역사 및 문화, 가치를 공유하며 다양한 방법으로 문제해결을 위해 노력해 왔다. 그러나 가족문제 해결을 위해 외부 사람이나 기관의 도움을 받아야 한다면 낯선 상황에 대한 불안과 더불어 자신들을 비난하거나 심판하지 않을까 하는 두려움에 평소보다 훨씬 더 방어적이기 쉽다.

짧은 시간 내의 효과적인 개입을 위해 사회복지사는 이런 가족의 정서 및 행동을 이해하면서 가족과 적절한 신뢰관계를 형성하고 가족과 합류하는 것이 필요하다. 효과적인 합류방법으로는 가족면담에서 편안하고 안전한 분위기를 조성하고 개별 가족 구성원 및 전체 가족을 있는 그대로 수용하고 존중하는 것이다. 그 밖에도 모임에 참여한 가족 구성원 모두와 조금씩 각자의 이야기를 하도록 초대하는 것, 가족이 주로 사용하는 말투나 제스처 등을 함께 사용하면서 물 흐르듯이 자연스럽게 대화에 참여하는 것 등이 포함된다. 이때 주의해야 할 점은 사회복지사가 가족으로 하여금 특정 가족 구성원을 편애하거나 편중된다는 느낌을 갖지 않도록 각각의 가족 구성원과 적절한 선을 유지하는 것이다.

셋째, 가족 간 상호작용의 관찰이다. 사회복지사는 첫 모임에서 행해진 가족 구성원 간의 상호작용 및 행동을 주의 깊게 관찰할 필요가 있다. 누가 이야기를 주도적으로 하는지, 누가 이야기를 하지 않는지, 누가 어떤 가족과 가까이 앉고 누가 떨어져 앉는지, 특정 가족 구성원이 이야기할 때 다른 구성원의 반응 및 지지 정도 등 언어적·비언어적 측면 모두를 주의 깊게 살펴볼 필요가 있다. 또한 모임에 참여한 가족 구성원 모두에게 각자 자신의 의견이나 생각을 이야기할 시간을 할애함으로써 가족 구성원이 공통으로 생각하는 문제 및 그 원인이 무엇이며 예외적인 시각은 무엇인지, 상담을 통해 도움 받고 싶은 점 등을 파악하는 것이 필요하다.

넷째, 가족 저항 다루기다. 첫 모임에 가족이 참석했다고 하더라도 가족은 다양한 방법으로 저항할 수 있다. 예를 들어, 면담에 늦게 오거나 결석하는 것, 할 이야기가 없다고 이야기하기를 거부하거나 계속적으로 침묵하는 것, 특정 가족 구성원의 문제일 뿐 가족상담은 필요없다고 하는 것, 가족끼리 이야기하는 것이 문제해결에 무슨 도움이 되겠느냐고 불신하는 것, 사회복지사의 능력이나 전문성을 의심하는 것 등이 해당된다. 사회복지사는 초기단계의 가족 저항에 대해 자신 및 가족의 기존 체계를 외부로부터 보호하고자 하는 심리적 대처기제로서 매우 자연스럽고 건강한 과정이라고 인식하는 것이 필요하다. 또한 가족에게도 이런 감정이 자연스러운 반응이라는 것을 알려 주고 서둘러 저항을 해결하려고 하기보다는 유연하며 융통성 있게 대처하는 것이 필요하다.

예

"아버님께서는 아들만 상담을 받으면 되지 왜 당신이 여기 와야 하는지 이해가 안 되고 시간 낭비라고 말씀하셨어요. 그렇다면 오늘 여기서 어떤 이야기를 나누면 아버님께서 당신이 여기에 온 것이 보람 있고 잘 왔다고 생각하실까요?"

"낯선 사람에게 속마음을 이야기한다는 것은 쉬운 일이 아닙니다. 조금 있다가 좀 편안해지고

> 이야기하고 싶을 때 다시 그 부분과 관련된 마음을 주셨으면 합니다. 그러면 다음은 첫째 딸의 이
> 야기를 들어 볼까요?"
>   "새로운 것을 시도하는 데 뭔가 장애가 있는 것 같아요. 그 부분에 대해서는 천천히 다음 시간
> 에 함께 이야기해 보죠."

다섯째, 참여동기 유지 및 희망 고취다. 가족과의 면담에서 가족문제 해결을 위해 특별한 시간을 할애한 점에 대해 칭찬하고 가족이 지금까지 한 노력을 인정하며 가족의 장점을 찾아 격려하고 용기를 북돋는 것이 필요하다. 또한 가족이 함께 가족문제에 대해 이야기하고 각자의 의견을 들어 보고 느끼는 시간을 통해 갑자기 가족문제가 마술처럼 다 해결될 수는 없지만 특정 부분과 관련해서는 도움이 될 수 있다는 희망을 갖게 하는 것이 필요하다. 특히 임신, 입학, 청소년기 자녀 등 가족 발달주기와 관련된 문제들은 보편적인 현상일 수 있다는 점, 가족의 위기가 오히려 성장의 기회가 될 수 있다는 점, 가족 구성원의 발달단계에 따라 적절하게 가족이 변화해야 한다는 점, 가족은 모빌과 같이 연결되어 있기 때문에 한 사람의 변화로 가족 전체의 변화가 이루어질 수 있다는 점 등을 알려 줌으로써 가족이 현재 당면한 문제에 대해 보다 현실적이고 긍정적으로 대처할 수 있도록 돕는 것이 필요하다.

예

> "힘든 상황에서도 이렇게 시간을 내주셔서 가족이 함께 이야기해 주셨는데, 여러분이 얼마나
> 서로를 위하고 사랑하는지를 확인할 수 있는 자리였습니다."
>   "제가 여러분의 이야기를 들으면서 느낀 점은 여러분이 가족을 사랑하는 방법에는 다소 차이가
> 있지만, 각자의 방식대로 열심히 살아가고 있으며 가족문제 해결을 위해 노력하고 계신다는 점입
> 니다."

여섯째, 다음 회기 예약 및 과제 부여하기다. 첫 면담에 참여한 느낌과 소감을 참여한 모든 가족 구성원에게 질문하고 서로 나눈다. 또한 다음 면담이 필요하다는 제의와 함께 다음 면담의 일시, 장소를 알려 주고 동의를 얻는다. 그리고 필요한 경우 다음 면담 시 해 올 과제를 부여한다. 과제는 가족으로 하여금 새로운 역할이나 상호작용 방식을 연습할 기회

를 주고 면담에서 느끼고 배운 것들을 일상생활에서도 적용할 수 있는 기회를 주기 때문에 유용하다. 사회복지사는 가족의 능력과 수준에 맞는 적절한 과제를 제시해야 하며 과제에 대한 세부 내용을 명확히 설명해서 가족이 잘 이해하도록 해야 한다.

또한 첫 회기 이후 가족의 욕구와 문제가 사회복지사가 다루기에 적절하지 못하거나 접수단계에서 발견하지 못한 중요한 문제가 발견될 경우 다른 기관에 의뢰할 수 있다. 이때 사회복지사는 의뢰한 기관의 서비스에 관한 정확한 정보를 제공하고 의뢰 이유를 가족에게 잘 설명할 필요가 있다.

초기단계에서의 검토사항

- 모임에 참여한 개별 가족 구성원 모두와 인사를 나누고 가족과의 상담목적을 간단히 설명한다.
- 가족 구성원 모두와 현재 여기에서의 감정과 느낌이 무엇인지를 함께 이야기하고, 왜 현 시점에서 상담에 참여하게 되었는지를 알아본다.
- 가족 구성원이 문제를 무엇이라고 정의하고 있는지, 어떤 도움을 받고자 기대하는지, 상담동기는 어떠한지를 검토한다.
- 가족 구성원을 존중하며 신뢰로운 협력관계를 맺는다.
- 문제해결을 위한 가족 구성원의 노력 및 가족의 강점을 칭찬하며 희망적인 분위기를 유지한다.
- 가족이 계속해서 가족상담에 참가할 수 있도록 동기를 고취시키고, 참석해야 할 또 다른 가족 구성원이 참석할 수 있도록 설명하고 격려한다.
- 상담 도중 가족의 욕구가 기관의 서비스와 맞지 않을 경우 적합한 기관에 의뢰한다.
- 향후 상담시간, 상담 예약방법, 상담료 지불, 참석 대상자 등에 대해 안내와 설명을 한다.

---

3) 사정단계

(1) 목표

가족사정은 이전 단계에서 수립된 기록을 토대로 가족이 당면한 어려움이 무엇인지를 파악하고 구체적인 개입전략을 수립 · 검토하는 활동이다. 그러나 최근 가족사정에서는 가족의 욕구와 문제를 파악하고 가족의 강점과 자원을 활용함으로써 가족의 목표를 달성하도록 지원하는 것을 강조하고 있다. 사정과 개입 과정은 별개의 분리된 것이 아니라 상호작용적이며 순환적이다. 또한 가족개입의 이론적 모형에 따라 가족사정 방법 및 차원은 조금씩 다르다. 여기에서는 가족사정의 차원을 가족이 제시하는 문제, 현재 가족 내부 구성원 간의 행동양상, 가족의 역사적 맥락, 가족과 주변 환경 간 상호작용의 네 가지 차원으로 살펴보고자 한다.

(2) 과제

① 자료수집

사정에서는 가족문제를 이해하고 분석 및 해결하는 데 필요한 자료를 모으는 과정이 매우 중요하다. 이러한 자료수집을 위해서는 가족의 진술 및 이야기, 가족의 비언어적 행동, 초기 면담지 자료, 관련 인물들(가족, 이웃, 친구, 다른 기관 등)의 면담을 통한 부수적 정보, 관찰 및 가정방문, 각종 신체 및 심리 검사결과와 기록(학교, 병원, 직장 관련 기록), 가족관계 관련 척도의 사용(가족적응력과 응집력 척도, 가족만족도 척도 등), 각종 사정 관련 도구 및 활동의 활용(생태도 및 가계도, 가족지도, 가족조각, 실연 등), 직접 가족과 대면한 사회복지사의 느낌과 직관 등이 포함된다.

② 가족이 제시하는 문제와 관련된 사정

가족과 함께 가족이 생각하는 문제는 무엇인지, 서로 일치하는 점은 무엇이고 일치하지 않는 점은 무엇인지, 문제의 원인을 무엇으로 보는지, 가족모임을 통해 기대하는 바가 무엇인지 등을 살펴보는 것이 필요하다. 이때 개별 가족 구성원의 생각은 각기 다를 수 있으므로 사회복지사는 모임에 참여한 가족 구성원이 각자 자신의 생각과 의견을 표현할 수 있도록 하는 것이 필요하다.

가족문제 사정에서 유용한 질문

• 당신이 생각하는 우리 가족의 문제나 어려움은 무엇입니까?

• 문제는 언제부터 시작되었으며 원인은 무엇이라고 생각하나요?

- 문제에 대해 당신 및 가족은 어떻게 생각하고 있으며 누가 가장 영향을 많이 받았나요?
- 언제 가장 문제가 심각하고, 언제 가장 문제가 덜 일어나죠?
- 문제해결을 위해 당신 및 가족은 어떤 노력을 해 왔나요? 어떤 시도가 효과적이었고 또 어떤 시도가 효과적이지 않았나요?
- 무엇이 바뀌면 가족이 지금보다 훨씬 나아질까요?

③ 현재 가족 내부 구성원 간의 행동양상과 관련된 사정

폭력 및 알코올 남용에 대한 탐색　사회복지사는 면담을 통해 면담 이전 또는 과정 중 가족 내에 폭력이나 학대 문제, 알코올 남용 문제 등이 있는지 주의 깊게 탐색해야 한다. 또한 그런 문제가 나타날 가능성이 있다고 판단되면 학대나 폭력 발생 시 여성긴급전화 1366을 통해 도움 요청방법과 대피방법을 알려 주어야 한다. 그리고 사회복지사 또는 기관 역시 클라이언트 폭력에 노출될 수 있으므로 안전장치와 대책을 마련해야 한다.

가족구조　건물과 마찬가지로 가족도 어떤 구조를 갖는다. 이것은 외부적으로 명확히 드러나는 것도 있고 묻혀 있는 것도 있기 때문에 가족구조에 대해 잘 이해하는 것은 가족을 이해하는 데 있어 중요하다. 가족체계는 어떻게 기능하고 있으며, 상위체계와 하위체계 간 경계, 하위체계 간 경계의 특성은 무엇인가? 삼각관계가 존재하는가? 가족의 누가 어떤 역할을 하는가?

가족의 권력구조　가족의 권력구조란 개별 가족 구성원이 서로에게 미치는 힘의 정도와 의사결정에 참여하는 정도 등을 포괄하는 의미다. 이러한 권력구조에 의해 가족체계 내에서 개인들의 행동범위가 결정되고 유지되기도 한다. 사회복지사는 가족 내 권력의 분배와 균형이 어떠한지, 누구에게 독점되어 있는지, 어떤 의사결정에 누가 더 큰 영향력을 행사하는지를 파악해야 한다. 또한 가족권력은 대부분 명확히 드러나지만 드러나지 않는 권력도 있다. 예를 들어, 가부장적인 성격이 강한 가정의 경우, 겉으로는 아버지가 상당한 권력을 가지고 있는 것처럼 보이지만 실제로는 어머니가 드러나지 않게 상당한 영향력을 행사할 수 있다. 또한 일부 아이는 건강문제, 식사 거부, 가출 등을 이유로 해서 가족 책임이나 규칙에서 제외되거나 특별한 권한을 가짐으로써 암묵적인 권력을 갖기도 한다.

가족권력 사정에서 유용한 질문

• 누가 먼저 이야기하고, 누가 제일 말을 많이 하는가?

• 누가 누구를 대신해서 이야기하거나 관여하는가?

• 누가 누구의 이야기에 비난하거나 지지하는가?

• 누가 가족을 통제하려고 하고 어떻게 통제하나?

• 가족의 중요한 일을 누가 결정하는가?

• 누가 누구의 눈치를 보고 있는가?

가족의 의사결정과정　　가족 내 의사결정과정은 가족 내 권력구조 및 규범과 관련이 깊고 원가족으로부터 학습되어 영향을 받는 경우가 많다. 역기능적 가족의 경우, 가족 구성원의 역할, 힘의 분배, 의사소통 방식, 의사결정 방식에 대한 기대가 서로 다르고 이를 어떻게 조율하고 합리적으로 처리해야 할지를 모른다. 따라서 서로의 입장을 듣고 여러 가지 대안을 비교 · 검토하며 재협상해서 합리적으로 의사결정하기보다는 상대방의 의견을 무시하거나 자신의 생각을 강요하거나 위협을 가함으로써 가족갈등이 더욱 심화되기 쉽다.

예

다음은 여름휴가 계획을 짜고 있는 부부의 사례다. 부인은 여름휴가를 바다에서 보내고 싶은 반면, 남편은 산에서 보내고 싶다. 이 예는 이처럼 서로 다른 의견을 가질 때 어떻게 역기능적으로 의사결정을 하는지를 보여 준다.

• 상대방에게 자신의 의견을 강요한다: "여름엔 바다보다 산이 최고야. 산에는 나무가 많아 시원하고 계곡도 있고. 산에서 밥해 먹으면 얼마나 맛있는데!"

• 상대의 선택을 비난한다: "바닷물은 오염되어 건강에 좋지 않아. 당신은 수영도 잘 못하면서 무슨 바닷가야? 또 당신 요즘 배도 많이 나왔는데 수영복은 좀 그렇지 않아? 체중 좀 조절하지? 그 배로 무슨 수영복이야?"

• 결정을 회피하고 미룬다: "그래, 그럼 천천히 생각해 보지 뭐."

> • 상대를 비난한다: "내가 바다에 가고 싶다고 하는데 산으로 가자는 당신은 참 이상해. 당신은 언제나 자기주장만 해. 나는 사람도 아냐? 내가 행복한 게 싫어? 당신은 나에게 조금도 관심이 없다고!"

가족 구성원의 정서 및 감정 표현 가족의 정서 및 감정은 가족과의 상호작용은 물론 가족 간의 친밀감 및 소속감에도 많은 영향을 미친다. 따라서 가족이 일상생활에서 느끼는 감정이나 정서를 서로 어느 정도 표현하고 나누는가 하는 것은 중요하게 검토되어야 할 부분이다.

일반적으로 가족 내에서 가족 구성원이 갖는 정서나 감정에 대해 어느 정도 표현을 허용하는지는 개별 가족 및 가족 구성원마다 다르다. 예를 들어, 어떤 사람은 자신의 내적 감정을 잘 지각하지 못하거나 밖으로 잘 표현하지 못하는 사람이 있다. 또 어떤 사람은 긍정적 감정은 잘 표현하지만 부정적 감정은 가족에게 잘 드러내지 않는 경우가 있고, 그 반대의 경우도 있다.

가족 구성원의 정서 및 감정 표현 사정에서 유용한 질문

- 가족 구성원은 언어적 · 비언어적 방법으로 어느 정도 자신의 감정 및 정서를 표현하는가?
- 누가 누구에게 감정을 표현하고, 누가 누구에게 표현하지 않는가?
- 가족 구성원은 가족 구성원 간 감정 표현에 대해 어떤 생각을 갖고 어느 정도 만족하는가?
- 가족 내 허용되지 않는 감정이나 잘 표현되지 않는 감정은 무엇인가?

의사소통 가족 내 의사소통을 파악하는 것은 가족 간 상호작용을 이해하는 것뿐 아니라 그 자체가 가족에게 고통을 주는 문제일 수 있으므로 중요하다. 사회복지사는 가족에 대한 사정에서 가족 구성원이 언어적 · 비언어적으로 일치된 의사소통을 하고 있는지, 누가 누구에게 주로 이야기하고 적절한 반응이 주어지는지, 의사소통이 잘 전달되고 있는지, 의사소통에서 제외된 사람은 없는지 등에 대해 파악하는 것이 필요하다.

다음과 같은 사티어(Satir)의 의사소통 검사지를 통해 의사소통 유형을 사정해 볼 수 있다.

사티어 의사소통 검사지

다음 문항을 읽고 현재 자신에게 적절하다고 생각되는 문항에 체크하세요.

1. 나는 상대방이 불편하게 보이면 비위를 맞추려고 노력한다. ( )
2. 나는 일이 잘못 되었을 때 자주 상대방의 탓으로 돌린다. ( )
3. 나는 무슨 일이든 조목조목 따지는 편이다. ( )
4. 나는 생각이 자주 바뀌고 동시에 여러 가지 행동을 하는 편이다. ( )
5. 나는 타인의 평가에 구애받지 않고 내 의견을 말한다. ( )

---

1. 나는 관계나 일이 잘못되었을 때 자주 내 탓으로 돌린다. ( )
2. 나는 다른 사람들의 의견을 무시하고 내 의견을 주장하는 편이다. ( )
3. 나는 이성적이고 차분하고 냉정하게 생각한다. ( )
4. 나는 다른 사람들로부터 정신이 없거나 산만하다는 소리를 듣는다. ( )
5. 나는 부정적인 감정도 솔직하게 표현한다. ( )

---

1. 나는 지나치게 남을 의식해서 나의 생각이나 감정을 표현하는 것을 두려워한다. ( )
2. 나는 내 의견이 받아들여지지 않으면 화가 나서 언성을 높인다. ( )
3. 나는 내 견해를 분명하게 표현하기 위해 객관적인 자료를 자주 인용한다. ( )
4. 나는 상황에 적절하지 못한 말이나 행동을 자주 하고 딴전을 피우는 편이다. ( )
5. 나는 다른 사람이 내게 부탁을 할 때 내가 원하지 않으면 거절한다. ( )

---

1. 나는 다른 사람들의 얼굴 표정, 감정, 말투에 신경을 많이 쓴다. ( )
2. 나는 타인의 결점이나 잘못을 잘 찾아내어 비판한다. ( )
3. 나는 실수하지 않으려고 애를 쓰는 편이다. ( )
4. 나는 곤란하거나 난처할 때는 농담이나 유머로 그 상황을 바꾸려 하는 편이다. ( )
5. 나는 나 자신에 대해 편안하게 느낀다. ( )

---

1. 나는 타인을 배려하고 잘 돌보아 주는 편이다. ( )
2. 나는 명령적이고 지시적인 말투로 상대가 공격받았다는 느낌을 줄 때가 있다. ( )
3. 나는 불편한 상황을 그대로 넘기지 못하고 시시비비를 따지는 편이다. ( )
4. 나는 불편한 상황에서는 안절부절못하거나 가만히 있지 못한다. ( )
5. 나는 모험하는 것을 두려워하지 않는다. ( )

---

1. 나는 다른 사람들이 나를 싫어할까 두려워서 위축되거나 불안을 느낄 때가 많다. ( )

2. 나는 사소한 일에도 잘 흥분하거나 화를 낸다. ( )

3. 나는 현명하고 침착하지만 냉정하다는 말을 자주 듣는다. ( )

4. 나는 한 주제에 집중하기보다는 화제를 자주 바꾼다. ( )

5. 나는 다양한 경험에 개방적이다. ( )

---

1. 나는 타인의 요청을 거절하지 못하는 편이다. ( )

2. 나는 자주 근육이 긴장되고 목이 뻣뻣하며 혈압이 오르는 것을 느끼곤 한다. ( )

3. 나는 나의 감정을 표현하는 것이 힘들고 혼자인 느낌이 들 때가 많다. ( )

4. 나는 분위기가 침체되거나 지루해지면 분위기를 바꾸려 한다. ( )

5. 나는 나만의 독특한 개성을 존중한다. ( )

---

1. 나는 나 자신이 가치가 없는 것 같아 우울하게 느껴질 때가 많다. ( )

2. 나는 타인으로부터 비판적이거나 융통성이 없다는 말을 듣기도 한다. ( )

3. 나는 목소리가 단조롭고 무표정하며 경직된 자세를 취하는 편이다. ( )

4. 나는 불안하면 호흡이 고르지 못하고 머리가 어지러운 경험을 하기도 한다. ( )

5. 나는 누가 나의 의견에 반대하여도 감정이 상하지 않는다. ( )

* 각 단락의 번호별 개수를 합하였을 때 가장 많은 문항이 자신의 의사소통 유형이 된다.

	1번 (회유형)	2번 (비난형)	3번 (초이성형)	4번 (산만형)	5번 (일치형)
문항수					

출처: 한국사티어변형체계치료연구소(2011b).

가족목표　　가족목표는 가족이 의미를 부여하며 지향하는 바로서 행동 규범이나 규칙과 관련되어 가족의 상호작용에 중요한 영향을 미친다. 그러나 가족목표는 가족 구성원이라면 누구나 알고 있는 명백한 것도 있지만 반대로 암시적이어서 분명치 않은 것도 있다. 사회복지사는 가족이 가장 중요하게 생각하는 가족목표가 무엇인지, 개별 가족 구성원은 가족목표에 대해 어떻게 생각하는지, 목표에 대해 가족은 얼마나 일치하는지, 가족 내 암시적인 목표는 무엇인지, 그것이 가족의 역기능과 어떻게 관계를 맺고 있는지를 파악해야 한다.

> **예**
>
> 부모가 맞벌이를 하는 샘물이네 가족목표 중 하나는 '각자 맡은 일을 충실히 하자'는 것이다. 집에서 큰딸이었던 샘물이네 엄마는 자신의 어머니가 아들만 귀하게 여기는 시어머니 밑에서 고생하면서 자신을 희생하며 억척같이 살아온 것에 대해 늘 가슴이 아프고 속상했다. 반면, 아버지와 큰오빠는 남자라는 이유로 가정의 일상적인 일에서 제외되고 그것이 자신에게 전가되는 것에 대해 화가 나 있었고, 자신은 절대 어머니같이 살지 않겠다고 다짐했다. 그 결과로 결혼 이후에도 맞벌이를 하면서 직장을 다녔고 집안일은 남편을 비롯해 모든 가족이 각자 나누어 분담하도록 해 왔다. 또 회사를 마치고 집에 왔을 때 집이 어질러져 있으면 단체로 벌을 주기도 하고 자신의 뒷자리는 스스로 정리해야 한다는 것을 늘 강조해 왔다. 어렸을 때부터 이런 가르침을 받은 샘물이는 자신의 일을 챙기고 정리정돈을 잘해 엄마에게 좋은 딸로 인정받고 싶었다. 그러나 동생과 방을 함께 쓰면서부터 동생이 자신의 책상을 흐트러 놓기도 하고 옷도 아무렇게나 벗어 던져 놓고 가는 등 짜증스러운 일이 많이 생겼고, 그 일로 엄마에게 동생과 함께 혼이 나기도 하고 엄마의 짜증스러운 잔소리를 듣기도 했다. 그럴 때마다 샘물이는 속상하고 억울했고, 급기야는 동생의 잘못을 부모님에게 일러바치기도 하고 대신 혼내 달라고 투정을 부리기도 했다. 그러면 동생은 동생대로 "언니 때문에 괴롭고 언니가 나를 미워한다."라며 아버지에게 조르르 달려가 울면서 하소연했고, 아버지는 급한 마음에 막내딸 대신에 방을 치우거나 큰딸 보고 참으라고 하면서 비위를 맞추기도 했다. 또한 엄마의 반응도 때때로 달랐다. 어떤 때는 "동생은 아직 어리니까 철이 없어서 그러니 네가 이해하고 좀 더 챙겨 줘라."라고 하기도 했고, 어떤 때는 "너희 둘이 싸우는 것 보면 짜증이 나서 집에 들어오고 싶지 않아."라고 화를 내기도 했다. 아버지는 두 딸과 부인의 갈등을 보면서 중간에서 자신이 어떻게 해야 할지 몰라 곤혹스러움을 느꼈으며, 엄마는 자녀들의 문제를 나 몰라라 하고 뒷짐 지고 있는 남편에 대해 화가 났다.

가족역할　　가족 구성원은 가족 내에서 다양한 역할을 수행하며 다른 가족 구성원으로부터 역할을 기대받기도 한다. 사회복지사는 가족 내 역할이 명확히 규정되어 있는지, 역할은 적절히 배분되었는지, 과중한 역할을 맡은 사람은 없는지, 각 가족 구성원은 자신이 맡은 역할에 대해 어느 정도 만족하는지를 파악해야 한다.

> ### 가족역할 사정에서 유용한 질문
>
> • 가족 중 누가 어떤 역할을 담당하고 있으며, 그 역할은 잘 수행되고 있는가?
> • 가족역할은 어떻게 결정되며 명확한가?
> • 가족 구성원 중 역할이 과다한 사람이 누구이며, 역할에 대한 스트레스와 부담은 어떠한가?
> • 개별 가족 구성원은 자신이 맡은 역할을 잘 알며 그것에 만족하는가?
> • 가족 구성원 중 희생양의 역할을 맡고 있는 사람은 누구인가?

가족 구성원의 의미체계 탐색   가족의 의미체계는 가족 구성원이 주변 사물에 대해 인식하고 평가하는 경향을 나타내는 것으로, 개인이 향후 경험하게 될 내·외부 상황을 어떻게 파악하고 해석하며 그 경험에 대해 어떻게 반응할 것인가를 미리 파악하는 데 도움이 되는 개념이다. 가족의 의미체계를 파악하기 위한 방법 중의 하나는 가족 구성원 간 상호작용과정에서 나타난 어떤 현상이나 사건에 대해 개인이 어떤 의미를 부여하는지 직접 질문을 하는 것이다. 또한 가족 구성원의 행동을 관찰하는 방법도 있다.

예

　시어머니와 함께 살고 있는 아내는 평소에는 시어머니의 잔소리를 잘 맞추고 살지만 스트레스가 폭발하는 날은 남편을 붙잡고 짜증이 난다며 하소연을 한다. 남편은 아내가 어머니의 이야기를 할 때마다 자신의 어린 시절 어머니가 했던 모습을 떠올리며 아내가 얼마나 힘들었을지 상상하면서 미안한 마음이 크다. 그러나 두 사람의 관계가 조금도 나아지지 않고 더 악화된다고 생각하니 아내가 좀 잘하면 되지 않나 하는 마음에 짜증도 나고 서운하기도 했고, 아내의 반복되는 이야기에 어떻게 대응해야 할지 당황스럽기도 했다. 이런 경우 남편은 아내의 이야기가 더 확대되기 전에 서둘러 해결책을 제시하고 다른 이야기로 화제를 돌렸다.

　그럴 때마다 아내는 자신의 이야기를 충분히 들어주지 않고 가볍게 충고한다는 생각에 남편이 자신을 전혀 이해하지 못하고 있으며, 급기야는 자신을 무시한다는 생각이 들어 서럽고 원통한 감정이 복받쳤고 결혼을 잘못한 건 아닌가 하는 회의감도 들었다. 아내가 원하는 것은 그냥 남편이 자신의 감정을 받아 주고 이야기를 끝까지 들어주는 것이었다.

　반면, 남편은 남편대로 아내의 계속되는 불평이 문제해결에 아무런 도움이 되지 않고, 오히려 감정만 더 상하게 한다고 생각해 서둘러 이야기를 차단했다. 또 아내를 위해 매번 좋은 해결책을 제안해 보지만 별 효과도 없어 두렵기도 했고, 무엇보다 아들만 보고 살아오신 어머니가 어떻게 살아오셨는지 다 알기에 결코 자신은 나쁜 아들이 될 수 없다고 생각했다.

가족의 장점   가족은 각기 고유의 장점을 갖는다. 어려운 문제에 당면한 가족은 문제에 휩싸여 있기 때문에 가족의 강점이나 긍정적인 면을 발견하지 못하거나 간과하기 쉽다. 그러나 가족에게서 없는 면을 새롭게 만들거나 수정하는 것보다는 가족이 가지고 있는 강점을 잘 활용하는 것이 더 효과적일 수 있다. 예를 들어, 가족이 문제에 대해 함께 대처하고자 하는 의지가 있는지, 고통을 분담하고자 하는지, 과거에 유사한 일들을 잘 처리한 적이 있는지, 가족 결속력이 있는지를 파악하는 것이 필요하다.

④ 가족의 역사적 맥락과 관련된 사정

가족이 표출하는 문제상황과 관련해서는 몇 세대에 걸쳐 발생한 가족의 관계양상, 구조양상, 기능양상 등을 전체적으로 파악해 볼 필요가 있다. 이를 위한 방법 중의 하나가 가계도(genograms) 작성 및 분석이다. 가계도는 가족 내 역동을 이해하거나 가족이 여러 세대에 걸쳐 발전시켜 온 가족 역할, 유형, 관계 등을 가족과 함께 비위협적이고 상호적인 방법으로 살펴보기 위한 도구다(엄명용, 노충래, 김용석, 2008: 376). 가계도에는 기본 가족 구성과 구조를 나타내는 상징들, 상호작용 유형, 가족 병력, 기타 가족에 관한 정보(종교, 직업, 의료문제) 등이 포함된다.

사회복지사와 가족은 여러 가지 질문을 통해 가계도를 다음의 네 가지 차원에서 분석한다. 첫째, 가족의 구성과 구조를 분석한다. 이혼, 재혼 등의 결혼상태와 성별, 출생순서, 자녀에 대한 부모의 기대와 태도, 종교, 직업, 범법 사실, 알코올의존, 거주지, 주요한 사건 등을 알 수 있다(엄명용 외, 2008: 376). 둘째, 가족의 생애주기를 분석한다. 예를 들어, 가족의 상실 직후에 자녀가 결혼을 했다면 해결되지 않은 애도문제가 있을 것이다. 셋째, 가정폭력, 알코올 남용, 자살 등 세대 간 부적응적 유형이 반복되고 있는지를 알 수 있다. 넷째, 가족관계 양상 및 속성이다. 세대 간 그리고 현재의 가족맥락에 존재하는 갈등, 긴장, 불안, 가족 내 삼각관계, 정서적 융합(emotional fusion) 등을 파악할 수 있다.

가계도는 가족면담 초기에 가족과 함께 작성하는 것이 좋다. 가족에게는 대략적인 가족 구성이 어떻게 되는지를 파악하기 위한 작업이라고 간단히 설명하고 진행하는 것이 좋다.

⑤ 가족과 주변 환경 간 상호작용과 관련된 사정

전체 가족체계와 환경은 어떠한 관계에 있으며 이들 간 상호작용은 어떠한지를 파악하는 것이 중요하다.

첫째, 가족경계의 속성 파악이다. 일반적으로 폐쇄된 경계를 갖고 있는 가족체계는 주변 환경과의 교류가 적어 외부 자원 및 정보의 접근에 배타적이며 유연성이 떨어진다. 반면, 개방된 경계를 갖고 있는 가족체계는 가족 주변의 다양한 환경 및 자원과 활발한 교류를 한다. 가족경계는 가족의 현재 당면 문제와도 관련될 뿐 아니라 향후 문제해결과도 관련이 깊다. 개방적 경계를 가진 가족은 외부의 도움에 더 적극적일 수 있는 데 반해, 폐쇄적 경계를 가진 가족은 그렇지 못할 가능성이 크기 때문에 차별화된 개입이 필요하다.

둘째, 생태도(ecomaps) 작성과 분석이다. 생태도는 가족과 환경체계들 간의 관계를 이해하기 위한 도구로서, 가족과 체계들 간의 자원교환, 에너지의 흐름, 스트레스와 관련된 자료, 중재되어야 할 갈등, 활성화되어야 할 자원 등을 시각적으로 나타낸다. 이러한 생태도는 가족을 위한 사정도구로 쓰이기도 하고 개입을 진행하는 과정이나 개입을 종결하는 과정에서 변화를 확인하기 위한 도구로 쓰이기도 한다.

사회복지사와 가족이 함께 작성한 생태도는 다음의 세 차원에서 분석될 수 있다. ① 생태학적 환경에서 가족을 전체적으로 이해한다. 가족이 이용할 수 있는 주요 자원들은 무엇인지, 전혀 없거나 있지만 부족한 자원들이나 지지는 무엇인지를 파악한다. ② 가족과 환경 간의 경계에 대해 이해한다. 에너지 혹은 투입과 산출의 흐름이 쌍방적인지 혹은 일방적인지를 파악한다. ③ 가족 내부에 대한 이해로서 가족 구성원이 외부 체계와 서로 다르게 연결되는지, 한두 명의 구성원이 환경으로부터 특히 단절되어 있는지를 파악한다.

셋째, 가족상황(family context)이다. 가족마다 처해 있는 상황은 각기 다를 수 있다. 예를 들어, 기초수급자 여부, 장애 여부, 주거상태, 교육 정도, 다문화가족, 한부모가족, 혼합가족, 조손가족 등 다양한 요인이 작용할 수 있다. 따라서 사회복지사는 가족의 인종, 문화, 계층, 관습 등에 대한 적절한 이해가 필요하며, 특히 이중관점을 갖는 것도 필요하다. 예를 들어, 동성애부부, 다문화가족, 청소년양육미혼모가족 등은 지역이나 직장, 거시사회 등 상위체계와 해당 가족이 갖는 가치나 생각, 태도들이 다를 수 있기 때문에 의식적으로 양쪽의 입장을 동시에 검토하고 이해하는 것이 필요하다.

넷째, 문화적 요인이다. 사회복지사는 가족사정에 있어 개별 가족이 갖는 가족문화를 중요하게 고려하고 존중해야 한다. 또한 상이한 문화뿐 아니라 유사한 문화적 배경을 가진 가족과 만나 이야기를 나눌 때도 사회복지사가 살아온 가족문화나 문화적 가정이 다를 수 있다는 것을 중요하게 고려해야 한다. 예를 들어, 자녀 양육은 당연히 어머니의 몫이라는 가정, 연상의 남자와 연하의 여자가 결혼해야 한다는 가정, 결혼은 영원히 행복하게 함께 사는 것이라는 가정 등은 일반적으로 사회복지사들이 저지르기 쉬운 편견이다. 따라서 사회복지사는 가족들 간에는 서로 다른 독특한 특성이 있고 차이점이 있다는 것을 존중하고 다른 가족들과 어떤 특성이 있는지, 어떤 문화를 배경으로 하고 있는지 주의 깊게 검토해야 하며, 다양한 문화를 가진 가족을 수용하고 이해하는 문화적 역량을 갖추는 것이 필요하다.

4) 계획단계

(1) 목표

이 과정은 클라이언트와 사회복지사가 원조과정에서의 의무와 과업, 구체적 실천활동을 상호 약속하는 것이다. 즉, 목표달성 전략, 사회복지사와 클라이언트의 역할, 개입방법, 평가방법 등을 기술한 내용에 대해 사회복지사와 클라이언트가 동의하는 것이다. 한마디로 이 단계에서는 상호 계약을 공식화하고 클라이언트가 실제로 무엇을 기대하고 기대받을 수 있는지를 명확하게 할 수 있다.

(2) 과제

사정 이후 계획단계에서 사회복지사가 다루어야 할 과제는 다음과 같다.

① 개입의 우선순위 결정

사회복지사는 가족이 호소한 문제 및 욕구, 사정 내용 등을 토대로 해서 개입해야 할 문제들의 우선순위를 정하는 것이 필요하다. 이를 위해서는 가족과 함께 가족치료의 제한된 시간 내에서 다루어야 할 중요한 문제들을 검토하고 그중에서 개입의 우선순위를 정한다. 이때 가족의 욕구, 문제의 심각성, 긴급성, 파급성 등을 고려해서 가족의 눈높이에 맞추어

가족과 협상하는 것이 필요하다.

② 이론적 틀에 입각한 문제의 개념화
가족에 대한 개입은 어떤 이론적 틀과 관점에서 보느냐에 따라 상이하게 접근할 수 있다. 사회복지사가 접수단계에서 설정한 임시적 가설은 초기단계 및 사정을 거치면서 계속적으로 수정될 수 있다. 사회복지사는 가족의 핵심적 문제가 의사소통의 문제인지, 가족구조의 문제인지, 원가족과의 미분화 문제인지, 정서적 경험의 문제인지 등을 파악하고 이론에 입각해 문제를 개념화할 필요가 있고, 어떤 모델로 접근할지를 결정해야 한다.

③ 개입 목적, 목표, 기간의 설정
사회복지사는 가족과 함께 가족치료 시간 동안 함께 다루고자 할 개입 목적, 목표, 방법 및 기간을 선택하는 것이 필요하다. 개입목적이 개입에서 지향해야 할 큰 방향이라고 한다면, 개입목표는 보다 구체적이고 측정 가능하고 현실적이어야 한다. 개입목표가 여러가지이거나 가족 구성원 간에 기대하는 바가 상이한 경우 가족과 함께 합의해서 우선순위를 정하는 것이 필요하다. 또한 가족면담의 시간, 횟수, 기간 등을 구체화해야 한다.

④ 외부 자원의 활용 여부
사회복지사는 가족상담 외에 다른 지원이나 개입이 필요한지를 검토해야 한다. 예를 들어, 부부상담을 하는 동안 자녀를 돌봐 줄 곳이 필요하다면 지역 내 적합한 자원과 연결하는 것이 필요하며, 보호관찰대상 청소년과 가족상담을 할 경우 보호관찰소와 함께 연계하는 것도 고려해 보아야 한다.

5) 개입단계

(1) 목표
개입단계는 사회복지사와 가족 구성원이 함께 합의하여 결정한 개입목표를 실제 실행하고 행동화하는 단계다. 이를 위해 사회복지사는, 첫째, 당초 합의한 목표 및 계획들이 차례로 실행될 수 있도록 하고 실행과정이 계획대로 잘되고 있는지 계속적인 모니터링을 해야 한다. 둘째, 사회복지사는 실행과정에서 당초 계획한 긍정적인 변화가 야기되고 유지될 수 있도록 하며, 필요한 경우 계획을 수정·변경할 수 있어야 한다.

(2) 과제

① 환경적 개입

가족이 주변 환경체계들과의 상호작용을 통해 필요한 자원과 지지를 확보하지 못하는 경우, 사회복지사는 가족의 사회환경을 변화시키기 위한 환경적 개입을 하게 된다. 이때 환경개입의 초점은 가족 내 존재하지 않는 자원과 지지를 개발하며, 더불어 존재하지만 작용하지 않거나 미약한 자원과 지지를 활성화하는 것이다. 가족옹호(family advocacy)는 공공 혹은 민간 기관들이 가족을 위한 기존의 서비스 혹은 서비스 전달을 향상하거나 새로운 혹은 변화된 형태의 서비스를 개발하도록 하는 것이다. 이것은 특정 가족에게 편의를 제공하는 차원이 아니라 가족의 정당한 권리를 요구함으로써 지역사회 조직이 변화를 가져오도록 하는 것이다.

② 세대 간/가족 내 변화를 위한 개입

효과적인 가족치료를 위해서는 가족이 겪고 있는 관계상의 갈등문제를 지적하고 그 문제를 치료과정에서 다루어야 한다. 가족 구성원이 곤경에 처하지 않도록 하기 위해서 가족은 어떻게 변해야 하는가? 만약 가족이 한 사람을 문제라고 지적한다면, 사회복지사는 단선적 인과관계의 관점을 변화시키기 위해 나머지 가족 구성원이 어떻게 얽혀 있는지 또는 영향을 받는지에 대해 물어본다.

가족 구성원의 참여 촉진하기 중간단계로 접어들면 사회복지사는 덜 적극적인 역할을 하고, 가족 구성원이 서로 직접 상호작용할 수 있도록 촉진하는 것이 중요하다. 특히 가족 구성원 간에 갈등이 많은 경우, 가족이 직접 서로를 보고 이야기하는 것이 쉽지 않고 사회복지사를 통해 간접적으로 이야기하는 경우가 많다. 이런 경우 가족의 실제 상호작용을 정확히 파악하기 어려울 뿐 아니라 사회복지사 앞에서만 잘 지내고 자신들이 직접 가족과 대화하는 방법을 배울 기회가 차단될 수 있다. 사회복지사는 안전한 분위기를 유지하면서 한발 물러나 가족의 상호작용을 촉진하고, 가족이 서로 고함지르거나 화내거나 상대를 비난하지 않고 자신의 현재 느낀 감정과 생각, 바람 등을 솔직하게 대화하도록 격려해야 한다. 만약 갈등 당사자 간의 대화가 원만하지 못하고 불안이 높으면 사회복지사와 가족 구성원이 번갈아 가면서 대화하도록 함으로써 불안의 수준을 조절할 수 있다. 이를 위해 사회복지사는 상대방을 위협하거나 비난하지 않고 수용하면서도 자신의 감정이나 생각을 솔직하게 표현할 수 있는 대화기술에 대해 교육하고 코칭할 수 있다. 또한 면담에 참여하지 않는 가족 구성원이 있다면 면담에 참여할 수 있도록 초대하고 격려하는 것도 필요하다.

개별 가족 구성원 및 외부 자원과의 연결 및 경계 짓기   전술한 바와 같이, 가족은 개별 가족 구성원 또는 외부 자원이나 환경과 지나치게 밀착되어 있는 경우도 있고 서로 소원해져 분리되어 있는 경우도 있다. 사회복지사는 이러한 가족 구성원 및 외부 자원과의 경계를 명확히 해 주는 것이 필요하다. 따라서 가족 구성원이 서로 소원해져 이방인처럼 살고 있다면 그들을 의도적으로 연결시켜 가족 간의 공통점과 일치감을 경험할 수 있도록 해서 가족 결속감을 갖게 하는 것이 필요하다. 반면, 가족과는 소원하지만 게임이나 외부 활동에 지나치게 몰입한다면, 외부와는 적당한 거리를 유지하게 하고 그러한 에너지를 가족으로 돌릴 수 있는 방법을 강구해야 한다. 또한 가족 구성원이 무언가를 시도하고자 하지만 가족 내 자원이 결여되어 있거나 빈약할 경우, 적절한 외부 자원을 끌어들여 가족이 지지를 받을 수 있도록 하는 것이 필요하다. 이를 위해 사회복지사는 기존의 가족관계 균형을 깨뜨리고 새로운 가족 재구조화를 시도할 수 있다.

작은 변화에 주목하고 새로운 방식 시도 및 강화하기   면담과정에서 야기되는 작은 변화에 주목하고 이러한 변화를 가족이 함께 공유하고 즐거움을 맛볼 수 있도록 하는 것이 필요하다. 오랫동안의 힘든 갈등으로 지친 가족에게 가족개입 후 일어나는 작은 변화는 희망이자 새로운 도약의 계기를 제공한다. 사회복지사는 가족에게서 일어나는 변화에 주목하고 확인시키며, 가족이 이전의 상호작용 방식에서 탈피하여 새로운 행동에 도전하도록 격려하고 그런 행동을 지속하도록 강화하는 것이 필요하다.

가족 신념 및 규범에 도전하기   가족은 그 구성원이 지켜야 할 독특한 신념과 규범을 갖고 있는데, 이것은 역기능적일 수도 있고 기능적일 수도 있다. 이런 신념과 규범은 가족 간의 상호작용에 중요한 영향을 미칠 뿐만 아니라 가족구조를 유지하는 데도 기여한다. 사회복지사는 역기능적인 신념 및 규범이 무엇인지를 탐색하고, 가족이 이런 신념 및 규범에 대해 어떻게 느끼고 생각하는지 함께 나누며, 그것이 어떻게 가족에게 부정적인 영향을 미치는지를 알게 하고, 새로운 대안을 찾도록 도전하는 것이 필요하다.

저항 다루기와 면담의 유지   처음에 잘 참여하던 가족도 개입 횟수가 늘어나고 상호작용이 활성화되면 가족 간에 숨겨진 갈등이 나타나거나 기존의 가족 간 균형이 깨지면서 가족의 갈등이 높아져 여러 가지 형태의 저항을 보일 수 있다. 사회복지사는 이것이 가족 내 변화가 일어나고 있다는 징후이며 일시적이면서도 자연스러운 현상이라는 것을 받아들이고 이해하는 것이 필요하다. 그러나 저항이 계속되고 개입에 진전이 없다고 판단된다면 스스로 문제의 정의나 개입의 목표를 재검토해 보고, 또 가족과 함께 현재 상담과정에서 가족이 느끼는 감정과 생각, 힘들고 어려운 점이 무엇인지를 서로 이야기하도록 하는 것이 필요하다. 이러한 과정을 통해 가족기능을 방해하는 장애물을 없애고, 가족에게 일어나는 일들을 설명 · 이해시키며, 참여를 격려하여 기능적 행동을 계속할 수 있도록 지지하는 것이 필요하다.

개입단계에서의 검토사항

- 가족 전체는 물론 개별 가족 구성원의 반응을 검토하고 가족 구성원 간의 상호작용을 촉진한다.
- 문제중심이 아닌 해결중심으로 대화를 이끌고 덜 지시적인 역할을 수행한다.
- 가족 구성원 간 경계선을 명확히 하고 하위체계 간의 관계를 재조정하며 재구조화한다.
- 가족 전체 및 개별 가족 구성원이 상담과정에서 어떤 반응을 보이는지, 어떤 변화가 일어나고 있는지에 주목하고 개별 가족 구성원의 생각과 느낌을 표현하게 한다.
- 사정 및 계획에서 정한 가족목표가 잘 수행되고 있고 상담이 잘 진행되고 있는지 수시로 점검하며, 만약 그렇지 못하다면 그 이유에 대해 가족과 다시 검토하고 개입에 변화를 시도한다. 특히 가족에 맞는 모델과 기법을 사용하고 있는지 점검한다.
- 안전한 분위기 속에서 갈등이 있는 가족 구성원이 자신들의 갈등이나 문제를 가족 내에 꺼내 놓을 수 있도록 하고, 서로 간의 입장을 이야기함으로써 보다 심층적 이해를 하도록 한다.
- 가족 내 긍정적인 변화가 있음을 가족 구성원이 인식하도록 하고 변화의 노력이 계속 유지되도록 한다.

- 가족 구성원이 저항을 보일 경우, 그 이유(낮은 동기, 상담에 대한 오해, 변화에 대한 두려움 등)가 무엇인지를 살펴보고, 그중 사회복지사의 요인이 있는지를 살펴보고 어떻게 저항을 다루어 나갈 것인지 검토한다.
- 외부 자원을 연결하거나 환경조정을 할 필요가 있는지, 가족에게 의사소통 기술이나 분노조절 등의 교육이나 코칭이 필요한지 검토한다.

6) 종결단계

(1) 목표

종결단계에서는 개입을 통한 가족 혹은 가족 구성원의 변화를 확인하고, 가족이 변화를 유지할 수 있도록 지원하며, 필요한 경우 추후면담을 계획한다. 가족 개입 이후 어떤 변화가 있었는지, 개입과정에서 가족 구성원은 각각 어떤 역할을 수행했는지, 유사한 문제가 다시 생긴다면 가족은 그것을 어떻게 다룰 것인지, 문제에 대한 가족의 생각은 어떻게 달라졌는지, 개입과정의 종결에 대해 가족 구성원은 어떻게 느끼는지, 다시 가족 개입이 필요하다고 느끼게 하는 요인들은 무엇인지 등을 파악한다.

치료를 종결시키는 지표

- 치료 초기에 설정한 목표가 달성되었을 경우
- 최초에 설정한 특정 목표는 충분히 달성되지 않았지만, 치료가 더 이상 필요하지 않다고 판단될 정도로 가족기능에 변화가 있는 경우
- 더 이상 외부로부터의 자원이 필요하지 않다고 판단되는 경우
- 사회복지사가 공정한 시도를 해 왔음에도 불구하고 치료의 효과가 없다는 것을 알았을 경우
- 가족이 치료에 대한 동기를 상실했거나 그것이 결여되었을 경우

출처: 김유숙(2002).

(2) 과제

첫째, 종결시기의 결정이다. 가족이 목표를 이루었다고 느끼고 사회복지사가 상담이 막바지에 이르렀다고 느낄 때 종결할 시기가 되었음을 알 수 있다.

둘째, 클라이언트와 사회복지사의 정서적 반응 다루기다. 먼저, 사회복지사는 종결에 대한 스스로의 감정을 다루어야 한다. 특히 종결과 관련된 부정적 감정(분노, 실망감, 실패감, 상실감, 슬픔, 불안, 양가감정, 아쉬움 등)을 가질 수 있다. 이런 감정으로 인해 종결에 대해 회의적이거나 종결을 차일피일 미루거나 혹은 종결을 서둘러 처리하기도 한다. 따라서 사회복지사는 자신의 종결에 대한 부정적 감정을 파악해 보고 그것이 전문적 관계에 주는 영향을 슈퍼비전이나 자기반영적 고찰을 통해 다루도록 노력해야 한다.

그다음, 클라이언트의 감정을 다룬다. 먼저, 클라이언트가 긍정적 감정을 파악하고 그것을 인정할 수 있도록 돕는다. 클라이언트가 도움을 요청할 수 있었던 용기와 더불어 클라이언트의 노력의 결과로 목표성취를 이룬 점, 사회복지실천 과정에 끝까지 참여함으로써 이러한 결과가 가능했던 점, 목표성취로 인한 자신감 및 문제해결 능력의 향상 등과 같은 긍정적인 면을 지지해 줄 필요가 있다. 그리고 클라이언트가 문제해결을 위해 애쓴 자기 자신에 대해 감사할 수 있도록 도울 필요가 있는데, 이는 곧 클라이언트 스스로에게 임파워먼트를 하는 것이기도 하다.

> **연습**
>
> 클라이언트가 지난 6개월 동안 부부문제를 해결하기 위해 지속적인 상담을 받아 긍정적인 결과를 경험하였고, 이제 종결단계에 이르렀다고 하자. 지난 6개월 동안 지속적으로 상담에 응한 클라이언트의 노력과 결과에 대해 사회복지사는 어떤 지지적인 말을 제공할 수 있을 것인지 그 목록을 만들어 보자.
>
> (예: 짓궂은 날씨에도 면담시간을 지키기 위해 기관을 찾아온 점, 면담시간에 늦지 않고 온 점, 자신의 부부문제를 솔직하게 상의한 점, 6개월 동안 사회복지사와 긴밀하게 협의하면서 자신의 문제해결을 위해 고민한 점 등)

다음으로 클라이언트의 부정적 감정을 다룬다. 종종 종결단계에서 클라이언트는 이전 문제가 다시 나타났다고 보고하거나, 새로운 문제를 가지고 오거나, 해결해야 할 문제가 아직 많이 남아 있다고 하거나, 사회복지사 없이는 자신의 생활을 유지하기 어렵다고 하는 경우가 있다. 이러한 반응은 클라이언트가 사회복지사에게 갖는 의존심을 표현하는 것이기도 하지만, 종결 후 발생할 수 있는 불확실한 미래에 대한 두려움, 자신이 성취한 문제해결 능력이나 기술을 활용하는 데 따른 불안감 등이 혼재되어 있기도 하다.

사회복지사는 클라이언트가 종결과 관련된 자신의 부정적 감정을 적절히 표현할 수 있도록 도울 필요가 있다. 즉, 그러한 감정이 자연스러운 것임을 인식할 수 있도록 돕고, 그러한 부정적 감정으로 어떤 것이 있는지 파악하고 그것을 언어적으로 표현할 수 있도록 돕는다.

셋째, 평가다. 원조과정의 결과를 평가하고 개입의 효과성과 효율성을 측정한다. 클라이언트에게 무엇이 도움이 되었고, 어떤 것들이 달리 진행되었어야 했는지를 말해 준다.

넷째, 개입을 통해 획득한 효과의 유지 및 강화다. 개입과정에서 클라이언트가 달성한 것은 종결과정을 통해 강화되어야 한다. 또한 클라이언트로 하여금 현재 당면한 문제뿐만 아니라 미래 자신의 문제에 대해 자신감을 가질 수 있도록 한다. 더 나아가 획득된 성과를 유지하고 일반화하며, 클라이언트가 계속 발전할 수 있도록 계획해야 한다.

다섯째, 의뢰다. 목표가 달성되지 않았거나 혹은 달성되었더라도 클라이언트에게 새로운 서비스가 필요한 경우 의뢰한다.

종결단계에서의 검토사항

- 당초 가족과 함께 다루고자 한 목표가 어느 정도 달성되었는지 가족과 함께 검토한다.
- 계획한 목표 이외에 어떤 긍정적 변화가 있었는지 살펴본다.
- 가족 전체 및 개별 가족 구성원, 사회복지사는 지금까지 함께한 과정에 대해 어느 정도 만족감을 느끼며 종결에 대해 어떤 생각과 느낌을 갖는지 파악한다.
- 어떤 기법이 효과적이었고 또 효과적이지 않는지 검토한다.
- 개입과정에서 보인 가족의 긍정적 변화와 노력을 칭찬하고 그것이 계속 유지될 수 있도록 격려한다.
- 종결 이후에 대한 가족의 생각을 살펴보고 필요한 경우 추후지도, 타 기관 의뢰 등을 검토한다.

2. 가족사회복지실천기술

1) 빈 의자 기법

빈 의자(empty chair) 기법은 게슈탈트 치료에서 도입된 것으로, 클라이언트가 자신 또는 타인에 대한 감정을 이해하도록 돕기 위해 활용된다. 이것은 클라이언트가 다른 각도에서 갈등을 보고 자신이 특정한 방식으로 행동하고 느끼는 이유를 통찰할 수 있도록 돕는다.

예

사회복지사는 먼저 빈 의자를 클라이언트 앞에 둔다. 그리고 클라이언트에게 빈 의자에 갈등관계에 있는 사람 또는 상황이 있다고 간주하고 의자를 보고 자신이 하고 싶은 이야기를 하게 한다. 그다음 그 의자에 앉아서 방금 언급한 말에 반응하게 한다.

2) 치료 삼각관계

보웬은 사회복지사가 부모나 부부에게 합류할 때 치료적 삼각관계가 형성된다고 보았다. 사회복지사는 중립적이고 객관적인 자세를 유지하며 부부 상호작용의 부정적인 면과 긍정적인 면 양쪽을 볼 수 있는 지점이 되어야 한다. 다음의 예에서처럼 아들과 삼각관계에 있는 부모의 상담에서 사회복지사는 의도적으로 부모를 불안하게 만드는 아들의 행동에 초점을 맞추면서 부모의 불안을 드러나게 하고, 이를 통해 부부가 가지고 있던 오래된 삼각관계의 형태를 파악할 수 있게 돕는다(김용태, 2000).

예

아버지와 어머니 그리고 아들이 삼각관계를 이루고 있을 때, 아버지와 어머니는 아들이 말을 하지 않을 때마다 불안하여 아들을 재촉하면서 말을 하도록 한다. 이런 경우 사회복지사는 부모가 관심의 초점을 아들에게 돌리지 않고 자신들에게 돌릴 수 있도록 함으로써 새로운 상호작용을 보여 준다.

(아들이 말을 하지 않아 어머니, 아버지가 불안을 느끼는 경우)

사회복지사: 아버님, 어머님, 지금 이 순간 어떤 느낌이 드시는지 말씀해 주시겠어요?

어 머 니: 글쎄요. 아들이 빨리 말을 해야 하는데……

사회복지사: 아들이 말을 하지 않고 있을 때 어떤 느낌이 드나요?

어 머 니: 뭐라고 해야 하나. 뭔지 모르게 빨리 이야기해야 할 것 같고, 불안하기도 하고…… 남편이 화를 낼 것 같기도 하고.

사회복지사: 아버님은 어떠세요?

아 버 지: 저도 마찬가지로 조금 불안하네요, 조용히 있으니……

사회복지사: 이런 불안을 이전에도 느낀 적이 있나요? 두 사람이 있을 때 불안이 느껴지면 두 분은 어떻게 하세요?

3) 교육

사회복지사는 가족에게 필요한 지식이나 기술을 교육시킬 수 있다. 예를 들어, 사티어의 의사소통 유형에 대해서 설명하고 일치형의 의사소통에 대해 교육할 수 있다. 또한 다음의 사례처럼 가족의 분화수준을 높이기 위해서는 가족에게 지적 능력을 사용하는 방법을 교육할 수 있다. 이런 교육은 비디오, 실연 등을 통해 할 수도 있고, 가계도를 검토하면서 할 수도 있다.

예

역기능적 의사소통 문제로 가족상담을 받은 가족이 개입 중간에 사티어의 의사소통 교육을 함께 받았다. 어릴 때부터 아버지를 두렵게 생각하고 아버지 눈치만 살피는 아들에게 아버지가 주말에 가족이 함께 무엇을 했으면 좋겠는지 이야기하라고 한다. 음악을 좋아하는 아들은 콘서트에 가자고 하고 싶지만 그렇게 말하면 아버지가 싫어할 것이라고 미리 짐작하고 그냥 집에 있고 싶다고 말한다. 아들의 얼굴은 일그러져 있고, 눈은 TV를 향해 있으며, 행동은 굳어 있다. 이럴 경우 어머니는 아들에게 용기를 내어 일치형의 의사소통을 하라고 조언해 줄 수 있다. 아버지도 어머니의 이야기를 이해하고 아들에게 일치형의 의사소통을 해 보라고 격려할 수 있다.

4) 코칭

사회복지사는 운동에서의 코치와 마찬가지로 가족과 더불어 어떤 과업을 계획하고 예상하며 연습과정을 함께 도움으로써 그들이 자율적으로 변화하도록 도울 수 있다. 이때 사회복지사는 주로 클라이언트에게 반응하기보다는 문제를 생각해 보도록 질문하고, 문제가 있는 관계 속에서 자신의 역할을 어떻게 변화시킬 것인지를 질문한다.

예

부인에게 남편이 몹시 화를 내는 경우 어떤 행동을 할 수 있는지 함께 계획을 세운다. 그리고 계획에 따라서 생길 수 있는 예상되는 행동과 반응을 점검한다.

① 남편이 화를 낼 때 부인이 가만히 있기로 계획을 수립한 경우

남편이 화를 낼 때 부인의 마음속에 어떤 감정이 생기는지 또는 그러한 감정에 대해서 어떤 느낌이 드는지를 생각하게 한다. 또한 부인이 가만히 있을 경우 남편의 행동이 어떨 것인지에 대해서 예상해 본다. 예상을 하고 나면 사회복지사는 가족 구성원과 미리 치료장면에서 연습을 한다.

② 부인이 가만히 있는데도 남편이 화를 낼 것으로 예상되는 경우

남편이 화를 낸다면 부인의 마음속에 어떤 반응들이 생기는지를 생각해 보게 한다. 만일 부인이 감정반사 행동을 하게 된다면, 사회복지사는 부인으로 하여금 자신에게 초점을 맞추는 행동을 하도록 돕는 방법을 사용한다. 이러한 연습을 충분히 한 상태에서 사회복지사는 부인으로 하여금 실제로 행동을 하도록 돕는다.

5) 추적하기

추적하기(tracking)는 사회복지사가 가족이 기존에 가졌던 체계에 순응하는 것으로, 가족이 지금까지 해 온 의사소통 방법과 행동을 존중하여 가족의 기존 교류의 흐름을 거스르지 않고 뒤따라가는 것이다. 즉, 이것은 가족이 어떻게 행동하는지, 어떤 방식으로 이야기하는지를 주의 깊게 관찰하고 그 과정을 따라가면서 정보를 수집하는 활동이다. 이때 사

회복지사는 가족이 말하고 행동하는 과정에 참여하면서 가족을 지지하고 격려함으로써 소극적이던 다른 가족 구성원의 참여를 유도·지지하고 가족의 상호작용을 촉진한다. 사회복지사 입장에서 이해할 수 없는 동작이나 몸짓을 가족 구성원이 할 때는 그들로 하여금 그것을 언어로 표현하도록 요청함으로써 상호작용의 내용이 분명하게 드러나도록 한다. 이 과정에서 사회복지사는 "그렇군요." "그래서요?" "이에 대해 다른 분들은 어떻게 생각하십니까?"라고 언급할 수 있다(김유숙, 2002: 175-176).

예

추적하기 기술에서 주로 파악해야 할 내용은 '가족 상호작용 속에서 누가 주로 이야기하는 편인가?' '누가 주로 듣는 편인가?' '누군가가 이야기를 할 때 주로 딴전을 피우는 사람은 누구인가?' '이야기를 주도하는 사람은 누구인가?' '이야기에 주로 참여하지 않은 사람은 누구인가?' '한 가족 구성원이 말을 했을 때 나머지 가족 구성원의 반응은 어떤가?' 등이다.

6) 실연

실연(enactment)은 가족이 경험하고 있는 문제를 사회복지사가 보다 정확히 이해하기 위해 가족으로 하여금 문제상황을 사회복지사 앞에서 실제 행동으로 연기해 보도록 요구하는 것이다. 실연이 상담에서 가족으로 하여금 어떤 패턴을 실제 행동으로 나타내 보이도록 하는 것인 데 반해, 역할놀이는 실제적 또는 가상적 상황에서 가족 구성원이 역할을 맡아 해 보게 하는 것이다.

실연을 통해서 뭘 관찰하지?

가족이 실제 어떻게 상호작용하는지를 파악하는 것은 매우 중요한 일이다. 그러나 낯선 사람 앞에서 집에서 하듯이 상호작용하기란 쉽지 않고 좋은 인상을 주고자 하는 등 방어적이거나 저항이 일어날 수 있기 때문에 실제를 파악한다는 것은 쉽지 않다. 또한 종종 가족은 가족 간에 일어났던 상호작용을 말로 설명하려고 하지만 말로 표현되는 것과 실제는 다를 수 있다. 따라서 사회복지사는 가족과의 대화 중 자연스럽게 가족 상호작용을 실연으로 이끌 수 있도록 한다. 예를 들어, 아내에게 미안하다고 했는데도 잘 받아 주지 않아 속상하다고 남편이 말한다면 사회복지사는 남편에게 "여기서 직접 부인에게 말씀해 보시겠습니까?"라고 할 수 있다.

실연이 행해지는 동안 사회복지사는 가족 간의 경계, 의사소통 유형 및 방식, 권력구조, 신념 등 많은 부분을 발견할 수 있다. 어머니는 격렬하게 울고 있는데 아버지나 자녀들은 냉담하게 앉아 있거나 아무런 반응도 보이지 않는 유리된 가족, 자녀에게 이야기할 기회를 주지 않고 대신 이야기하고 참견하는 밀착된 가족에게는 지금 어떤 느낌이나 감정을 갖고 있는지 질문함으로써 서로의 감정이나 생각에 대해 알 수 있게 한다.

실연의 실시방법은 다음과 같다. 첫째, 가족의 상호작용 가운데 역기능을 찾는다. 둘째, 역기능적 상호작용을 어떻게 실연시킬지 구상한다. 셋째, 역기능적 상호작용을 대체할 수 있는 대안을 제시한다(강문희 외, 2008: 83-84). 이러한 실연을 통해서 얻어지는 치료효과는 다음과 같다. 첫째, 사회복지사의 요청으로 가족이 연기하는 과정에서 하나의 팀이 되기 때문에 가족 간에 치료적인 동맹을 갖게 된다. 둘째, 개인에 대한 가족의 문제의식은 실연을 통해 도전받게 되고, 문제의 초점이 개인에게 있는 것이 아니라 가족 전체 체계의 역기능에 있음을 알게 된다. 셋째, 가족은 안전한 곳에서 새로운 상호작용을 시도해 볼 수 있는 기회를 갖게 된다. 넷째, 사회복지사는 가족끼리 상호작용하도록 지시함으로써 가족의 삼각관계에 끼어들 여지를 피할 수 있다(강문희 외, 2008: 83-84에서 재인용).

7) 경계선 만들기

경계선 만들기(boundary making)는 가족 간의 경계가 모호하거나 밀착되어 있는 경우 적절한 경계를 만들도록 돕는 기술이다. 예를 들어, 딸이 엄마가 하는 일에 시시콜콜 간섭을 하거나 아들과 어머니가 너무 밀착되어 부부관계가 소원한 경우 등이다. 이럴 경우 사회복지사는 다음과 같은 다양한 방법으로 가족 구성원 간의 경계선 만들기를 행할 수 있다. 첫째, 명확한 규칙 정하기다. 가족 상호작용에 대한 명확한 규칙을 제시하고 지키는 연습을 통해 가족 간 경계선을 의도적으로 확립할 수 있다. 예를 들어, "지금부터 이야기를 할 때는 한 사람의 이야기가 다 끝난 경우에만 다른 사람이 그에 대해 이야기할 수 있도록 하겠습니다. 상대방의 이야기 도중 가로막거나 끼어들지 않도록 하겠습니다."라고 말한다.

둘째, 좌석배치의 조정이다. 가족은 자신과 편하고 안전한 사람과 옆에 앉게 되고 주로 옆 사람과 상호작용을 하게 된다. 이럴 경우 사회복지사는 의도적으로 자리를 바꾸도록 해서 상호작용을 분리할 필요가 있다. 예를 들어, "오늘부터는 지금까지 한 번도 옆에 앉지 않았던 가족과 함께 앉도록 하겠습니다. 아버님, 저번 시간에 누구랑 앉으셨나요? 오늘은 누구랑 앉고 싶으세요?"라고 말한다.

셋째, 발언권 부여다. 가족이 서로 자신의 감정에만 몰두하여 다른 사람의 이야기를 듣지 않고 서로 감정적으로 이야기를 하는 경우, 사회복지사는 다음과 같은 제안을 할 수 있다. "여러 사람이 한꺼번에 이야기하시니 중요한 이야기들을 잘 들을 수 없네요. 이제부터는 노란 깃발을 드신 분에게 발언권을 드리도록 하겠습니다. 여러분은 노란 깃발을 드신 경우에만 발언할 수 있습니다. 말씀을 다 하신 분은 답변을 듣고자 하는 사람에게 노란 깃발을 줄 수 있습니다."

8) 균형깨기

균형깨기는 하위체계 구성원 간의 위계질서 및 상호작용을 변화시키는 것을 말한다. 이것은 가족이 지금까지 가족문제와 관련해 가졌던 경직된 생각에서 탈피하여 보다 관심을 확장하기 위한 것이다. 즉, 기존 가족이 유지해 오던 균형을 깨뜨림으로써 색다른 시각에서 가족문제를 재조명할 수 있게 한다(Gehart & Tuttle, 2008: 50-51). 또한 이는 가족 내 반복되어 오던 역기능적 패턴을 차단함으로써 악순환의 고리를 끊는 데도 유용하다. 예를 들어, 지금까지 가족문제의 원인을 지나치게 특정 개인의 탓으로 돌렸다거나 가족 내 역기능 때문에 특정 가족 구성원의 부적응이 심화되었다는 것을 인식하게 한다. 이를 위해 사회복지사는 일시적으로 가족 내 가장 힘이 약한 사람이나 하위체계와 의도적으로 동맹하여 힘을 보태기도 하고, 힘이 센 가족 구성원에게는 의도적으로 발언할 기회를 제한하기도 한다. 이와 같이 기존의 가족 규칙과 상호작용 패턴을 변화시킴으로써 재구조화의 가능성을 갖게 하고 새로운 희망을 제시할 수 있다.

- 특정 가족 구성원이 서로 지나치게 밀착된 경우에는 의도적으로 이들 관계를 분리해 다른 사람과 교류하도록 함으로써 하위체계 간 경계선을 명확히 하고 가족 구성원 간의 독립성을 촉진한다.
- 특정 가족 구성원이 서로 지나치게 유리되어 있는 경우에는 상담 중이나 과제제시를 통해 의도적으로 함께 상호작용할 기회를 더 많이 갖도록 함으로써 교류를 촉진시킨다.
- 자녀에 대한 관심은 많지만 각기 서로 다른 방식으로 집중하면서 혼란을 경험하고 갈등에 있는 부부에게는 부부연합을 강화하기 위해 매일 30분씩 자녀 없이 두 사람이 함께 산책하면서 자녀지도 방법에 대해 대화하도록 할 수 있다.

9) 가족신념에 도전하기

가족 구성원이 현실을 바라보는 관점을 바꾸면 가족 간에 서로 관계 맺는 방식 역시 바꿀 수 있다. 이 기법은 가족을 재구조화하기 위한 수단으로 사용하지만 반드시 저항을 최소화하는 방향으로 이루어져야 한다. 구체적인 방법으로는 칭찬을 하고 난 다음 도전받아야 할 생각이나 행동에 대한 다른 관점을 제공하는 것이다.

예

자녀가 제대로 하는 것이 없고 의존적이라고 믿는 어머니와 상담하는 경우, 아이에게 답변할 기회를 주지 않고 서둘러 자신이 이것저것 말하는 어머니에게 "예, 어머니 말씀이 도움이 많이 되네요."라고 말한 후, 아이에게는 "어머니가 너의 대변인 역할을 하시는구나. 지금은 대변인이 아닌 주인공이 이야기할 시간인데 말이야."라고 말한다. 즉, 어머니는 도움도 되지만 방해도 될 수 있다는 것을 전달한다.

예

청소년에게 미숙하게 행동하고 있다는 것을 말해 주는 것은 변화를 이끌어 내는 좋은 방법이 될 수 있다. "몇 살이니?" "열다섯 살이에요." "그래? 난 더 어릴 거라고 생각했는데. 보통 초등학생들이 자기 뜻대로 안 되면 학교 안 가겠다고 떼를 쓰지 않니?"

10) 빙산치료

치료는 경험의 다양한 수준에서 이루어지게 된다. 이를 개인의 빙산에 비유해 보면, 수면 위에 보이는 것이 사람의 행동이고 수면 밑에 있는 것이 사람의 감정, 기대, 지각, 열망이다. 개인의 내적 과정을 이끌어 내는 은유적인 방법으로 사티어는 빙산기법을 활용하였다. 빙산을 살펴보는 과정은 다음과 같다(김영애, 2011).

① 행동에 대한 탐색: 지금까지 클라이언트가 해 온 행동이나 지금의 행동에 대해 알아본다.
② 감정에 대한 탐색: 무력감, 무가치감, 죄책감, 우울, 예민함, 두려움, 아픔, 분노, 격정 등의 부정적인 감정을 표면화한다. 더불어 이들 감정에 대해 클라이언트가 갖는 감정이 무엇인지 파악한다.
③ 지각에 대한 탐색: 자신이나 타인에 대한 무가치감, 거부감, 배신감 등 충분히 잘하고 있다는 느낌의 부재나 완벽해야만 될 것 같은 느낌 등을 표면화하여 변형시킨다.
④ 기대에 대한 탐색: 클라이언트의 채워지지 않은 기대, 수용되고 인정받고 존중받고 소속되고 싶어 했던 기대에 대해 경청하는 자세로 탐색한다.

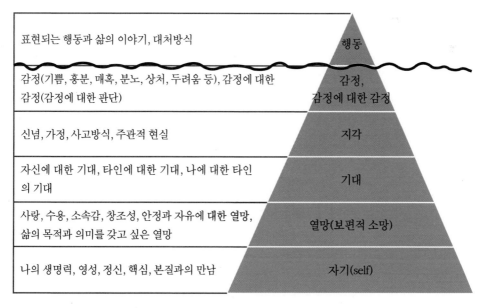

[그림 12-1] 빙산에 비유한 인간의 심리내적 경험

⑤ 열망에 대한 탐색: 기대에 대한 탐색과 비슷하다.

⑥ 자기에 대한 탐색: 마음의 평화, 높은 책임감, 자아존중감과 삶의 의미를 찾게 하고 본연의 자신과 더불어 다른 사람들과의 조화와 연결성을 갖도록 한다.

빙산탐색의 예

① 상황

집에 들어오니 중학생 딸의 방은 마치 도둑이 막 다녀간 것같이 정신없고 산만하다. 딸은 방에 앉아 채팅에 흠뻑 빠져 있었다. 그 모습을 보자 나도 모르게 그만 버럭 소리를 질렀다.

② 행동

늘어놓은 물건들을 딸에게 던져 주며, "자기 물건도 정리정돈 못하면 무슨 일인들 제대로 할 수 있겠어?" 했다. 그러자 딸은 눈을 잔뜩 내리깐 채 나를 흘겨보면서 "정리 못하면 아무것도 못한다고 누가 그래요? 남들 하는 것 다 할 수 있어요." 하고 말대꾸를 했다. 나는 그만 화가 너무 치솟아 옆에 있던 빗으로 딸의 머리를 한 대 내리쳤다. 딸아이는 화가 나서 그 자리에서 꼼짝도 하지 않고 나를 노려보고 서 있었다.

③ 감정

딸의 행동에 화가 나서 속이 부글부글 끓어오르고, 당황스럽고, 또 원망스러운 감정까지 들었다. 이런 감정을 딸에게 느껴서는 안 되는데 하면서 죄책감과 무력감이 느껴졌다.

④ 지각체계와 신념

자기 할 일을 제대로 하지 않으면 앞으로 사회에서 인정받지 못할 것이다. 부모가 지나치게 야단을 쳤다 해도 이렇게 대드는 것은 잘못된 태도다.

⑤ 말에 대한 기대

자신의 일을 알아서 잘해 주길 바라고 부모 말이 틀리지 않으면 순종했으면 좋겠다.

⑥ 나 자신에 대한 기대

딸에게 화를 버럭 내지 않고 조용히 타이르는 좋은 부모가 되는 것을 기대하였다.

⑦ 열망

비록 엄마가 지나치게 말했다 해도 엄마를 인정하고 수용해 주기를 바랐는데 그러지 못한 것이 못내 아쉽다.

⑧ 자기

딸아이를 있는 그대로 수용하고 사랑하기보다 아이를 통해 나의 열망을 채우려는 자신이 이기적이고 부족한 엄마로 여겨지면서 자존감이 낮아졌다. 나 자신이 부끄럽고 싫다.

출처: 한국사티어변형체계치료연구소(2011a).

11) 가족조각

가족조각(family sculpting)은 가족 구성원이 가족에 대해 어떻게 인식하고 있는지 시각적으로 표현하면서 가족에 대해 이해할 수 있도록 돕는 데 유용한 방법이다. 이것은 어느 시점을 선택하여 그 시점에서의 인간관계, 타인에 대한 느낌과 감정을 동작과 공간을 사용하여 표현하는 비언어적인 기법을 말한다. 그 목적은 가족 구성원이 각각 자신의 내면적 감정에 접함으로써 진정한 자아에 대해 알고 느끼며 새로운 대처방법을 생각해 보게 하는 것이다.

다음의 예는 학교를 가지 않고 비행친구들과 어울려 가출한 청소년과 그 부모와 함께 가족조각을 한 것이다.

예

중학교 3학년인 청소년에게 일요일 오후에 거실에서 벌어지는 장면을 먼저 생각해 보라고 하고 이를 말로 설명하게 한다. 즉, 아버지, 어머니, 동생은 거실 어디에 있고 무엇을 하는지, 누가 누구 옆에 앉아 있으며 그들의 얼굴, 자세, 태도가 어떠한지를 자세히 물은 다음 자신을 제외한 다른 가족 구성원을 이용해 실제 모습을 그대로 재연해 보도록 한다. 마치 조각가가 조각을 하는 것처럼 가족의 특정 장면을 조각해 보는 것이다. 이러한 과정을 촉진하기 위해 사회복지사는 실제 장면과 유사하도록 클라이언트에게 아버지의 제스처, 손짓, 표정, 시선 등을 보다 구체적으로 질문하고, 그런 모습이 되도록 가족을 조각해 나간다. 그리고 맨 마지막에는 청소년도 자신의 작품 속의 한 부분에 들어가 동작을 취해야 한다.

이런 과정을 마치고 나면 모든 가족 구성원에게 조각을 하는 과정에서 경험하고 느낀 점을 이야기하도록 한다. 가족 구성원은 다른 구성원의 조각을 보는 과정에서 통찰력, 이해, 공감, 후회,

사과 등의 감정을 경험하게 된다. 예를 들어, 일요일 오후 모든 가족이 거실에서 TV를 보며 화기
애애한 시간을 보내는데 청소년은 혼자 방에서 떨어져 있는 가족조각을 한다면, 이 조각의 모습을
보고 어머니는 자신의 아들이 가족에서 소외되어 있다는 점을 느끼고 아들이 외로웠을 것이라고
표현할 수 있다.

12) 은유

은유기법은 사회복지사가 직접적으로 지시하거나 평가하기보다 간접적이고 비유적인
표현을 사용하는 것으로, 클라이언트의 자존감이나 체면을 손상시키지 않아 덜 위협적이
다. 은유를 통해 사회복지사 자신이 의미하는 것과 실제 대상 간의 사이에 일정한 공간이
생기는데, 그 공간은 클라이언트가 자기 나름대로 해석할 수 있는 여유를 제공한다. 은유
는 클라이언트가 위협으로 느낄 것 같은 것을 다루기 위해, 클라이언트의 사고를 새로운
수준으로 끌어올리기 위해, 친숙하지 않은 것을 친숙한 것으로 만들기 위해, 또는 대안을
확장시키기 위한 목적에서 사용된다.

예

몇 년 전 낯선 남자로부터 성폭행을 당한 한 여성이 남자 친구와 결혼을 약속하게 되면서부터
악몽을 자주 꾸게 되는 문제에 대해, 사회복지사는 직접적으로 논의하기보다 은유적으로 접근하
였다.

이에 사회복지사는 만약 길을 가다가 교통사고를 당해 쓰러진 강아지를 발견한다면 어떻게 할
것인지를 질문하였다. 클라이언트는 주저없이 그 강아지를 병원에 데려가 치료시키고 돌봐 줄 것
이라고 대답하였다. 연이어 사회복지사는 만약 남자친구라면 어떨지 물었고, 클라이언트는 그도
틀림없이 자신과 같이 할 것이라고 대답하였다. 사회복지사는 자기가 보기에 클라이언트가 바로
교통사고를 당한 강아지로 보인다고 암시하였다. 이를 통해 클라이언트는 자신의 입장을 보다 다
른 국면에서 바라볼 수 있다.

13) 외현화

외현화(externalizing)는 문제와 사람을 분리하기 위해 적용하는 것으로, 주로 클라이언트가 걱정하는 문제를 의인화해 객관화하려는 것이다.

> **예**
>
> 우울증으로 시달리는 청소년에게 사회복지사는 다음과 같이 외현화 방법을 적용할 수 있다.
>
> 사회복지사: 당신을 힘들게 하는 우울은 어떤 모습입니까? 그 특성을 동물로 표현한다면 어떤 동물과 같나요?
>
> 청　소　년: 잘 생각해 보지 않아서 모르겠는데요…….. 마치 성난 호랑이?
>
> 사회복지사: 우울과 성난 호랑이는 어떤 점이 닮았나요?
>
> 청　소　년: 화가 날 때는 도저히 감당되지 않고 엄청난 힘을 가지고…… 무섭게 달려드는 모습이 우울과 닮았어요.
>
> 사회복지사: 성난 호랑이(우울)는 언제 힘이 가장 세지나요? 성난 호랑이(우울)가 힘이 가장 약해지는 때는 언제인가요? 성난 호랑이(우울)가 달려들려고 할 때 당신은 자신을 보호하기 위해 어떻게 하나요?

14) 역설적 지시

역설적 지시(paradoxical direction)는 전략적 기법으로서 문제를 유지하는 연쇄를 변화시키기 위해 가족이 역설적이라고 생각하는 행동, 즉 문제행동을 유지하거나 혹은 강화하는 행동을 오히려 수행하도록 지시하는 기법이다. 가족이 역설적 지시를 따르면 문제를 통제한다는 것을 인정하는 것이며, 따르지 않으면 문제를 포기하는 것이 된다.

Part
5

집단 및
지역사회복지실천

사회복지실천에서 집단 및 지역 차원의 개입은 중범위적 차원의 개입이다. 이것은 특정한 문제나 욕구가 있는 집단이나 지역사회를 대상으로 사회복지실천을 행함으로써 집단이나 지역사회가 당면한 문제를 효과적으로 대처하도록 돕는 것이다. 각기 독특한 이론에 근거하여 다양한 모델 및 기술을 활용하고 있으므로 이에 대한 충분한 이해를 바탕으로 적용하는 것이 필요하다.

Chapter 13

집단사회복지실천의 기본 이해

개인은 집단에 소속되어 고유의 지위와 권리 그리고 역할을 부여받고 타인과 상호작용을 함으로써 그러한 집단 성원들과의 관계를 통하여 지속적으로 성장하고 변화하며 교정된다. 집단사회복지실천의 목표는 개인의 사회적 기능을 증진하는 데 있다. 따라서 사회복지사가 효과적으로 집단을 운영하기 위해 개인과 집단, 환경 그리고 그들이 어떻게 상호작용하는지를 이해해야 한다.

학습목표

• 집단사회복지실천의 개념 및 집단유형을 알아본다.
• 집단사회복지실천의 구성요소를 이해한다.
• 집단발달 단계별 사회복지실천을 숙지한다.

1. 집단사회복지실천의 개념 및 집단유형

사회복지실천의 기본적 관점인 '환경 속의 인간(person in environment)'을 보다 정확하게 표현하면 '환경 속의 집단에 속한 개인(person-in group-in environment)'이라는 관점이 강조된다. 인간은 집단 속에서의 사회적 상호작용에 참여함으로써 정체감을 형성하고 이를 표현하며, 자신의 생활에서의 의미와 만족을 추구하고, 어느 정도는 성취하고 어느 정도는 실패하며, 서로 관계를 맺으면서 사랑하고, 영향을 미치고 또 영향을 받는다(권중돈, 김동배, 2008). 집단이 개인의 사고, 감정 그리고 행동에 영향을 미칠 뿐만 아니라 개인의 심리내적 기능, 대인관계상의 기능, 사회적 기능 등이 집단 형성과 발달에 영향을 미친다. 또한 집단은 단순한 개인의 집합체가 아니며, 각기 다른 심리적 특성, 사회적 기술을 지닌 개인들 간의 상호작용과정에서 집단 특유의 구조, 의사소통과 상호작용 유형, 사회적 통제 그리고 집단문화가 형성된다. 즉, 전체로서의 집단은 각 성원들이 지니고 있는 심리 · 사회 · 생리적 특성들을 공유하는 과정에서 특유의 집단과정과 집단역동을 창출해 내고, 고유의 발달단계를 거치게 된다.

1) 집단사회복지실천의 개념

집단은 서로가 동일한 집단에 소속하고 있다는 집단의식이 있으며, 공동의 목적이나 관심사가 있고 이러한 목적을 성취함에 있어서 상호 의존적이며, 의사소통과 인지 그리고 반응을 통하여 상호작용하며, 단일한 행동을 할 수 있는 능력이 있는 2인 이상의 사회적 집합체다(권중돈, 김동배, 2008).

사회복지사는 흔히 집단을 대상으로 실천을 행한다. 가출청소년 집단, 사회기술 향상을 위한 집단, 우울증과 같은 심리 · 정서적 문제를 가진 집단, 부모교육을 위한 집단 등 매우 다양한 집단을 대상으로 사회복지실천을 한다. 토스랜드와 리바스(Toseland & Rivas, 1984; Hepworth, 2007: 229)는 집단사회복지(group work)를 "사회정서적인(socio-emotional) 욕구를 충족시키고 과업달성을 목적으로 하는 사람들로 이루어진 소규모 집단 성원들이 행하는 목표 지향적인 활동이다. 이 활동은 집단의 개별 성원들을 대상으로 행하는 것으로, 이

때의 집단은 어떤 서비스 전달체계 내의 전체"라고 정의했다. 이러한 정의는 집단을 대상으로 하는 모든 사회복지실천이 특정 목표에 도달하는 것을 목적으로 하고 있다는 점을 시사한다.

집단사회복지실천(social work practice with group)의 목적은 학자에 따라 달리 주장된다. 기존 학자들의 견해를 종합해 보면, 집단사회복지실천의 목적은 개인의 사회화, 역기능의 예방, 치료, 재활 및 성장, 전체 집단의 성장과 변화, 사회행동, 사회적 위기의 제거를 통한 사회변화라고 할 수 있다(권중돈, 김동배, 2008).

2) 집단유형

집단은 다양하게 분류될 수 있지만, 사회복지사가 자주 관여하는 집단은 크게 치료집단, 과업집단 그리고 자조집단으로 대별된다.

(1) 치료집단

치료집단(treatment group)은 집단 성원 개인의 교육, 성장, 행동변화와 치료 그리고 사회화를 통해 성원들의 사회 · 정서적 안정감을 증진시키는 것에 일차적인 목적을 두고 있는 집단이다. 이 집단에서는 의사소통이 공개적으로 이루어지고 집단 성원들이 적극적으로 상호작용할 수 있도록 격려한다. 치료집단에서 하는 역할들은 상호작용의 결과에 따라서 끌어낼 수도 있으며, 치료집단에서의 과정은 집단에 따라 유연하거나 형식적이다. 치료집단에서 자기공개성은 매우 높다. 진행과정은 집단 내에서만 이루어지며, 집단과정의 성공은 성원들의 치료목표가 성공적으로 충족되었는가에 근거한다.

토스랜드와 리바스(1984; Hepworth, 2007)는 집단들이 가지고 있는 다음의 다섯 가지 주요 목적으로 결정되는 특징에 따라 치료집단을 세분화하였다.

① 지지

장차 일어날 인생의 사건에 좀 더 효과적으로 적응하기 위한 대처기술을 부흥시킴으로써 집단 성원들이 삶의 위기에 대처할 수 있도록 돕는 집단을 말한다. 예를 들어, 이혼의 영향에 대해 토론하기 위한 취학아동 모임이나 암의 영향과 그에 어떻게 대처할 것인가에 대해 논의하는 암 환자 집단이 해당된다.

② 교육

집단 성원들의 자기이해와 사회화과정을 통해 외부세계에 대한 현실감을 습득하는 것이 주요 목적인 집단으로서, 사춘기의 성교육 집단이 그 예다.

③ 성장

능력과 자의식을 넓히고 개인적인 변화를 이끌어 낼 수 있는 기회를 집단 성원들에게 제공하면서 자기효능감 향상을 강조하는 집단이다. 예를 들어, 부부를 위한 성숙한 결혼생활 집단이 해당된다. 성장집단은 사회 · 정서적인 병리를 치료하기보다는 사회 · 정서적인 건강을 증진시키는 데 중점을 둔다.

④ 치료

치료집단은 집단 성원들이 자신의 행동을 바꾸고 개인적 문제를 완화시키거나 문제상황에 대처하는 사회적 대처능력을 향상시키고, 건강상의 외상 이후에 스스로를 원상 복귀시킬 수 있도록 돕는 집단이다. 그 예로 마약중독자 집단을 들 수 있는데, 이 집단에서는 지지를 강조하면서도 동시에 치료와 회복에도 중점을 둔다.

⑤ 사회화

이것은 발달단계에 의해 어떤 역할 또는 환경에서 새로운 장(場)으로 전환하는 데 있어 향상된 대인관계 또는 사회기술을 집단을 통해 촉진시킨다. 이러한 집단들은 종종 프로그램 활동, 구조화된 실천, 역할기법 그리고 이와 비슷한 것 등(예: 정신장애인의 사회기술 향상을 위한 집단, 지적장애인의 지역사회 자원 활용을 위한 집단)을 활용한다.

(2) 과업집단

과업집단(task group)은 조직이나 기관이 당면한 문제의 해결책을 모색하고 클라이언트의 문제해결을 위한 서비스 제공에 있어 보다 효과적인 지원전략, 즉 조직의 정책 입안과 집행, 사업계획의 건의 및 보고, 조직의 이익대변, 조직과 이용자 간의 관계 형성, 이용자 지원에 대한 의사결정 수립 등의 과업 수행을 목적으로 한다. 이 집단은 의사소통이 특정 과업에 관한 논의에 집중되고 과업집단 내의 각 집단 성원들에게 할당될 수도 있다. 또한 집단 성원의 개인적인 성장보다는 방침을 만들어 나가는 동시에 의사결정을 통해 어떤 프로젝트의 완성이나 성과물을 만들어 내는 데 초점을 둔다.

과업집단 과정에서 사회복지사는 자문집단과 협력하거나 클라이언트의 문제해결에 필요한 서비스를 촉진하기 위한 팀접근에서 다른 전문가들과 협력하는 데 정해진 일정과 규칙들이 있다. 과업집단은 자기공개성이 낮다. 그리고 진행과정은 비공개적일 수도 있고 대중에 공개적일 수도 있으며, 집단의 성공은 집단 성원들이 그 과업이나 과제를 달성했는가 또는 성과물을 산출했는가에 근거한다. 과제가 수행되고 나면 기능이 정지되어 집단이 해체된다. 과업집단의 예로는 태스크포스팀(task-force team), 위원회 및 자문위원회, 이사회, 연합체, 대표위원회, 협의체, 사회행동 집단 등이 있다.

(3) 자조집단

자조집단(self-help group)은 마약이나 암 또는 비만과 같은 유사한 어려움이나 관심사를 가진 집단 성원이 자발적으로 집단을 만들어 집단 성원 간의 경험을 공유해서 개인적으로 바람직한 변화를 가져오도록 상호 협력하는 집단이다. 비록 사회복지사가 자조집단을 형성하는 데 도움을 줄 수도 있지만, 이 집단 자체는 집단의 성원으로서 같은 이슈를 놓고 애쓰고 있는 비전문가들이 이끌어 간다. 이러한 집단들이 강조하는 것은 대인 간의 지지 그리고 개개인이 다시 한번 그들의 삶을 책임질 수 있는 환경을 만들어 주는 것이다. 특히 마약중독이나 공격적 행동, 정신질환, 장애, 자녀의 죽음, 도박, 다이어트, 가정폭력, 성적 지향성의 문제, 에이즈 등과 같은 공유된 문제들에 대한 지지를 제공한다. 사회복지사는 이러한 집단을 직접 이끌어 가지 않고 지지와 정보를 제공해 주는 역할을 한다. 대표적인 자조집단으로는 단주친목모임(Alcoholics Anonymous: AA)이 있다.

2. 집단 관련 기본 개념

1) 집단규범

집단규범(group norm)이란 집단 성원 모두가 집단에서 적절한 행동방식이라고 믿고 있는 신념이나 기대를 의미한다. 이것은 집단 성원 간의 논의를 통하여 정해질 수도 있지만, 다른 집단 성원의 행동에 따르는 보상과 처벌을 통한 사회학습을 통하여 자연스럽게 형성될 수 있다. 일반적으로 집단규범은 집단 성원의 집단 내 행동을 통제하고 안정시키며 행동에 대한 예측력을 증진시켜 주는 기능을 한다.

규범이 집단 성원의 행동을 제약하는 정도는 매우 다양하다. 어떤 규범은 강압적인 반면, 어떤 규범은 상대적으로 융통성이 있을 수 있다. 집단 성원이 규범을 지키는 정도는 다양하다. 일부 규범은 유연해서 위반한 집단 성원에 대한 심리적 부담이 낮거나 또는 존재하지 않는다. 어떤 규범들은 그에 대한 집단의 합의가 중요해서 집단 성원이 규범을 위반했을 때 집단반응이 엄격하다. 집단 성원들의 상대적 지위, 즉 집단 내 개별 구성원의 평가나 서열은 다른 사람에 대해 상대적인데, 이것은 또한 집단 성원이 규범을 지키는 정도를 결정한다.

규범은 한 집단의 치료목적을 지지할 수도 있고 그렇지 않을 수도 있다. 그것이 집단 성원의 행복감과 전반적인 치료목적에 유익한가 또는 해로운가에 따라 판단해야 한다. 기능적이고 문제가 될 수 있는 역기능적 집단규범의 예는 〈표 13-1〉과 같다.

모든 집단은 규범을 발달시켜 나간다. 일단 어떤 규범이 채택되면 그것은 상황에 대한 집단의 반응에 영향을 끼치고, 그 집단이 성원에게 치료적 경험을 제공하는 정도를 결정

표 13-1 기능적 집단규범과 역기능적 집단규범의 비교

기능적 집단규범	역기능적 집단규범
자신의 개인적인 것들을 자발적으로 드러낼 각오를 하는 것	피상적인 주제에 중점을 둔 토론만 계속하는 것, 위험회피, 자기폐쇄적
집단리더를 존경심으로 대하고 집단리더의 투입을 진지하게 생각하는 것	집단리더를 조롱하고 무시하는 것. 기회가 있을 때마다 집단리더를 괴롭히고 비판하고 그에 대해 불평하는 것
개인의 문제해결에 초점을 두는 것	문제를 불평하는 데 시간을 보내고 그것을 해결하는 데 필요한 에너지를 쏟지 않는 것
집단 성원들이 집단토론에 참여하고 그 집단의 중심이 될 수 있는 동등한 기회를 부여하는 것	공격적인 집단 성원들이 그 집단을 지배하게 내버려 두는 것
당신의 문제에 적합한 어떤 주제라도 말하는 것, 다른 집단 성원들에게 직접적으로 전달하는 것	감정적으로 긴장되었거나 미묘한 주제에 대해 말하지 않는 것
집단목표를 이루는 데 방해가 되는 장애물에 대해 말하는 것	집단리더에게 직접적인 주석을 다는 것, 장애물을 무시하고 집단문제에 대해 이야기하는 것을 회피하는 것

한다. 따라서 집단사회복지실천을 행하는 사회복지사의 주요 역할은 집단규범을 발달시켜 나가는 것을 확인하고 변화를 위한 긍정적인 분위기를 만들어 내는 방식으로 영향을 끼치는 것이다. 그러나 집단규범은 집단과정에 미묘하게 스며들어 있어서 집단에서 일어나는 행동을 통해서만 추론해 낼 수 없어 분간하기가 어렵다. 사회복지사는 집단규범에 대해 집단 성원에게 설명하고 그들의 활동에 영향을 끼치는 집단규범을 확인하도록 요청하기 위해 다음과 같은 질문을 통해 규범을 확인할 수 있어야 한다(Hepworth, 2007).

- 집단에서 말해도 되는 것과 말하면 안 되는 주제는 무엇인가?
- 집단에서 허용되는 정서적 표현은 무엇인가?
- 문제해결 노력이나 지속적인 활동에 관한 집단의 반응 방식은 어떠한가?
- 집단 성원은 집단의 경험을 성공적으로 만드는 것이 집단리더의 책임이라고 생각하는가?
- 집단리더에 대한 집단의 태도는 어떠한가?
- 피드백에 대한 집단의 태도는 어떠한가?
- 집단은 개별 성원의 기여를 어떻게 바라보는가?
- 집단은 집단 성원에게 어떤 꼬리표와 역할을 부여하고 있는가?

2) 집단역할

역할이란 사회에서 특정 위치를 차지하고 있는 것이며, 본인 및 타인이 그에게 기대하는 일련의 활동과의 관계를 의미한다. 개인은 다양한 사회적 역할에 주어진 각각의 기대에 따라 행동하며, 집단 내에서 집단 성원의 위치는 자신에게 주어진 혹은 자신이 성취한 역할의 영향을 주고받는다. 집단에서 성원의 지위와 역할은 서로 복잡하게 얽혀 있는 상호 연관성을 가진다. 집단 성원 각자의 지위는 일련의 역할들을 구성하는 조직화된 역할관계를 가지고 있는데, 집단에서 집단 성원의 지위는 자신에게 주어진 역할이나 성취한 역할의 영향을 주고받는다. 집단규범이 집단 성원 모두가 공유하고 있는 기대인 반면, 집단역할은 집단 내 개별 성원의 기능에 대해 공유하고 있는 그대로 특정 성원이 집단 내에서 수행해야 할 구체적인 과업이나 기능과 관련된 행동을 규정하는 것이다.

집단 내에는 다양한 역할이 있을 수 있다. 벤과 시츠(Benne & Sheets, 1948)는 집단에서

나타날 수 있는 역할로 촉진자, 정보추구자, 정보제공자, 기여자, 의견제시자, 평가자, 비
평가, 집단형성가, 집단유지자, 중재자, 격려자, 광대, 침묵자 등이 있다고 했다. 집단 내에
서 성원의 역할은 매우 다양한데, 일단 역할이 형성된 후 그 역할이 개인에게 고정화되어
특정 행동이 기대되면 그 기대로부터 벗어나는 행동을 할 수 없게 되어 버린다.

　집단에서 가장 문제가 되는 역할은 희생양, 소외자, 문지기(gate-keeper) 등이다. 희생
양은 집단 내에서 타인의 관심을 끌기 위하여 집단활동에 적극적으로 참여하지만 항상 다
른 성원으로부터 부정적 반응을 불러일으키는 성원이다. 우리가 흔히 말하는 '동네북'이
다. 소외자는 타인과의 관계형성을 시도하지 않으며, 집단에서의 의사소통이 항상 무시되
고 기여한 부분이 인정되지 않으며, 의견 제시에 대한 요구조차 받아들여지지 않는 성원이
다. 우리가 흔히 말하는 '꾸어다 놓은 보릿자루'다. 문지기는 집단에서 금기로 규정된 영역
에 대한 의사소통을 하지 못하도록 집단 성원의 의사소통 내용을 감시하는 역할을 맡은 성
원을 말한다.

　집단에서 문제가 되는 역할을 맡고 있는 개인은 집단에게 긍정적일 수도 있고 부정적일
수도 있는 영향을 미치기도 하고, 특정 역할이 형성된 후에는 그 역할이 개인에게 부과되
어 기대에서 벗어나는 행동을 할 수 없게 된다. 이때 사회복지사는 집단 성원이 집단 내에
서 어떤 역할을 하는지 관심을 가지고 있어야 하며, 집단 성원의 역할이 정형화되지 않고
특정 역할에 고정되지 않도록 관심을 가져야 한다.

3) 집단의 역동성

　집단의 역동성은 특정한 시간에 집단 내에서 작용하는 사회적인 힘과 상호작용을 의미
한다. 그 초점은 집단의 효율성을 높이는 것과 집단 성원이 사용하는 수단과 방법을 이해
하여 문제해결을 돕는 것이다. 집단사회복지실천에서는 집단 성원이 공통의 태도와 가치
관을 공유하고 서로 수용하여 여러 가지 방법으로 관계를 맺는다. 여기서 집단은 여러 사
람이 상호작용하는 것이며, 이러한 상호작용이 집단을 단순히 생활하면서 경험하는 사람
들의 집합과 구별 짓는 요인이 된다. 이렇게 상호작용하는 과정을 통해서 집단은 역동적
이 되며, 집단 성원이 서로 변화하려고 노력하는 관계에 있게 된다. 집단의 역동성은 긴장
을 완화하고 갈등을 제거하며 문제를 해결하기 위해서 계속적으로 재구성되고 조정되어
야 한다. 집단역동의 목표는 집단의 과정에 관련되는 요인을 이해하는 것이다.

이현림, 김순미, 천미숙(2009)에 따르면 집단 역동성에서 가장 중요한 것은 신뢰와 응집력이다. 먼저, 신뢰는 어떤 관계에서나 가장 필수적인 요소로, 신뢰 없이는 서로 간에 어떤 관계도, 역동성도, 성장도 없을 것이다. 과거에 있었던 관계들의 영향 때문에 사람들은 서로 자율적으로 신뢰하지 않으려는 경향이 있을 수 있다. 집단 내 성원은 극도로 불신하는 수준에서부터 과도하게 신뢰하는 수준에 이르기까지 서로 다른 신뢰경험을 가지고 있을 것이다. 집단상담을 하는 동안 집단 성원의 신뢰수준은 키워지고 격려된다. 사회복지사의 이해와 격려만이 사회복지사와 구성원 간의 신뢰를 발달시킨다. 그러므로 사회복지사는 집단 성원이 신뢰가 없는 것을 있는 그대로 받아들이고 인내해야 한다. 사회복지사는 집단 내에서 신뢰를 발달시키기 위한 좋은 모델이 되어야 한다. 즉, 사회복지사는 만족스러운 방법으로 문제와 주제를 다루기 위해 자신을 믿고 집단 성원을 믿어야 한다.

　집단 역동성에서 또 중요한 것은 응집력이다. 응집력은 공동의 목표를 향해 집단활동을 하는 강한 연대감 혹은 같은 목표를 추진하는 집단 성원의 바람인 '우리'라는 감정을 말한다. 응집력은 집단 성원을 하나로 묶는 역할을 한다. 집단을 시작할 때는 집단 성원이 혼자서만 하려고 하기 때문에 응집력이 거의 없을 것이다. 함께 활동을 하고, 행동에 대해 토론하며, 감정과 생각 그리고 가치를 공유하면서 협동심이 개발될 수 있다. 집단 응집력이 생기면 집단 성원들은 그들의 행동을 바꾸기 시작할 것이다. 예를 들어, 집단 성원은 개인의 감정을 이전보다 더 적극적으로 나누려고 할 것이고, 다른 구성원들을 더욱 신뢰하게 될 것이다. 또한 자발적으로 집단에 참가하려 할 것이고, 자기성장을 위해 스스로 노력할 것이다. 신뢰와 같이 응집력도 모델링에 의해 강화되는데, 집단 성원이 그들의 수준에 맞게 참여하고 불안이나 근심을 표출하도록 해야 한다.

Chapter 14

집단사회복지실천의 개입과정과 기술

집단사회복지실천의 이론적 지식과 집단의 실천적 요소를 활용하여 개인의 성장과 집단의 발달을 촉진시키는 집단사회복지실천에서의 개입기법과 집단사회복지실천의 운영과정을 살펴보고자 한다.

- 집단사회복지실천을 위한 기본적 기술을 이해한다.
- 집단사회복지실천 프로그램의 운영과정을 이해한다.

1. 집단사회복지실천의 개입과정

트레커(Trecker, 1972: 63)에 따르면 집단은 하나의 발전적 개체로서 일련의 발달과정을 거친다. 집단과정은 집단의 목표달성을 향해 계속 진행 중인 활동을 하는 집단의 시작부터 끝까지의 흐름을 의미한다. 즉, 집단과정은 집단이 진행되는 단계를 지칭하고 설명하는 수단이기도 하다. 따라서 집단과정은 두 사람 혹은 그 이상의 사람들이 상호 간에 영향을 미치면서 어떤 공동목표를 향하여 함께 움직여 나가고 있는 변화 혹은 발달의 현상을 의미한다. 이에는 집단역동과 집단발달 단계의 두 가지가 포함되어 있다. 집단역동이 집단에 작용하는 복합적인 힘이라고 한다면, 집단발달 단계란 이러한 복합적인 힘의 상호작용에 의하여 집단의 내부 구조가 확립되고 문화가 형성되며, 또한 집단이 특정 방향으로 발달해 나가는 추이과정을 단계적으로 본 것이다. 집단이 발달단계를 거치면서 집단 성원은 변화를 경험하게 되는데, 집단이 어떠한 단계를 거쳐 발달하고 변화하느냐 하는 것은 각 집단의 특수성, 현재 위치, 구성원의 목표 등에 따라 다양하다고 할 수 있다.

집단과정의 발달단계 구분은 학자에 따라 혹은 특정 집단의 성격에 따라 다양하다. 세리와 갈린스키(Sarri & Galinsky, 1985)는 집단의 발달단계를 기초단계, 형성단계, 중간단계 I, 재구성단계, 중간단계 II, 성숙단계, 종결단계로 나누고 있다. 하트포드(Hartford, 1971: 67)는 사적 집단적 단계, 공적 집단적 단계, 소집단단계로 이루어지는 집단 전 단계, 집단형성 단계, 융합, 분산 및 갈등 단계, 재융합 또는 재조직 단계, 집단 기능과 유지 단계, 종결단계의 6단계로 구분하고 있다(홍봉선, 남미애, 2007: 128). 청소년 집단상담을 연구한 홍경자 등(1996)은 집단의 과정을 계획과 준비 단계, 시작단계, 중간단계, 종결단계로 구분하고 있다.

물론 집단의 발달과정은 일련의 연속선상에 있기 때문에 독립적인 특수한 단계들로 구분하는 데 어려움이 있다. 여기서는 홍봉선과 남미애(2007)가 제시한 집단상담의 단계별 특성과 사회복지사의 역할 및 과업을 소개하고자 한다.

1) 준비단계

준비단계는 실제 집단상담에 임하기 전에 계획을 세워 준비하는 과정이다. 집단에 앞서 집단의 목표, 집단의 크기, 집단의 구성, 선발절차, 집단의 회기 시간과 빈도, 집단의 구조화 등과 같은 문제에 대한 충분한 검토와 준비가 있어야 한다.

(1) 집단상담의 목표

집단상담에 있어 집단 목표와 규범의 설정문제에 대해 찬반 의견이 있지만, 일반적으로 사회복지사가 집단에 임하기 전에 어떤 목표를 가지고 집단에 임한다는 점을 고려해 볼 때 집단상담의 목표는 아주 일반적인 차원에서 설정되어야 한다. 일반적으로 집단상담의 목표는 집단 성원의 성장 및 발달을 촉진하여 그들이 가지고 있는 잠재력을 극대화하는 것이라고 할 수 있다.

(2) 상담 장소 및 분위기

상담이 행해지는 곳의 환경은 집단의 분위기와 집단 내 상호작용 등 상담과정에 영향을 미친다. 상담은 어느 정도 비밀이 보장되고 편안함을 느끼며 방해를 받지 않는 장소라면 어디에서든 이루어질 수 있다. 또한 가능하다면 집단 성원이 둥글게 앉아 모두가 서로를 잘 볼 수 있고 자유롭게 움직일 수 있는 공간이 있는 장소가 바람직하다.

(3) 집단의 크기

집단의 크기는 집단 성원의 연령, 성숙 정도, 집단유형, 사회복지사의 경험, 다루고자 하는 문제유형 등에 따라 다양하다. 일반적으로 집단의 크기가 너무 작으면 집단 성원 상호 간의 압력이 증대되며, 너무 크면 집단 성원의 참여의식이 줄고 정서적 상호작용과 응집력은 감소된다고 한다(홍봉선, 남미애, 2007: 130).

따라서 6~8명의 집단 성원이 가장 이상적이라고 주장하는 학자가 많으나, 5~15명의 범위이면 무난하다고 주장하는 전문가들도 상당수 있다. 홍봉선(1997)은 청소년을 대상으로 하는 집단은 15명 내외가 집단 성원의 부담을 최소화하면서 참여도를 높이는 데 효과적이라고 한다.

(4) 집단의 구성

집단을 이질적인 집단으로 구성할 것인가 혹은 동질적인 집단으로 구성할 것인가의 문제는 집단의 목적과 관련된다. 동질집단은 집단 성원들이 유사한 문제를 가지고 있기 때문에 개별상담보다 효율적으로 다룰 수 있다. 이질집단의 경우는 안전한 환경에서 다양한 종류의 사람으로부터의 피드백을 통해 상호관계기술을 개발하고 새로운 행동을 실험할 수 있다. 집단이 청소년으로 구성되는 경우에는 집단 성원 간에 나이 차가 적을수록 좋다. 혼성으로 구성되는 것이 집단의 목표달성에 특별한 이점을 가지고 있으므로(Zastrow, 1989: 22) 가급적 동수에 가까운 혼성으로 구성하는 것이 좋다.

또한 청소년집단을 구성할 때는 가능하면 연령의 범위를 제한하는 것이 필요하다. 경험에 의하면 13~15세, 15~18세 그리고 19세 이상으로 집단을 구성하는 것이 바람직하다. 개인적인 관심사는 서로 다를 수 있지만, 연령범위 내에 있는 청소년의 관심사는 서로 유사한 경향이 있으며 학업, 이성, 진로, 부모와의 갈등 등과 같은 그들 고유의 발달과정상의 문제에 초점을 맞출 수 있다. 이러한 유사함은 집단 응집력을 견고히 해 주고, 소속감을 느끼게 해 주며, 삶의 위기문제를 열린 마음으로 강도 깊게 탐색할 수 있도록 해 준다.

심각한 행동장애가 있는 경우를 제외하고 대부분의 청소년 집단상담에 있어 혼성집단이 동성집단보다 더 바람직하다. 남녀 혼성집단에서 이성 간의 상호작용은 청소년기의 발달단계에서 야기되는 욕구를 충족시켜 줄 수 있으며, 집단에 보다 진지하게 임하게 하며 집단의 역동성을 촉진시킬 수 있다.

(5) 집단의 개방성

개방집단이란 집단이 허용하는 한도 내에서 새로운 구성원을 받아들이는 것을 말한다. 반면, 폐쇄집단이란 상담의 시작 시 참여했던 구성원들만으로 끝까지 유지되는 집단으로, 도중에 탈락자가 생겨도 새로운 집단 성원을 받아들이지 않는다. 전자의 경우 새로운 자극을 집단에 제공할 수 있다는 이점이 있지만 집단 응집력을 기르기에 다소 제한점이 있다. 후자의 경우는 집단의 안정성과 응집력이 강하다.

(6) 집단 성원의 선발 절차

집단에 대한 기본적인 계획이 세워지면 집단 성원을 모집하기 위해서 집단의 유형, 집단의 목적, 만나는 시간과 장소, 집단에 가입하는 절차, 사회복지사로부터 집단 성원이 기대할 수 있는 것, 사회복지사의 자질과 배경에 대한 진술, 집단에 적합한 사람들을 결정하는 지침, 가입비 등이 사전에 공고되어야 한다. 또한 사회복지사가 성공적으로 집단상담을 이끌기 위해서는 집단 참여를 신청한 클라이언트를 사전에 만나 클라이언트의 특성, 문제, 집단에 대한 욕구, 기대 등에 대한 검토를 한 후 선발하도록 해야 한다. 선발 후에는 예비모임을 가져 집단 성원이 집단의 발달과정, 목표, 사회복지사와 집단 성원의 역할, 집단에 참여함으로써 얻는 이익 등을 명확히 이해하도록 해야 한다(홍경자 외, 1996).

(7) 집단 회기의 길이와 빈도

교육 프로그램의 시간이나 기간은 프로그램의 목표와 특성에 따라 다양하고 융통성 있게 정해야 하며, 필연적으로 현실적 여건이 고려될 수밖에 없다. 집단 회기의 시간은 집단 유형과 집단 성원들의 흥미에 따라 다양하다. 일반적으로 집단은 크게 분산적 집단과 집중적 집단으로 나눌 수 있다.

분산적 집단은 시간을 나누어서 실시하는 것으로 1회 모임에 90분 정도, 매주 1회씩 8~9주에 걸쳐 진행된다. 반면, 집중적 집단은 24시간 내지 48시간 동안 지속적이면서 집중적으로 활동하는 과정으로, 이 집단에서는 피로나 시간적 집중성 자체가 집단이나 개인 발달의 촉진제라고 전제하고 있다. 또한 집중적 집단의 경우에는 집단이 급속하게 촉진되어 발전이 빠르고 강한 정서적 경험을 하게 되며, 전 과정이 한 번의 기간 동안 모두 다루어지게 되므로 연결이 잘된다. 또한 부단한 상호작용과 휴식부족으로 평상시의 가면을 벗어 버리고 있는 그대로 자신을 노출하게 된다는 점에서 유리하다(홍봉선, 남미애, 2007). 대체적으로 학자들은 분산적 집단모형과 집중적 집단모형의 효과 면에서 큰 차이가 없다고 주장하면서도 자기수용, 집단의 응집력에 있어서는 집중적 집단모형이 더 효과적이라고 보고 있다.

(8) 집단의 구조화

집단 성원의 변화를 효율적으로 이끌어 내기 위하여 집단은 일반적으로 사회복지사에 의해 통제되는 구조화된 집단과 집단 성원이 중심이 되는 비구조화된 집단으로 나눌 수 있다. 비구조화된 집단은 집단의 목표, 과제, 활동방법 등을 미리 정해 놓지 않고 집단 스스로 정해 나가는 과정에서부터 시작한다. 그리하여 집단 성원의 자발성이 더욱 요구되며, 집단 성원 간의 심리적 관계가 중요한 작업대상이 된다. 반면, 구조적 집단은 집단의 과제,

규범, 활동, 목표 등을 정해 놓고 사회복지사가 주도적으로 집단을 이끌어 가는 형태다(이장호, 김정희, 1996에서 재인용). 청소년 집단의 경우 구조화된 집단이 집단 목표달성에 보다 효율적이라고 보는 견해가 많다.

2) 시작단계

집단상담의 시작단계는 일반적으로 1회기와 2회기의 상담기간에 해당되는 시기다. 이 단계는 집단의 시작시기이므로 집단과정에서 각별한 의미를 가진다고 할 수 있으며, 특히 이 시작단계에서 집단활동이 어느 정도 효과적으로 이루어졌느냐는 이후의 집단발달단계와 집단상담의 성패에 영향을 미친다. 따라서 사회복지사는 오리엔테이션, 예상불안 다루기, 집단의 구조화, 집단 분위기 조성, 의사소통 및 상호작용 촉진 등의 과업을 수행한다.

(1) 오리엔테이션

집단상담에 관한 오리엔테이션과 선발을 위한 면담 등 집단상담을 위한 준비는 첫 번째 집단모임 이전에 준비모임을 갖고 실시하는 것이 바람직하다. 하지만 준비모임을 갖는 데 현실적인 어려움이 있는 경우에는 첫 모임에서 집단상담에 관한 충분한 오리엔테이션이 이루어져야 한다. 이때 사회복지사는 이번 집단의 성격과 목적에 관해 참여자들에게 구체적으로 설명해야 한다.

(2) 참여자 소개 및 예상불안 다루기

사회복지사는 첫 모임(1회기)에서 집단 성원 서로가 자기소개 및 집단에 참여하게 된 동기, 기대 등을 이야기하도록 하고, 집단 성원에게 집단의 목적과 기본 원칙을 확인시킨다. 자기소개의 경우 이름이나 적당한 별칭을 지어 소개하기도 하는데, 이때 사회복지사가 자기소개의 시범을 보여 줌으로써 집단 성원의 이해를 도울 수 있다.

사회복지사는 집단 성원 각자가 어떻게 자기소개를 하는지 관찰하고 서로가 얼마나 감정을 공유하고자 하는지, 주어진 주제에 대해서 어떤 태도를 가지고 있는지, 자신과 다른 집단 성원에 대한 느낌은 어떠한지를 면밀히 관찰한다.

또한 집단의 초기단계에서 사회복지사를 포함해 집단 성원은 서로 낯설고 집단 구조와 분위기 등이 아직 불확실하다. 그래서 집단 성원은 집단 내에서의 행동과 자신의 역할에 대해 불안을 경험한다. 사회복지사는 집단 성원이 경험하는 불안과 불신의 감정을 줄여 주고 긴장을 풀어 줌으로써 신뢰할 만하고 수용적인 집단 분위기를 조성하는 데 힘써야 한다(김진숙, 1999에서 재인용).

집단 시작단계에서 일어나는 집단 성원의 행동과 심리

- 집단 성원은 조심스럽게 집단 분위기를 시험하며 서로 친숙해지려고 노력한다.
- 사회적으로 수용될 수 있는 행동을 보이고, 개인적으로 위험하게 느껴지는 행동이나 탐색은 매우 제한적으로 나타낸다.
- 집단 내에서 자신이 받아들여지는지 혹은 거부되는지를 염려하며 집단 내에서의 자신의 역할과 위치를 찾고자 노력한다.
- 어떤 집단 성원은 초기에 부정적인 감정을 표현함으로써 집단에서 모든 감정을 받아들이는지 시험해 보기도 한다.
- 참여자들은 각자 집단 내에서 누구를 신뢰할 수 있는지, 누구에게 호감이 가고 누구에게 반감이나 거리감을 느끼는지, 어느 수준까지 자기개방을 할 것인지, 어느 정도 집단과정에 참여할 것인지를 나름대로 결정한다.
- 침묵과 어색함이 느껴지는 순간이 종종 있는데, 이런 순간에 참여자들은 상담가나 다른 누군가가 방향을 제시해 주기를 기대한다.
- 대부분의 참여자는 사회복지사에게 의존하려는 경향이 있다. 사회복지사가 보이는 반응에 높은 관심을 두고 중요시하며, 발언을 할 때도 사회복지사만 쳐다보면서 하거나 사회복지사의 동의나 반응을 요구하는 듯한 태도를 보이기도 한다.
- 참여자들이 나누는 대화의 내용이 피상적인 수준에 머물거나 제한되어 있다.
- 참여자들이 집단과정 중에 경험하는 감정이나 생각을 있는 그대로 솔직하게 표현하고 다른 사람들로부터 수용받는 경험을 하게 되면 집단의 응집력과 상호 신뢰가 형성되기 시작한다.

출처: 김진숙(1999), p. 12.

(3) 집단의 구조화

집단의 구조화란 참여자들에게 집단의 성격과 목적, 집단을 운영하는 데 필요한 기본 규칙, 지켜야 할 기본적인 행동규준, 사회복지사의 역할과 참여자의 역할 등에 대해 설명하고 가르쳐 주는 것을 말한다. 집단의 구조화는 집단의 준비모임이나 첫 모임에서 집중적으로 실시되지만, 집단회기가 진행되면서도 실시될 수 있다. 이때 사회복지사는 집단의 수준에 맞게 적절한 정도의 구조화를 시도하는 것이 필요하다. 지나치게 많이 구조화하거나 많은 것을 가르치려고 하면 참여자들의 자율성이 침해되고 집단 분위기가 경직되며 집단이 지나치게 사회복지사에게 의존하기 쉽다. 반면, 사회복지사가 너무 적게 개입하면 집단은 불필요한 혼란을 경험하고 비생산적인 상호작용에 빠져 목표달성에 실패할지 모른다(김진숙, 1999: 12).

집단의 구조화는 집단의 기본 규칙의 설정과 집단의 행동규범 설정으로 대별해 볼 수 있는데, 그 내용은 다음과 같다. 첫째, 집단의 기본 규칙 설정이다. 기본 규칙이란 집단의 순조로운 진행과 안정된 분위기를 위해 필요한 기본적인 제반 규칙들을 의미하는 것으로 집단에 따라 다소 상이하다. 〈표 14-1〉은 집단규칙의 보기다.

표 14-1 **집단상담에서 집단 성원이 지켜야 할 집단규칙**

① 집단 내에서 이야기된 어떤 집단 성원에 관한 내용도 집단 밖에서 말하지 않는다. 대부분의 일반적 사항도 이 원칙에 포함된다. 단, 자기 자신에 관한 사항은 말해도 좋을 것이다.

② 지각이나 결석이 불가피할 경우 그 사유를 미리 사회복지사나 다른 참여자들 중 누구에게 알리도록 한다.

③ 집단에서 빠지고 싶을 때는 집단에 참석하여 다른 사람들에게 이유를 밝히고 빠진다.

④ 가능한 한 솔직하고 정직한 느낌과 진지한 마음으로 나 자신에 대해 말하고 남의 말에 공감하며 듣도록 노력한다.

⑤ 우리는 누구에게나 귀 기울여 말하는 사람의 진실된 느낌을 듣고 이해하도록 노력한다.

⑥ 우리의 궁극적 목표는 진지한 만남에 있다. 그 밖의 것은 다 함께 논의한 후 결정한다.

⑦ 집단에 들어오고 싶어 하는 새로운 참여 희망자가 있을 때 집단 참여자 모두 함께 논의한 후 결정한다.

⑧ 집단 성원 중 누가 위기사항에 직면할 때에는 서로 연락하여 바깥에서 개별적으로 만날 수 있다. 그러나 그와 같은 사실을 다음 모임에서 꼭 보고한다.

⑨ 집단에서 결정되는 사항은 참여자 모두가 논의한 후 동의하여야 하며, 이렇게 결정된 사항은 누구나 어떻게든 지키도록 한다.

출처: 홍경자 외(1996), pp. 44-45.

둘째, 집단의 행동규범 설정이다. 앞의 기본 규칙이 비교적 쉽고 명확하게 판별될 수 있는 규칙인데 반해, 집단의 행동규범은 훨씬 더 추상적이고 암묵적이며 정확한 판별이 어렵다. 집단 초기에 사회복지사가 격려하고 지지해야 할 행동규범을 좀 더 구체적으로 제시하면 〈표 14-2〉와 같다.

(4) 집단 분위기 조성

사회복지사는 집단 성원이 서로 친숙하고 수용과 신뢰의 분위기를 형성하도록 집단의 분위기를 형성하고, 새롭고 의미 있는 경험을 가지도록 이끌고 유지시키는 책임이 있다. 또한 허용적인 집단 분위기와 심리적인 안정감을 갖도록 해야 한다.

억지로 또는 타의에 의해 집단상담을 받으러 오는 청소년들도 있다. 그들은 학교나 가정 또는 직장 등에서 있었던 일로 인해 처벌을 받게 될 것이라고 생각한다. 또 스스로 도움을 구하는 경우라 할지라도 주변의 어른들에게서 벌을 받아 본 경험이 있는 청소년들은 집단상담에 대해서 적대감을 품게 된다. 따라서 사회복지사는 비자발적 클라이언트가 자발

표 14-2 집단 성원의 행동규범

① 집단 성원은 다른 구성원에게 직접 의사소통하며 집단과정에 적극적으로 참여한다.

② 어느 정도 자기개방을 할 것인지를 스스로 결정한다. 자기개방은 문제해결과 자기성장을 위해 필요하다. 그러나 그 수준과 정도는 개인차가 있으므로 본인들이 준비되어 표현할 수 있을 때 하도록 한다.

③ 다른 집단 성원과 서로 피드백을 주고받는다. 집단 참여자들은 다른 사람들로부터 피드백을 받음으로써 다른 사람들에게 보이는 그들의 행동효과를 점검한다. 만약 피드백이 솔직하고 관심과 사랑으로 주어진다면, 참여자들은 다른 사람에게 보이는 그들의 행동효과를 보다 분명히 이해할 수 있게 된다.

④ 과거에 일어난 사건보다는 집단 내에서 일어나는 지금-여기의 상호작용에 초점을 둔다. 집단 성원은 현재 집단에서 일어나고 있는 상황에 대해 어떤 생각과 느낌을 갖는지에 집중하고, 그에 따른 자신의 생각이나 감정을 솔직하게 표현하고 자신이 현재 장면에서 경험하고 있는 것을 다른 사람과 나누는 것이 필요하다.

⑤ 참여자들은 서로에게 적절한 심리적 지지를 제공한다. 집단 성원은 집단 참여 이전의 해결되지 않는 문제로 어려움에 직면할 수도 있고, 집단상담에서의 경험이 익숙하지 않아 불안하거나 자기표현방법을 몰라 두려움을 가질 수도 있다. 따라서 집단경험이 모두에게 성장의 경험을 제공할 수 있도록 적극적인 지지와 격려가 필요하다.

적 클라이언트와 같은 높은 동기를 갖도록 변화시켜야 한다. 이를 위해서는 수용적 태도, 비심판적 태도와 존중 등이 필요하다.

(5) 의사소통 및 상호작용 촉진

사회복지사는 집단 성원 간에 원활한 상호관계가 발달되도록 의사소통을 촉진시켜야 한다. 그러나 집단상담의 초기단계에서 수반되는 불안에 대해 집단 성원이 저항하는 현상이 일어난다는 사실을 잘 인식해야 한다. 지나치게 공격적이거나 화제를 독점하거나 관심받기 위해 끊임없이 노력하는 집단 성원에게는 적절하게 개입하여 집단 성원들의 시간분배를 조정하여야 한다. 만약 집단 성원이 특정 활동에서 자신에 관해 이야기하는 것을 꺼린다면 너무 부담스러운 내용은 이야기하지 않아도 좋으며 거절할 수도 있음을 알려 준다.

(6) 행동목표의 설정

분명하고 구체적인 목표의 설정은 집단상담의 방향 설정 및 집단상담의 효과에 대한 평가에서 매우 중요하다. 집단목표는 크게 집단 전체의 목표와 개인적 목표로 나눌 수 있다. 사회복지사는 각 집단 성원들이 집단에서 성취하고자 하는 개인적 목표를 설정하도록 도와주어야 한다.

3) 작업단계

집단상담의 작업단계는 저항과 갈등, 응집력, 자기노출과 생산성이 나타나는 단계다. 사회복지사는 이것들을 성공적으로 다룸으로써 효과적인 집단목표의 달성은 물론 집단에서의 긍정적인 경험을 통해 집단 성원이 자기성장의 경험을 갖게 한다. 각각의 내용에 대해 구체적으로 살펴보면 다음과 같다.

(1) 저항과 갈등

저항이란 집단과정 중에 집단 성원이 어떠한 이유에서든 불편함을 느낄 때 그것을 회피하거나 그로부터 벗어나고자 하는 행동이다. 일반적으로 저항은 지나치게 심각한 주제, 민감하거나 논쟁적인 사안, 비밀스럽고 사적인 문제 등에 대한 이야기가 진행될 때 일어날 수 있다. 이럴 때 집단 성원들은 다음과 같은 방식으로 자신의 저항을 표현한다. 예를 들어, 자신이 왜 이 집단에 참여하게 되었는지, 이 집단이 자신에게 무슨 도움이 될지 모르겠다고 하거나, 팔짱을 낀 채로 앉아서 순서에 의해 마지못해 하는 것 외에는 자발적인 참여를 하지 않거나, 집단과 관계 없는 주제(영화, 스포츠, 정치 등)로 화제를 돌리는 등의 태도를 보인다(설기문, 1999에서 재인용). 그러나 저항은 꼭 부정적인 측면만 있는 것이 아니다. 저항의 근원과 형태에 대한 이해는 상담의 효과를 높일 수 있다.

존(John)과 리히스타인(Lichstein)은 저항이 생기는 이유를 다섯 가지로 설명하고 있는데, 구체적으로 살펴보면 다음과 같다(홍경자 외, 1996에서 재인용). 첫째, 단순히 집단 성원이 자신이 무엇을 해야 하는지를 이해하지 못하기 때문이다. 둘째, 집단 성원이 사회복지사의 제안을 어떻게 적절히 실행하는지 모르기 때문이다. 셋째, 집단 성원이 문제해결을 위한 동기가 부족하거나 혹은 성공적인 치료결과에 대한 기대가 낮기 때문이다. 넷째, 집단과정에서 만들어진 혹은 이전의 행동에서 발생하는 불안이나 죄의식 때문이다. 다섯째, 집단 성원의 증상, 즉 그들이 겪는 어려움으로부터 파생하는 이차적 이득(secondary gain)에서 야기되는 것이다. 이런 경우 사회복지사는 〈표 14-3〉과 같은 기법을 사용할 수 있다.

저항과 함께 갈등은 인간관계에서 피할 수 없는 현상 중의 하나다. 집단상담의 시작단계가 지나면 집단 성원이 서로 간에 부정적인 정서반응을 나타내면서 집단 내 갈등이 일어난다. 집단 성원 간의 갈등문제를 처리함에 있어, 사회복지사는 어떻게 하면 갈등이 생기지 않도록 막기보다는 오히려 갈등을 어떻게 다루어야 할 것인가에 초점을 두어야 한

표 14-3 저항에 대처하는 법

① 저항을 나타내는 집단 성원에게 구체적으로 질문하기: "당신은 집단의 일원으로서 오늘 우리의 모임에 대해 어떻게 느꼈습니까?"
② 저항을 타당화하기: "오늘 밤의 모임은 지난밤의 모임과 약간 다른데요. 하지만 여러분이 진전을 보인 때는 지난밤 같아요. 잠시 진행 속도를 좀 늦추어야겠어요. 그리고 그런 행동은 괜찮아요."
③ 저항으로 인한 제한점을 말하기: "몇몇 해결되지 않은 감정들이 있는 것 같은데요. 그리고 우리는 그 감정을 정리하는 데 어려움이 있네요. 아마도 내일 계속하는 것이 나을 것 같군요. 오늘은 그만 중단해야겠어요."
④ 침묵적 관찰: 사회복지사가 집단 성원의 저항행동에 대해 언급하지 않고 침묵하면서 관찰한다.
⑤ 과제 지향적인 중재: "우리가 이것을 어떻게 해결해야 할 것인지에 대해 여러분 중 누가 제안할 분 계신가요?"라고 집단에 질문함으로써 집단적 문제해결을 격려한다.

출처: 홍경자 외(1996), pp. 195-215를 중심으로 재정리함.

다. 집단 성원 간의 갈등은 집단 내에서 원망과 적대감이 생기고 심리적 상처가 생기게 하는 원인도 되지만, 집단에 창조적인 통찰을 끌어내어 집단 성원 간의 보다 밀접한 관계가 가능하도록 하는 계기로도 작동한다(설기문, 1999: 32-33). 집단 성원은 갈등상황이 발생할 때 그것을 터놓고 다루는 것이 바람직하다. 갈등을 수용하고 서로 간의 차이에 대해 정직하게 상호작용할 때, 집단은 보다 바람직한 방향으로 진행될 수 있다(홍경자 외, 1996에서 재인용).

(2) 응집력

집단이 갈등단계를 넘어서면 부정적인 감정이 극복되고 조화롭고 협력적인 집단 분위기로 발전하면서 점차 집단 성원 간에 응집력이 발달하게 된다. 응집력이란 용어는 크게 두 가지 개념을 포함하고 있다. 하나는 '일체감'이나 '단체정신'이고, 다른 하나는 집단 성원의 개인적인 소속감이나 존중받는 느낌(수용, acceptance)이다. 이러한 응집력은 그 자체로 하나의 치료적 요인이라기보다는 효과적인 치료를 위한 선행조건이라고 할 수 있다. 즉, 응집력이 높은 집단의 경우 집단 성원이 서로 잘 수용할 수 있다는 것이다(김명권, 1999에서 재인용). 응집력은 '우리'라는 강한 일체감, 소속감이라고 할 수 있는데, 이런 응집력은 자동적으로 발달되는 것이 아니라 집단 성원끼리 위험을 감수하여 성취하는 결속의 과정이라고 할 수 있다.

다음은 집단 응집력을 높이는 데 영향을 미치는 요인이다(김명권, 1999에서 재인용; 홍경자 외, 1996에서 재인용).

첫째, 신뢰감이 높을수록 집단 응집력이 높다. 신뢰감이 구축되면 자신에 대한 보다 적극적인 노출은 물론 다른 집단 성원의 의견과 감정을 존중하게 된다.

둘째, 집단 내에서 자신의 생각이나 감정 등을 노출하도록 격려할수록 응집력이 높다. 특히 억눌리고 굴절된 감정의 표현은 억제받는 어떤 느낌에서 막혀 있던 위력이 발휘된다는 점에서 변화 그 자체다. 그것이 긍정적이건 부정적이건 솔직하게 자신을 드러냄으로써 집단의 응집력과 소속감이 강화될 수 있다. 자신의 본래 모습을 기꺼이 다른 집단 성원과 사회복지사에게 드러내는 것은 곧 그들을 신뢰한다는 의미가 된다.

셋째, 집단 매력이 클수록 응집력이 증가한다. 집단 성원이 소속집단에 대해 갖는 애착심이나 매력이 클수록 응집력의 정도는 강하게 된다. 집단이 지지적인 분위기를 띠면서 집단 성원에게 관심이 있는 문제를 다룬다면 그 집단이 매력적으로 지각될 가능성은 커진다.

넷째, 집단 성원과 함께 지도력을 공유함으로써 응집력이 발전할 수 있다. 사회복지사는 사회복지사 대 집단 성원과의 상호작용 대신에 집단 성원 대 집단 성원과의 상호작용을 촉진시킬 수 있다. 이것은 피드백과 공유를 격려함으로써 가능하다.

(3) 자기노출

자기노출은 그대로의 자신을 내보이는 것으로, 집단과 집단 성원에 대한 신뢰가 생겼을 때 가능하다. 특히 집단상담이 보다 진전되어 신뢰관계와 응집력이 형성되면 보다 깊이 있는 자기노출을 하게 된다.

김성희(1999)가 제시한 자기노출의 중요성을 요약 정리하면 다음과 같다. 첫째, 자기노출은 타인의 자기노출을 증가시켜서 상호 신뢰감을 높이고 인간관계를 촉진시켜 준다. 둘째, 자기노출은 자기의 에너지가 자신이 원하는 성장의 방향으로 사용될 수 있도록 몰입되는 것을 도와주기 때문에 자기성장을 돕는다. 예를 들어, 자신에 대한 비밀이 많은 사람은 비밀이 노출될까 두려워 자신의 에너지의 상당 부분을 그것을 위장하고 감추는 데 사용하기 때문에 진정한 자기성장을 위한 에너지를 제대로 사용하지 못한다. 셋째, 자기노출은 타인의 진정한 도움을 받을 수 있게 한다. 넷째, 자기노출은 감정의 정화를 가져오고 치료적 효과를 갖는다.

(4) 생산성

집단에 대한 신뢰감과 응집력이 어느 정도 수준에 다다르게 되면 집단은 집단 성원 간의 피드백 및 직면을 통해 깊은 통찰을 하고 그에 따른 행동변화를 하게 되는 생산성 단계에 이른다. 이때 집단 성원은 집단상담을 통해서 사람들과 관계 맺는 방법 등 대인관계에 대한 학습을 하게 된다. 더 나아가 집단 성원 개개인이 자신에게 필요하다고 느끼는 것들을 집단에서 함께하게 되면 모험을 요하는 행동을 시도할 수 있게 된다. 이러한 모험적인 시도를 진지하게 받아들이고 지지하며 격려할 때 집단 성원들은 긍정적인 강화를 받는다.

> **효과적인 피드백이란**
>
> - 피드백은 분명하고 직접적이고 간결한 것이 효과가 크다.
> - 집단의 전 과정, 즉 내용이나 비언어를 포함한 모든 면에 대해 피드백을 주는 것이 좋다.
> - 포괄적인 피드백은 피하는 것이 좋다. 집단과정 중에 나타났던 관찰 가능한 구체적인 행동과 관련된 피드백은 집단 성원에게 그들이 활용할 수 있는 유용한 정보를 제공한다.
> - 피드백은 적절한 시기에 이루어져야 하고 비판적이지 않아야 한다. 그렇지 않으면 피드백을 받는 사람이 그에 대해 방어하거나 거부한다.
> - 피드백은 그것을 주고받은 사람 간의 관계를 다룰 때 큰 의미를 가질 수 있다.
> - 피드백은 특정 집단 성원에 대해 부정적으로 경험한 것과 마찬가지로 긍정적으로 경험한 것에도 관심을 가지는 것이 좋다.
> - 피드백을 통해 상대를 강제로 바꾸려고 해서는 안 된다. 생각이나 느낌을 나타내는 하나의 지각적 사실로 피드백이 주어져야 한다.
> - 변화가 가능한 행동에 대해서 피드백이 주어져야 한다.
> - 같은 피드백이라도 여러 사람이 주면 집단역동 때문에 영향력이 더 크다.
> - 피드백을 받을 때는 관심을 기울이고 상대방의 말 내용을 확인해 본다. 서로가 잘못 이해하여 오해할 수 있는 소지가 있기 때문이다.
>
> 출처: 김성희(1999), p. 80.

이상과 같은 현상들이 일어나는 청소년 집단상담의 중간단계에서 사회복지사는 다음과 같은 역할을 한다(홍경자 외, 1996).

첫째, 바람직한 집단행동의 강화다. 사회복지사는 초기단계에서 취했던 태도를 그대로 유지하면서 각 집단 성원이 자신의 문제를 더욱 진지하게 다루어 보도록 인도하고 바람직한 행동을 강화시켜 준다. 예를 들어, 철이가 어머니의 잦은 잔소리가 싫다는 하소연을 했을 때 민식이가 그것을 듣고 그럴 때 매우 답답할 것이라고 공감해 주었다고 하자. 이럴 때 사회복지사는 "방금 철이가 자신의 문제를 구체적으로 솔직하게 말해 주어서 참 고맙다. 그리고 민식이가 철이의 마음을 잘 읽어 주었는데, 이렇게 서로의 마음을 읽어 주고 관심을 표명해 주는 것이 좋은 거야."라고 바람직한 집단 성원의 역할을 다시 한번 지적해 준다.

둘째, 공통의 주제로 인도한다. 사회복지사가 집단 성원들의 주제와 관심사에 대하여 공통의 구심점을 가지도록 인도한다. 예를 들어, 사회복지사는 "방금 철이가 부모의 간섭 때문에 화가 난다고 하였는데 함께 경험을 나누도록 이야기해 줄 사람은 없을까?"라고 물을 수 있다.

셋째, 새로운 모험을 장려한다. 사회복지사는 집단 성원으로 하여금 새로운 행동을 시작해 보도록 보다 적극적으로 맞닥뜨려 준다. 이때 사회복지사는 새로운 행동을 시도해 보도록 연습시키고, 지지적 태도로 새로운 시도를 해 보는 집단 성원을 격려해야 한다. 그러나 너무 조급하게 강압적으로 몰고 가서는 안 되며 집단 성원의 수준을 고려해야 한다. 예를 들어, 어머니의 잔소리 때문에 화가 나지만 혼자서 참고 있는 집단 성원의 경우 안전한 집단에서 역할놀이를 통해 어머니에게 평소에 하지 못했던 이야기를 할 수 있도록 역할극을 하게 한다.

넷째, 각 집단 성원에게 공평한 기회를 준다. 사회복지사는 가능한 한 모든 집단 성원에게 자신의 문제를 노출하고 변화를 시도하도록 적극적으로 개입하며, 모든 집단 성원이 적절한 시기에 적절한 노출을 할 수 있게 한다.

4) 종결단계

집단은 여러 가지 이유로 종결된다. 어떤 집단은 시작하기 전에 종결시간을 미리 정하는 경우가 있고, 어떤 집단은 종결단계를 정하지 않고 무작정 진행하다가 외적 상황에 의해서 종결하게 되는 경우도 있다. 집단 종결단계에서 사회복지사가 다루어야 할 내용은 다음과 같다(홍봉선, 남미애, 2007: 141-142).

(1) 집단경험의 개관과 요약

사회복지사는 집단 성원들로 하여금 전체 집단과정에서 자신에게 특별한 의미가 있었거나 도움이 되었던 경험을 상호 간에 나누도록 돕는다. 이를 위해 집단과정에서 의미 있었거나 두드러지게 경험한 두세 가지 일을 회상해 보고 돌아가면서 간단하게 발표하는 방법이 있다.

(2) 집단 성원의 성장 및 변화에 대한 사정

사회복지사는 집단 성원들로 하여금 집단 시작 시점과 현재를 비교해 무엇이 얼마만큼 변화하였고, 집단과정에서 배운 것을 미래의 생활장면에 어떻게 적용할 것인가를 생각하게 한다. 이때 일반적이고 막연한 진술보다는 구체적으로 무엇이 좋았으며, 어떤 행동을 학습하였는지에 대해 설명하도록 촉진하여야 한다.

(3) 이별 감정 및 미해결 사항 다루기

시작단계에서 집단 성원이 예기불안을 경험했다면, 종결단계에서는 이별에 대한 아쉬움을 경험하게 된다. 사회복지사는 집단으로 하여금 이러한 감정을 표출할 어느 정도의 시간적 여유를 주고 상호 간에 아쉬움을 공유하도록 도울 필요가 있다. 하지만 지나치게 아쉽거나 슬픈 감정을 조장하는 일은 삼가야 한다. 또한 집단과정 중에 미해결 과제 또는 미진한 사항은 없는지 확인하고, 필요한 경우 집단과정이 끝난 뒤 개별적으로 도와주거나 다른 전문가에게 의뢰하는 것이 효과적이다.

(4) 피드백 주고받기

매 회기 집단상담이 끝날 때마다 피드백을 주고받았지만, 집단 종결에 있어 피드백은 더욱 중요하다. 종결단계에서의 피드백은 이때까지 관찰해 온 집단 성원의 행동변화를 최종적으로 그리고 종합적으로 하며, 부정적인 것보다는 긍정적인 것에 초점을 두어서 집단 성원이 자신감, 희망을 지니고 집단을 떠나도록 하는 것이 필요하다.

이 외에도 사회복지사는 집단 종결 시 집단과정에 대한 평가를 한다. 집단과정에 대한 평가는 집단의 분위기, 응집력, 사회복지사의 리더십, 집단 성원의 역할, 의사소통, 인간관계의 형태, 집단상담에 사용한 기법들에 대해 살펴본다. 이 평가는 집단 성원이 할 수도 있고, 사회복지사가 집단 종결 후 스스로 할 수도 있다.

2. 집단사회복지실천기술

사회복지사는 집단상담을 진행하는 동안 집단의 목표를 달성하고 집단 성원의 개인적인 변화를 돕는 전문적인 개입을 위해 다양한 상담기법을 적용할 수 있어야 한다. 따라서 여기서는 집단 성원의 개인적 성장과 집단발달을 촉진하는 데 적용되는 기본적인 기술을 소개하고자 한다.

1) 집단 응집력을 촉진하는 기법

(1) 관심 기울이기

효과적인 집단사회복지실천이 이루어지기 위해서 사회복지사는 기본적인 의사소통기술을 익혀야 하고 집단 내에 라포를 형성해야 한다. 이를 위해서 사회복지사는 먼저 관심 기울이기를 잘할 수 있어야 하며, 집단 성원이 전달하고자 하는 메시지를 제대로 듣고 이해할 수 있어야 한다. 관심 기울이기는 사회복지사가 집단 성원들의 메시지를 정확하게 이해하는 데 수단으로 활용될 뿐만 아니라 집단 성원을 존중하고 아끼고 있다는 것을 보여 주는 역할을 한다.

관심 기울이기는 다음과 같은 방법으로 실시될 수 있다.

첫째, 집단 성원이 사회복지사와 같은 권위적인 인물과 눈을 마주 보며 이야기하는 것을 어색해하거나 어려워하는 경우가 있기 때문에 말할 때는 서로 간에 시선을 부드럽게 마주치는 것이 중요하다. 사회복지사가 집단 성원을 보지 않고 말을 한다면 집단 성원은 무시당하는 기분을 느끼기 쉬울 것이다. 그러므로 사회복지사는 집단 성원과 부드럽게 시선을 마주치면서 말을 해야 할 것이다.

둘째, 몸짓과 얼굴 표정이 중요하다. 상대방의 몸짓이나 얼굴 표정을 보면 그가 진정으로 자신에게 관심을 갖고 있는지 어떤지를 짐작할 수 있다. 그러므로 사회복지사는 집단 성원에게 보이는 수용적인 부드러운 몸짓과 상냥한 얼굴 표정을 통하여 '나는 당신에게 관심을 가지고 있어요. 그래서 당신의 이야기를 주의 깊게 듣고 있으며, 당신의 이야기를 정확하게 이해하고 싶어요.'라는 메시지를 전달할 수 있어야 한다. 이러한 사회복지사의 무언의 메시지는 집단 성원으로 하여금 심리적 안정감을 느끼게 만들며 자신 있게 자기의 이야기를 표현할 수 있도록 격려하는 힘으로 작용한다.

셋째, 언어적 표현이나 비언어적 메시지를 통하여 즉각적인 반응을 보이는 것이다. 사회복지사는 고개를 끄덕여 보이거나, " 예, 그랬군요." "아, 그래요?"와 같은 언어적 반응이나 비언어적 반응을 보여 줄 수 있다. 이러한 반응들은 집단 성원을 격려하고 그들이 보다 자신 있게 자신의 이야기를 할 수 있게 한다. 따라서 사회복지사는 집단 성원의 표현에 적절한 언어적 · 비언어적 개입을 할 수 있어야 한다.

(2) 공감하기

공감은 사회복지사가 집단 성원의 주관적인 세계를 감지하고 이를 효과적으로 표현해 주는 기술이다. 사회복지사는 공감반응을 효과적으로 하기 위해 다음과 같이 해야 한다.

첫째, 집단 성원의 생각과 느낌을 감지하기 위하여 사회복지사는 집단 성원의 입장에서 생각하고 느낄 수 있어야 한다.

둘째, 집단 성원의 생각과 느낌을 가장 잘 나타낼 수 있는 단어를 표현할 수 있어야 한다. 사회복지사는 그 집단 성원을 이해하고 있다는 사실을 구체적인 단어로 직접 말해 주어야 한다. 이때 집단 성원이 "그래요, 맞습니다."라는 반응을 보여야 공감반응이 제대로 이루어진 것이다. 사회복지사가 집단 성원의 말과 행동에 대하여 가치판단에 사로잡히거나 어떻게 반응해야 하는가에 관한 생각에 주의를 빼앗기는 경우에는 공감반응이 효과적으로 일어나기 어렵다.

공감반응은 집단 성원으로 하여금 사회복지사가 자기의 말에 관심을 기울이고 있으며, 자기감정이나 내적 경험에 대하여 최대한 이해하고 있다는 것을 체험하게 도울 수 있다. 사회복지사의 공감반응은 집단 성원의 마음의 문을 열게 하여 마음속에 감춰진 깊은 문제까지도 개방하도록 이끌 수 있다. 수용적이고 신뢰하는 분위기, 안도감과 편안한 느낌으로 인해서 집단 성원은 자기를 방어할 필요성을 덜 느끼게 되고, 아울러 더 깊은 자기탐색과 자기노출을 할 수 있는 용기를 갖게 된다. 이러한 과정을 통해 그는 다른 집단 성원의 피드백도 더욱 쉽게 받아들이게 되고, 결과적으로 문제해결을 위한 행동과 새로운 행동을 시도하는 모험을 할 수 있게 된다.

사회복지사는 효과적인 공감반응을 위해서 집단 성원이 표현하는 답답함, 안타까움, 원망, 좌절감, 실망감 등과 같은 느낌이나 감정을 파악해야 한다. 집단 성원의 느낌이나 감정을 사회복지사가 적절하게 표현함으로써 그의 마음을 이해하고 있다는 반응을 보여 주는 것이다. 공감반응을 하는 데 있어 정형화된 형식은 없지만 특정 감정을 느끼게 한 정확한 경험과 행동을 지적하고 클라이언트가 드러낸 정확한 정서를 말해 주도록 한다. 예를 들면, "~때문에 당신은 ~라고 느끼는군요." "~때문에 당신은 ~라고 하는군요." "~때문에 당신의 느낌은 ~하겠군요."와 같이 자연스럽게 표현하는 것이 도움이 될 것이다. 공감에 대한 구체적인 예를 소개하면 다음과 같다.

예

집단 성원: (편안한 표정으로) 정말 요즘은 그 어느 때보다 마음이 편안해요. 시댁에서도 더 이상 간섭하지 않고, 남편도 그전과는 달라요. 남편도 이제 저를 많이 이해해 주는 것 같아요. 그래서 남편하고는 그 어느 때보다 잘 지내고 있습니다. 우리 가정이 이제 행복해질 수 있을 것 같은 예감이 들어요. 남편의 직장생활도 요즘 더 잘 풀리는 것 같아요.

사회복지사: 생각했던 것보다 일이 더 잘 풀리니 기분이 좋으시겠군요. 정말 보기가 좋습니다. 앞으로도 모든 일이 잘 풀릴 것 같다는 생각이 드네요.

(3) 적극적 경청

적극적 경청은 사회복지사가 집단 성원이 하는 말을 귀담아 들어주고 상대방의 입장에서 그의 생각이나 기분을 이해하기 위해 적극적으로 듣는 태도다. 단순히 말의 내용을 파악하는 데 그치는 것이 아니라 몸짓, 표정, 음성에서 섬세한 변화를 알아차리며 저변에 깔려 있는 메시지와 감정도 감지하고, 메시지를 전할 때 그가 경험하는 '현상학적 장'을 이해하는 것이다. 집단 성원은 비언어적 행동을 통해서도 메시지를 전달한다. 그러므로 사회복지사는 메시지를 왜곡하거나 확대시키지 않고 정확하게 파악해야 한다. 이때 집단 성원을 있는 그대로 이해하기 위해 사회복지사의 선입견, 고정관념이 개입된 주관적 이해가 아니라 가능한 한 객관적 이해가 되게 하며, 이를 위해 사회복지사는 자신의 감정 및 집단의 흐름이나 상황에 항상 깨어 있어야 한다.

그런데 집단상담에서의 경청을 개인상담에서의 경청과 같은 맥락으로 생각하는 사회복지사들이 많은데, 이 두 가지는 구별될 필요가 있다. 개인상담에서는 사회복지사가 클라이언트 한 사람과 상담을 하면서 그 사람의 말을 경청하면 되지만, 집단상담에서는 한 사람의 집단 성원이 사회복지사에게 말을 할 수도 있으나 두세 명의 집단 성원이 어떤 주제에 대하여 의사소통을 하는 경우도 있을 수 있다. 그리고 아무 말도 하지 않지만 집단과정을 관망하면서 무언의 메시지를 주고받는 다른 집단 성원도 있을 수 있다. 따라서 사회복지사는 이 모든 상황에서 집단 성원의 말을 경청할 수 있는 태도와 능력을 갖추어야 한다. 심지어 한 사람의 집단 성원과 대화를 하는 동안에도 다른 집단 성원을 살피면서 그들이 어떤 무언의 메시지를 주고 있는지에 관심을 쏟고 경청해야 한다.

사회복지사가 집단 성원의 이야기를 경청하고 그의 경험을 반영하면서 느낌에 대해 반응하는 적극적 경청에 대한 구체적인 예는 다음과 같다.

> **예**
>
> 집단 성원: 아내가 정수기가 고장 났다고 생수를 사 오라고 했어요. 그런데 집에 들어가니 아내
> 는 거실 소파에 드러누워 자고 있고, 아들은 거실 바닥에 누워 자고 있었어요. 아내는
> 제게 아주 사소한 심부름까지 시킵니다. 그리고 그게 너무 당연한 듯이 행동해요.
> 사회복지사: 아내가 항상 심부름을 시키고 그것을 당연하게 여기는 것을 보고 자신을 무시하는 것
> 같아 기분이 매우 상한 것 같아요. 게다가 아이들까지 아빠를 무시하는 것 같아 속이
> 더 상했군요.

(4) 자기개방

사회복지사는 집단의 발달상황에 따라 적절하게 자신의 사적인 생각, 태도, 현재의 느
낌, 행동을 솔직하게 보여 주고 집단 성원이 그것을 자유로이 다룰 수 있도록 함으로써 집
단 성원에게 모델링이 되어야 한다. 이를 통해 사회복지사의 진정성이 전달되며 집단 성
원과의 정직하고 친근한 관계가 형성된다. 사회복지사는 자기개방을 통해 집단 성원에게
유사성과 친근감을 전달할 수 있고, 또 집단 성원과의 보다 깊은 이해를 발달시킬 수 있다.
사회복지사를 통해 집단 성원은 더 깊이 있는 자기탐색을 하게 된다.

그래서 자기개방은 진술 가능한 구체적인 용어로 표현되어야 하고, 집단 성원의 느낌이
나 경험과 유사성이 있는 내용일 때 보다 효과적으로 이루어진다. 예를 들어, 집단에 처음
참석한 사람이 불안해하고 있는 것을 볼 때는 사회복지사가 자신의 불안감을 솔직히 털어
놓음으로써 집단 성원과 유사한 경험을 함께 나누어 가질 수 있다. 이러한 자기개방을 통
하여 집단 성원에게 보다 예리하고 깊이 있는 자기탐색의 모범을 보여 주게 된다. 사회복
지사도 자기개방 과정에서 자신의 단점이나 집단 내에서 개방하기 쑥스럽거나 부끄러울
수 있는 내용도 개방될 수 있기 때문에 적절한 모험심과 용기를 필요로 한다.

사회복지사가 자기개방을 하기 위해 필요한 자세를 제시해 보면 다음과 같다.

첫째, 사회복지사는 집단 성원과 함께하는 순간순간마다 자신의 생각이나 느낌, 즉 지
금—여기서 내가 나 자신에 대해 무엇을 어떻게 느끼고 있는지를 솔직하게 이야기한다. 또
한 집단 성원에 대해서도 사회복지사의 느낌이 어떤지를 진술하게 말해 줄 필요성이 있다.

둘째, 과거에 있었던 사회복지사의 경험과 느낌이 현재 집단 성원이 경험하고 있는 것과 비슷한 면이 있다면 그에 대해 솔직하게 말해 주는 것이 필요하다. 사회복지사가 자기개 방을 할 때 유의해야 할 사항은 집단 성원을 위한 것이라기보다 사회복지사 자신의 감정을 발산하는 경우다. 이러한 상황에서는 사회복지사의 역전이 현상이 일어날 가능성이 크다. 사회복지사의 역전이는 사회복지사가 느끼는 자신의 감정을 자신의 문제라기보다는 마치 집단 성원의 문제인 것처럼 착각하고 집단 성원에게 투사하는 것이다. 따라서 사회복지사 는 자기의 감정이 주로 자신의 성격에서 연유된 것인지 또는 집단과정에서의 경험의 단서 인지를 명확하게 구별해야 한다.

예

> 사회복지사: 저도 과거에 여러분이 경험하고 있는 우울상태에 빠진 적이 있어요. 그래서 저는 여러 분이 어떻게 느끼고 있는지에 관해 어느 정도 이해할 수 있어요. 사람마다 다른 방식 으로 우울을 경험하지요. 여러분은 그런 기분이 언제 시작되고 그것을 어떻게 경험하 셨는지 말씀해 주시겠어요?
>
> 집단 성원: 지금은 괜찮습니다. 굳이 할 말이 없네요.
>
> 사회복지사: 괜찮아졌다니 다행입니다. 그러나 제가 관심을 가지고 있는 것은 당신이 우울을 극복 할 수 있도록 돕는 것입니다.

---

(5) 격려와 지지하기

격려와 지지하기 기술은 경우에 따라서 효과적인 치료방법이 될 수도 있고 비생산적인 치료방법이 될 수도 있다. 사회복지사가 저지르기 쉬운 흔한 실수는 집단 성원이 갈등이 나 어떤 고통스러운 느낌을 충분히 드러내고 표현하기 전에 즉각적인 지지를 해 주는 것이 다. 그런 경우 비록 좋은 의도에서 했더라도 그 집단 성원이 경험해야 할 필요가 있는 느낌 을 충분히 경험하지 못했기 때문에 자신의 문제를 드러내는 것을 중지해 버릴 수 있다. 집 단과정에서 지지하기는 집단 성원이 위기에 직면했을 때, 불안하여 표현을 못하거나 두려 워할 때, 미지의 행동을 모험적으로 감행하려고 할 때, 바람직하지 못한 행동을 제거해 보 려고 시도할 때 등 여러 상황에서 필요하다. 그러나 격려나 지지하기가 단순한 동정이나 감정의 이해, 위로의 차원에서 그치기보다 집단 성원의 행위가 내포하고 있는 잠재력, 가능성 등을 탐색할 수 있는 것이어야 한다.

한편, 사회복지사의 격려, 지지, 강화 등은 적절한 시기에 맞춰 집단 성원에게 활용해야 한다. 사회복지사의 격려와 지지가 필요한 시기는 집단 성원이 개인적 고민을 경험하면서 위축되는 저항 및 방어적 태도가 나타날 때다. 사람들은 과거부터 가지고 있던 생각, 습관적 행동, 도덕적 태도 등이 자신의 잠재력을 발휘하는 데 장애가 되고 바뀌어야 한다는 것을 알지만, 그것을 바꾸는 데 굉장한 저항을 느끼기 마련이다. 왜냐하면 그것들이 이미 생활을 지탱해 가는 수단이 되어 있고 어떠한 방어도 그 나름대로 소용이 있기 때문이다. 그리고 새로운 생각과 행동의 가능성을 인정하고 옛날 습관을 포기하는 것은 자신의 일부를 부정하는 것이 되기 때문에 위협까지 느끼게 되는 것이다.

그러나 사회복지사는 집단 성원의 그러한 생활방식의 인식 및 개선 노력을 지지하고 격려하지 않으면 안 되는 책임이 있다. 사회복지사의 온화하고 지지적인 발언과 격려는 집단 성원의 발전적 노력을 북돋아 주기 위해 필요한 것이지, 결코 자기패배적인 감정이나 불편한 심정을 강화하는 상황이 발생해서는 안 된다. 사회복지사와 다른 집단 성원들의 지지와 격려가 없이는 사실상 개별 집단 성원의 어떤 변화도 불가능하다고 볼 수 있다.

2) 문제해결을 돕는 기법

집단이 발달하고 긍정적인 효과를 얻으려면 각 회기마다 부딪히는 문제상황에 슬기롭게 대처해 나가야 한다. 이러한 문제해결을 도울 수 있는 기법을 살펴보면 다음과 같다.

(1) 반영

반영은 집단 성원이 전달하고자 하는 메세지의 본질을 스스로 볼 수 있도록 집단 성원의 말과 행동에서 표현되는 감정, 생각, 태도를 사회복지사가 다른 말로 바꿔 진술해 주는 것이다. 다시 말하면, 집단 성원이 말로 표현하거나 내재된 감정, 태도를 마치 거울에 반사되듯이 사회복지사가 이야기해 주는 것이다. 이때 경험이 부족하거나 미숙한 사회복지사는 흔히 집단 성원이 말한 것을 그대로 되풀이하는 것에 그치기 쉽다. 그러나 기계적이고 형식적인 반영은 오히려 도움이 되지 못한다. 효과적인 반영은 집단 성원이 하는 말의 내용뿐만 아니라 그 안에 숨어 있는 느낌을 함께 이해하고 있다는 사실을 알려 주는 것이다. 예를 들어, 집단 성원이 "저번에 치렀던 것보다 더 잘했어요."라고 말할 때 사회복지사가 "시험을 치른 것에 대해 기뻐하고 만족해하고 있구나."라고 말해 주는 것이다. 또한 전체 집단 성원에게 집단과정 자체에 관련된 그들의 감정, 행동, 태도를 반영해 주는 것 역시 필요하다. 그러므로 반영은 집단 성원의 언어적 행동뿐만 아니라 비언어적 행동에 대한 세심한 관찰을 통해 집단 성원의 감정상태를 읽어 주는 것이어야 한다.

　반영은 집단 성원에게 자신의 내면에 대한 관심을 갖고 감정을 표현하도록 격려함으로써 자신의 감정을 수용하고 효과적으로 대처하여 자기이해를 촉진시킬 수 있다는 점에서 치료적 효과가 높은 기법이라고 할 수 있다. 집단 성원의 경험에 대한 감정을 반영해 주고 그가 하기 원하는 것을 진술해 주는 반영하기의 예는 다음과 같다.

예

집단 성원: 시험기간 동안 엄마가 저를 위해 너무 많이 애쓰셨어요. 엄마는 제가 시험에서 꼭 만점 받기를 원하시는데 아무래도 수학문제에서 실수를 한 것 같아요. 엄마는 실수를 하면 무척 화를 내세요. 그래서 아직 엄마에게 사실대로 이야기하지 못하고 있어요.

사회복지사: 이번 시험에서 실수로 한 개 틀린 것 때문에 엄마에게 혼날까 봐 많이 걱정되는가 보군요. 엄마에게 그 사실을 어떻게 알려야 할지 걱정도 많이 되는 것 같아요.

---

(2) 명료화

　명료화는 집단 성원의 말 속에 내포되어 있으나 스스로 모호하고 혼돈스럽게 느낌으로써 미처 자각하지 못하고 있는 의미 및 관계를 분명히 하도록 해 주는 것을 의미한다. 또한 전체 집단 성원에게 집단과정에 나타나는 비생산적인 감정, 행동, 태도, 분위기를 명확하게 해 주는 것이다. 집단 성원은 자신의 고민과 문제에 몰입한 나머지 문제에 대한 진술 내용의 일부를 빠뜨리거나 왜곡하거나 지나치게 일반화하는 경우가 있는데, 이로 인하여 설명이 모호하고 분명하지 않을 수 있다. 집단 성원의 이야기 내용에서 공백을 메우거나 이야기 내용에 의미를 부여하기 위해 사회복지사가 사용하게 되는 언어적 도구가 명료화다. 이때 사회복지사는 집단 성원을 비판한다는 인상을 주어서는 안 되고, 그 내용도 일반적인 것이 아니라 클라이언트의 표현 속에 포함되었다고 판단되는 것을 말해 주어야 한다. 그럼으로써 집단 성원은 자신의 내면에 깔려 있는 핵심적 욕구와 갈등 및 태도 등에 대한 느낌을 뚜렷하게 볼 수 있게 된다. 집단 성원은 사랑과 미움, 독립과 의존, 좋고 싫음 등에 대한 명확한 감정을 통해 사회복지사에게 이해받고 있으며 상담이 잘 진행된다는 인상을 갖게 된다.

명료화는 집단 성원이 무엇을 이야기할 때에 어떻게 이야기하는지 귀 기울여 듣고 적절히 사용해야 한다. 예를 들어, 많은 사람은 자신의 과거에 대해 말하는 것을 기대하며 다른 집단 성원의 과거 이야기를 듣고 싶어 한다. 집단 성원이 과거를 이야기하는 것은 현재를 이해하기 위한 것이라는 사실을 명심해야 한다. 따라서 과거에 대해 어떻게 이야기했는가가 과거에 대해 이야기했는가 하지 않았는가 보다 더 중요하다.

다음 예에서는 사회복지사가 집단 성원의 부부관계 방식의 어려움을 듣고, 불명확한 진술에 대해 명확하게 진술하여 깨달을 수 있도록 하고 있다.

예

사회복지사: 당신의 부부관계에서 일어나는 어려운 문제들이 부모님의 영향 때문이라는 것이지요.

집단 성원: 상담을 하기 전에는 그렇게 생각하고 있다는 것을 깨닫지 못했습니다. 그런데 엄마가 저에게 하는 잔소리를 제가 남편에게도 그대로 한다는 것을 깨닫기 시작했어요. 남편이 못마땅해하면서 지적하는 행동들이 제가 엄마에게서 느꼈던 것과 같아요. 남편은 제가 아이에게 다정하지 않은 것을 못마땅해해요. 이제야 제가 왜 이러는지 알 수 있을 것 같아요. 우리 가족이 행복하려면 제가 변해야 한다는 것도 느낄 수 있어요.

(3) 직면과 도전

직면은 집단 성원이 인식하지 못하고 있거나 인정하기를 거부하는 생각과 느낌에 대하여 사회복지사가 있는 그대로 명확하게 진술해 주는 것이다. 사회복지사는 집단 성원이 언급한 말과 행동 간, 표현된 행동과 표현되지 않은 행동 간, 현실적 자아와 이상적 자아 간, 언어적 행동과 비언어적 행동 간, 환상과 현실 간, 사회복지사의 지각과 집단 성원의 지각 간의 불일치와 모순을 지적하여 직면시킨다. 그럼으로써 집단 성원으로 하여금 다루고 싶어 하지 않거나 스스로 인식하지 못했던 자신의 모순점을 깨닫게 한다.

도전은 직면보다 더 적극적인 의미를 지니고 있다. 유능한 사회복지사가 되려면 집단 성원을 이해하는 데 심혈을 기울여야 할 뿐 아니라 현실적인 검증능력도 갖추어야 한다. 다시 말하면, 집단 성원이 자신과 자신이 살고 있는 세상을 지각하는 방법이 어떠한지 파악하는 것도 집단 성원을 이해하는 한 방법이다. 대부분의 집단 성원은 자신의 문제상황에 묶여 변화를 일으킬 적절한 기회를 찾지 못한다. 사회복지사는 집단 성원이 지닌 기존의 사고와 행동 양식을 변화시킬 수 있도록 스스로에게 도전하게 한다. 특히 집단 성원이 문제상황에 대처하고 자기 능력을 개발하는 데 소극적이라면 그에 도전하게 해야 한다. 그리하여 집단 성원은 자신이 지닌 가능성을 충분히 활용하여 긍정적인 변화를 일으키도록 노력하게 될 것이다.

도전은 집단 성원과 사회복지사가 동일한 상황에 대해 느끼는 것이 서로 다를 때 집단 성원으로 하여금 집단 내에서 그 차이점을 탐색해 보도록 하는 데 유용하다. 다음은 집단 성원이 자신의 불쾌한 습관을 탐색해 보는 집단상담의 예를 보여 준다.

예

사회복지사: 당신이 남편 때문에 힘들게 살아온 것은 충분히 이해가 되지만, 남편의 행동을 끊임없이 비난하는 당신의 행동은 괜찮다고 들리네요?

집단 성원: 아닙니다. 저의 행동이 옳다는 것이 아니라 남편의 잘못된 행동을 참을 수 없다는 것이 문제예요.

사회복지사: 그런데 당신은 여러 가지 방법으로 자신의 행동은 문제가 없다고 말하는 것처럼 들리네요. 그건 남편의 행동 때문에 화가 나서 그렇게 되는 것 같은데……

집단 성원: 그건 남편의 행동 때문에 화가 나다 보니 그렇게 보일 수 있었던 것 같아요.

---

(4) 해석

해석은 집단 성원이 피상적으로 표현하거나 인식한 내용 이면에 내포된 의미까지 인지할 수 있도록 사회복지사가 그에게 새로운 방식으로 그의 행동, 사고, 감정에 대해 의미를 부여하거나 설명해 주어 자신의 문제를 직시하도록 하는 것이다. 이는 방어, 감정, 저항, 전이를 해석하는 것일 수도 있고, 집단 성원의 행동과 감정 간, 감정과 사고방식 간, 행동과 사고방식 간의 인과관계를 설명하는 것일 수도 있다.

사회복지사가 집단 성원의 특정 행동이나 반응에 대하여 해석할 때에는 하나의 사실로서 확인하는 것보다 가정의 차원에서 제시하는 것이 바람직하다. 집단에서의 해석은 집단 성원으로 하여금 자기 자신이나 자신의 문제를 새로운 각도에서 조망하고 이해할 수 있도록 하는 것이기 때문이다. 이와 같이 해석이 정확하고 적시에 적절하게 사용된다면 집단 성원은 긍정적인 변화를 위한 토대를 마련할 수 있게 된다. 그렇지 못할 경우에는 집단 성원에게 위협적인 개입이 될 수 있어 문제해결에 부정적인 영향을 초래할 수 있다.

(5) 행동제한

사회복지사는 집단 성원이 바람직하지 못한 행동을 할 때 그러한 행동을 하지 못하도록 제한해야 한다. 행동을 제한하는 것은 집단 성원을 비난하거나 공격하는 것이 아니라 집단발전에 도움이 되지 않는 비생산적인 행동을 하지 못하도록 제한하는 것이다. 만약 집단 성원이 바람직하지 못한 행동을 계속하는데도 사회복지사가 두고 보기만 한다면 그 행동을 허용하거나 강화해 주는 결과를 초래할 수 있으며, 다른 집단 성원의 경우 그러한 행동을 해도 되는 것으로 오해하여 그들도 같은 행동을 하도록 허용하는 결과를 초래할 수 있다. 그러므로 사회복지사가 특정 집단 성원의 행동을 제한하는 것은 다른 집단 성원이 같은 행동을 하는 것을 억제시키는 효과를 줄 수도 있다.

사회복지사가 집단 성원의 행동을 제한하는 경우는 집단 성원이 지나치게 질문만 계속하는 경우, 제3자의 험담을 하는 경우, 집단 외부의 이야기를 길게 늘어놓는 경우, 다른 집단 성원의 사적인 비밀을 캐내려고 강요하는 경우 등이다. 사회복지사는 집단 성원의 역기능적 행동을 비롯하여 집단 외부의 사람·사건에 관해서만 이야기되거나, "난 원래 그래." "다른 사람들도 다 그렇게 했는데 뭐."와 같은 피상적인 화제가 지속되거나, 자기고백을 강요하거나, 한 사람이 다른 사람의 대변인 역할을 계속하거나, 집단 성원이 편을 나눠 서로 적대적 상호작용으로 치닫는 것과 같은 바람직하지 못한 행동을 제한하여야 한다. 이때 집단 성원의 인간 됨됨이 자체를 비난하거나 공격해서는 안 되며, 비생산적인 행동을 제한하고 이를 통해 집단과정을 촉진시키도록 유도하는 방법을 이끌어 낼 수 있어야 한다.

(6) 피드백

피드백은 타인의 행동에 대한 자신의 반응을 상호 간에 솔직히 이야기해 주는 과정을 의미한다. 일반적으로 사람들은 피드백의 활용을 주저하는 경향이 있다. 왜냐하면 자기가 주는 피드백이 다른 사람에게 어떻게 비춰질지 또는 받아들여질지에 대해서 불확실하게 느끼기 때문이다. 실제로 자기의 피드백이 상대방의 마음을 상하게 하거나 화나게 만들 경우 곤란해지기 때문이다. 그러므로 사회복지사는 바람직한 방향으로 피드백을 주고받는 기술을 습득해야 한다. 만약 사회복지사가 이 기술을 유용하게 사용한다면 집단 성원의 특정 행동의 긍정적 변화에 도움을 주는 효과뿐만 아니라 피드백을 주고받는 방법에 대한 모델링의 역할도 되기 때문이다.

피드백을 주고받을 때 유의할 점은 다음과 같다(Mead, 1973).

첫째, 가치판단을 하거나 변화를 강요하지 않고 사실적인 진술만 해야 한다. 사회복지사는 피드백을 할 때 자기의 생각이나 느낌을 나타내도록 하고 상대방의 행동을 강제로 바꾸도록 하는 것은 바람직하지 못하다. 사회복지사는 객관적이고 지각적인 사실로서 피드백을 주어야 하며, 도덕적이거나 가치판단이 개입된 피드백을 주어서는 안 된다.

둘째, 피드백은 관찰 가능한 행동에 대하여 구체적인 행동이 일어난 직후에 바로 제공할 때 효과적이다. 대부분의 사람은 사물을 보고 주관적으로 판단하는 경향이 있다. 특히 남의 행동에 대해서 생각하거나 이야기할 때에는 더욱 그러한 경향이 강하다. 그렇기에 피드백 상황에서도 주관적인 판단에 근거하여 이루어질 때가 많은데, 사회복지사가 이러한 근거에 의해 피드백을 제시할 가능성이 커진다. 이때 집단 성원이 주관적인 판단에 따라 피드백 사실을 거부해 버린다면, 사회복지사의 피드백은 제대로 효과를 발휘하기가 어려울 것이다. 그러나 객관적으로 관찰 가능한 구체적인 행동이 피드백될 때, 그리고 그 행동이 발생한 직후에 피드백이 제시될 때에는 집단 성원이 그것을 부담 없이 수용할 가능성이 높아진다.

셋째, 사회복지사와 집단 성원은 모두 피드백을 생산적으로 활용할 마음의 준비가 되어 있어야 한다. 피드백은 서로 신뢰하고 친근감을 느끼는 사람에게서 주어질 때 진정으로 받아들일 수 있다. 아무리 좋은 충고라 하더라도 신뢰감이 없을 때는 상대방의 감정을 상하게 하거나 오히려 반감을 유발할 수도 있다. 그렇기에 라포 형성이 충분히 이루어진 후에 피드백을 주고받을 수 있도록 해야 한다.

넷째, 변화 가능한 행동에 대해서 피드백을 주어야 하며, 가능한 대안까지 제공해 주는 것이 필요하다. 외모나 신체적인 결점과 같은 것은 노력을 한다고 해서 변화시킬 수 있는 것은 아니다. 개인적 성향 같은 것 또한 쉽게 변화시킬 수 있는 것이 아니다. 그러나 사소한 습관이나 행동적 특성은 어느 정도 의식을 하고 노력하면 고칠 수 있다. 따라서 피드백을 할 때는 변화 가능성을 미리 염두에 두고, 어떻게 하면 바람직한 방향으로 변화를 이끌 수 있는지에 관한 것과 이를 해결하기 위한 방법까지도 미리 생각하여 제공하는 것이 좋을 것이다.

다섯째, 피드백은 한 사람보다는 집단의 여러 사람에게 받는 것이 더 의미가 있다. 한 집단 성원의 행동이나 반응에 대해서 여러 집단 성원이 동일하거나 유사하게 느끼고 반응한다면 더욱 객관적이므로 서로 무리 없이 피드백을 수용하게 된다. 사회복지사는 특정 집단 성원에게 피드백을 제공할 때 가능하면 단독으로 제시하기보다, 다른 집단 성원도 동참하게 하여 그들이 보편적으로 인정할 수 있는 피드백을 주도록 하는 것이 좋다. 그렇게 함으로써 집단 성원은 객관성이 높은 피드백을 주고받을 수 있는 기회를 얻을 수 있다.

사회복지사가 효과적인 피드백을 하기 위한 방법을 요약하면, 집단 성원의 구체적인 행동 패턴을 지적하고 그 행동이 지속적으로 일어날 때 그 자신에게 일어날 부정적인 결과를 말해 준다. 다음으로는 그에 대한 사회복지사 자신의 느낌을 말하고 집단 성원으로 하여금 그에 대해 생각해 보기를 권한다.

(7) 침묵의 처리

집단상담과정에서 침묵은 경험이 부족한 사회복지사들에게 집단에서 상당한 불안을 경험하게 하는 요인이 될 수 있다. 사회복지사는 침묵도 인간행동의 한 형태이고 그 가운데 많은 느낌과 생각이 진행되는 의사소통방식이라는 것을 인식해야 한다. 사회복지사가 침묵에 대처하는 방법은 다음과 같다. 첫째, 사회복지사는 집단 성원이 침묵에 대해 압박과 불안을 느끼더라도 자신이 말을 해야 한다는 압박감과 부담감을 갖지 않도록 해야 한다. 침묵 상황에서 사회복지사가 먼저 이야기를 하게 되면 집단역동에 도움이 되지 않는 상황이 유발될 수도 있기 때문이다. 둘째, 집단 성원 중에서 침묵을 깨고 발언하도록 기다려 주거나 침묵이 길어질 때는 사회복지사가 침묵에 대한 집단 성원의 느낌을 이야기해 보도록 한다. 셋째, 침묵이 진행되는 동안 사회복지사는 집단 성원의 다양한 역할과 태도에 대한 정보를 수집할 수 있다. 즉, 누가 긴장하는지, 누가 무기력하게 시간을 보내는지, 누가 웃는지, 누가 침묵을 깨뜨려 주길 바라는지 등의 질문을 해 볼 수 있다.

(8) 정보 제공

정보 제공이 집단상담에서 꼭 필요한 것임에도 일부 사회복지사는 정보 제공을 목적으로 하는 설명이나 충고를 기피하는 경향이 있다. 이는 사회복지사들이 정보를 일일이 제공하기보다 집단 성원이 스스로 발견하고 알아차리도록 해야 한다는 생각 때문이라고 여겨지나, 집단상담에서 사회복지사는 여러 가지 정보와 유의사항에 관해 잘 알고 있는 '전문가'의 입장이므로 유용한 정보들을 집단 성원에게 제공해 주고, 경우에 따라서는 자세한 설명까지 해야 한다. 그렇게 함으로써 집단 성원은 자신의 의사결정을 위한 대안을 모색하고 평가해 보기도 하고 자신의 비현실적인 신념을 변화시킬 수 있는 기회를 제공받을 수 있기 때문이다. 정보 제공을 할 경우, 사회복지사는 집단 성원에게 소개하려는 정보에 대해 상세히 알고 있는지, 집단 성원이 그 정보에 관심이 있는지 확인하는 것이 좋다. 그리고 나서 정보를 간단하게 요약해 주거나 질문과 응답 시간을 마련해서 정보를 제공할 수 있다.

(9) 비언어적 행동에 대한 인식

집단상담이 진행되는 동안 사회복지사는 집단 성원의 말의 내용과 더불어 비언어적 행위, 예를 들어 옷차림, 시선 접촉, 얼굴 표정, 자세, 습관적인 행동 등의 관찰을 통해 상담에 매우 중요한 자료들을 찾아내는 경우가 많다. 이러한 집단 성원의 비언어적 행동단서들은 개인상담에서보다 집단상담에서 그 의미가 더 중요하다고 볼 수 있는데, 이는 집단 성원의 행동반응은 다양한 모습으로 나타나며, 그 속에서 집단 성원의 실제 감정상태가 더 정확하게 나타나기도 하기 때문이다.

또한 비언어적 단서들에 대한 정확한 피드백을 집단 성원에게 제공해 주는 것이 필요하다. 그런 행동들이 다른 집단 성원들에게 어떻게 보이고, 어떤 느낌을 주며, 그 자신에게 어떤 의미가 있을지에 대한 의견을 제시해 주는 것은 집단 성원의 변화에 도움이 될 수 있다. 단, 사회복지사와 다른 집단 성원의 이러한 반응이 그 집단 성원으로 하여금 자신을 보다 정확히 인식하고 상담목적에 부합된 노력을 하는 데 도움을 줄 수 있어야 한다.

3) 집단과정을 돕는 기법

집단발달 단계에 따른 집단과정을 원활하게 진행하는 데 유용한 기법들은 다음과 같다.

(1) 초점 맞추기

집단상담에서 '초점'은 중심 주제이며 공통의 목표라고 할 수 있다. 집단상담에서 초점을 맞추는 것은 어느 한 집단 성원의 관심사에 관해 모든 집단 성원이 같이 생각해 볼 수 있도록 하며, 주제에 관련된 그들의 생각이나 경험을 중심으로 이야기하도록 한다. 집단 성원은 흔히 자신의 관심사에 몰두한 나머지 서로 다양한 생각을 복잡한 양상으로 나누어 집단과정에 참여하는 경향이 있다.

집단상담에서 한 성원이 자신의 관심사에 대한 이야기를 하면서 다른 집단 성원의 반응을 끌어들이는 경우, 집단상담은 초점에서 벗어나기 쉽고 자칫 몇몇 집단 성원의 대화로 이어지기 마련이다. 이럴 경우 사회복지사는 전체 성원이 의미 있어 하는 주제에 관해서 생각하고 말하도록 유도하면서 초점에서 벗어난 주제의 흐름을 바꿀 필요가 있다. 이때 사회복지사는 "우리가 지금 이런 식으로 이야기를 계속하는 것이 무슨 의미가 있을까요?" "지금 하신 말씀은 상담목적에 얼마나 부합될까요?" "지금 하고 있는 이야기가 문제의 초점에서 벗어난 것은 아닐까요?" 등의 질문을 통해 상담의 초점이 흐려지지 않도록 한다.

(2) 참여적 행동의 주도

사회복지사의 솔선적인 행동은 집단과정의 어느 순간에 집단 성원들의 참여적 행동을 유도하고, 집단상담에서 새로운 주제를 도입하기도 하며, 집단의 진행을 원활하게 하는 데 도움이 된다. 특히 이런 사회복지사의 주도적 방식은 집단 성원이 집단목적에 부응하는 주제를 찾지 못하는 초기단계에서 유용하게 활용되기도 한다. 이때 불필요한 신경전과 긴장의 연속으로 인해 집단상담에 대한 회의감이 발생되는 것을 해소할 수 있기 때문이다. 또한 사회복지사의 주도적 행동은 집단 성원으로 하여금 집단과정에 생산적인 상호작용으로 참여하도록 한다.

사회복지사의 주도적 행동은 두 가지로 구분할 수 있다. 하나는 집단과정이 시작되도록 하는 것이고, 다른 하나는 한 주제의 종결 후 새로운 주제나 영역을 도입하도록 하는 것이다. 먼저, 집단모임을 시작하는 것과 관련된 사회복지사의 주도적 행동에는 지금까지의 행동변화 노력이 어떻게 이루어지고 있는지에 대한 집단 성원들의 보고, 그에 대한 다른 집단 성원들의 반응, 각 집단 성원들의 관심사에 대한 발언 등을 요청하는 것이 포함된다.

"오늘이 여섯 번째 모임이 되었군요. 이제부터는 지난주 ○○ 씨와 △△ 씨가 설정했던 행동목표가 어떻게 실천되어 가고 있는지 들어 본 후에 다른 사람들이 각자 하고 싶은 이야기를 해 보도록 하지요."

사회복지사의 두 번째 주도적 행동은 한 집단 성원의 주제가 종결된 후 다른 성원의 새 주제로 들어갈 때 필요하다. 이때에는 사회복지사가 진행과정에 대해 간략하게 정리를 하고 다른 성원이 자신의 관심사를 말하도록 권유하거나 이전에 진전되지 못했던 주제를 다시 언급하는 방법이 있다.

"□□ 씨, 지난번에 ○○ 씨가 가깝게 지내던 사람과 멀어졌다고 말했을 때 매우 진지하게 반응하셨는데, 그때 자세하게 말하지는 않았지만 그 얘기가 □□ 씨에게도 중요한 의미가 있지 않았나 하는 생각이 듭니다. ○○ 씨가 이야기했던 것처럼 □□ 씨도 여기서 같이 이야기해 볼 생각이 있나요?"

(3) 저항의 처리

집단을 진행하는 데 있어 방해가 되는 요소 중의 하나는 저항이다. 집단상담의 초기에 집단 성원들은 으레 불안과 긴장을 느끼게 된다. 그래서 집단활동에 참여하기를 꺼리고 자신을 드러내기를 주저하며 쉽게 위축되기도 한다. 이때 집단 성원들은 대개 과거의 일이나 다른 사람에 관한 이야기 등 초점을 벗어나는 이야기를 하면서 자신을 방어하며 집단활동의 진행을 방해하기도 한다. 이러한 저항은 집단 성원이 자신은 아무런 도움도 필요 없다고 하거나 오히려 자신이 피해를 당할지도 모른다는 생각에 사회복지사와 관계가 형성되는 것을 꺼리는 데서 비롯된다.

저항을 나타내는 집단 성원에 대해 사회복지사는 다음의 방식으로 대처할 수 있다.

첫째, 집단 성원이 자신의 감정을 이야기하도록 한다. 둘째, 개별면담 혹은 모임이 끝난 후에 그러한 저항의 문제를 해결할 수 있도록 돕는다. 사회복지사에게 저항하는 집단 성원의 경우 다른 집단 성원들이 그를 중심으로 함께 느낌을 주고받으며 경험을 나누도록 도움을 주되, 가능하면 사회복지사가 중심적인 역할을 담당하지 않도록 한다. 그러나 집단 성원이 다른 집단 성원에 대해 저항한다면 집단이 진행되는 동안 혹은 집단상담이 끝난 후에 사회복지사가 저항을 보이는 집단 성원을 개별적으로 만나는 것이 바람직하다. 그리고 저항을 보이는 집단 성원에게 그 상황을 피드백해 주어 그의 반응을 들어 볼 수 있으며, 다른 집단 성원이 그와 공감할 수 있도록 독려하고 그의 입장에서 문제를 이해하고 해결할 수 있도록 돕는다. 마지막으로, 사회복지사와 집단상담이 집단 성원에게 관여할 수 있는 데는 한계가 있다는 것을 명백하게 밝혀야 한다. 그렇지 않으면 사회복지사와 집단에 대한 기대가 경직되고 유연성을 잃어 집단 성원은 자기패배적인 신념을 갖게 된다.

집단 성원의 저항을 처리하는 예를 들어 보자. "조금 전에 우리는 '지금-여기'의 느낌에 대해 이야기하고 있었어요. 지금은 집단 성원이 새로운 주제에 대해 말하고 있는데 이 주제가 현재 우리와 무슨 관련이 있을까요? 우리 자신과 지금-여기와 관련지어 다시 이야기해 보도록 합시다."

(4) 전이 다루기

전이는 과거의 어떤 대상에게 가졌던 느낌과 감정을 현재 그와 비슷한 느낌을 갖게 만드는 대상에게 표현하는 것을 말한다. 흔히 집단상담에서 이러한 전이현상은 사회복지사에게만 나타나는 것이 아니라 집단 성원 상호 간에도 일어난다. 그렇기에 사회복지사와 집단 성원, 그리고 집단 성원 상호 간에 그릇된 지각이나 행동을 초래하기도 한다. 이때 사회복지사는 집단 성원의 전이현상을 정확하게 파악해서 감정을 현실적으로 처리할 수 있도록 도와야 하는데, 전이현상으로 드러나는 집단 성원 자신의 행동을 스스로 탐색할 수 있도록 기술적인 피드백을 제공해야 한다. 다음은 전이감정을 다루는 상담내용의 예다.

예

사회복지사: ○○ 씨는 그 일이 반드시 그렇게 되어야 한다고 생각하는데, 다른 집단 성원의 입장에서 생각해 보면 ○○ 씨의 판단이 달라질 수 있다고 봐요.

집단 성원: 선생님은 꼭 그렇게 말씀하셔야 합니까? 꼭 그렇게 훈계하셔야겠어요? 어른들은 다 똑같아요.

사회복지사: 무슨 소리죠? 제가 훈계를 했나요? 그렇게 말하니 제가 좀 당황스럽네요. 그러고 보니 ○○ 씨는 저에게 과민반응을 보이는 것 같군요. 나는 ○○ 씨에게 틀렸다는 것을 지적한 게 아니라 한 번쯤 입장을 바꾸어 생각해 보는 것이 좋겠다는 뜻이었는데, 마치 제가 ○○ 씨를 비난하는 것처럼 해석했던 것 같아요. 이번만이 아니라 지난번에도 이와 비슷한 일이 있었는데, 언젠가 우리 모임에 ○○ 씨가 지각을 한 적이 있었죠? 그때 내가 "○○ 씨가 지각을 하면 다른 집단 성원에게 미칠 영향이 어떨지를 생각해 보세요."라고 했더니 당신이 저를 쳐다보면서 어떤 반응을 보였는지 기억납니까?

집단 성원: 예, 기억납니다.

사회복지사: 그때 ○○ 씨는 "저만 지각하는 것도 아닌데 왜 저만 나무라세요?"라고 했어요. 그때도 저는 당신을 나무란 것이 아니고 집단에서 다른 사람의 입장이 되어 보는 것이 자

기성장에 도움이 된다는 측면에서 피드백을 준 건데 ○○ 씨가 과민반응을 보여 당황했습니다. 그런 데다가 마치 대드는 듯한 태도로 말을 하더군요. 아마도 그런 반응들이 ○○ 씨가 평소 아버지에게 하는 태도가 아닌가 하는 생각이 들었어요. 아버지에 대해서 불만을 느끼는 감정 때문에 평소 아버지에게 고분고분해지지 않는다고 했는데, 그 두 상황이 혹시 서로 연관되어 있지 않나요? 아버지에 대해 느끼는 감정을 저에게서 느끼게 되는 것은 아니냐는 뜻이에요.

4) 집단사회복지실천의 운영 실제

집단사회복지실천의 운영을 이해하기 위해 인터넷 중독을 경험하고 있는 청소년들을 대상으로 실시한 집단상담 프로그램을 소개하고자 한다. 전체 프로그램 중 이 책에서는 1회기에서 3회기까지 진행되는 집단상담의 회기별 목표와 진행 내용을 간략하게 제시하였다.

1회기: 반갑다, 친구들	
목표	프로그램의 내용과 취지를 이해하고 집단 성원들 간의 공감대를 형성하며 인터넷 과다사용에 대해 탐색할 수 있다.
진행 내용	I. 도입 활동 1. 사회복지사 및 프로그램 소개 　－사회복지사, 프로그램의 목적, 횟수, 소요시간, 진행계획 소개 2. 서약서 쓰기 　－우리의 약속 한 가지 덧붙이기 3. 별칭 정하기 　－각자 좋아하는 캐릭터 게임 등을 골라 별칭 정하기 II. 주요 활동 1. 마인드맵(mind map) 　－'인터넷' 하면 떠오르는 것 써 보기 　－친구들이 쓴 것을 읽어 본 후 생각나는 것 적어 넣기

	2. 인터넷 중독 생각하기
	−자신의 점수에 대해 이야기 나누기
	−해당 군별로 한 사람씩 그 유형에 대해 알아보기
	−인터넷 사용 패턴 알아보기
	Ⅲ. 마무리
	1. 죽어도 좋아?
	−인터넷 중독 관련 각종 사망사건 살펴보기
	2회기: 인터넷과 내 꿈
목표	현재 나의 인터넷 사용을 살펴보고 내 꿈을 이루기 위한 준비행동과 바른 인터넷 활용을 선택할 수 있다.
진행 내용	Ⅰ. 도입 활동 1. 사회복지사 및 프로그램 소개 　−내가 아는, 꿈을 이룬 한 사람 소개하기 Ⅱ. 주요 활동 1. '광식이는 인터넷과 ○○였다.' 　−나에게 있어 인터넷의 의미 알아보기 　−'광식이는 ○○했다.'의 형식으로 몇십 년 후에 친구들이 자신에 대해 말할 것을 떠올리며 음악에 맞춰 문장 완성하기 2. 열매 맺는 인터넷 　−인터넷으로 하는 활동 중에 장차 나에게 유익한 열매가 될 것을 찾고 그렇지 않은 것은 버리기 3. 꿈을 향한 외침 　−집단 성원 앞에서 내 꿈 약속하기 Ⅲ. 마무리 1. 꿈★은 이루어진다! 　−나의 성공경험 나누기

	3회기: 시간이와 대안이
목표	시간활용에 대해 생각해 보고, 인터넷 과다사용으로 줄어든 활동목록과 그에 따른 대안 활동을 개발할 수 있다.
진행 내용	I. 도입 활동 1. 사회복지사 및 프로그램 소개 　－시간에 대한 퀴즈 풀기 II. 주요 활동 1. 뒤돌아보기(낭비된 시간 찾아보기) 　－인터넷 때문에 하지 못한 활동 나누기 　－전지 위에 조별로 자유롭게 표현해 보기 　－집단 성원 앞에서 발표하기 2. 대안 활동 개발하기 　－대안활동 경매하기 　－느낀 점 나누기 III. 마무리 　－대안 활동 3행시(5행시) 짓기

출처: 양정청소년수련관 청소년집단상담 프로그램 중 일부를 발췌하여 인용함.

Chapter 15

지역사회복지실천의 개입과정과 기술

지역사회는 클라이언트가 생활하는 환경인 동시에, 보호요인 및 위험요인이 공존하며 클라이언트의 기능을 돕는 무수한 자원이 잠재되어 있는 곳이다. 사회복지사는 클라이언트가 지역사회에서 적절한 기능을 수행할 수 있도록 하고, 더불어 클라이언트가 속하거나 상호작용하는 지역사회가 클라이언트에게 적합하고 적절하게 기능하도록 변화시키기 위해서는 다양한 차원의 지역사회에 대한 이해가 필요하다.

학습 목표

• 사회복지실천의 대상인 지역사회에 대한 개념 및 특징을 이해한다.
• 지역사회복지실천모델 및 과정을 파악한다.
• 지역사회복지실천의 주요 개입기술을 익히고 실제에 적용해 본다.

1. 지역사회에 대한 이해

인간과 환경의 상호작용을 중요시하는 사회복지에 있어 클라이언트를 둘러싼 지역사회에 대한 이해는 매우 중요하다. 지역사회는 크게 지리적, 기능적, 개인적 차원의 세 가지 유형으로 대별해 볼 수 있다(오정수, 류진석, 2004).

첫째, 지리적 차원의 지역사회는 특정한 공간을 중심으로 이루어지는 지역집단으로 동, 읍, 시와 같은 행정구역 집단과 마을, 시장권, 학교권과 같이 자연스럽게 형성된 사회적 지역집단이 해당된다.

둘째, 기능적 차원의 지역사회는 인종, 종교, 민족, 언어, 생활방식, 성적 지향, 사회계층, 정치적 성향, 직업유형 등과 같이 사회적 · 문화적 동질성을 가진 공동체나 공통된 이해와 관심을 가진 이익집단을 의미한다.

셋째, 개인적 지역사회는 개인이 자신의 관점에 따라 규정한 지역사회를 의미하는 것으로, 개인의 상호작용, 서비스나 자원의 이용, 여가활동 등에서 개인이 참여하는 모든 지역사회를 포함한다. 결과적으로 개인적 차원의 지역사회는 지리적 및 기능적 차원의 지역사회를 모두 포함할 수 있다.

사회복지사는 클라이언트가 지역사회에서 적절한 기능을 수행할 수 있도록 돕고, 더불어 클라이언트가 속하거나 상호작용하는 지역사회가 클라이언트에게 적합하고 적절하게 기능하도록 변화시키기 위해 다양한 차원의 지역사회에 대한 이해를 해야 한다. 특히 개인적 지역사회는 개인의 상호작용 형태와 공식적 · 비공식적인 사회적 지지망을 포함한 자원을 이해하는 데 도움이 되므로 개별 클라이언트 체계의 개입에서 반드시 고려해야 할 부분이다(김혜란, 홍선미, 공계순, 2006: 271).

지역사회 환경은 클라이언트가 건강하게 생활할 수 있는 필수적인 에너지를 공급해 주기도 하지만, 건강하지 못한 환경은 클라이언트에게 치명적인 해를 끼침으로써 삶의 질에 부정적인 영향을 미치기도 한다. 사회복지실천에 있어 지역사회가 어떤 점에서 중요한지를 보다 구체적으로 살펴보면 다음과 같다(홍봉선, 남미애, 2007: 41-42).

첫째, 지역사회는 인간에게 있어서 구체적인 생활의 원천적 거점이다. 지역사회는 사람이 태어나서 성인이 될 때까지는 물론 전 생애를 통하여 가장 직접적이고 실제적인 생활의 장소이자 인간형성의 장소다. 뿐만 아니라 지역사회는 사람들이 주민들과의 다양한 사회적 상호작용 속에서 성장·발달하는 준거환경이다. 특히 사회복지적 개입이 필요한 지역사회 문제의 확산은 지역의 유해한 사회문화적 환경이나 분위기와 밀접한 관계가 있으므로 사회복지실천에 있어 지역사회와의 연계, 협력의 필요성이 한층 대두되고 있다.

둘째, 지역사회에는 사람들에게 유용한 자원이 잠재되어 있다. 사회복지실천이 보다 효과적이기 위해서는 국가의 과감한 재정적 지원 및 정책 추진은 말할 것도 없고 더불어 지역사회에 있는 인적·물적 자원을 동원해 적극적으로 활용해야 한다. 특히 지역주민의 자발적인 참여를 이끌어 냄으로써 사회문제에 대한 시민의 관심과 책임을 고양시킬 뿐 아니라 클라이언트 집단과 일반 시민의 간극을 메울 수 있다.

셋째, 지역사회는 중앙정부가 작성한 정책의 효과가 구체적으로 발생하는 전선(front line)이다. 따라서 사회복지와 관련된 국가의 정책의지가 그 실효성을 거둘 수 있는 현장도 바로 지역사회다. 중앙정부 차원에서 아무리 좋은 사회복지 정책 및 서비스가 마련된다고 해도 지역사회 차원과 맞지 않거나 적합하지 않다면 적합한 효과를 거두기 어렵다.

한마디로 지역사회는 클라이언트가 살아가는 생활환경인 동시에 각종 복지정책이나 서비스가 실현되는 곳이며, 더불어 클라이언트의 사회참여가 이루어지는 곳이기도 하기 때문에 클라이언트의 삶의 질에 미치는 영향이 지대하다. 또한 사회복지실천에 있어 지역사회는 개인, 집단과 마찬가지로 그 자체가 사회복지의 개입대상이기도 하다. 따라서 사회복지사는 효과적인 개입을 하기 위해 클라이언트가 속하거나 사회복지사가 활동하는 지역사회의 장에 대해 깊이 있는 이해를 하는 것이 매우 중요하다.

2. 지역사회복지실천모델

지역사회복지실천은 사회복지사가 지역사회를 클라이언트 체계로 삼아 지역사회의 욕구와 문제를 지역사회 주민의 조직화를 통해 해결하도록 돕는 활동을 의미한다. 즉, 지역사회는 사회복지실천의 클라이언트로 간주되며, 사회복지사의 목표는 지역사회가 지니는 욕구 혹은 문제의 예방 또는 해결에 있다. 이는 사회복지실천의 전문지식과 기술을 토대로 이루어진다(최옥채, 2001: 164).

지역사회복지실천은 다음과 같은 특성을 지닌다.

첫째, 지역사회 주민의 공동 욕구와 문제에 초점을 둔다. 사회복지사는 전체 지역사회 주민이 갖는 공통된 욕구와 문제, 즉 주민의 공동 관심사를 해결하기 위해 개입한다. 따라서 사회복지사는 지역사회의 여러 욕구 및 문제와 동원 가능한 자원을 파악하여 욕구와 문제의 순위에 따라 개입계획을 세워 활동한다.

둘째, 지역사회 주민의 조직화다. 지역사회의 욕구와 문제는 대체로 사회복지사가 하는 지역사회 주민의 조직화에 의해 해결된다. 이는 지역사회의 욕구를 지역사회 주민 스스로의 힘으로 해결하도록 사회복지사가 돕는 것을 의미한다.

셋째, 지역사회 자원의 활용이다. 이는 대규모적인 지역사회 자원을 동원하는 것으로, 대표적으로는 사회복지 관련기관, 언론기관, 학교, 병원, 시민단체 등을 들 수 있다.

이러한 실천방법은 지역사회의 문제와 욕구를 해결하는 데 유용할 뿐 아니라 개인 또는 집단사회복지실천에서 클라이언트의 욕구나 문제를 해결하기 위해 지역사회의 자원을 활용해야 할 때, 혹은 지역사회의 도움을 요청할 때 사회복지사를 도울 수 있다(최옥채, 2001: 164).

지역사회복지실천은 여러 가지 모델로 구분될 수 있다. 로스만(Rothman, 1995)은 지역사회 조직과 기획과 관련하여 지역사회, 변화과정, 전문가의 역할을 어떻게 규정하느냐에 따라 각기 다른 가정을 기반한 세 가지 모델을 제시하였는데, 그것은 지역개발모델, 사회계획모델, 사회행동모델이다(Sheafor, Horejsi, & Horejsi, 1998: 160에서 재인용).

지역개발모델에서는 지역사회가 지역의 소속감을 공유하는 사람들로 구성되며, 그들 간에는 지역사회 문제의 특성과 성취되어야 할 것에 대한 합의가 가능하다고 가정한다. 이 모델에서는 광범위한 시민참여, 사고의 공유, 민주적인 의사결정, 협력적인 문제해결, 자조를 강조한다. 문제를 해결하는 과정에서 사람들은 지역사회의 다른 관심과 맞서서 대항할 수 있는 실천적인 지도력의 기술을 배운다. 사회복지사는 기금조성, 인간서비스 조직들과의 연합, 특별한 과제 압력, 인근 조직들과 관련된 활동을 수행하며, 특히 조력가, 촉진자, 조정자, 교사의 역할을 수행한다.

사회계획모델은 범죄, 부적절한 주거, 건강보건의 결핍 등 구체적인 사회문제와 그에 대한 인간서비스의 전달체계에 초점을 맞춘다. 이 모델에서는 지역사회의 주요 문제를 해결하기 위해 복잡한 법적 · 경제적 · 정치적 요소를 중요하게 고려해야 한다고 보고, 문제해결 및 사회변화를 위해서는 평범한 시민들의 참여도 중요하지만 힘, 권력, 영향력을 가진 유력가와 정부 직원 및 조직들의 참여가 보다 중요하다고 본다.

사회행동모델에서는 지역사회가 힘과 제한된 자원을 위해 경쟁하는 다양한 집단과 특정한 이해로 구성된 것이라고 본다. 따라서 사회정의를 바로잡고 빈곤계층 및 차별로 고통받는 사람 등 소외된 집단을 위해서는 힘과 영향력을 행사하는 사람들의 결정에 변화가 있어야 하며, 이를 위해서는 힘을 가진 사람들과 직면하는 것이 필요하다고 가정한다. 이 모델에서 사회복지사는 주로 조직가, 활동가, 옹호자, 협상가의 역할을 수행한다.

3. 지역사회복지실천의 개입과정

지역사회복지실천은 개인이나 집단, 가족에 대한 개입과 마찬가지로 일련의 과정으로 이루어진다. 지역사회복지실천의 과정이나 단계는 학자들 및 실천모델의 유형에 따라 구분이 상이하지만, 여기에서는 준비단계, 자료수집 및 사정 단계, 정책 및 프로그램 개발과 실행 단계, 평가단계로 나누어 살펴보고자 한다.

1) 준비단계

지역사회는 클라이언트가 살아가는 곳인 동시에 사회문제가 만들어지고 그에 대한 개선 및 변화가 이루어지는 곳이다. 지역사회 차원의 개입이 이루어지기 위해, 먼저 사회복지사는 클라이언트가 살고 있고 자신이 활동하고 있는 지역사회에 대해 배우고 이해하는 것이 필요하다. 이를 위해 사회복지사는 지역사회에 대한 비공식적인 조사를 수행함으로써 지역사회 내 현존자원에 대한 정보를 획득하고, 서비스의 공백을 확인하며, 클라이언트의 행동과 태도를 보다 잘 이해할 수 있을 것이다. 사회복지사가 활동하고 있는 지역사회의 윤곽을 이해하기 위해서는 인구, 역사, 지리적 조건, 재정사항, 주택, 소득, 교육, 건강 및 복지, 공공안전, 주요 언론매체 및 여론 주도자, 지역사회의 주요 문제와 관심사 등을 파악해야 한다.

2) 자료수집 및 사정 단계

이는 지역사회의 문제나 지역주민의 욕구를 발견하고 이와 관련된 자료를 수집하며 문제를 확인·규정하는 단계다. 사회복지사는 지역사회 차원의 충족되지 않은 서비스에 대한 욕구를 파악하거나, 새로운 프로그램을 개발하거나, 기존 프로그램의 개선 및 보완을 위해 지역사회 수준의 자료수집 및 사정을 한다(Sheafor et al., 1998: 473에서 재인용).

이러한 자료수집 및 사정은 정기적으로 행해져야 하며, 이를 위해서는 욕구 조사나 소수 사람의 면담을 활용한 포커스 집단 등을 활용할 수 있다. 욕구 조사나 사정은 일반적으로 사회복지기관에서 가장 보편적으로 많이 활용하는 방법이다. 이것은 개인을 대상으로 욕구를 파악하는 개별 사회복지실천과는 달리 전체 지역사회나 일부 지역, 특정 클라이언트 집단을 대상으로 할 수 있다.

자료수집 및 사정에서 고려해야 할 사항

• 의사결정자가 욕구사정을 통해 어떤 문제를 해결하고자 하는지를 명확히 이해해야 한다.

• 욕구사정의 목적과 목표를 분명히 하고 난 다음 적절한 자료수집과 분석 방법을 선정한다.

• 다른 지역사회나 기관에서는 이런 문제에 대해 어떻게 대응하였는지를 파악하고 자신의 지역사회에는 어떤 접근이 잘 맞는지를 결정해야 한다.

• 욕구사정의 기획에서는 지역사회 내 충족되지 않은 욕구가 존재하는 이유를 예측하는 것이 중요하다. 예를 들면, 지역사회 내 적합한 서비스의 부재, 기존 서비스에의 낮은 접근성, 서비스 정보에 대한 무지, 단편적이고 간헐적인 서비스 내용, 특정 집단에게는 적합하지 않은 기존 서비스 등이다.

• 욕구사정에서는 충족되지 않은 서비스에 대한 욕구를 확인하는 것뿐만 아니라 기존 서비스의 양, 질, 방향도 검토해야 한다. 즉, 기존 서비스의 수준은 클라이언트의 욕구를 충족시키는가, 서비스는 효과적인가, 서비스의 방향은 적절한가 등을 검토해야 한다.

• 기관이나 지역사회에서 수집된 자료를 사용할 행정적·정치적 준비를 한 다음 욕구사정을 시도한다. 준비가 되어 있지 않으면 보고서는 무용지물이다.

출처: Sheafor et al. (1998), pp. 477-478에서 부분 수정·보완함.

반면, 포커스 집단을 활용한 사정은 욕구조사에 비해 간편하고 시간이 덜 소요되며 경비가 더 적게 들 수 있다. 포커스 집단은 8~12명의 동일한 경험 및 지식을 지닌 사람들 혹은 특정 주제에 관한 한두 시간의 토론을 가진 사람들의 소집단이다. 이것은 동의하거나 동의하지 않는 것이 명확해질 때까지 참여자의 아이디어가 깊이 있는 토론을 창출하는 상승

작용을 하도록 하여 주제를 탐색하는 것이다. 성공적인 포커스 집단이 이루어지기 위해서는, 첫째, 참석자가 신중하게 선정되어야 한다. 둘째, 사회자는 준비가 잘 되어 있어야 한다. 셋째, 주제에 대한 토론을 촉발시키는 일련의 개방형 질문이나 언급 등과 같은 모임에 대한 계획이 개발되어야 한다. 넷째, 집단 성원에 의해 제공된 정보는 사정되고 정확하게 해석되어야 한다(Sheafor et al., 1998: 479-480에서 재인용).

사정내용은 지역사회 전체에 대한 것에서부터 특정 문제에 한정된 것까지 광범위하게 다룰 수 있다. 〈표 15-1〉은 가출청소년을 지원하는 사회복지사가 지역사회에 대해 분석한 자료다.

표 15-1 가출청소년 중심의 지역사회 분석 주요 영역

구분	주요 질문
가출청소년 인구 크기	• 가출청소년 중에서 서비스를 필요로 하는 가출청소년은 얼마인가? • 가출청소년의 수와 성별, 연령별, 학교 소속별 등은 어떤 비율인가?
가출청소년의 욕구	• 지역사회 내에서 가출청소년에 대해 알려진 내용은 무엇인가? • 가출청소년 스스로가 인식하는 욕구는 무엇인가? • 가출청소년의 욕구에 관해 조사된 정보는 무엇인가? • 가출청소년은 지역사회가 자신들의 욕구에 대해서 어떻게 반응해 왔다고 생각하는가?
지역사회 경계	• 가출청소년을 위하여 개입할 경우 지역사회의 지리적 경계는 어디까지인가? • 가출청소년은 지역 내에 주로 어디에 위치하고 있는가? 상당히 모여 있는가, 아니면 흩어져 있는가? • 가출청소년은 서비스를 이용하는 데 얼마나 접근이 용이한가?
사회문제	• 지역사회 내 가출청소년에게 영향을 미치는 주요 사회문제는 무엇인가? • 영향을 미치는 주요 사회문제는 얼마나 서로 관련되어 있으며 해결 시급성은 어느 정도인가?
주요 가치	• 가출청소년에게 중요한 문화적 가치, 전통, 신념은 무엇인가? • 지역사회에서 가출청소년에게 영향을 미치는 지배적인 가치는 무엇인가? • 누가 그 가치에 동조하고 반대하는가? • 지역주민들은 가출청소년의 지원에 대해 어떻게 느끼는가? • 가출청소년에게 영향을 미치는 결정을 하는 데 지배적인 공통의 관점은 무엇인가?

차이와 이별	• 가출청소년의 하위집단에 따라 차이가 있는가? • 가출청소년이 지역사회 내 다른 청소년집단과 다른 점은 무엇인가? • 그 차이로 인하여 가출청소년은 억압을 받는가? • 가출청소년의 강점은 무엇이고 어떻게 그 강점이 권한부여에 기여할 수 있는가? • 가출청소년이 지역사회에 완전히 참여하는 데 방해가 되는 장애물들이 있는가? • 가출청소년을 차별하는 조직, 규칙, 절차, 정책들이 있는가?
자원과 서비스 전달	• 가출청소년 문제를 관할하는 정부 부처 및 기관은 어디인가? • 자원을 통제하는 사람은 누구인가? • 가출청소년의 관심사에 대해 반응해야 하는 지역의 주요 책임자는 누구인가? 가출 청소년의 지원에 적극적인 비공식적 지원망은 무엇인가? • 가출청소년을 지원하는 공식적 서비스 전달기관은 어느 곳인가? • 인종, 성별, 장애, 나이 등에 기반하여 서비스 전달에 차이가 있는가? • 어떤 집단이나 조직이 가출청소년에 대한 원조에 찬성하는가? • 가출청소년에 대한 서비스에는 어떤 제한이 있는가? • 서비스 전달기관 간의 연계는 어떠한가? • 앞으로 연계가 필요한 기관은 어디인가?

출처: Sheafor et al. (1998), p. 275를 토대로 수정함.

3) 정책 및 프로그램 개발과 실행 단계

문제를 확인하고 분석한 다음에는 행동을 계획하고 실행한다. 계획에서는 문제해결을 위한 방향 및 목표, 실현 가능성, 사업의 조직, 재원, 인력, 지역사회 기관과의 협력 등을 검토해야 한다. 실행단계에서는 자원을 동원하고 기금을 할당하며 선택한 프로그램을 수행한다. 이것은 프로그램 선택, 교육, 직원, 지도감독을 포함하여 내부 행정업무를 수행하는 것과 관련이 있다. 더불어 다른 서비스 조직, 모금자원, 소비자집단, 정부당국, 노동자조합 등 외부 관계를 관리하는 것도 중요하다(Hepworth, 2007: 373-375). 특히 실행단계에서는 당초 목표대로 계획이 실행되고 있는지를 계속 점검하면서 수정·보완해야 하며, 효과성과 효율성이 중요하게 검토되어야 한다.

4) 평가단계

평가단계에서는 정책 및 프로그램의 효과와 성과를 분석하고 문제점을 파악하며, 정책 및 프로그램에서 개선되어야 할 부분도 파악한다. 이를 위해서는 효과 및 성과를 측정하고 확인하는 방법 및 기술을 습득하는 것이 필요하다.

4. 지역사회복지실천기술

지역사회복지실천에서 사회복지사의 역할은 집단과 지역사회의 임파워먼트를 촉진하고, 지역주민을 자원과 서비스에 연결시키며, 그들에게 자원과 서비스가 부족할 때 개발하여 전달하고, 지역사회 개발을 도모하며, 더 나아가 지역사회와 거시사회의 변화를 도모해야 한다고 세상을 향해 던지는 의미 있는 목소리를 내는 데 있다(NASW, 2000: 265). 이러한 역할을 수행하기 위해 필요한 기술을 보다 구체적으로 살펴보면 다음과 같다.

1) 기관 간의 협력

지역사회복지실천에서는 클라이언트나 지역문제를 다루기 위해 다양한 기관과 협력하는 것이 필수적이다. 기관 간 협력은 하나의 형태가 아닌 다양한 차원으로 이루어질 수 있으며, 다른 기관과 네트워크를 형성하는 과정의 연속선상에 있다고 할 수 있다. 협력의 다양한 개념을 사회복지기관과 학교의 사례에 적용해 정리해 보면 다음과 같다.

첫째는 '비공식적인 관계(informal relationship)'다. 필요에 따라 학생과 가족이 클라이언트로 있는 사회복지기관이 학교와 연계를 맺는 차원에서의 관계다. 즉, 학교와 사회복지기관은 그다지 관계가 없다고 보아도 무방할 정도의 관계일 수 있다고 지적한다.

둘째는 차원은 '조정(coordination)'이다. 학교사회사업가가 가정, 학교, 지역사회와의 접촉활동을 통해서 클라이언트를 위해 지역사회기관의 자원을 발굴하고 클라이언트를 의뢰하는 차원에서의 관계다.

셋째는 차원은 '협조(partnership)'다. 학교에 대해 지지적 서비스를 제공하기 위해 사회복지기관, 자원봉사조직 등과 학교 사이에서 자발적 혹은 계약적 동의가 이루어지는 차원에서의 관계다.

넷째는 차원은 '협력(collaboration)'이다. 학교와 사회복지서비스 기관이 공통의 목적과 방향성을 함께 제시하고 그에 동의하며, 이를 이루기 위해 책임을 공유하는 차원에서의 관계다. 이를 위해 각각의 직원들이 전문성을 발휘하여 함께 일하며 자원을 끌어들여 전달 체계를 만들고 개선시키며 지속적인 보호를 추구하면서 이것이 중단되지 않도록 노력하는 모습이 나타난다.

다섯째는 차원은 '통합(integration)'이다. 공공학교와 폭넓은 사회복지서비스를 통합하여 새로운 체계를 형성하고 사회복지서비스와 교육적 서비스의 전달을 하나로 연결시키는 것을 내용으로 하여 보다 새롭고 나은 서비스를 제공하는 차원에서의 관계다(홍봉선, 남미애, 2007에서 재인용).

성공적인 지역협력에 영향을 미치는 다섯 가지 요인을 구체화하면, 첫째, 발의(선창)를 시작할 분위기가 형성되어야 한다. 둘째, 신뢰를 개발하고 갈등을 다루기 위한 일련의 과정이 있어야 한다. 셋째, 협력에 포함된 사람이 어떤 사람인지의 측면이다. 넷째, 협력에서 다룰 문제와 관련하여 현존의 정책이 지지적인지 혹은 부정적인지의 측면이다. 다섯째, 계속적인 협력을 뒷받침할 수 있는 이용 가능한 자원이 있느냐는 것이다(Slayton, 2000에서 재인용).

성공적인 협력의 특성

- **분명하고 향상된 목표**: 분명한 비전은 효과적인 팀의 검증서다. 만약 우리가 어디로 가고 있는지를 모른다면 우리가 무엇인가 할 때 어떻게 해야 하는지 모른다.
- **원칙적 리더십**: 강한 팀 리더는 팀의 목표를 손상시키지 않고, 개인적 헌신을 하며, 너무 많은 우선순위를 가지고 팀의 노력을 흐리게 하지 않고, 팀 성원을 공정하게 대하며, 부적절한 성취를 직면하고, 새로운 생각과 정보에 개방적이다.
- **결과를 견지한 구조**: 보다 효과적이기 위해서는 체계구조가 문제해결을 위해 계획되어야 하며, 팀은 가장 높은 가치로서 신뢰되어야 한다. 팀의 유형은 창조성에 초점을 두거나 실제적 상황을 위해 디자인할 수 있다. 창조성에 초점을 둔 팀은 자치에 가치를 두는 반면, 실제적인 팀은 명확한 질서와 규칙을 갖는다는 점에서 강조점이 다르다.
- **유능한 팀 성원**: 각 팀 성원은 모든 본질적인 기술을 가지고 있어야 할 뿐 아니라 협력에 대한 높은 기대와 능력을 가져야 한다.

- **일치된 헌신**: 일치된 헌신은 종종 팀정신이라고 한다. 성공적인 팀은 집단사고를 허락하지 않고 비전을 가지고 헌신해야 한다.
- **성취에 대한 표준**: 성공적인 팀은 수행을 위한 압력을 가지고 있고, 무엇인가 차이 만들기를 원하며, 무엇이 성공이고 실패인지를 명확히 정의한다.
- **협력적 분위기**: 신뢰는 협력적 분위기에서 가장 중요한 요소다.
- **외부적 지지**: 성공적인 팀은 자신들의 일이 가치 있다는 것을 알고 있을 뿐 아니라 외부 사람으로부터도 구체적이고 실제적인 지지를 받는다.

출처: Woodwrad (2001), pp. 3-5.

2) 집단옹호

옹호활동(advocacy)은, 첫째, 클라이언트에게 제공되지 않는 자원과 서비스를 얻을 수 있도록 한다. 둘째, 클라이언트에게 불리한 영향을 미칠 실천, 절차, 정책들을 수정한다. 셋째, 필요한 자원이나 서비스를 제공받을 수 있는 새로운 법률이나 정책들을 증진시키기 위해 클라이언트와 함께 또는 클라이언트를 대표하여 일하는 과정이다(Hepworth, 2007: 367).

옹호는 크게 사례옹호와 계층옹호의 두 가지 측면으로 대별된다. 사례옹호(case advocacy)는 개별 클라이언트 및 가족을 위해 옹호하는 것을 의미하고, 계층옹호(class advocacy)는 특정 계층이나 집단의 모든 사람에게 영향을 미칠 수 있는 정책, 실천, 법의 변화를 도모하는 것이다. 옹호의 표적은 개인과 기관 또는 조직체, 공공관료, 법정, 입법자, 정부부서가 될 수 있다.

사회복지사는 옹호를 고려할 때 클라이언트의 자기결정권을 주의 깊게 살펴야 한다. 클라이언트가 자신의 권리 주장을 원하지 않는다면, 사회복지사는 윤리적으로 그런 클라이언트의 바람을 존중해야 할 의무가 있다. 그러나 클라이언트가 자신의 권리가 보호되기를 희망한다면, 사회복지사는 클라이언트의 피고용인으로서 클라이언트의 이익을 대변해야 한다. 사회복지사는 옹호활동에서 있을 수 있는 부정적인 측면에 대해서도 클라이언트와 함께 논의할 책임이 있다. 왜냐하면 옹호는 관련 표적체계와 부정적인 상호관계를 맺게 할 수 있고, 심지어는 향후 클라이언트에게 불이익을 초래할 수 있는 사람에게 적개심이나 나쁜 감정을 갖게 할 위험도 있기 때문이다.

사회복지사는 상황에 따라 여러 가지 옹호방법을 적용할 수 있지만 필요한 수준 이상의 방법을 사용하지 말고 주어진 목적을 달성할 수 있는 정도에서만 행동하는 것이 필요하다. 다음은 옹호와 사회행동에서 가장 자주 적용하는 기술이다.

- **다른 기관과 협의하기**: 어떤 기관에서 자원을 거부하거나 비인간적으로 처우하는 등 문제가 있을 때 불만의 원인이 되는 행정가나 담당직원과 함께 사례회의를 연다. 이 경우 해당 클라이언트와 함께 만나 클라이언트로 하여금 이런 상황을 다루는 방법을 배우게 하는 것이 좋다.
- **이사회에 재검토하도록 호소하기**: 대부분의 기관은 클라이언트가 부당하게 서비스나 급여를 거부당했다고 생각할 때 호소할 수 있는 경로와 과정이 있는데 이를 활용할 수 있다.
- **법적 행동**: 클라이언트의 권리가 침해당했을 때 앞에서 설명한 개입방법만으로는 불만의 원인을 제거하지 못하는 경우 법적인 소송을 하는 것이 적절한 대안이 될 수 있다. 이때 법률 서비스기관과 연계할 수 있다.
- **관계부처 간 상임위원회 구성**: 개별 기관이 필요한 변화에 성공적으로 영향을 미치지 못할 때 몇몇 기관에서 공통의 문제에 대하여 노력을 연합한다. 이때 상임위원회는 문제기관이나 조직의 실천들을 수정하고 지역사회의 서비스 간 차이를 좁히는 것을 목적으로 하는 행동계획을 수립할 수 있다.
- **전문가 증언 제공하기**: 사회복지사는 다양한 방법을 통해 전문가로서의 의견을 제시함으로써 공공정책을 개선하는 데 영향을 미칠 수 있다.
- **연구와 조사에서 정보 얻기**: 사회복지사가 연구, 조사, 문헌을 통해 자신의 입장을 지지하는 확고한 자료를 제공할 때 공식적인 증언의 효과는 훨씬 강화된다.
- **지역사회 관련 부분 교육하기**: 일반적으로 특별히 정부와 결정권자들을 교육하기 위해서는 출판 캠페인을 포함하여 모든 매체를 교육방법으로 고려해야 한다. 전화 접촉, 지역방송 프로그램은 공공 이슈에 관심을 갖는다. 지역, 주, 정부 수준의 집회에서 패널 토론을 하거나 영향력 있는 시민단체 회의에서 연설하는 것도 한 방법이다.
- **정부관료나 입법자와 접촉하기**: 이 방법은 필요한 정책과 프로그램을 만드는 데 강력한 방법이 될 수 있다. 사회복지사는 직접 입법자나 공공관료와 접촉할 수 있다. 또는 입법자가 어떤 안건을 판단하기 위해 정보가 필요할 때 상임위원회의에 참석하여 적절한 정보를 제공할 수 있다.
- **기관과 연합 형성하기**: 이 기술은 특정 목적에 전념하는 임시집단을 형성하는 것이다. 이것은 여러 가지 이점이 있는데, 먼저 결정권자는 많은 기관이 공통된 전선을 표명할 때 좀 더 영향을 받는 경향이 있다. 또한 많은 다른 조직과 공동의 노력으로 연합할 때 상대방의 공격에 덜 치명적이 될 수 있다.

- **클라이언트 집단 조직하기**: 이것은 공통적인 문제가 있는 성원을 구성하여 사회를 바꾸는 행동집단을 형성하는 것과 관련이 있는 기법이다. 클라이언트 집단을 조직하는 것은 특별히 정치적 관점에서 무력함을 느끼는 소수집단에게 적당하다.
- **청원하기**: 의사결정자의 관심을 이슈에 집중하도록 하는 데 사용기도 하고, 유권자 목소리를 표현하여 공공관료의 책임에 압력을 행사하는 데 사용하기도 한다.
- **지속적인 욕구 표현하기**: 이 기법은 지속적으로 공문을 보내고 전화하는 등 보통 수준에서 호소하는 정도를 넘어서 관료들에게 공세를 퍼붓는 것이다. 법적으로 정당한 것이지만, 압력전술로서는 괴롭힘에 가깝고 반항적인 결과를 초래할 수도 있다.

출처: Hepworth (2007), pp. 371-372에서 부분 수정함.

3) 사회지지체계 개발

지금까지 사회적 지지는 인간의 발달과 적응을 증진시키기 위한 중요한 변수로서 널리 연구되어 왔다. 선행연구에 따르면 사회적 지지는 우울을 감소시키고, 스트레스를 완화시키며, 생활 만족 및 적응을 돕고, 특히 위험에 처해 있는 집단에게 유용하다.

사회적 지지는 단일 차원이 아닌, 몇 가지 특성이 다른 요소들로 구성된 다차원적인 특성을 가진 개념이다. 사회적 지지는 크게 심리적 지지와 비심리적 지지로 대별해 볼 수 있다. 이에는 사랑이나 애정의 표현은 물론 행동이나 사고의 승인, 정당성 부여에서부터 금전, 물질, 도구, 시간, 기술 등이 포함된다. 또한 사회적 지지는 정서적 지지, 구체적 지지, 평가적 지지, 정보적 지지, 자존감 지지 등으로 다양하게 유형화되고, 지지제공자가 누구냐에 따라 다양하게 구분된다. 특히 개인의 특성, 발달단계, 처한 상황, 스트레스 사건마다 필요한 요구가 다르고 제공되는 사회적 지지 유형 및 출처가 다를 뿐 아니라 그것들의 기능과 역할도 상이하므로 이에 대한 고려가 중요하다. 실제 행해진 사회적 지지와 인지된 사회적 지지는 다를 수 있고, 사회적 지지는 긍정적으로 작용하기도 하지만 부정적으로 작용하기도 한다(남미애, 홍봉선, 남승규, 2002: 113-141에서 재인용).

이러한 사회적 지지를 제공하는 것을 사회지지체계라고 한다. 사회지지체계의 개발은 크게 자연적인 지지체계를 활성화하는 방법과 공식적인 지지체계를 활용하는 방법으로 나누어 볼 수 있다.

첫째, 자연적인 지지체계(natural support system)는 친척, 친구, 이웃, 교회, 클럽 등 지역
사회를 토대로 자연스럽게 형성되어 어려움이 생겼을 때 지지적인 역할을 제공하는 지지
망이라고 할 수 있다. 그러나 산업화 · 핵가족화되면서 자연적 지지체계는 점점 약화되고
있고, 클라이언트의 문제나 상황에 따라 자연적 지지체계는 감소되거나 약화될 수 있다.
특히 사회적으로 배제되기 쉬운 미혼모 청소년, 동성애자, 범죄자 및 비행청소년, 난민 또
는 이민자 등은 더욱 취약하기 쉽다. 예를 들어, 청소년이면서 아기를 양육하는 미혼모의
경우는 주변 사람에게 낙인찍혀 방을 구하기도 어려울뿐더러, 취업을 해도 아기가 아프거
나 병원에 가야 할 경우 대신 아이를 돌볼 자원이 없어 직장을 다니면서 아기를 키운다는
것이 쉽지 않다. 뿐만 아니라 난민과 이민자들은 문화적으로 고립될 수 있다. 이런 경우 사
회복지사는 이웃 주민, 지역의 토착지도자, 종교단체, 자원봉사자들을 활용하여 지지체계
를 강화할 수 있다.

둘째, 공식적인 지지체계(formal resource system)의 활용은 지역에 있는 공공기관을 활용
하는 것이다. 지역에는 공공을 위해 일하는 기관들이 많다. 예를 들어, 생명의 전화에서는
자살 및 자살예방에 대한 상담을 해 줄 수 있고, 보호관찰소에서는 보호관찰 처분을 받은
사람 및 출소자를 위한 지원을 해 줄 수 있으며, 청소년쉼터에서는 가출청소년을 위한 보
호 및 지원을 행할 수 있다. 사회복지사는 클라이언트에게 유용한 공식적 지지체계가 연
결될 수 있도록 다양한 자원과 정보를 파악하는 것이 필요하다.

4) 자원개발

클라이언트의 적응을 높이기 위해서는 클라이언트의 노력도 필요하지만, 클라이언트
가 속한 환경이 클라이언트에게 필요한 자원을 적절한 시기에 적절하게 제공하거나 그것
을 이용할 수 있도록 하는 것도 매우 중요하다. 지역사회복지실천에서 자원이란 인력, 물
질, 조직, 정보 등 클라이언트의 문제해결 및 변화에 도움이 되는 것을 총칭한다고 할 수
있다.

그러나 사회복지현장에서 보면 클라이언트가 필요로 하는 자원들을 지역사회에서 얻
을 수 없는 경우도 많다. 이런 경우 사회복지사는 새로운 자원을 개발하기 위해 노력해야
한다. 이를 위해 사회복지사는 현존하는 사회서비스기관과 긴밀하게 협력해야 하며, 지역
사회 지도자들의 협조를 얻어야 한다. 그리고 취약한 사람들로 구성된 과업집단을 조직하

고 옹호해야 하고, 정부관료와 기업이 함께할 수 있도록 해야 하며, 법과 공공자금이 필요할 때 입법자들에게 영향을 미칠 수 있도록 로비를 해야 한다. 무엇보다 새로운 자원을 개발하는 가운데 클라이언트를 참여시켜 클라이언트에게 자신의 견해를 피력할 기회를 제공하고, 지역의 자원들과 상호작용할 기회를 통해 상호 이해 및 연대의식과 더불어 임파워먼트를 할 수 있는 기회를 제공해야 한다. 여기서는 자원개발 중 자원봉사자와 기금 조성 부분에 한정하여 살펴보고자 한다.

(1) 자원봉사자

현대 자원봉사활동의 개념은 전통적으로 강조해 온 무급성, 자발성, 사회복지 영역 위주의 개념에서 벗어나 개인, 민간기관뿐 아니라 공공기관, 자조집단 등을 포함해 광범위한 영역까지 확대되고 있다. 그리고 필요한 경우 최소한의 경비를 지원받을 수도 있다는 인식이 늘고 있다. 자원봉사활동은 복지사회를 향한 시민참여의 한 형태로서, 활동의 과정을 통하여 공동체의식을 높이고 각계각층의 폭넓은 참여를 통하여 사회적 통합을 높일 수 있다. 더욱이 민주화와 복지사회라는 목적을 실현하기 위해서는 무엇보다도 자발적이고 능동적인 시민참여가 선행되어야 하는데, 전문적이고 조직적인 자원봉사활동은 민주시민으로서의 소양을 터득하는 민주주의 교육의 현장이 되어 연대의식과 책임의식을 참여시민에게 심어 주는 것이다.

자원봉사자는 시설, 기관, 지역사회의 가교역할을 함으로써 차별이나 편견을 해소하기도 하고, 지지자, 후원자의 역할을 함으로써 시설이나 기관을 지역사회에 알리고 지역사회 자원을 끌어들이기도 한다. 또한 사회복지기관이나 사회복지사에게 새로운 프로그램이나 서비스를 개발하도록 하는 촉매자의 역할을 하기도 하고, 서비스의 문제점을 개선시키는 비판자의 역할을 하기도 한다. 뿐만 아니라 자원봉사자는 사회복지사와 함께 사회복지서비스를 실천하는 동료이자 협력자가 되기도 한다. 자원봉사자는 사회복지사가 할 수 없는 일, 해서는 안 되는 일을 보완해 주기도 하고, 더 나아가 사회복지사와 함께 새로운 서비스를 창조해 내기도 한다. 한마디로 사회복지사와 자원봉사자의 관계는 대립적 · 종속적 관계가 아니라 협력적 · 보완적 관계이며 파트너이자 협력자다(류기형 외, 2009: 46).

사회복지사는 자원봉사자를 모집, 교육 및 훈련, 배치, 감독할 책임이 있다. 특히 자원봉사활동은 금전적 보상이 아닌 심리적 동기에 크게 영향을 받기 때문에 자원봉사자에 대한 관리는 활동의 지속성과 서비스의 효과에 영향을 미치는 매우 중요한 변수다. 자원봉사자관리가 잘되기 위해서는 기본적으로 자원봉사활동 관리체계가 잘 구축되어야 한다.

자원봉사활동 관리체계란 자원봉사자를 효과적으로 활용하기 위해 시설이나 기관이 행하는 활동 중 모집, 홍보, 교육, 배치, 평가, 인정과 승인 등의 관리과정과 이런 과정을 다루는 인력 등을 모두 포함한다. 즉, 자원봉사 관리체계가 잘 구축되기 위해서는 자원봉사 관리인력의 전문성이 확보되어야 하고 전문적이고 체계적인 자원봉사 관리과정이 이루어져야 한다(류기형 외, 2009: 49).

자원봉사 관리과정은 계획 및 업무설계, 모집, 교육 및 훈련, 배치, 평가, 인정과 승인 등의 연속된 과정으로 구성된다. 이러한 관리과정이 제대로 행해지지 못할 경우, 시간과 노력을 들여 확보해 놓은 자원봉사자를 효과적으로 활용할 수 없을뿐더러 자원봉사자의 기대도 충족시킬 수 없다. 자원봉사자의 관리가 어떻게 행해지느냐 하는 것은 자원봉사자의 소속기관에 대한 만족도 및 지속성에 결정적인 역할을 할 뿐 아니라 지역주민들에게 제공하는 서비스의 질과 효율성을 결정하는 중요한 부분이다. 따라서 자원봉사 관리과정이 단순한 임시방편으로 운영되어서는 곤란하며 자원봉사활동의 이념과 중요성을 인식하여 보다 체계적이고 과학적인 관리과정을 도입하여 자원봉사자의 효과적 활용방안이 강구되어야 한다. 이러한 자원봉사 관리에 필요한 각각의 과정 및 그 의의를 정리하면 다음과 같다(류기형 외, 2009: 50-51).

① 모집

모집이란 사회복지 시설이나 기관이 복지서비스를 위해 필요한 자원봉사자를 발굴하는 활동이다. 모집을 시행하기 전에는 모집의 목적과 대상자 선정, 업무분담 등에 대한 사전계획과 구체적인 모집 방법과 시기에 대한 검토가 필요하다.

② 교육 · 훈련

교육 · 훈련은 자원봉사활동에 대한 동기를 강화하고, 자원봉사활동의 사회적 의미를 이해할 수 있도록 도와주기도 하며, 자원봉사자로 하여금 수행하게 되는 업무에 기술적으로나 심리적으로 적합하도록 준비시킨다. 교육 · 훈련은 그 시기에 따라 업무 전 교육, 업무 중 교육 등이 있다. 자원봉사활동에 대한 교육 · 훈련은 대상별로 자원봉사자 교육, 자원봉사 전문가 교육, 직원교육 등이 있다.

③ 배치

자원봉사자를 모집하고 교육·훈련한 다음에는 자원봉사자들의 기대, 능력, 기관의 욕구를 고려하여 적절한 업무에 배치하는 것이 필요하다. 배치가 중요한 것은 자원봉사자는 기관으로부터 보호를 받아야 할 뿐 아니라, 기관과 자원봉사자의 욕구가 적절히 고려될 때 최상의 서비스를 행할 수 있기 때문이다.

④ 평가

평가는 자원봉사활동의 효과성과 적합성을 인식할 수 있는 유일한 방법이며, 자원봉사자와 직원, 자원봉사 조정자의 사기앙양을 위해서도 중요하다. 평가시기는 프로그램 진행 도중, 프로그램 종료 후 등 프로그램의 특성에 따라 매달, 매년 또는 수시로 행할 수 있다. 평가주관자로는 자원봉사자, 유급직원, 자원봉사 조정자, 타 전문가, 지역사회 대표, 클라이언트 등이 참여할 수 있다.

⑤ 인정과 승인

자원봉사활동의 주요 과제는 자원봉사활동의 지속성 유지다. 이를 위해 자원봉사자에게 자원봉사활동이 만족스럽도록 격려해서 활동을 계속하게끔 지원하는 것이 필요하다.

(2) 기금 조성

기금 조성은 사회복지기관의 안정적인 운영 및 생존을 위해 필수적인 요소일 뿐 아니라 지역사회복지실천을 행함에 있어 필요한 자원개발에서도 매우 중요한 요소다. 지역사회복지실천에 필요한 자원개발을 위해 사회복지사는 지역사회로부터 자금을 확보해야 한다. 기금 조성은 작게는 개인 또는 집단 기부자들의 발굴 및 기부에서 출발하여 지역의 몇몇 기관이 연합해서 기금을 모금할 수도 있고, 공동모금회나 특정 재단에 제안서를 제출해서 채택되어 보조금을 받을 수도 있다. 기금 조성은 최상의 조건에서조차 어려운 일이고, 많은 시간과 예산이 투입되어야 하며, 철저한 계획하에 진행되어야 한다(Sheafor et al., 1998: 661-662). 구체적으로 성공적인 기금 조성 캠페인을 위해 수행해야 할 단계는 다음과 같다.

성공적인 기금 조성 캠페인의 단계

- **목표의 수립**: 기관의 욕구를 정확하게 파악한 후에 어느 정도의 기금을 조성해야 하는지에 대한 현실적인 목표를 정하고 그 목표를 달성하기 위한 현실적인 시간을 정하라.

- **전문가의 자문**: 이전의 캠페인에서 일했던 사람들과 함께 일을 하고 무엇을 해야 하고 하지 말아야 했는지를 결정한다. 또한 기금 조성액이 큰 경우에는 전문적인 기금조성가를 고용할 수도 있다.

- **계획의 개발**: 가장 성공적일 수 있는 전략과 방법들을 선택한다. 기금을 조성하기 위해 소요되는 비용을 예상하여 예산을 세운다. 소요되는 시간, 우편물, 공급, 공공정보 자료, 교통 등에 드는 비용들을 포함시킨다.

- **회장의 선출**: 지역사회에서 존경받고 신뢰받는 좋은 평판의 사람을 회장으로 선출한다. 또한 회장은 필요한 시간과 에너지를 가지고 있는 사람이어야 하며 캠페인 목적을 달성하기 위해 헌신적이어야 한다.

- **조직적 구조**: 성공적인 캠페인에는 신속한 의사소통, 조정, 캠페인 활동과 자원봉사자들의 면밀한 검토 등을 책임지는 조직적인 구조가 필요하다.

- **캠페인 워커의 모집 및 훈련**: 기금활동에 동참하고 도움을 줄 캠페인 워커를 모집하고 필요한 훈련을 실시한다. 그들은 주로 기금활동을 돕고자 하는 동기를 가진 자원봉사자들이기 쉬운데, 자원봉사자의 특성을 고려해 직접 모금활동을 하는 사람은 물론 서류 및 사무 업무 등 행정적인 업무를 돕는 자원봉사자들도 포함되어야 한다.

- **정보자료의 준비**: 간결하게 쓰인 소책자를 통해 기관의 프로그램과 필요한 돈이 어느 정도이며 어떻게 쓰일 것인지에 대해 설명해야 한다. 이 외에 인쇄물, 슬로건, 차량 스티커, 신문기사, 연설문 등도 필요하다.

- **적절한 기록**: 캠페인에서는 기부와 지출의 기록이 완전하고 정확해야 한다.

- **감사의 치하**: 기부를 하는 사람과 캠페인에서 일한 사람들을 인정해 주어야 한다. 이는 자부심과 선의를 갖게 하고 장래 캠페인을 지지하는 기회를 향상하게 된다.

- **캠페인의 평가**: 캠페인이 완전히 끝난 후에는 캠페인에 참여한 기관 이사회, 캠페인 회장 및 다른 주요 지도자들의 역할, 기금 조성에 할애된 예산, 캠페인의 성과, 그리고 향후 캠페인에서 개선되어야 할 사항을 평가해야 한다. 만약 캠페인이 성공하지 못한 경우에는 외부 전문가에게 자문을 구하는 것도 필요하다.

출처: Shealor et al. (1998), pp. 662-663에서 부분 수정 · 발췌함.

아울러 지역사회복지 실천가는 정부기관이나 민간재단으로부터의 보조금을 신청하여 자금을 확보할 수 있다. 이러한 보조금을 신청하기 위해서는 먼저 행하고자 하는 프로그램이나 아이디어가 분명하게 명시되고 주도면밀하게 계획되어야 한다. 또한 프로그램이나 기획안을 개발하는 과정에서 기관의 행정가와 정부기관들이 아이디어에 참여하는 것도 중요하다. 특히 사회복지사는 보조금 신청을 위한 적절한 제안서를 개발해야 하는데, 이런 일들은 주로 진행 중인 업무수행과 함께 이루어지기 때문에 쉬운 일이 아니며 많은 시간과 노력을 투자해야 한다. 공식적인 보조금 제안서에 포함되어야 하는 일반적인 요소를 살펴보면 다음과 같다.

- **겉표지**: 기획안의 제목, 연구자, 기관의 이름, 기획안 활동을 위한 소요기간, 총 예산, 권위 있는 직원들의 서명 등이 포함된다.
- **요약**: 목표와 활용되는 절차, 평가방법, 결과를 보급하기 위한 계획에 대한 간결한 진술을 준비한다.
- **문제와 대상의 진술**: 기획안의 이론적 설명을 제시하고 측정 가능한 용어로 목표의 명확한 진술을 준비한다.
- **방법론, 절차, 수행되어야 하는 활동**: 기획안의 설계와 방법들, 서비스 제공자, 기획안의 행정적인 구조를 설명한다. 그리고 세부적인 활동의 날짜와 단계로 구분한 행동계획을 설계한다.
- **평가도구**: 활동의 결과나 성과가 어떻게 사정될 것인지를 설명한다.
- **결과 보급**: 기획안 결과의 보급방법을 제시하여 이 활동으로 얻은 지식을 통해 다른 사람이 유익을 얻을 수 있도록 한다.
- **인력과 시설**: 기획안을 수행하기 위해 필요한 직원들을 설명한다. 이 활동에 책임을 맡게 될 주요 직원의 이력서를 포함시킨다. 그리고 어떻게 새로운 직원들이 선별될 것인지를 제시한다. 또한 필요한 장비와 기획안 활동을 수용할 수 있는 공간을 확보하는 방법을 제안한다.
- **예산**: 기획안의 예상되는 비용의 세부적인 예산을 제공한다. 재원으로는 무엇을 요구할 것인지, 기관이나 다른 기금이 무엇을 기부할 것인지를 제시한다. 예산에는 보통 인력비용, 외부 자문가, 소모품, 장비, 여행, 간접비용 등이 포함될 것이다. 간접비용은 기획안 직원들이 사용하는 공간, 난방, 전력 등과 같이 기관의 실제 비용과 관련된 것이다.

출처: Sheafor et al. (1998), pp. 667-668에서 부분 수정 · 발췌함.

5) 지역 차원의 임파워먼트

효과적인 지역사회복지실천을 달성하려면 지역 차원의 임파워먼트에 대해 이해해야 하며 이에 대한 기술도 알아야 한다. 지역 차원의 임파워먼트는 크게 두 가지 부분에 초점을 둔다. 하나는 지역주민들의 임파워먼트이며, 다른 하나는 지역사회 내 권력과 자원의 재분배다(NASW, 2000: 282). 지역사회 수준에서 이루어지는 임파워먼트는 보다 구체적으로는 지역사회 능력의 증진이라고도 볼 수 있다. 이런 측면에서 보면 지역사회 수준의 임파워먼트는 효과적으로 문제를 해결하는 능력과 더 나아가 사회적·환경적 도전에 완벽한 대응능력을 갖추는 것을 말한다. 지역사회 능력을 고양시키는 것에는 다음과 같은 것이 포함된다(NASW, 2000: 290-291).

- 구성원의 지역사회 참여를 장려함
- 지역사회의 쟁점과 관심을 명료화함
- 구성원이 자신의 관점, 태도, 욕구, 의향을 분명히 말할 수 있는 능력을 배양함
- 구성원의 의사소통기술을 증진시킴
- 헌신과 전념을 강화하는 활동에 관계함
- 구성원의 분쟁교섭 능력과 갈등관리 능력을 개발함

6) 조직화

조직화(organizing) 기술은 클라이언트의 문제를 해결하기 위해 필요한 인력이나 서비스를 규합하고 나아가 조직의 목표를 달성하도록 합리적으로 운영해 나가는 과정이다. 즉, 지역사회 주민을 선정하여 하나의 모임을 만들고 그 모임이 조직체계를 갖출 수 있도록 원조하는 기술을 말한다. 또한 조직화 기술은 지역사회에서 소외되고 억압받는 사람들로 하여금 자신감을 갖게 하여 상호관계망을 형성하고 그들 스스로 행동에 나서도록 한다. 효과적인 조직화의 기술은 다음과 같다(설진화, 2008: 242-243).

- 사적 이익에 대한 관심을 조직화에 활용한다.
- 조직화는 지속적인 관심과 노력이 요구되는 역동적 과정이다.

- 갈등과 대립 상황을 의도적으로 만든다.
- 조직화는 쟁점을 중심으로 이루어지므로 쟁점을 명확하게 한다.
- 지역사회의 불만을 공통된 불만으로 집약한다.
- 정서적 활동을 포함한다.

7) 사례관리

사례관리(case management)는 복합적인 욕구(complex needs)를 가진 클라이언트들에게 다양한 서비스(multiple services)를 효과적으로 제공하기 위한 개입전략이다(Woodside & McClam, 2006). 아동학대 및 가정폭력에 노출된 가정, 가출청소년, 정신장애인, 다문화가정 등 다양하고 복잡한 욕구와 문제를 가지고 있는 집단은 건강관리, 정신건강, 재활, 교육, 아동보호, 주거, 고용 등 다양한 영역에의 서비스와 자원이 필요하지만 여러 요인으로 인해 인간서비스 전달체계를 사용하는 데 어려움이 많다.

사례관리는 클라이언트와 환경 간의 장애를 없애고 원활하게 상호작용할 수 있도록 돕고자 하는 것으로, 크게 클라이언트 중심의(client-oriented) 사례관리와 체계 중심의(system-oriented) 사례관리로 대별된다. 클라이언트 중심의 사례관리는 특정 서비스에 대한 개인의 욕구를 사정하고 그들이 제도적 경계를 넘어 이러한 서비스를 얻도록 돕기 위한 것이다. 기존의 사례관리에서 일반적으로 많이 사용하는 방법이며, 사례관리의 목표는 클라이언트 및 주변의 지지, 실천, 모니터링에 초점을 둔다.

반면, 체계 중심의 사례관리는 특정 체계 내에서 서비스에 관여하는 다양한 참여자를 위해 서비스의 급여를 조정하는 전략이라고 할 수 있다. 그 초점은 서비스를 받는 클라이언트 개인이 아니라 서비스를 제공하는 기관들 간의 자원, 자금, 행정, 서비스의 효율성, 시스템 개발에 초점을 둔다. 이것은 서비스를 제공하는 참여자들이 서비스 간에 상호 조정 및 통합이 필요하다는 것을 인식하고 공동계획, 역할정의, 기관 종사자들 간의 지속적인 회담, 모니터 과정에서 혼란을 피하고 적절한 업무관계를 유지하는 것 등에 초점을 둔다(Adams, Franklin, & Taylor, 2005: 24). 한마디로 정리하면, 개인에 대한 사회복지실천에서 주로 활용하는 것이 클라이언트 중심의 사례관리라고 한다면, 지역사회 차원의 사례관리는 체계 중심의 사례관리에 초점을 둔다고 할 수 있다.

지역사회 차원의 사례관리자는 체계적이고 시기적절한 방법으로 서비스전달체계를 계획하고, 중복되거나 생략되어 있는 서비스가 무엇인지 검토하며, 이를 해소하기 위해 전략을 개발하고, 다른 기관과 의사소통을 하거나 회의를 개최하며, 기관 간의 서비스 조정 및 통합을 요구할 권한을 갖는다. 만약 전통적 모델이 서비스를 제공하는 기관들에게 적절하지 않다면 기존의 모델을 수정ㆍ변경할 수도 있다.

효과적인 사례관리의 성공 요소

- 일치된 정의와 공동의 전문용어(terminology) 사용
- 보호 및 사례관리 과정을 위한 사례의 선택과 우선순위를 결정함에 있어 명백한 기준(criteria)과 방법
- 다학문적 접근을 보장하기 위한 사례관리팀의 선택
- 적절한 도구(tools)와 정보기술의 지속적인 사용
- 클라이언트의 의뢰, 접근, 욕구사정, 재사정, 목표설정, 합동계획, 역할과 책임의 합의 및 할당, 정보관리, 피드백, 모니터링 및 추후지도 등에 대한 구체적인 사례계획
- 클라이언트의 욕구를 나타내고 특정 사례에 포함될 다양한 서비스 제공자의 역할과 책임을 합의하기 위해 사례 서비스 협상(case service negotiation)
- 효과적인 의사소통, 정보 공유, 기관 간 연계 및 협력, 방해물의 관리를 포함한 사례계획 실행(case plan implementation)
- 관리 및 스태프를 위한 적절한 훈련, 감독, 검토과정(review process)
- 과정, 효과성(effectiveness), 효율성(efficiency)을 모니터링하기 위한 성과측정, 평가, 체계검토의 사용

출처: Eustace & Clarke (2005), pp. 4-5.

Part
6

사회복지실천의
기록 및 평가

사회복지를 둘러싼 외부 환경의 변화가 사회복지조직의 책무성을 요구하는 시점에서 사회복지기관
들의 사업에 대한 평가가 정기적으로 이루어지고 있다. 이에 대비해 사회복지사들은 그들의 전문적 실
천활동을 기록하고 실천의 목적달성에 관한 객관적인 평가를 수행해야 한다.

Chapter 16

사회복지실천 기록

사회복지실천 기록은 클라이언트의 상황에 대해 확인하고 기술하고 사정하는 것으로, 서비스의 목적과 과정, 개입 과정과 결과를 서술하는 것이다. 사회복지실천 기록의 목적은 전문직의 책임성, 제공된 서비스의 확인 그리고 서비스 과정의 점검 및 평가를 위해서다.

학습
목표

- 기록의 목적 및 용도를 이해한다.
- 기록의 유형 및 특성을 알아본다.

1. 기록의 목적 및 용도

사회복지실천에서의 기록이란 사회복지사들이 일하고 있는 기관에서 그들에 의해 실행되는 사회사업실무에 관해 서술하는 것이다. 즉, 클라이언트의 문제와 관련되는 구체적인 사항과 기관이 클라이언트에게 수행한 모든 개입행위를 기록하는 것을 의미한다. 이 기록은 '공적 기록'의 성격을 띠며 실무자와 기관이 정해진 규정을 지키면서 내담자의 사적 권리를 보장할 수 있도록 하는데 의의가 있다. 기록은 클라이언트를 위한 서비스를 계획하고 실행하고 평가하는데 사용되며, 행정적인 기능도 갖게 되며, 추후 사회복지사의 실천성과를 평가하거나 슈퍼비전을 받는 용도로도 사용된다. 하지만 가장 중요한 것은 클라이언트의 권리와 의무, 전문직 실천윤리, 기관의 책무성에 초점을 맞추어야 한다. 사회복지실천에서 기록은 전문성과 서비스 질 향상을 위해 매우 중요하고 가치 있는 일이며, 책임 있는 전문 사회복지사로서 서비스의 모든 단계를 기록하고 이를 보관해야 할 의무가 있다.

최근 들어 사회복지기관에 대한 행정지도와 기관운영 및 서비스의 효과성을 평가받기 위해 기록의 중요성이 더욱 강조되고 있다. 따라서 사회복지사는 서류작업과 기록에 많은 시간을 할애하는데, 전문적인 기록은 간결하며 읽기 쉽고 정확해야 한다. 기관의 기록체계(기록양식, 기록보관, 기록자, 기록자료의 활용 등)는 다음과 같은 목적에 부합하는 문서를 만들어 내는 것이 바람직하다(Sheafor, Horejsi, & Horejsi, 2005).

- 책임성의 확보: 실천가들은 기관과 클라이언트, 지역사회에 대해 법적이고 윤리적인 중요한 책임성을 가지고 자신들이 제공하는 서비스나 개입에 대해 기록하고 설명하며 평가함으로써 전문직을 수행한다.
- 정보 제공: 클라이언트와 그 가족, 대리인, 고용주, 기관 내 다른 전문가 및 법정, 지역사회 기관, 감독기관, 기금제공 기관 등에 정보를 제공한다. 특히 클라이언트의 알 권리를 존중하기 위해 기관에 관한 정보를 공개하고 클라이언트에 관한 정보를 공개하기도 한다.
- 개입이나 서비스의 과정 점검 및 평가: 기록을 통해 해당 서비스에 어떻게 개입이 이루어지고 있는지를 점검함으로써 그 효과를 평가하는 데 사용된다.

- **클라이언트에 대한 이해 증진**: 기록은 클라이언트가 무엇을 원하는지 욕구를 파악하고 사회복지실천의 개입의 방향을 설정하는 데 유용하다. 클라이언트는 자신에 대한 기록을 보거나 기록과정에 참여함으로써 자신에 대한 이해를 높일 수 있다.
- **지도 · 감독 및 교육 활성화**: 슈퍼바이저나 상급자는 직원들이 제공하는 서비스나 업무내용을 파악하고 평가하며 지도 · 감독을 하는 데 클라이언트에 관한 기록을 활용한다. 교육을 받는 학생이나 초임 사회복지사들은 자신의 활동에 대해 점검하고 훈련받을 수 있는 기회가 된다.
- **근거 자료**: 자료는 기관 및 사회 정책에 따르는 승인을 증명하고 서비스의 질을 관리하고 조사를 수행하는 데에 활용된다. 또한 외부로부터 재정을 마련하거나 기금을 조성하는 데 근거 자료가 된다.
- **효과적인 사례관리**: 클라이언트에게 제공되는 서비스나 개입 등이 기록됨으로써 클라이언트가 타 전문가에게 의뢰될 경우 서비스가 중단되지 않고 연결될 수 있다. 또한 체계적인 기록은 서비스의 중복이나 누락을 막아 효과적으로 사례를 관리할 수 있다.
- **자료화**: 사회복지실천 활동이 이루어지는 모든 내용을 자료로 남겨야 한다.

이상의 목적에 부합한 기록은 업무를 완벽하게 숙지하지 못한 신임 사회복지사의 보호체계로 활용되며, 제한된 시간에 많은 업무를 처리하는 사회복지사에게는 업무의 효율성을 높여 주는 데 활용된다. 우선 오늘날과 같이 소송이 많은 상황에서 신임 사회복지사는 직업적인 직무태만이나 잘못 처리한 업무로 인한 소송에 말려드는 경우가 늘어난다. 적절한 서류화는 그러한 상황에서 자신을 방어하는 데 결정적으로 중요한 업무이다. 법적인 시각에서 보면 '기록으로 서면화되어 있지 않으면 그것은 하지 않은 것과 같다'. 말하자면 서류화되지 않았을 때는 특정 행동이 완결되었거나 결정이 적절하였다는 것을 증명할 근거가 없는 것이다.

그리고 사회복지사는 해야 할 일에 비해 시간이 부족한 현실 때문에 시간을 가능한 한 가장 효율적으로 쓰고 시급한 일을 처리하는 데 있어 우선순위를 두어야 한다. 그러기 위해 컴퓨터 활용능력을 향상하거나 기관 내 서류의 흐름을 원활히 하고 기록자료들을 활용하는 것이 사회복지사의 효율적인 업무처리에 도움이 된다.

2. 기록의 내용

무엇을 기록할 것인가, 즉 기록 내용은 실천현장, 서비스의 강조점 그리고 서비스 전달 방식에 따라 매우 다양하다. 여기서는 기본적인 기록내용과 실천단계별 주요 기록 내용에 대해 살펴보고자 한다.

1) 기본적인 내용

사회복지실천 기록의 내용에는 클라이언트의 인구학적 특성, 사회력, 서비스를 제공하게 된 이유와 개입의 필요성, 클라이언트의 현재 및 과거의 문제나 욕구, 사회복지사의 소견과 사정, 서비스의 과정, 목적 및 계획, 제공된 서비스의 특성, 종결 및 평가에 대한 내용, 사후 관리 등이 포함된다. 다음은 사회복지실천 기록의 내용을 세부적으로 제시한 몇 가지 지침을 소개하고자 한다.

(1) 사회복지실천 기록의 기본 내용(Kagle, 1997; 김혜란 외, 2006에서 재인용)
• 클라이언트의 인구학적 특성
• 서비스를 제공하게 된 사유
• 클라이언트의 현재 및 과거 문제나 욕구, 사회력
• 사회복지사의 소견과 사정
• 서비스 목적
• 서비스 계획
• 제공된 서비스의 특성
• 서비스 종결 방법과 사유
• 서비스 활동 및 결과에 대한 요약
• 사후지도

(2) 사회력
사회복지실천 기록에서 사회력은 클라이언트의 문제, 욕구 그리고 역사적 맥락과 생태학적 상황을 이해하기 위해 클라이언트 상황에 대한 모든 정보를 포함한다(Sheafor, Horejsi, & Horejsi, 1998; 홍선미 외, 2010에서 재인용).

- 클라이언트 가족배경과 현재 가족의 구성, 가족력
- 신체기능, 건강상태, 장애, 영양, 의료상태
- 교육적 배경, 최종 학력, 지적 능력
- 심리적 · 정서적 기능
- 종교와 영성
- 대인관계, 중요한 타자와의 관계
- 고용, 소득, 직업 및 직무능력
- 강점, 대처방식, 문제해결능력
- 주택, 지역사회, 이웃, 이동수단
- 현재와 최근 지역사회와의 전문 서비스 이용 내역

(3) 사회복지실천 기록내용의 요소

사회복지실천 기록내용에 포함해야 할 요소로, 손광훈(2009)은 다음과 같이 제시하고 있다.

- 클라이언트의 특성(클라이언트, 가족, 공공서류, 타 서비스 기록정보 바탕)
- 서비스 개시 방법과 이유(타 기관의 의뢰 확인)
- 클라이언트 상황에 대한 과거력 및 현 상황
- 서비스에 필요한 공식 · 비공식적 자원과 서비스 제공 적격성의 제약, 자원접근 방해 요소
- 사정(사회복지사의 전문적 실천이 필요한 근거가 내포되어야 함)
- 서비스에 영향을 미치는 결정(사회복지실천의 정당성 확보를 위해)
- 서비스 목적(서비스 목표와 전략 및 구체적인 개입기술을 제시)
- 서비스 계획(목적 및 목표달성에 필요한 세부 서비스와 전문가, 클라이언트 그 외 체계의 행동지침을 명시)
- 개입과정 기록(서비스 전달 정보 및 진행 상황을 지속적으로 기록)

- 서비스 재검토(서비스 결정과 서비스 제공 관련 활동에 대한 평가)
- 서비스 종결 방법과 이유
- 서비스 활동과 결과에 대한 요약
- 사후지도

2) 실천단계별 주요 기록 내용

실천단계별 주요 기록 내용을 구조화하여 살펴보면 〈표 16-1〉과 같다.

표 16-1 실천단계별 주요 기록 내용

실천단계	기록 내용
서비스 탐색단계	서비스를 제공하는 이유, 클라이언트의 특성, 자원과 제약사항, 사정내용
서비스 형성단계	서비스 목표와 계획, 특성
서비스 실행단계	서비스 재검토(중간 요약)
서비스 종결단계	서비스 활동과 결과에 대한 요약, 서비스 종결의 방법과 사유, 점검

출처: 이영호(2008), pp. 308-311의 표를 재구성함.

(1) 서비스 탐색단계

① 클라이언트 특성

클라이언트의 인구학적 특성인 이름, 주소, 생년월일, 성, 교육수준, 가족 구성, 현재 직업, 수입, 종교, 결혼상태 등을 기록한다. 사회복지사와 클라이언트가 처음 대면하기 전에 접수 담당직원이나 클라이언트 자신이 기관에서 주어진 양식에 따라 직접 기록하기도 한다.

② 서비스를 제공하는 이유

클라이언트가 직접 서비스를 요청하는 경우에는 클라이언트가 기관의 서비스를 어떻게 인식하고 있는지를 확인한 후 기록한다. 클라이언트가 다른 기관에서 의뢰된 경우에는 클라이언트가 의뢰된 경로, 현재의 문제에 대한 클라이언트의 인식 등을 기록한다.

③ 사회력

현재와 과거의 클라이언트 및 상황에 대한 서술로, 클라이언트의 문제에 대해 역사적 · 생태학적 맥락에서 클라이언트의 기능수행 및 관련 환경체계 간의 상호작용 정도를 파악한다. 그리고 현재 클라이언트가 자신의 문제를 해결하기 위해 활용하고 있는 자원의 적절성 여부를 확인하고, 활용하지 못하고 있는 자원은 무엇인지를 조사한다.

④ 자원과 제약

클라이언트의 문제해결을 위해 필요한 이용 가능한 공식적 · 비공식적 자원, 자원활용에 있어 장애요인과 가용 자원이 얼마나, 어떻게 클라이언트에게 도움이 되는지 등을 기록한다.

⑤ 사정

사정은 수집된 정보를 토대로 하되, 있는 그대로의 사실에 대한 서술과는 다르게 클라이언트의 현재 상황, 문제의 원인과 개입계획에 대한 사회복지사의 전문적인 소견이나 견해 등을 기록한다.

(2) 서비스 형성단계

① 서비스에 영향을 미치는 결정

클라이언트에게 제공되는 서비스의 종류나 제공량에 영향을 미치는 중요한 결정의 배경과 정당한 근거를 기록하는 것은 중요하다. 사회복지사와 클라이언트 간의 상호 결정은 계약을 통해 이루어지는데, 이런 계약에는 서비스 목적과 방법에 관한 전반적 합의 내용을 포함해서 참여 일정 및 면담시간, 과제, 비용 등과 같은 구체적 사항도 포함된다.

② 서비스 목적 및 목표

서비스는 목적 및 목표가 명확해야 효과적으로 제공되고 기록될 수 있다. 서비스의 목적 및 목표를 기록한다는 것은 사회복지실천을 통해서 무엇을 달성할 것인지를 기록하는 것이다.

③ 서비스 계획

서비스 계획은 어떻게 사회복지실천의 목표를 달성할 것인지 그리고 목표 달성을 위해 취하게 될 구체적인 실천체계를 서술하는 것이다. 계획에는 우선 다른 기관에의 의뢰 혹은 같은 기관 내 다른 프로그램에의 의뢰 계획을 기록한다. 그다음 탐색과 개입을 위한 쟁점을 제시한다. 마지막으로 사회복지사와 클라이언트, 다른 사람이 취할 일련의 조치를 개략적으로 기록한다.

④ 서비스 특성

서비스 특성은 앞의 '클라이언트 특성'과 마찬가지로 행정적 처리나 조사연구를 위한 구조화된 기록으로서 사회복지서비스의 특성을 기관별로 표준화된 기록양식에 따라 기록한다. 최근에는 기관용으로 만들어진 양식을 사용하여 컴퓨터로 관리하는 기관이 많다.

(3) 서비스 실행단계

① 중간 노트(서비스 과정 기록)

일단 계획된 사회복지서비스를 제공하기 시작하면, 클라이언트의 상황과 제공된 사회복지서비스에 대해 정기적으로 사정하고 기록한다. 중간 노트는 서비스의 효과성을 높이기 위해 목적과 계획을 사정하고 변화 내용을 기록한다. 여기에는 당시 클라이언트의 변화내용 및 향상 정도를 포함해서 사회복지서비스 활동과 내용, 중요한 사건의 기록(클라이언트 신상의 변화, 자살시도 등), 사회복지서비스의 목표나 개입계획의 변화 등을 기록한다.

② 서비스 재검토

중간 노트가 다루고 있는 사례에 대한 사회복지사의 지속적 관찰과 사정에 대한 비구조적 기록(일정한 양식 없이 서비스 과정을 기록)이라면, 서비스 재검토는 서비스 결정과 서비스 활동에 대한 공식적 재평가에 대한 기록이다. 서비스 재검토는 많은 경우 사례회의를 통해 이루어지며, 책무성을 위해 기록된다. 재검토 기록은 구조적 양식을 따르며, 사례 진행 과정에 대한 그동안의 중간 노트 기록을 구조적 틀에 맞추어 요약·정리하는 경우가 많다. 사례의 의견에 대해서 사회복지사, 다른 서비스 제공자(치료팀 구성원), 슈퍼바이저, 클라이언트의 의견을 모두 취합한다. 일반적으로 날짜, 참여자, 제안 내용, 결정된 내용 등이 기록되며, 사회복지서비스의 목적과 계획에 새로운 제안과 결정을 반영하여 수정할 수 있다.

(4) 서비스 종결단계

① 서비스 종결의 방법과 사유
서비스는 목표달성 및 사전계획에 따라 종결될 수도 있고, 클라이언트의 독단적인 결정이나 예기치 못한 상황 때문에 조기 종결될 수도 있다. 여기에는 사회복지실천의 책무성, 서비스 평가 그리고 향후의 서비스 계획을 위해 사회복지서비스의 종결 이유와 방법을 기록한다.

② 서비스 활동과 결과에 관한 요약
사례를 종결할 때는 그동안의 서비스 활동을 개괄적으로 요약하고 종결 당시의 서비스 결과를 기록해야 한다. 여기에는 사회복지서비스의 개괄적 서술, 서비스 실행 이유, 서비스를 제공하는 동안의 클라이언트 및 그 상황(클라이언트의 참여태도, 변화내용 및 정도 등), 서비스의 목표, 계획과 과정, 중요한 사건, 종결 시 클라이언트 및 클라이언트의 상황, 서비스에 대한 평가, 향후 서비스와 사후 검토를 위한 제안 등이 포함된다.

③ 사후지도
서비스 종결 이후에도 클라이언트가 달성한 변화의 지속적 유지를 위해 사후지도(follow-up)가 필요하다. 여기서는 클라이언트의 현재 상황 및 적응상태, 향후 서비스에 대한 제안 등을 기록한다.

3. 기록의 유형

사회복지기관의 사업 목적과 내용에 따라 기록의 종류와 양식은 다르다. 이는 기관의 특성, 제공되는 서비스의 유형, 활용 목적 등에 따라 달라지기 때문이다.

1) 문제중심 기록

문제중심 기록은 사회복지사가 문제를 이해하고 파악하기 위하여 클라이언트의 문제와 전문적 개입에 초점을 두는 간결한 기록형식을 의미한다. 주로 병원 또는 의료적 체계에서 자주 사용하는 기록형식의 한 방법으로 사회복지기관에서도 널리 사용한다.

(1) 기록방법: SOAP 형식

- S(subjective information; 주관적 정보): 클라이언트의 자기보고에 근거한 것이다. 클라이언트가 자신의 상황을 어떻게 인식하고 느끼는지를 나타낸다.
- O(objective information; 객관적 정보): 전문가의 직접적인 관찰, 임상적 실험, 체계적인 자료수집 등에서 얻어진다.
- A(assessment; 사정): 주관적 및 객관적 정보의 검토를 통해 추론된 전문가의 개념화와 결론을 말한다.
- P(plan; 계획): 전문가가 특정한 문제를 제기하거나 해결하는 방법을 나타낸다.

(2) 장점

- 사회복지사, 기관감독자, 외부 자문가 또는 조사자들에게 사회복지사나 기관이 특정한 문제에 대해 접근해 온 방식을 살펴볼 수 있다.
- 클라이언트가 경험한 문제의 복합성과 상호 관련성을 보여 주지만 각각의 특정한 문제에 초점화된 관심을 갖도록 한다.
- 전문가 상호 간의 의사전달과 지시의 명료성을 촉진시키기 때문에 사례 조정이나 팀워크를 증진시킨다.
- 기관에서 직원교체가 있을 때에도 특정한 문제에 대한 전문적인 관심이 지속될 수 있다.
- 문제해결의 진전에 대한 점검과 사후 추적조사를 위한 기제를 제공한다. 문제지향의 기록을 살펴봄으로써 행동하지 않은 것 혹은 클라이언트의 문제와 관련되지 않은 행동을 알아낼 수 있다.
- 간결한 기록을 장려한다. 특정한 문제에 초점을 두기 때문에 적절하지 않은 정보는 기록에서 제외된다.

(3) 단점

- 클라이언트의 강점보다는 문제를 강조하고 개인과 환경의 상호작용보다는 개인에게 초점을 둠으로써 생태체계적 관점이나 강점관점과 잘 맞지 않는다.
- 문제의 사정이 부분적으로 이루어지고 지나치게 단순화하며 클라이언트의 능력과 자원을 덜 중요시하는 경향이 있다.
- 심리사회적 이슈보다는 생의학적인 문제 및 증상에 초점을 맞춘다.

(4) 문제중심 기록의 예

클라이언트: 박은미(31세, 여)

의뢰자: 주치의(내과 과장)

면담일시: 20○○. 3. 15.

면담장소: 상담실

의료적 상태: 위암. 향후 수술과 치료를 위해 2개월간 입원 예정

S: 입원기간 동안 자녀를 돌봐 줄 사람이 없다. 수술 및 치료로 인해 입원비 부담이 크다.

O: 현재는 이웃과 남편이 자녀를 돌본다. 이웃에게 자녀를 계속 맡길 수 없어 불안해한다. 치료를 위해 2개월 입원하는 데 경제적 부담이 크다.

A: 장기적으로 자녀를 돌봐 줄 아동돌보미 서비스를 신청하도록 돕고, 치료비 등 경제적 어려움을 해결할 수 있는 방안을 마련해야 한다.

P: 아동돌보미 서비스기관을 찾아 신청할 수 있도록 정보를 제공한다. 경제적 지원을 받을 수 있는지 주민센터의 긴급구호지원 신청자격 요건을 알아본다.

2) 과정기록

과정기록은 사회복지사와 클라이언트 간에 있었던 일을 있는 그대로 세밀하게 기록하는 방식으로, 사회복지사와 클라이언트가 면담하면서 이야기한 내용, 클라이언트의 행동, 사회복지사가 관찰한 내용과 판단 등을 기록한다. 이렇게 기록된 자료는 클라이언트와 사회복지사의 상호작용을 면밀하게 분석하기 위해 사용되며 교육적 목적을 위해 활용된다.

(1) 기록방법

- 면담 중에 사회복지사와 클라이언트의 상호작용 내용을 대본처럼 직접인용으로 기록할 수 있고 간접적으로 풀어서 기록할 수도 있다.
- 상호작용과정을 세밀하게 표현하기 위해 면담 내용, 사회복지사의 의견, 슈퍼바이저 코멘트로 나누어 기록할 수 있다.

(2) 장점

- 슈퍼비전이나 교육적 도구로 매우 유용하다.
- 신임 사회복지사나 실습생 등이 자신의 활동에 대한 점검과 슈퍼비전 또는 자문을 받을 때 유용하다.
- 과정기록에 대한 슈퍼바이저의 코멘트에 반응하고 클라이언트와의 교류를 준비하고 기록하고 분석함으로써 클라이언트와의 상호작용에 대한 이해를 높일 수 있다.
- 어려운 사례를 다루거나 새로운 기술을 개발할 때 유용하다.

(3) 단점

- 서비스를 제공하는 과정에서 일어났던 일에 대해 완벽하게 기록하는 것은 불가능하므로 정보가 불완전하며 왜곡될 수 있다.
- 사회복지사가 면담이나 서비스 과정을 얼마나 정확하게 기록하느냐에 따라 기록의 유용성이 좌우된다.
- 작성하는 데 시간과 비용이 많이 소요되어 비효율적이다.

(4) 과정기록의 예

예

※ 문제중심 기록의 예와 동일한 사례

(상담실에 클라이언트가 문을 열고 들어왔다. 걸음걸이가 불편해 보였다.)

사회복지사: 어서 오세요. 불편하신데 여기까지 오시게 해서 죄송해요. 많이 불편하시면 병실이든 어디든 편하게 면담할 수 있는 곳에서 해도 괜찮습니다.

박 은 미: 아니에요. 조용한 곳에서 얘기를 하고 싶고 또 천천히 걸어오면서 운동도 할 수 있어

서 좋습니다.

(박은미 씨는 몸이 많이 불편한 듯 얼굴을 찡그리며 의자에 앉는다.)

사회복지사: 병실의 담당간호사로부터 박은미 씨의 상황에 대해 간단히 들었습니다. 구체적인 이

야기를 더 해 주시면 제가 박은미 씨를 이해하는 데 도움이 될 수 있습니다.

박 은 미: 제가 위암에 걸려 수술과 이후 치료를 위해 두 달 넘게 입원을 해야 해요. 병원비 문

제도 그렇고 아이들이 아직 어려 누가 돌봐 줘야 하는데 시댁이나 친정 쪽에서 아이

들을 돌봐 줄 수 있는 사람이 아무도 없어요. 지금은 옆집 아주머니가 아이들이 유치

원에서 돌아오면 봐 주고 있지만 계속 그럴 수는 없어요. 그렇다고 아이 아빠가 회사

를 그만두고 아이들을 돌볼 수도 없잖아요.

(박은미 씨는 자신의 얘기를 하면서 한숨과 눈물을 계속 보인다.)

슈퍼바이저 코멘트: 사생활보호를 위해 상담실에서 면담을 한 것은 바람직하나 불편한 클라이언

트를 위해 별도의 조치를 취할 필요가 있다.

3) 이야기체 기록

이야기체 기록은 사회복지사가 클라이언트, 상황, 서비스에 대해 이야기하듯 서술하고 많은 내용을 기록하기 위해서 주제별, 제목별 혹은 시간 흐름별로 조직화할 필요가 있다. 클라이언트 및 서비스에 대한 많은 정보를 조직화해서 서술체로 기록하기 때문에 무엇을 기록하고 무엇을 뺄지를 정확하게 판단하는 능숙함(숙련성)이 요구된다. 일정한 틀이나 양식이 있지 않으므로, 즉 표준화나 구조화가 덜 되어 있으므로 총괄적인 기록이 가능하다.

(1) 기록방법

• 면담내용 및 서비스 제공과정에서 사회복지사와 클라이언트가 이야기한 것을 그대로 대화 형태로 표현하는 것이 아니라 내용을 재구성해서 기록한다.

• 문서를 조직적으로 정리하기 위해 몇 가지 주제 및 제목을 정해 놓고 기록한다.

• 일정한 틀이나 양식이 없으므로 이야기하듯 서술해 나가는 기록 형태다.

• 사례가 진행되는 동안 시간에 따른 활동을 매일 간단히 기록해 둔다.

(2) 장점

• 중요한 정보와 그렇지 않은 정보를 선별적으로 기록할 수 있는 융통성이 있다.
• 클라이언트의 상황, 클라이언트의 개별적인 특성에 따른 서비스 교류를 통해 문제의 본질을 반영할 수 있다.
• 사례가 장기화되어 길어질 경우 매일의 활동을 간단하게 기록해 두었다가 기록을 취합해 사례 노트를 작성할 수 있다.

(3) 단점

• 기록할 내용과 하지 않을 것을 구분하고 재구성해야 하므로 시간이 많이 소요된다.
• 기록자의 주관적인 판단에 의해 중요한 내용만 기록되고 그렇지 않은 내용은 누락될 수 있다.
• 대화 내용을 재구성하여 작성하므로 원래의(최초의) 정보를 확인하기가 어렵다.
• 기록된 내용의 양이 점점 많아지면 원하는 정보를 찾기가 쉽지 않다.
• 사회복지사 혹은 기록자가 대화내용을 재구성하므로 기록자의 문장력에 따라 유용한 기록이 될 수도 있고 안 될 수도 있다.

(4) 이야기체 기록의 예

예

클라이언트: 김지숙(30세, 여)
면담일시: 20○○. 9. 10. 오전 11시
면담장소: 상담실

제시된 문제

　클라이언트는 지난밤 남편이 술에 취한 상태에서 말다툼을 하다가 클라이언트를 발로 차서 넘어지면서 식탁 모서리에 허리를 부딪혀 다쳤다. 현재 허리 통증과 함께 걷는 데 불편한 상태다. 얼마 전 실직한 이후로 남편의 음주 후 폭력이 잦고 더 난폭해진다고 했다. 이제는 더 이상 피할 수도 없고 생명의 위협을 느껴 본 기관에 도움을 요청하기로 했다.

가족 관계 및 기능

결혼한 지 8년째 되며, 클라이언트가 고졸 후 남편을 만나 6개월 교제 후 결혼하였다. 7세 된 남자아이 하나가 있다. 남편은 35세로 대학졸업 후 직장을 다니다가 회사가 어려워지면서 직장을 그만둘 수밖에 없었다. 일자리를 구하기 위해 이후 이곳저곳에서 몇 번 면접을 봤지만 번번이 떨어져 직장을 구하지 못하고 있다. 현재는 친구들이 부르면 일시적으로 일을 도와주고 용돈 정도 받고 생활하고 있다. 그러는 동안 남편은 이전보다 더 자주 술을 마시고 집에 돌아와 폭력을 일삼기 시작했다. 처음 폭력을 당한 후 아내는 소리 지르고 울며 대들곤 했는데, 일시적으로 남편이 사과를 했다. 이제는 음주 후 폭력을 더 심하게 하면서도 사과조차 하지 않는다. 아이는 때리지 않지만 남편의 폭력적인 행동에 아빠를 무서워해 가까이 가지 않는다.

현 상태에 대한 클라이언트 인식

남편의 행동이 점점 심해져 이혼을 생각해 보긴 했으나 구체적으로 이혼절차에 대해 알아본 적은 없다. 하지만 지난밤에 있었던 일로 인해 이혼을 해야겠다는 생각이 이전보다 더 강하게 든다. 하지만 남편이 자신의 행동을 뉘우치고 음주 후 폭행을 고치겠다고 하면 이혼할 생각은 없다. 그러기 전까지는 집에 들어갈 생각이 없는데 그렇다고 마땅히 갈 만한 곳도 없다. 쉼터를 소개해 줬지만 그곳에 가고 싶지 않다. 가능하다면 언니네 집에서 머물면서 생각을 정리하고 싶다.

사정

클라이언트는 면담하는 동안 울먹거리면서 괴로워했다. 지금까지의 상황을 이야기하면서 정서적으로 매우 혼란스러워했다. 이번 면담에서는 많은 정보를 얻기보다 당장 필요한 조치 및 정서적 지지를 제공하는 데 초점을 맞췄다. 가능할 경우 클라이언트는 언니네 집에 있으면서 남편과의 향후 관계에 대해 정리해 보고 계획을 세워 보도록 하는 것이 현 상황에서 최선책이라고 본다. 동시에 폭력을 당한 아내에게서 보이는 정서적 증상에 대해 사정하고 그에 대한 집중적인 지지적 개입을 실시해야 할 것이다. 한편, 남편의 실직이 그에게 가장 큰 스트레스 요인으로 작용하고 남편에 대한 지원도 필요한데, 우선 자신의 스트레스를 관리하도록 돕고 이후 취업 관련해서 도움을 받을 수 있는 취업정보처 혹은 취업알선 기관에 관한 정보를 제공할 필요가 있다. 결혼 지속 여부에 대해 클라이언트와 남편의 의사를 명확하게 확인하고 부부관계 개선을 위해 몇 차례 부부상담을 할 필요가 있다. 그리고 클라이언트가 「가정폭력방지법」에 대해 인지할 수 있도록 주변의 지원체계를 알리고 도움을 받을 수 있는 정보를 제공해야 한다.

계획

① 클라이언트와 상의 후 면담일정을 정해 지지적 개입을 한다.

② 부부상담을 위해 남편의 동의를 구하고 면담일정을 정한다.

③ 가정폭력 방지를 위해 주변의 지원체계를 알려 주고 대처방식에 대한 정보를 제공한다.

4. 기록의 지침

사회복지사는 한정된 업무시간을 가능한 한 효율적으로 활용하기 위해 컴퓨터와 같은 도구를 사용하거나 자신의 업무 내용을 일지, 프로그램 진행과정 기록지 그리고 보고서에 정확하게 기록해야 한다. 사회복지사는 자신의 업무를 기록하는 데 있어 다음의 지침을 참고할 필요가 있다.

1) 좋은 기록과 나쁜 기록의 특징

사회복지실천 활동에 관한 기록은 실천의 전문성과 객관성을 보여 주는 중요한 업무다. 따라서 효율적인 기록양식·지침을 개발하고 그에 관한 훈련을 실시해야 한다. 하지만 기록 자체가 사회복지사의 업무를 가중시키는 면에 대해서는 세심한 주의가 필요하다(〈표 16-2〉 참조).

2) 기록의 관리지침

최근 들어, 사회복지실천현장에서 기록과 관련된 법적 소송과 전문가의 윤리 등이 이슈로 등장하면서 사례기록과 기록자료 관리에 있어 사회복지사의 신중하고 책임 있는 태도가 요구된다. 기록자료 관리가 중요해지는 이유는 다음과 같다.

첫째, 기록의 내용과 관련하여 양적 측면에서 기록 내용이 너무 장황하거나(많거나) 빈약해서 구체적인 상황을 알 수 없을 정도로 하기보다 기록 내용의 양을 적절히 조절해야

표 16-2　좋은 기록과 나쁜 기록의 특징

좋은 기록	나쁜 기록
• 기록의 목적이 충실히 반영되어 전문가의 윤리적 지향성이 서비스의 내용, 절차 및 과정에 묻어난다. • 사정, 개입, 평가의 실천과정의 각 단계마다 목적, 목표, 계획, 과정 및 진행에 대한 정보를 포함한다. • 사실과 전문가의 견해를 구분하여 작성한다. • 간결한 문체, 구체적인 묘사, 타당하고 명확하며 논리적인 표현을 사용한다. • 긴 내용을 나누고 소제목을 달아 구조화해서 효과적으로 정리한다. • 사회복지실천과정에 적용된 이론에 근거하여 기록한다. • 전문가의 관점에 기초를 두지만 클라이언트의 관점을 배제하지 않는다. • 어떤 서비스가 제공될 것인지에 대한 결정과 행동을 중심으로 구성한다.	• 내용이 부정확하고 사실에 근거하지 않는다. • 철자나 문법 등 잘못된 표현이 반복된다. • 내용이 너무 길고 복잡하여 이해하기 어렵다. • 내용이나 과정상에 윤리적 문제를 일으킬 소지가 있다. • 기록자의 선입견이나 클라이언트에 대한 편견이 들어 있어 낙인을 준다. • 수동태 문장을 많이 사용하여 행위의 주체를 파악하기 어렵다. • 지나치게 요약하여 정보로서의 가치가 없다.

출처: 나눔의집 편(2010), pp. 396-397에서 재구성함.

한다. 특히 기록 내용 중에 클라이언트의 과거 법적집행기록이나 다른 가족 구성원에 관한 기록으로 클라이언트 및 다른 가족 구성원에게 피해를 가할 경우 사회복지사가 법적 책임을 져야 하는 경우도 발생한다.

둘째, 사례기록과 행정에 필요한 내용의 기록은 사회복지사의 활동과 관련하여 논쟁이 발생할 경우 중요한 증거자료가 된다. 구체적으로 클라이언트에 대한 사정의 적절성, 서비스에 대한 평가, 그리고 슈퍼비전과 자문의 제공 유무 등을 확인하기 위한 근거가 되므로 꼼꼼한 기록은 매우 중요하다. 또한 기록의 신뢰도를 높이기 위해 기록시간을 지연시키지 말고 상담이 종료된 후 즉시 기록해야 한다.

셋째, 사회복지사가 클라이언트의 욕구를 확인하는 상담이나 문제해결을 위한 면담과정에서 그 내용을 클라이언트가 보는 앞에서 기록을 하거나, 사회복지실천과정에 대한 평가 및 슈퍼비전을 받기 위해 기록을 할 필요가 있다는 것을 클라이언트에게 충분히 설명하고 반드시 그들의 양해를 사전에 구하는 것이 바람직하다.

넷째, 기록을 하는 것도 중요하지만 기록자료 및 클라이언트에 관한 문서를 안전하게 보관해야 한다. 다만, 클라이언트에 관한 비밀보장은 절대적인 가치일 수 없다. 법원이나 경찰의 법적 요구에 의해 클라이언트에 관한 자료를 제공해야 하는 의무를 지니거나 사례회의나 슈퍼비전 등을 위해 사회복지사 혹은 타 전문직 전문가들 간에 자료를 공유해야 하는 경우도 있다. 이런 경우를 제외하고 사회복지사는 기록 및 문서가 안전하게 관리될 수 있도록 주의를 기울여야 한다.

Chapter 17

사회복지실천 평가

평가는 사회복지사와 그들을 고용하고 있는 사회복지기관들이 클라이언트와 지지자원 및 사회
구성원에게 책무성을 증명하기 위해 실시되는 작업이다. 평가에서는 사회복지실천과정이 이루어
지는 동안 개입과정을 점검하고 사용된 수단과 전략들이 실제로 효과가 있었는지를 확인한다.

학습
목표

- 평가의 개념을 이해한다.
- 평가유형 및 평가기법을 알아본다.

1. 평가의 의의 및 중요성

평가(evaluation)의 사전적 정의는 '사물 또는 그 속성에 대한 가치판단'이다. 어떤 사물 혹은 그 속성에 대한 가치판단을 하자면 반드시 판단의 준거(criteria) 또는 표준(standard)이 존재해야 한다. 한편, 사회복지실천에서 평가란 사회복지 프로그램 혹은 기관의 계획, 수행, 성과 등 제반 활동을 체계적으로 가치판단 하는 것을 의미한다(정무성, 정진모, 2001). 평가란 개입의 효과성과 효율성을 측정하는 것이다. 효과성은 목표달성 여부를 말하고, 효율성은 투입된 비용(시간, 금전적 비용, 노력)과 산출된 성과 간의 비율을 말한다.

평가는 사회복지실천의 전 과정에서 계속적으로 일어나는 일로, 사회복지실천의 목적과 목표의 달성 정도를 결정하며, 목적과 목표를 성취하기 위해 사용된 수단의 적합성을 심사하는 절차이기도 하다. 이처럼 평가는 개입의 전 과정에서 지속적으로 수행되지만, 특히 개입을 끝낼 때 더욱 중요하다. 개입을 종결하기 위해 이루어지는 평가는 완성된 개입과정을 관찰하고, 사용된 특정 수단과 전략들이 왜 선택되었고 실제로 효과가 있었는지를 보는 것이다. 사회복지실천과정을 최종적으로 종결하기 전에 사회복지사와 클라이언트는 계약 당시에 설정했던 목표들이 달성되었는지, 그리고 어떤 요소들이 목표달성을 가능하게 했는지를 논의하게 된다. 즉, 사회복지실천의 목표 달성과 문제해결, 욕구충족에 대한 결정은 평가를 통해 내려진다는 것이다.

사회복지사는 클라이언트와 기관에 대한 책무성이 있어야 하고, 사회복지기관은 지역사회에 대한 책무성이 있어야 한다. 여기에는 제공하는 서비스 및 프로그램의 효과성과 효율성을 지속적으로 평가하는 방법이 중요한 기준이 된다. 서비스의 책무성을 확보하기 위해 평가를 하는 데에는 몇 가지 중요한 이유가 있다(엄명용 외, 2011에서 재인용).

- 프로그램이 목적을 얼마나 효과적으로 달성하였는지를 알기 위해
- 재구성하거나 더 효과적으로 만들 수 있는 필요한 정보를 얻기 위해
- 프로그램을 다른 사람이나 기관이 이용할 수 있게 하기 위해
- 이 프로그램을 효과적으로 시행하기 위해서는 어떤 자질을 갖춘 직원들이 필요한지 알기 위해

- 클라이언트의 입장에서 보았을 때 프로그램이 얼마나 좋은 것이었는지, 그리고 수정할 점은 무엇인지를 확인하기 위해
- 홍보와 기금을 조성하기 위해
- 프로그램이 지속되도록 지원을 받기 위해

2. 평가의 기능

사회복지실천에서 평가는 여러 측면에서 긍정적인 기능을 수행한다. 사회복지실천과정의 성과를 측정하는 것은 직접적인 실천에서 점점 더 중요해지고 있다. 사회복지실천의 평가는 사회에 대한 책무성과 효과성을 입증하는 방법임과 동시에 사회복지사의 자기발전 및 기관의 사회적 승인을 확보하는 중요한 과업이라고 할 수 있다. 사회복지의 책무성이란 클라이언트에게 계약 내용대로의 서비스를 제공할 책임이고, 사회복지 전문직의 윤리와 가치를 서비스 전달과정에서 잘 지켜낼 책임이며, 기관에 대해 기관의 프로그램과 정책 및 지침에 맞는 서비스를 제공할 책임이다(Johnson, 1989; 나눔의집 편, 2010에서 재인용). 기관은 또 그 기관을 지원해 주고 인가해 준 사람들과 지역사회에 대한 책임이 있다. 사회복지서비스가 실제로 대상자들의 삶의 질을 변화시켰다는 것을 증명할 책임이 있다.

또한 평가는 서비스를 받는 클라이언트뿐 아니라 실천가, 프로그램 관리자, 재원제공자, 정책수립자 등에게 서비스의 질에 관한 정보를 줄 수 있다. 그리고 평가를 통해 변화와 관련 있는 변수들에 대한 지식을 얻을 수 있다. 만약 개입결과가 성공적이라면 이를 반복해서 수행하고, 바라는 결과가 달성되지 못했다면 개입과정을 수정할 수 있는 객관적 근거가 마련된다.

3. 평가유형 및 평가기법

평가유형은 크게 개입과정에 대한 평가(개입의 직접적인 실천내용 평가)와 프로그램 평가로 분류할 수 있다. 직접적인 실천평가 기법으로는 사례연구, 단일체계설계, 과업성취척도, 목표달성척도가 있다. 클라이언트와 전체 지역사회 단위에 제공되는 프로그램의 효

과와 효율성을 평가(프로그램 평가)하는 평가기법으로는 클라이언트 만족도 조사와 동료검
토가 있다. 그 내용을 구체적으로 살펴보면 다음과 같다.

1) 평가유형

사회복지사에게 주요 관심사가 되는 평가에는 두 가지 유형이 있다(Sheafor, Horejsi, & Horejsi, 2005).

(1) 개입과정 평가(직접적 실천평가)

사회복지사의 개입과 개인, 가족, 소집단 등 특정한 클라이언트에 대한 개입의 영향을 측정하는 것이다. 이 평가는 두 가지 목적을 가진다. 하나는 형성평가일 수 있는데, 이는 개입의 과정을 보는 것이다. 진행 중인 실천에서의 결정을 지도하고 정보를 제공하는 데 활용되는 것으로, 개입을 점검하고 필요시 계획된 개입을 변화시키는 도구가 된다. 다른 하나는 총괄평가로 사용될 수 있다. 이는 개입의 결과, 즉 전반적 효과성 및 효율성을 측정하는 것으로, 최종 결과물을 측정하고 성공 혹은 실패와 관련된 요인을 알아내는 것이다.

(2) 프로그램 평가

프로그램 평가 역시 두 가지 목적을 위해 사용될 수 있다. 평가가 프로그램을 시험하고 클라이언트나 지역사회에 더 좋은 서비스를 제공하도록 그 기능수행을 변화시키는 데 토대가 된다면 형성평가다. 그렇지만 이사회나 자원제공자(행정당국, 지역주민)에게 시범적 프로그램의 결과를 보고하는 것이면 총괄평가다.

2) 평가기법

(1) 단일체계설계

단일체계설계(single system design)는 가장 널리 알려진 사회복지실천의 직접적 실천평가다. 단일체계설계는 어떤 규모의 클라이언트 체계에도 적용될 수 있으며, 개인, 가족, 집단, 프로그램, 조직 또는 지역사회를 대상으로 시간에 따라 반복해서 측정한 자료를 모은다. 개인 클라이언트에게 적용하는 경우 단일사례설계(single subject design)라고 불리기도

한다. 이 설계에서 클라이언트 체계는 그 자신이 통제집단이 된다. 단일체계설계는 개입 결과를 그래프로 나타내므로 평가결과를 시각적으로 쉽게 이해할 수 있다(최해경, 2009).

단일체계설계의 주요 용어는 표적행동과 기초선이다. 표적행동은 개입을 통해 변화시키려는 행동을 말한다. 클라이언트의 문제나 상황의 측정 가능한 측면이 표적이 될 수 있다. 기초선은 개입 이전의 표적행동의 빈도, 강도, 기간을 의미하며, 개입 전에 관찰이 허용되지 않으면 이전의 행동 패턴에 초점을 둔 클라이언트 또는 클라이언트 가족, 클라이언트와 관련된 동료 등의 정보를 통해 회고적으로 기초선을 설정할 수 있다. 기초선은 개입 과정 동안 관찰된 변화의 정도를 측정하기 위한 기준으로 사용된다. 기초선을 위한 측정 횟수는 일반적으로 많을수록 좋으며 적어도 세 번 이상 측정하도록 권장한다.

단일사례설계의 유형에는 AB 설계, ABA 설계, ABAB 설계가 있는데, 여기서는 AB 설계에 대해 간략하게 소개한다. AB 설계는 개입 이전의 기초선을 알아보기 위해 사전 측정을 여러 번 하고 개입을 하는 동안 연속적인 측정을 하는 것이다. A는 기초선, B는 개입을 의미한다. 기초선의 패턴과 개입 이후의 패턴에 변화가 보이면 개입이 영향을 미친 것으로 간주한다.

단일사례설계는 여러 유형의 문제와 장소에서 적용 가능하다는 장점이 있다. 그러나 다른 변수의 영향을 통제할 수 없으므로 개입의 효과 파악이 곤란하며, 표적행동의 변화에 미치는 효과의 신뢰도가 낮다는 단점이 있다.

(2) 과업성취척도

과업성취척도(task achievement scaling)는 구체적인 과업의 완수를 측정하는 것이다. 이 평가방법은 과업중심 실천에서 사용하기 위해 개발되었는데, 목표에 도달하기 위해 문제 해결 활동을 여러 개의 독립된 활동과 과제로 세분하여 부과한 후 과제를 수행하는 과정을 통해 문제가 해결되도록 한다. 과업은 바라는 결과에 도달하기 위해 필요한 클라이언트 혹은 사회복지사의 행동이나 결정을 일컫는다. 과업은 보통 며칠 혹은 길어야 2~3주 내에 완수될 수 있거나 활동들이 구체적이어야 하고, 한꺼번에 3~4개 이상의 과제가 수행되지 않아야 한다. 또한 이 평가는 사례에 대한 개입활동이 기초선을 설정하거나 단일사례설계를 이용하기 어려울 때 유용하다.

과업성취척도는 일반적으로 각 회기의 진전을 평가하기 위해 사용되는데 각 과업의 향상 정도를 평가하기 위해 5점 척도를 사용하여 '완전 성취=4, 상당한 성취=3, 부분 성취

=2, 최소 성취=1, 진전 없음=0'으로 평가한다.

(3) 목표달성척도

목표달성척도(goal attainment scaling: GAS)는 개인 혹은 가족에 대한 개입으로 발생하는 목표달성 정도를 판단하는 방법이다. 개인이나 가족의 개별화된 목표에 도달한 정도를 측정하는 것으로, 개입의 목표들이 특정 클라이언트에게 해당하는 경우에 적용된다. 목표달성척도는 다음과 같이 수행된다(Sheafor et al., 2005).

- 2~5개의 목적을 확인하고 각각에 5점 척도를 개발한다. GAS를 설정하기 위해 클라이언트와 사회복지사는 각 확인된 목적과 관련해 개입을 시작하기 전에 클라이언트의 상황이나 조건에 대해 몇 단어로 기술한다. 가장 낮은 점수인 0점은 퇴보를 나타내는 것으로 진술한다. 그리고 가장 좋은 산출은 합리적으로 기대할 만한 수준으로 진술하여 4점을 할당한다. 현재 상황과 가능한 가장 좋은 시나리오 사이에 두 단계의 진전이 묘사될 수 있고, 이에 2점과 3점이 할당된다. 요약하면, 점수들은 장래에 제시하는 조건의 묘사가 된다(그러나 사회복지사와 클라이언트가 각 5점 수준에 대해 더 명확한 진술을 만들 수도 있다).
  0 = 발생할 수 있는 것 중에서 가장 좋지 않은 산출
  1 = 변화가 없거나 예측되는 성공 이하 수준
  2 = 어느 정도의 좋은 방향의 변화 혹은 예측되는 성공 이상 수준
  3 = 상당한 수준의 변화 혹은 예측되는 성공 이상 수준
  4 = 가능한 범위 내에서 가장 좋은 산출
- 다른 목표와 비교하여 그 목표영역의 중요성을 나타내는 점수를 부여한다. 대부분의 사람에게는 100이라는 숫자가 익숙하므로 100점을 각 목표의 중요한 정도에 따라 2~5개의 목표에 배분하는 것이 편리하다. 만약 4개의 동일한 목표를 가지고 있다면 가중치는 각각 25점이 된다.
- 개입이 시작될 때 각 목표에 대한 클라이언트의 상태를 잘 기술한 칸에 체크(∨) 표시를 한다. 이것이 변화를 측정하기 위한 기초선 기능을 한다.
- 개입이나 서비스가 종결되었을 때는 각 목표에 대한 클라이언트의 상태를 가장 잘 묘사한 칸에 ×표시를 한다.

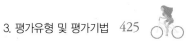

표 17-1 목표달성척도의 예

(∨)= 시작 시점 (×)= 종결 시점	즐거운 활동을 찾아보고 참여하기	슬픈 감정 표현하기	아들과 보내는 시간 늘리기	병리적이지 않은 수준으로 우울 정도 낮추기
달성수준 ⓪ 가장 부정적인 치료결과	즐거운 활동을 찾아보거나 참여하려는 노력을 하지 않음 (∨)	다른 사람들에게 슬픈 경험에 관한 감정표현을 하지 않음 (∨)	한 달에 한 번도 아들과 시간을 보내기 위한 노력을 하지 않음(∨)	GCS 점수= =70점 이상
① 기대한 성공 이하	즐거운 활동을 찾아보기는 했으나 참여하기 위한 행동은 하지 않음	일기에서나 자기 자신에게는 슬픔을 표현함	아들에게 가끔 전화로 이야기하지만 방문하지는 않음(×)	GCS 점수= 57~69(∨)
② 기대한 성공	일주일에 한 번 즐거운 활동에 참가함	참을 수 없을 때 슬픔을 표현함(×)	적어도 한 달에 한 번 아들을 만나기 위해 노력함	GCS 점수= 44~56
③ 기대한 성공	일주일에 약 두 번 즐거운 활동에 참가함(×)	적절하다고 느낄 때 슬픔을 표현함	적어도 한 달에 두 번 아들을 만나기 위해 노력함	GCS 점수= 31~43(×)
④ 최고의 치료결과	일주일에 세 번 이상 즐거운 활동에 참가함	정기적으로 다른 사람들에게 슬픔을 표현함	한 달에 세 번 이상 아들을 만나기 위해 노력함	GCS 점수= 30이하
가중치	15	30	20	35
변화점수	3	2	1	2
가중치가 반영된 변화점수	45	60	20	70
가능한 가중치 반영점수	60	12	80	105
목표달성 비율	75%	50%	25%	67%

가중치가 반영된 변화점수 합계(195)/가능한 가중치가 반영된 점수(365)= 53.4%

출처: 최해경(2009), p. 369에서 재인용.

- 각 목표에 대한 가중치 변화점수를 결정한다. 변화점수는 나중 점수(×)에서 처음 점수(∨)를 빼고 여기에 가중치를 곱하여 계산한다.
- 척도별로 가능한 변화의 백분율을 계산한다. 클라이언트가 만들 수 있는 가장 높은 점수를 결정하고 실제의 가중변화 점수를 그것으로 나눈다.

• 종합적인 목표달성 점수를 계산한다. GAS의 가장 가치 있는 정보는 클라이언트의 목표달성 정도를 전반적으로 알 수 있는 결합된 점수가 산출된다는 것이다. 각 목표에서 가능한 점수의 합계를 산출하고 그것으로 실제의 가중변화 점수의 합계를 나눈다.

(4) 클라이언트 만족도 조사

클라이언트 만족도 조사는 개입기간 동안 클라이언트가 받은 서비스에 대해 클라이언트의 의견을 구하는 기법이다. 클라이언트에게 기관의 분위기, 개입의 성공 정도, 담당자의 유능함 등 원조과정의 중요한 측면을 평가하도록 한다. 사회복지실천의 궁극적인 목적이 클라이언트에 대한 최선의 서비스임을 고려할 때, 개입에 대한 클라이언트의 반응은 매우 중요하다. 그러나 이 평가기법이 지닌 한계점은 개입결과에 대한 클라이언트의 인식을 확인할 수 있지만 클라이언트의 인식이 현실과 차이가 날 수도 있다는 것이다. 즉, 클라이언트들이 특정 사회복지사의 개입활동을 낮게 평가했다고 해서 그 사회복지사가 능력이 부족한 것은 아닐 수도 있다는 것이다. 그것은 사회복지사의 특정 스타일에 대한 클라이언트들의 불만이 반영되기도 하기 때문이다. 또한 비교적 개입과정에 적극적으로 참여했거나 긍정적인 경험을 한 클라이언트만 응답하는 경향이 있는 반면에, 소극적이거나 부정적인 경험을 한 클라이언트는 반응하지 않을 가능성이 있어, 만족도 조사 설문결과는 긍정적인 반응으로 편향되어 나타나기 쉽다(엄명용 외, 2011). 클라이언트 만족도 조사를 위한 설문지 실시는 서비스의 종결시점이나 그 직후에 이루어진다.

(5) 동료검토

동료검토는 사회복지사의 수행에 대해 기관의 클라이언트, 정책, 절차를 이해하고 있는 다른 동료 사회복지사가 정기적으로 평가하는 것이다. 사회복지실천에서 서비스 전달자인 사회복지사는 변화매개자이며, 스스로가 변화의 도구가 되어야 한다는 점에서 매우 중요한 존재다. 동료검토는 사회복지사의 능력이나 사례에 있어서 구체적인 활동 내용에 대한 평가로 일종의 품질관리 활동이라고 할 수 있다. 동료검토는 개입의 결과보다는 개인의 과정에 초점을 두는 것으로, 사회복지사의 실천활동이 기준과 원칙에 따라 적절히 이루어졌는지를 논의한다.

대개는 월 1회 정도 평가회를 통해 이루어지는데, 검토할 사례를 선정하고 사례기록을 점검하면서 담당 사회복지사의 접근과 실천활동이 어떠했는지를 평가하게 된다. 이때 주로 활용될 만한 항목은 다음과 같다(엄명용 외, 2011: 319).

- 클라이언트의 문제가 명확하게 기록되어 있는가?
- 클라이언트의 문제와 관련된 체계들이 치료계획에 참여하였는가?
- 치료계획이 기록되어 있는가?
- 클라이언트 문제해결에 적합한 개입방법을 선택하였는가?
- 클라이언트 문제해결을 위해 지역사회 자원을 적절하고 효과적으로 사용하였는가?
- 목표로의 진척이 분명하게 나타났는가?
- 사례기록이 명확하고 간결한가?
- 그 외 필요한 기관양식이 갖추어져 있는가?

참고문헌

강문희, 박경, 강혜련, 김혜련(2008). 가족상담 및 심리치료. 서울: 신정.

강점숙, 정유석(2006). 부천지역 아동학대 실태 및 교사의 아동학대에 대한 인식도 연구. 사회복지리뷰, 7, 145-166.

권중돈, 김동배(2008). 인간행동과 사회환경. 서울: 학지사.

권진숙, 김상곤, 김성천, 유명이, 이기연(2012). 사례관리전문가교육—실무자 기초과정. 서울: 학지사.

권진숙, 김정진, 전석균, 성준모(2019). 정신건강사회복지론. 경기: 공동체.

김규수, 오현숙(2005). 가족치료: 이론과 실제. 경기: 양서원.

김기태(1984). 위기개입론: 일상생활의 위기와 극복방법. 서울: 대왕사.

김명권(1999). 집단상담에서의 응집력과 신뢰도는 어떻게 발달되는가? 제1차 집단상담 WORKSHOP—집단상담의 과정과 기법. 한국집단상담학회.

김성경(2007). 청소년보호시설에서의 사례관리 실천 및 사례발표. 한국청소년쉼터협의회.

김성회(1992). 합리적 · 정서적 상담. 이형득(편). 상담이론. 서울: 교육과학사.

김성회(1999). 집단상담에서 문제해결은 어떻게 하는가. 제1차 집단상담 WORKSHOP—집단상담의 과정과 기법. 한국집단상담학회.

김영애(2010). 사티어의 빙산의사소통방법. 김영애가족치료연구소.

김영애(2011). 통합적 사티어변형체계치료 이론과 실제. 김영애가족치료연구소.

김용태(2000). 가족치료이론. 서울: 학지사.

김용태(2009). 가족치료의 개념적, 철학적 변화. 상담학연구, 10(2), 1201-1215. 서울: 학지사.

김유숙(2000). 가족상담. 서울: 학지사.

김유숙(2002). 가족치료의 이론과 실제. 서울: 학지사.

김유숙(2004). 사회구성주의 시각과 해결중심 가족치료. 21세기 가족치료의 이론적 패러다임: 포스트모더니즘과 사회구성주의. 한국가족치료학회.

김유숙(2011). 이야기치료: 새로운 이야기의 탐색. 한국이야기치료학회 제1차 보수교육.

김유숙, 전영주, 김수연(2003). 가족평가 핸드북. 서울: 학지사.

김윤주 외(2006). 강점관점 해결중심 사례관리 매뉴얼. 보건복지부.

김정진, 임은희, 권진숙(2007). 사회복지실천기술론. 경기: 서현사.

김진숙(1999). 집단상담의 시작은 어떻게 하는가. 제1차 집단상담 WORKSHOP—집단상담의 과정과 기법. 한국집단상담학회.

김혜란, 홍선미, 공계순(2006). 사회복지실천기술론. 경기: 나남출판.

나눔의집 편(2010). 사회복지실천기술론. 서울: 나눔의집.

나은숙, 정익중(2007). 아동학대 유형별 우울성향, 자기효능감, 학업성취 간의 관계. 아동학회지, 28(4), 35-49.

남미애, 홍봉선, 남승규(2002). 소년사법처리과정 청소년의 스트레스 반응과 교정성에 검경찰 및 일반인의 사회적 지지가 미치는 영향에 관한 연구. 교정연구, 14, 113-141.

남미애(2018). 아동청소년을 위한 사례관리론. 경기: 양서원.

대전광역시장애인부모회, 대전광역시장애인가족지원센터(2012). 장애인가족지원센터 사례관리 매뉴얼.

류기형, 남미애, 박경일, 홍봉선, 강대선(2009). 자원봉사론. 경기: 양서원.

박지영(2002). 위기적 사건에 대한 정서적 반응과 사회사업개입모형: 사고피해자와 119대원을 중심으로. 부산대학교 대학원 박사학위논문.

박태영(2001). 가족치료 이론의 적용과 실천. 서울: 학지사.

박태영(2003). 가족생활주기와 가족치료. 서울: 학지사.

변은실, 이주영(2016). 정서적 학대가 아동의 외현적 및 관계적 공격성에 미치는 영향: 성별에 따른 거부민감성의 매개 효과. 한국심리학회지, 28(4), 1125-1149.

보건복지부(2010a). 보건복지백서.

보건복지부(2010b). 정신보건사업안내.

보건복지부(2010c). 한부모가족 지원사업안내.

보건복지부(2011). 노인보건복지사업안내.

설기문(1992). 인간중심적 상담. 이형득(편). 상담이론. 서울: 교육과학사.

설기문(1999). 집단상담에서 저항과 갈등은 어떻게 처리하는가. 제1차 집단상담 WORKSHOP—집단상담의 과정과 기법. 한국집단상담학회.

설진화(2008). 사회복지실천기술론. 경기: 양서원.

손광훈(2009). 사회복지실천기술론. 경기: 공동체.

솔루션센터(2008). 해결중심단기치료 워크숍 자료집. 경기: 솔루션센터.

신수경, 조성희(2009). 동기면담의 실제(전문가 훈련 밀러 DVD 핸드북). 서울: 시그마프레스.

엄명용, 김성천, 오혜경, 윤혜미(2011). 사회복지실천의 이해(3판). 서울: 학지사.

엄명용, 노충래, 김용석(2005). 사회복지실천의 이해. 서울: 학지사.

엄명용, 노충래, 김용석(2008). 사회복지실천기술의 이해(2판). 서울: 학지사.

여성부(2009). 여성권익증진사업 운영지침.

오정수, 류진석(2004). 지역사회복지론. 서울: 학지사.

오창순, 윤경아, 김근식(2001). 사회복지실천론. 서울: 아시아미디어리서치.

유계숙, 장혜경, 전혜경, 김윤정, 민성혜, 박은미, 안재희, 장보현, 한지숙(2007). 가족정책론. 서울: 시그마프레스.

이길전, 손경락(2001). 자기지시훈련이 비행청소년의 역기능적 충동성과 연속수행 검사 반응에 미치는 효과. 한국심리학회지: 임상, 20(3), 229-244.

이상복(2007). 통합절충 가족치료. 서울: 강남대학교출판부.

이영분, 신영화, 권진숙, 박태영, 최선령, 최현미(2008). 가족치료: 모델과 사례. 서울: 학지사.

이영호(2008). 사회복지실천기술론. 경기: 공동체.

이장호(1982). 상담심리학 입문. 서울: 박영사.

이장호, 금명자(2012). 상담연습 교본. 경기: 법문사.

이장호, 김정희(1996). 집단상담의 원리와 실제. 서울: 법문사.

이현림, 김순미, 천미숙(2009). 집단상담의 이론과 실제. 경기: 양서원.

이형득 외(1984). 상담의 이론적 접근. 서울: 형설출판사.

이혜성, 이재창, 금명자, 박경애(1996). 청소년 개인상담. 청소년대화의광장.

이화여자대학교 사회복지학과 편(1995). 가족치료총론. 서울: 동인.

정무성, 정진모(2001). 사회복지프로그램 개발과 평가. 서울: 양서원.

정문자, 송성자, 이영분, 김유순, 김은영(2008). 해결중심단기치료. 서울: 학지사.

정문자, 송성자, 이영분, 김유순, 김은영, 어주경(2006). 해결중심 가족치료 사례집. 서울: 학지사.

정문자, 정혜정, 이선혜, 전영주(2007). 가족치료의 이해. 서울: 학지사.

정문자, 정혜정, 이선혜, 전영주(2012). 가족치료의 이해(2판). 서울: 학지사.

정수미, 이선민, 문용준(2006). 성폭력이 의심되는 여아의 위기개입. 정신보건과 사회사업, 22, 287-

303.

정순둘, 김고은, 김미영, 김은정, 김지혜, 박근혜, 박향경, 박현정, 박현주, 우재희, 이혜숙, 홍나미 (2011). 임상사회복지이론. 서울: 학지사.

정신보건센터(2013). (회복을 향해) 한 걸음 더−초발정신질환자를 위한 사례관리 매뉴얼.

정혜정(2004). 가족치료의 인식론. 21세기 가족치료의 이론적 패러다임: 포스트모더니즘과 사회구성주의. 한국가족치료학회.

정혜정(2012). 이야기치료의 지도. 한국이야기치료학회 제1차 보수교육.

조현진(2008). 학교에서의 청소년위기개입 고찰. 청소년복지연구, 10(1), 215-236.

조흥식, 강철희, 남기철, 송정부, 이영철, 최원규(2000). 청소년보호체계구축을 위한 지역사회조직 전략. 청소년보호위원회.

최옥채(2001). 사회복지실천론. 서울: 양서원.

최인숙(2008). 해결중심 초급과정 교재. 경기: 솔루션센터.

최해경(2009). 사회복지실천론. 서울: 학지사.

한국사티어변형체계치료연구소(2011a). 사티어부부·가족치료전문가 과정 자료집.

한국사티어변형체계치료연구소(2011b). 사티어의 좋은 부모되기 훈련프로그램 '아름다운 사람 만들기'.

한국사회복지교육협의회(2010). 사회복지학 교과목 지침 51.

한재은, 정순둘, 김고은(2011). 재난 피해자들의 정신건강 증진을 위한 위기개입모델 비교연구. 한국 위기관리논집, 7(3), 49-70.

한동우(2000). 사회복지프로그램 평가의 방향과 실천. 2000년 추계학술대회 및 워크숍 자료집. 한국사 회복지행정학회.

허남순, 한인영, 김기환, 김용석(2004). 사회복지실천이론과 기술. 서울: 나눔의집.

현안나(2011). 초등학생들의 아동학대 잠재적 집단 유형과 심리사회적 적응. 학교사회복지, 21, 83-111.

홍경자(1984). 이성을 통한 자기성장. 서울: 탐구당.

홍경자(1995). 합리적 정서적 치료. 현대상담: 심리치료의 이론과 실제. 윤순임 외 저. 서울: 중앙적성출 판사.

홍경자, 김태호, 남상인, 오익수(1996). 청소년집단상담. 청소년대화의광장.

홍봉선(1997). 비행청소년 자아개념 강화를 위한 집단사회사업 프로그램 개발과 그 적용에 관한 연 구. 부산대학교 대학원 박사학위논문.

홍봉선, 남미애(2007). 청소년복지론. 경기: 공동체.

홍봉선, 남미애(2011). 학교사회복지론. 경기: 공동체.

홍선미, 민소영, 한소정, 성은미(2010). 무한돌봄센터 사례관리 매뉴얼. 수원: 경기복지재단.

Adams, A. T., Franklin, S., & Taylor, R. (2005). *Case management: A resource manual*. Adams, Franklin, & Taylor.

Baker, R. (1991). *The social work dictionary*. Silver Spring, MD: National Association of Social Workers.

Benne, K., & Sheets, P. (1948). Functional roles of members. *Journal of Social Issues*, 4.

Benner, D. G., & Hill, P. C. (1999). Baker encyclopedia of psychology and counseling (2nd ed.). Grand Rapids; baker Books.

Biestek, F. P. (1957). *The casework relationship*. Chicago: Loyola University Press.

Corcoran, J. (2017). 사회복지현장에서의 동기강화상담(신성만, 장승옥, 유채영, 김준영 공역). 서울: 박영스토리. (원저는 2016년에 출판).

Corey, M. S., & Corey, G. (1992). *Group process and practice* (4th ed.). Pacific Grove, CA: Brooks/Cole.

De Jong, P., & Berg, I. K. (1998). 해결을 위한 면접(허남순, 노혜련 공역). 서울: 학문사.

De Jong, P., & Berg, I. K. (2004). 해결을 위한 면접(노혜련, 허남순 공역). 서울: 시그마프레스. (원저는 2002년에 출판).

De Shazer, S. (1985). *Key to solution in brief therapy*. New York: W. W. Norton.

Dimeff, L. A., Baer, J. S., Kivalahan, D. R., & Marlatt, G. A. (1999). Brief Alcohol Screening and Intervention for College Students (BASICS): A Harm Reduction Approach. New York: Guilford Press.

Edwards, J., & McGorry, P. D. (2002). *Implementing early intervention in psychosis*. London, UK: Martin Dunitz Ltd.

Eustace, A., & Clarke, A. (2005). *Care and case management: Assessment of the homeless agency's model*. Homeless Agency.

Evans, D. R., Hearn, M. T., Uhlemann, M. R., & Jvey, A. E. (2000). 상담의 필수기술: 효과적 의사소통을 위한 사례중심 접근법(성숙진 역). 서울: 나남출판. (원저는 1997년에 출판).

Freedman, J., & Combs, G. (2009). 이야기치료: 선호하는 이야기의 사회적 구성(김유숙, 전영주, 정혜정 공역). 서울: 학지사. (원저는 1996년에 출판).

Gehart, D. R., & Tuttle, A. R. (2008). 가족치료이론과 실제(유채영, 김연옥, 김연희, 윤혜미, 조성희, 최해경 공역). 서울: 시그마프레스. (원저는 2003년에 출판).

Golan, N. (1978). *Treatment in crisis situations*. New York: Free Press.

Goldenberg, I., & Goldenberg, H. (2001). 가족치료(김득성, 윤경자, 전영자, 전영주, 조명희, 현은민 공역). 서울: 시그마프레스. (원저는 2000년에 출판).

Goldstein, E. G., & Noonan, M. (2005). 사회복지실천을 위한 통합적 단기개입(이선혜, 정슬기, 서진환 공역). 서울: 학지사. (원저는 1999년에 출판).

Guerin, P. J. (2005). 가족치료 임상에서 삼각관계 활용: 보웬의 체계적 가족치료 적용(최선령, 이인수 공역). 서울: 시그마프레스. (원저는 1999년에 출판).

Hartford, S. (1971). *Group in social work*. NY: Columbia University Press.

Hepworth, R. (2007). 사회복지실천이론과 기술(허남순, 한인영, 김기환, 김용석 공역). 서울: 나눔의 집. (원저는 2005년에 출판).

Hepworth, D. H., & Larsen, J. A. (1993). *Direct social work practice: Theory and skills* (4th ed.). Pacific Grove, CA: Brooks/Cole.

Hepworth, D. H., Rooney, R. H., Rooney, G. D., Strom-Gottfried, K., & Larsen, J. A. (2006). *Direct social work practice: Theory and skills* (7th ed.). Pacific Grove, CA: Brooks/Cole.

Herman, K. C., Reinke, W. M., Frey, A. J., & Shepard, S. A. (2015). 학교에서의 동기강화상담: 부모 · 교사 · 학생들을 위한 매력적인 전략(신성만, 김동일, 정여주, 신정미 공역). 서울: 박학사. (원저는 2013년에 출판).

Hill, C. E. (2001). 상담의 기술(주은선 역). 서울: 학지사. (원저는 1999년에 출판).

Hollis, F. (1972). *Casework: A psychosocial therapy*. New York: Random House.

Howe, David. (1987). An Introduction to Social Work Theory. Aldershot, Honts, England: Wildwood House.

Jacobson, G. F., Strickler, M., & Morley, W. E. (1968). Generic and individual approaches to crisis intervention. *Am J Public Health Nations Health, 58*(2), 338-343.

Johnson, I. C. (1989). Social Work Pratice (3rd ed). Massachnsetts: Allyn and Bacon.

Johnson, L. C., & Yanca, S. J. (2007). *Social work practice: A generalist approach* (5th ed.). Boston, MA: Pearson Allyn & Bacon.

Johnson, L. C., & Yanca, S. J. (2010). *Social work practice: A generalist approach* (10th ed.).

Boston, MA: Pearson Allyn & Bacon.

Kagle, J. D. (1997). 사회사업기록: 이론과 실제. Social Work Records(홍순혜, 한인영 공역). 서울: 학문사.

Kerr, M. E., & Bowen, M. (2005). 보웬의 가족치료이론(남순현, 전영주, 황영훈 공역). 서울: 학지사. (원저는 1988년에 출판).

Lawson, D. M., & Prevatt, F. F. (Eds.). (2005). 가족치료 사례집(박태영, 김현경 공역). 서울: 시그마프레스. (원저는 1995년에 출판).

Leahy, R. L., & Holland, S. J. (2008). 우울과 불안장애의 치료계획과 개입방법(박경애, 조현주, 김종남, 김희수, 이병임, 이수진 공역). 서울: 시그마프레스. (원저는 2000년에 출판).

McGoldrick, M., Gerson, R., & Petry, S. (2005). 가계도: 사정과 개입(이영분, 김유숙, 정혜정 공역). 서울: 학지사. (원저는 1999년에 출판).

Mead, W. R. (1973). Feedback: How to primer for T-group participants. In R. T. Golembiewski & A. Blumberg (Eds.), *Sensitivity trainning and the laboratory approach*. Itasca, IL: F. E. Peacok.

Mennuti, R. B., Freeman, A., & Christner, R. W. (2011). 학교에서의 인지행동치료(정현희, 신현숙 공역). 서울: 학지사. (원저는 2006년에 출판).

Miler, J. B. (1976). Toward a New Psychology of Women. Harmondsworth: Penguin.

Miller, W. R., & Rollnick, S. (2015). 동기강화상담(신성만, 권정옥, 이상훈 공역). 서울: 시그마프레스. (원저는 2012년에 출판).

Morgan, A. (2003). 이야기치료란 무엇인가(고미영 역). 서울: 청목출판사. (원저는 2000년 출판).

NASW (2000). 사회복지실천이론의 토대(이필환 외 역). 서울: 나눔의집. (원저는 1981년에 출판).

Nichols, M. P., & Schwartz, R. C. (2007). 가족치료: 핵심개념과 실제적용(김영애, 김정택, 심혜숙, 제석봉 공역). 서울: 시그마프레스. (원저는 2006년에 출판).

Nichols, M. P., & Schwartz, R. C. (2008). 가족치료: 개념과 방법(김영애, 김정택, 송성자, 심혜숙, 정문자, 제석봉 공역). 서울: 시그마프레스. (원저는 2007년에 출판).

Payne, M. (2001). 현대 사회복지실천이론(서진환, 이선혜, 정수경 공역). 서울: 나남출판. (원저는 1991년에 출판).

Perlman, H. H. (1979). Relationship: The heart of helping people. Chicago. IL: The University of Chicago Press.

Rapoport, L. (1970). Crisis intervention as a mode of brief treatment. In R. W. Roberts & R. H. Nee

(Eds.), *Theories of Social Casework*. Chicago: University of Chicago Press.

Rothman, Jack. (1995). "Approaches to Community Intervention." in Strategies of Community Intervention. 5th ed., editied by Jack Rothman, John Erlich, and John Tropman, Itasca, III: F. E. Peacock.

Rothman, J., & Sager, J. S. (1998). *Case Management: Integrating Individual and Community Practice* (2nd ed.). Pearson.

Sarri, R., & Galinsky, M. (1985). A conceptual framework for group development. In M. Sundel, P. Glasser, R. Sarri & R. Vinter (Eds.), Individual change through small groups (2nd ed., pp. 70-86). New York, NY: Free Press.

Schumacher, J. A., & Madson, M. B. (2017). 동기강화상담의 핵심-일반 임상적 난제의 해결방안과 전략 (신성만, 조성민, 남지혜, 이하림, 박준영 공역). 서울: 시그마프레스. (원저는 2014년에 출판).

Sheafor, B. W., Horejsi, C. R., & Horejsi, G. A. (1997). *Techniques and guidelines for social work practice*. New York: Allyn & Bacon.

Sheafor, B. W., Horejsi, C. R., & Horejsi, G. A. (1998). 사회복지실천기법과 지침(서울대학교 사회복지실천연구회 역). 서울: 나남출판. (원저는 1997년에 출판).

Sheafor, B. W., Horejsi, C. R., & Horejsi, G. A. (2005). 사회복지실천기법과 지침(개정판)(남기철, 변귀연, 양숙미, 정선욱, 조성희, 최승희 공역). 서울: 나남출판. (원저는 2003년에 출판).

Sipporin, M. (1975). *Introduction to social work practice*. New York: Macmillan.

Slayton, J. (2000). Establishing and maintaining interagency information sharing. Juvenile Accountability Incentive Block Grants Program. Office of Juvenile Justice and Delinquency Prevention.

Toseland, R., & Rivas, R. (1984). *An introducion to groupwork practice*. New York: Macmillan.

Trecker, H. (1972). *Social group work: Principles and practice*. New York: Association Press.

Trevithick, P. (2000). *Social work skills: A practice handbook*. Philadelphia, PA: Open University Press.

Trevithick, P. (2002). 사회복지실천기술: 실천을 위한 핵심기술 50(우국희, 최경원, 황숙연 공역). 사회복지실천연구소. (원저는 2000년에 출판).

White, M. (2010). 이야기치료의 지도(이선혜, 정슬기, 허남순 공역). 서울: 학지사. (원저는 2007년에 출판).

Weishaar, M. E. (2007). 아론 벡(권석만 역). 서울: 학지사. (원저는 1993년에 출판).

Woodside, M., & McClam, T. (2006). *Generalist case management* (3rd ed.). Belmont, CA: Thomson Brooks/Cole.

Woodwrad, B. (2001). Collaboration: What it takes. Collaboration: An Essential Strategy. Topics in Community Corrections. *National Criminal Justice Reference Service*, 3-5.

Worden, M. (2007). 가족치료: 단계별 접근(신혜종, 정수경 공역). 서울: 시그마프레스. (원저는 2002년에 출판).

Wright, J. H., Basco, M. R., & Thase, M. E. (2009). 인지행동치료(김정민 역). 서울: 학지사. (원저는 2005년에 출판).

Zastrow, C. (1989). *Understanding human behavior and the social environment*. New York: Nelson Hall, Inc.

찾아보기

저자 소개

남미애 Nam, Mi Ahe

부산대학교 사회복지학과 졸업
부산대학교 대학원 석사 및 박사(사회복지실천 전공)
전 부산광역시 청소년종합상담실 부장
현 대전대학교 사회복지학과 교수

윤숙자 Yoon, Suk Ja

부산대학교 사회복지학과 졸업
대구대학교 대학원 문학석사(사회복지실천 전공)
부산대학교 대학원 박사(사회복지실천 전공)
전 경주대학교 사회복지학과 교수
　무궁애학원(장애인재활시설) 재활사업실장
　컴 · 넷하우스(정신장애인 사회복귀시설) 시설장

사회복지실천기술론(2판)
Techniques and Skills of Social Work Practice(2nd ed.)

2013년 7월 10일 1판 1쇄 발행
2018년 1월 25일 1판 5쇄 발행
2020년 9월 10일 2판 1쇄 발행
2023년 1월 20일 2판 4쇄 발행

지은이 • 남미애 · 윤숙자

펴낸이 • 김진환

펴낸곳 • (주) **학지사**

04031 서울특별시 마포구 양화로 15길 20 마인드월드빌딩 5층

대표전화 • 02) 330-5114   팩스 • 02) 324-2345

등록번호 • 제313-2006-000265호

홈페이지 • http://www.hakjisa.co.kr
페이스북 • https://www.facebook.com/hakjisabook

ISBN 978-89-997-2158-8 93330

정가 22,000원

출판미디어기업 **학지사**

간호보건의학출판 **학지사메디컬** www.hakjisamd.co.kr
심리검사연구소 **인싸이트** www.inpsyt.co.kr
학술논문서비스 **뉴논문** www.newnonmun.com
원격교육연수원 **카운피아** www.counpia.com